長崎絵図帖の世界

大井　昇

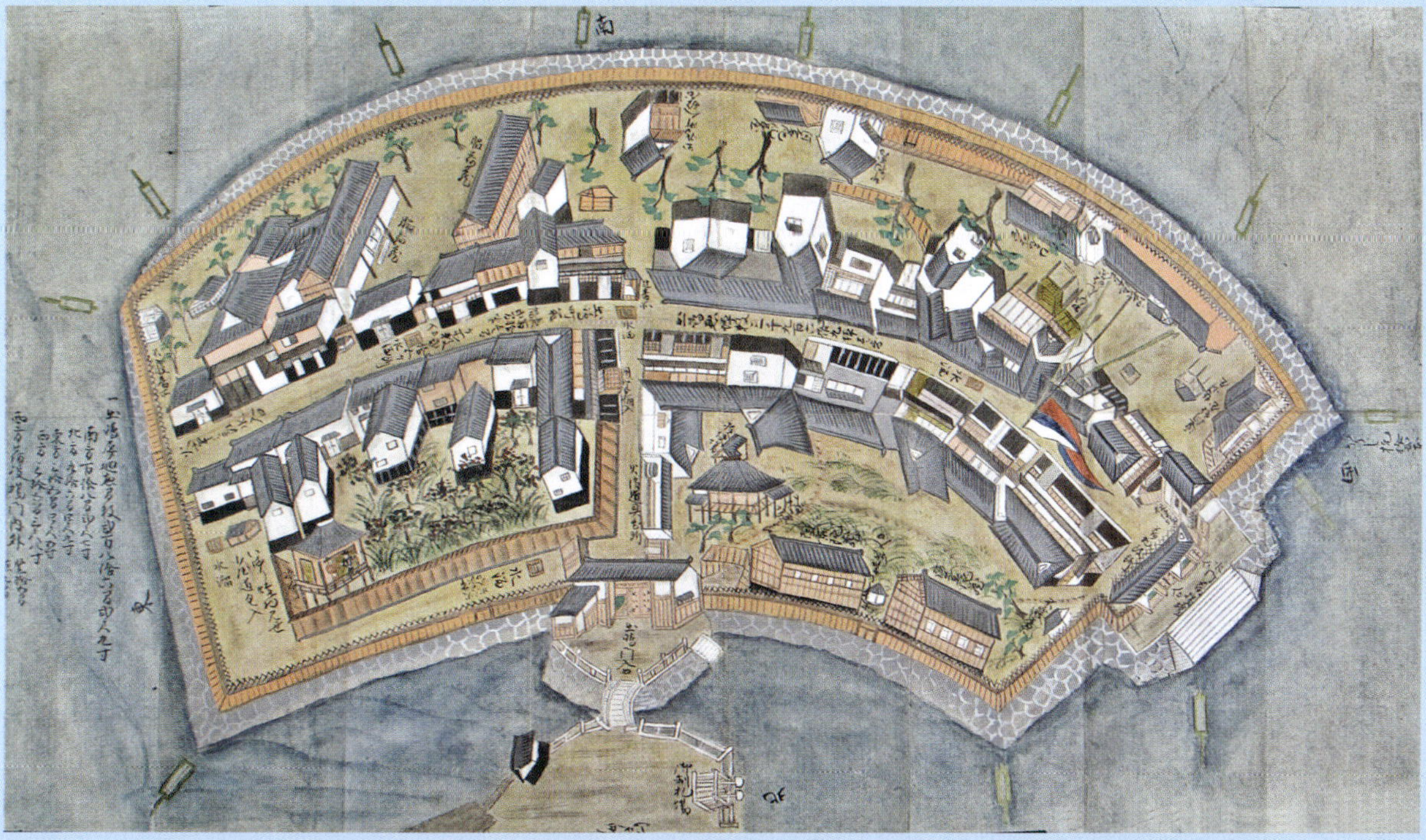

はじめに

長崎絵図帖の魅力にひかれる

大井　昇

曽祖父の長崎勤務の史料さがしから長崎諸役所絵図帖へ

筆者が江戸時代の長崎の歴史について興味を持ったのは年金生活者になってしばらくした二〇〇二年八月で六十七歳のころであった。大井家の先祖は、将軍家光の時代に下級武士の御徒《おかち》に召し抱えられ代々勤めたことを知った。その七代目でわたしの曽祖父にあたる大井三郎助という人が、嘉永年間に長崎奉行組与力となり、ロシアのプチャーチン総督が長崎へ来航した際、その応接掛を勤めたことを知り、大変興味を持った。

長崎歴史文化博物館、国立公文書館などに三郎助の史料がたくさんあった。それらについて調べ、古文書の読み方も勉強し、二〇〇八年に『幕臣サブロスキー・江戸と長崎で終焉を見た男』を出版することができた。

これが出発点となり、幸いにも諸先生のご指導や同好の学者のみなさんに恵まれ、興味の対象はどんどんと広がり、長崎奉行所全般、出島や唐人屋敷、さらに江戸時代の長崎の古い絵図へと広がった。

その史料の探索に国立公文書館を訪ねていたところ、たまたま二〇〇九年の特別展「旗本御家人」が開催されていた。そのなかに展示されていた『崎陽諸図』という長崎奉行所（西および立山役所）、長崎会所、阿蘭陀屋敷（出島）、唐人屋敷、牢屋、火薬庫、番所、台場などの長崎の二十四カ所の長崎奉行所関連の諸施設を収録した二百年余前の彩色の絵図に惹かれた。当時はまだ持参のデジカメで撮影することは許されなかったので、出入りの業者に依頼してコピーを入手し、地図好きの性分もあり、すっかり満足して眺めていた。その後、各地の博物館、図書館で時代をまたぐ似たような構成の長崎諸役所の絵図帖を十数点見つけた。

このような貴重で面白いものをひとりで見ているのはもったいない、世に広める価値があると思った。絵図の数は約六百余となった。これらをパソコンに入れ、施設ごとにまとめ比較しながら見て行き、長崎の古い地図や史料と比較することによって、だんだんと細かいことまで目が行くようになり、製作年代も推定できるようになった。こうなると興味は尽きないものがある。この面白さをひろくわかち合いたいたく、また長崎学の参考資料として多少なりとも役立ちたいと思ってできたのが、本書である。貴重な絵図帖を見せていただいた多くの図書館、博物館へのお礼の気持ちもある。

見つかった絵図帖は安永年間（一七七〇代）ごろ以降の

ものである。これらの施設とは（1）西・立山の両役所、岩原屋敷などの長崎奉行所関連、（2）御船蔵、北瀬崎、南瀬崎米蔵などの蔵、（3）長崎会所、出島、唐人屋敷、俵物役所などの長崎貿易関連（4）牢屋、番方の長屋などの保安警察関連（5）西泊・戸町番所、台場などの長崎警備関連、（6）その他であった。施設の現状を記録しておくことが必要であったためであろう。

絵図は彩色され折本《おりほん》または巻物、またはばらばらの絵図の場合もある。折本と巻物を合わせた言葉は見つからず悩ましい。折本仕立てのものが多いことから、本書では「絵図帖」ということとした。これらの諸役所絵図帖の所在は博物館の展示などによっていくらかは知られていたが、まだその全容は明らかになっていない。

古文書全般の公開が進み調査に追い風

今から約五十年前に建築史の専門家の菊池重郎氏が、当時閲覧・複写可能であった長崎の役所絵図帖三点を調査比較しその重要性を指摘したが、その後この興味ある事項について調べられ報告されたことはないようである。

その当時からみると、今では古文書全般について公開が進み、検索システムも整備され、写真の撮影も可能となり、一部ではあるがインターネットでダウンロードできるという環境になり、隔世の感がある。

本書では現在閲覧、複写可能な絵図帖を収集し、集め得た絵図帖について、その内容を比較検討した。さらに出島、唐人屋敷などの施設については、絵図帖が見つかっている時代以前の絵図を探し、その当時の状況についても調査した。また近世初期の長崎の古地図にまで調査を広げた。絵図帖や絵図に製作年代が示されていることは稀であり、絵図や史料を横断的に比較検討し時代考証を試みた。その一部についてはすでに研究誌にも発表した。

本書はその後、検討不十分や思い違いであった記述を補足、訂正し、また多くの方からご指摘頂いた事項を参照し、さらに掘り下げ範囲を　広げて集大成版としたものである。

なお本書の書名は、正確には『長崎諸役所絵図帖とそれに関連する絵図帖および絵図の世界』とすべきであろうが、割り切って『長崎絵図帖の世界』とした。

長崎絵図帖の世界

目次

第一章　絵図帖の製作と管理

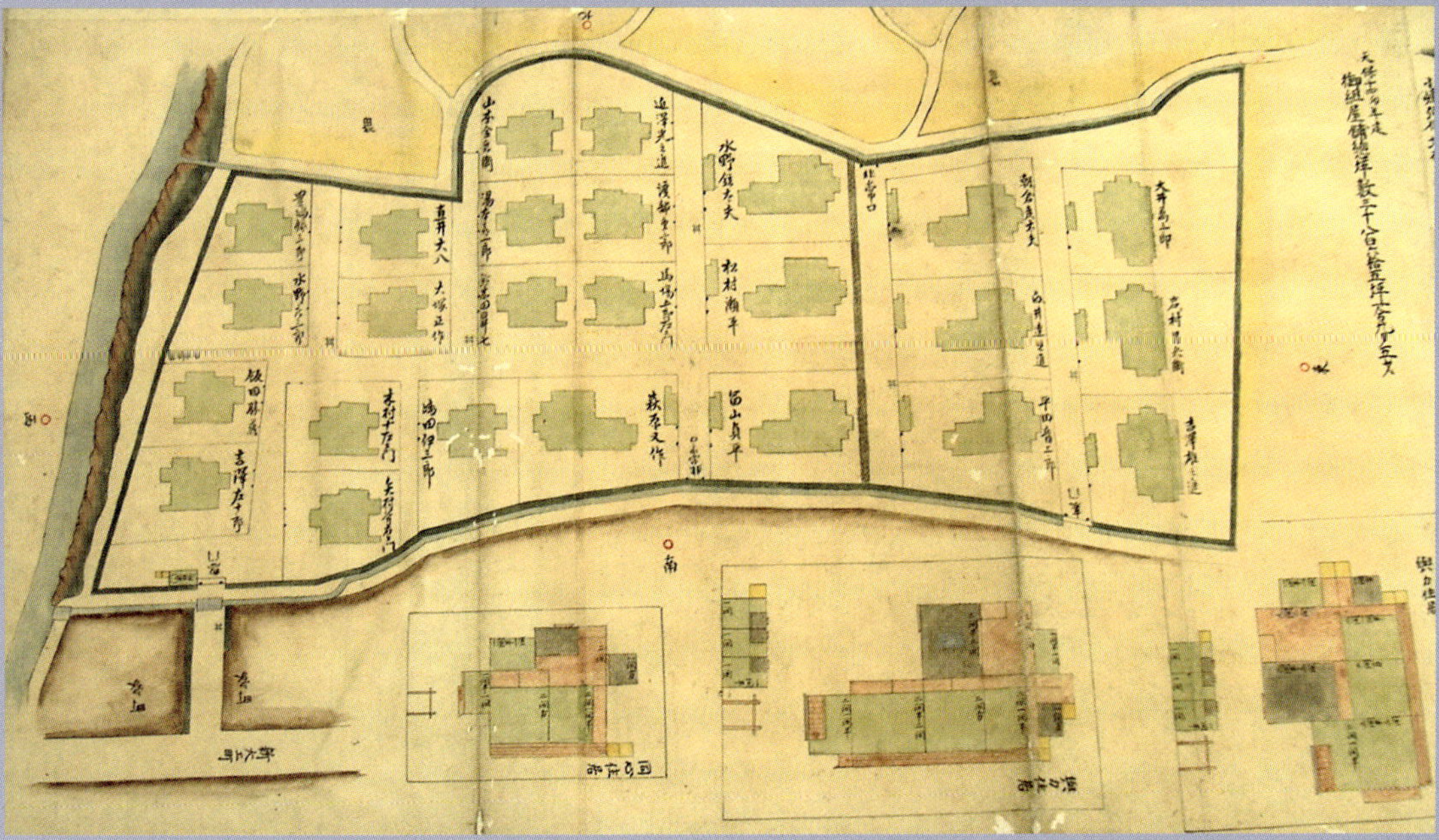

長崎の諸役所絵図を網羅して考察

絵図帖の作成は普請方の仕事

絵図帖は、長崎奉行の指示の下で作成され、奉行所で建物の普請を担当する部署である普請方の仕事であったことは明らかである。他では知りようのない細かい寸法、坪数などが入っている。御用留などの奉行所文書に奉行の指示の文書があれば、その作成の意図などはっきりするが、見当たらない。

幸い奉行所での絵図の取扱を示す記録が残っている。大田直次郎（南畝）の『長崎表御用会計私記』の一節である。狂歌で一世を風靡した大田直次郎は、本職は幕府の御家人で御徒《おかち》であった。支配勘定に昇進してから、長崎の岩原屋敷へ赴任していたが文化元年（一八〇四）十二月二十一日の日記に「長崎役所絵図面、御勘定所に無く、奉行衆の尋ね等が有る節に差し支えるので、絵図面を仕立て差越す様にと、江戸掛より先達て申越しがあったので、右仕立入用を普請方に糺した処、銀五十匁懸るとの書付がきたので、豊後守殿へ申し上げた処、右直段にて仕立させ差し遣す様御聞済の事」と記している。

すなわち「長崎役所の絵図面を江戸で勘定奉行が必要としていること、直次郎がこの掛である普請方に尋ねたところ、銀五十匁（約八万円）掛かると返事が来たので、奉行の肥田豊後守に申し上げたところ、この値段で仕立させ江戸へ送るようにということとなった」とわかる。銀五十匁というのはおそらく普請方が持っていた西・立山両役所の絵図の写しを作成する値段のように思われる。江戸の勘定奉行所での長崎役所絵図のニーズ、絵図については普請方が担当していたことが確認できる大変興味ある史料である。

絵図帖の定義と「参考絵図」

本書では、便宜上「絵図帖」を「長崎奉行所が管理の目的で管轄下の施設の絵図を作成しとりまとめ、折本あるいは巻物としたもの」と定義した。なお絵図帖には台場、番所など長崎代官や福岡・佐賀藩の支配下にあったが、長崎奉行すなわち江戸幕府の指示で動いた施設や、徳川将軍家の位牌を祀る御霊屋のあった寺院などの絵図も含まれている。

この定義から外れる絵図は「参考絵図」としたが、重要性は変わらない。神戸市博物館蔵の絵図は長崎惣絵図、両奉行屋舗図、唐人屋鋪図、阿蘭陀出嶋図の五枚のみであるが、いずれも時代的にはもっとも古い絵図で貴重である。江戸の上級役人の長崎土産として持ち帰られてものとも考えられる。また長崎歴史文化博物館収蔵の福田文庫の絵図類は、郷土史家の福田忠昭氏の旧蔵のもので、奉行所が作成したものでなく参考絵図とした。またもりおか歴史文化館蔵の「旧諸役所図」は、寛政三年（一七九一）に長崎奉行所の絵師が、友人の南部大槌の老師に餞別として写しを作成し渡したものという、特異な経緯のある絵図帖で、やはり参考絵図とした。

収集した絵図帖について、その名称、所蔵者、絵図の数を、作成年代が古いと考えられる絵図帖から年代の推測も含め順番に並べ、「調査した長崎諸役所絵図帖のリスト」として**表1**に示した。また各絵図帖に含まれる諸役所絵図の名称を、坪数が書かれている場合はそれを含めて**表2**「長崎諸役所絵図帖比較表」に示した（P12〜19）。なお幕府の施設は西御役所、瀬崎御米蔵などのように御が付けられている。この表では絵図に記された通りにしたが、本文中では「御船蔵」「御薬園」「御

表1　調査した長崎諸役所絵図帖のリスト

	絵図帖名	所蔵機関	略称	絵図数	絵図帖の作成年代の推測
①	肥前長崎明細図	東洋文庫	東洋図	36	安永元年−安永8年（1772−1779）ごろ
②	長崎屋敷図	西尾市立岩瀬文庫	岩瀬図	27	天明5年（1785）ごろ
③	長崎諸役所建物絵図	東京大学史料編纂所	東大図	27	天明7年−寛政3年（1787−1791）ごろ
④	長崎諸御役場絵図	国立国会図書館	国会図	27	天明7年−寛政3年（1787−1791）ごろ
⑤	長崎絵図	三井文庫	三井長崎図	32	寛政12年（1800）ごろ
⑥	長崎諸役所絵図	内閣文庫･国立公文書館	内閣図	31	文化元年−5年(1804−1808)ごろ
⑦	長崎諸官公衙及付近之図	長崎歴史文化博物館	官公衙図	33	文化5年−6年（1808−9）ごろ
⑧	崎陽諸図	内閣文庫･国立公文書館	崎陽図	24	文化7年−11年（1810−1814）ごろ
⑨	諸御役場絵図	三井文庫	三井諸図	34	文政元年（1818）ごろ
⑩	長崎番所絵図	長崎歴史文化博物館	番所図	30	文政3年（1820）ごろ
⑪	文化五辰六月御改 長崎諸官公衙絵図面	長崎歴史文化博物館	文化図	35	文化5年作成の原図を天保14年（1843）ごろ改訂
⑫	長崎諸役所古図	福岡市博物館	福岡図	34	天保14年−弘化2年（1843−1845）ごろ
⑬	長崎諸役所絵図	長崎歴史文化博物館	諸役所図	29	嘉永7年−安政3年（1854−1856）ごろ
⑭	諸役所絵図	長崎歴史文化博物館	同上	9	同上
A	長崎奉行所諸役所絵図	神戸市立博物館	神戸図	5	宝永3年−宝永5年（1706−1708）ごろ
B	長崎諸役場絵図	長崎歴史文化博物館 −福田文庫	福田古図	22	享保、元文ごろにまたがる
C	長崎諸地図 25図（図50−74）	長崎歴史文化博物館	市博地図	25	うち21図はBの写しか?
D	『長崎実録大成』に収録された絵図	『長崎文献叢書』にあり。	大成図	18	宝暦10年（1760）
E	旧諸役所図	もりおか歴史文化館	大槌図	30	寛政3年（1791）
F	長崎諸役場繪圖　4巻（99−102）	長崎歴史文化博物館	市博繪図	40	文化6年−文化末（1808−1817）ごろ
G	長崎諸役所古図	長崎歴史文化博物館 −福田文庫	福田諸図	14	寛政末−文化中期ごろ
H	長崎諸御役場絵図　第1、2巻	長崎歴史文化博物館 −福田文庫	福田上図 福田下図	43	寛政−天保末期ごろ
			絵図総数	605	

用物」以外はすべて御を削除した。

絵図帖は長崎歴史文化博物館収蔵のものがもっとも多い。これは長崎県立図書館の時代から長崎奉行所の史料を収蔵してきた中核の施設であり、幸いこの場所は原爆を含め、戦火に遭遇しなかったためである。また旧長崎市立博物館収蔵の絵図もここにある。その他は、ほぼ全国的に散らばり、しかも古い絵図帖が多い。国立公文書館の内閣文庫、三井文庫、東洋文庫、西尾市岩瀬文庫、東京大学史料編纂所、国立国会図書館、福岡市博物館、神戸市立博物館、もりおか歴史文化館に所蔵されている。

その他にも全国の図書館、史料館などの検索システムを使い調査したが、今のところ追加の新しい発見はなかった。長崎警備を担当した佐賀藩、福岡藩、大村藩の史料を集めた図書館や資料館にあるのではと思い、検索に加え学芸員にお願いして探したが見つからなかった。不思議な感じがする。

絵図帖は何の目的で作成されたか

表1を見ると絵図帖の成立年代は、もっとも古いものは安永元年—同八年（一七七二—一七七九）ごろ、もっとも新しいものは安政初期（一八五〇年代）ごろである。特徴的なのは天明から寛政初期の数年間に三点、

表２－②　長崎諸役所絵図帖の比較

	④**長崎諸御役場絵図**(国会図) 国立国会図書館　27図	⑤**長崎絵図**(三井長崎図) 三井文庫　32図	⑥**長崎諸役所絵図**(内閣図) 内閣文庫・国立公文書館　31図
	天明7年−寛政3年(1787−1791)ごろ	寛政12年(1800)ごろ	文化元年−5年(1804−1808)ごろ
1	西御役所総坪員1679坪	西御役所総坪数1679坪	西御役所総坪1679坪
2	立山御役所総坪員3239坪	立山御役所総坪数3279坪	立山御役所総坪数3279坪
3	岩原御屋鋪総坪員863坪	岩原御屋敷総坪863坪	岩原御屋鋪総坪863坪
4	長崎会所総坪数544坪6合余	長崎会所	長崎会所総坪数504坪6合余
5	御武具蔵総坪数60坪	御武具蔵総坪数60坪	御武具蔵総坪数60坪
6	御普請方用屋鋪総坪員180坪7合9夕6才	御普請方用屋敷	御普請方用屋舗総坪数143坪6合
7	本興善町唐通事会所総坪員256坪7合5夕	唐通事会所・貫銀方預土蔵・唐通事帳面入	唐通事会所並貫銀道蔵総坪数256坪
8	北瀬崎御米蔵総坪1561坪	北瀬崎御米蔵総坪数1561坪	北瀬崎御米蔵総坪数1561坪
9	南瀬崎御米蔵総坪員299坪	南瀬崎御米蔵総坪数299坪	南瀬崎総坪数299坪
10	出嶋総坪合3969坪余(出島図になし)	出島総坪数3969坪余(出島図149)	出嶋総坪数3969坪(出島図151)
11	新地御米蔵并荷蔵総坪員3850坪	新地蔵	新地荷蔵並御米蔵総坪数3860坪
12	唐人屋鋪総坪員9363坪8合	唐人屋敷総坪数9363坪	唐人屋敷総坪数9363坪余
13	牢屋総坪員744坪6夕2才5弗	牢屋総歩744歩余	牢屋総坪数744坪
14	溜牢総坪数184坪余	溜牢総歩数184歩余	溜牢総坪数184坪余
15	御船蔵総坪員1133坪半	御船蔵総坪数1123坪余	御船蔵(名称抜け)
16	大波戸	大波戸	大波戸総坪606坪半
17	俵物役所総坪数606坪余	俵物方役所・干場	
18		築地俵物役所(俵物干場286坪余)	俵物役所(名称抜け)　干場坪数286坪余
19		新地前俵物蔵所	新地前俵物蔵所(名称抜け)
20	御薬園総坪員1169坪3合余	御薬園総坪員1169坪3合余	御薬園総坪数1169坪3合
21		桜馬場炮術稽古場総坪員475坪6合	桜馬場炮術場総坪数475坪6合
22			
23			
25	遠見番唐人番長屋総歩数2231歩半	遠見番唐人番長屋総歩数2231歩余	遠見番長屋(唐人番長屋は名称抜け)
26	船番長屋総坪数1064坪	船番長屋(名称抜け)	舟番長屋総坪数1064坪
27	引地町町使長屋総坪数735坪	引地町々使長屋	引地町町使長屋総坪数735坪
28	大井手町町使長屋総坪員425坪	大井手町々使長屋	大井手町町使長屋
29	銅座跡乙名詰所并船番長屋1軒3竈、町使散使長屋1軒6竈地割地図	銅座跡乙名詰所并船番長屋1軒3竈・町使長屋散使長屋1軒6竈地割絵図	銅座跡乙名詰所并船番町使散使長屋(名称抜け)
30	八百屋町町使長屋	八百屋町町使長屋(名称抜け)	八百屋町町使長屋総坪数165坪
31	安禅寺総坪員1760坪	安禅寺	安禅寺　御宮并御霊屋
32		大音寺・御位牌所	大音寺御位牌所
33	小瀬戸遠見番所	小瀬戸遠見番所	土生田御煙硝蔵・小瀬戸遠見御番所・内木鉢見逆賄所
34	野母遠見番所	野母御番所	野母遠見御番所
35		肥後国天草郡牛深湊見張御番所同所銀杏山遠見番所	肥後国天草郡牛深湊御番所
36			
37			
38			
39			
40			

寛政末から文政初年までの二十年間に六点見つかっているなど、短い期間に奉行所が頻繁に諸役所の絵図帖を作成しているが、その理由はわからない。

もっと古い絵図帖があるかについては、次のような考察ができよう。参考絵図に含めた『長崎実録大成』（P20の基本史料参照）の絵図は、著者の田辺八右衛門茂啓の自序によると、公務の暇に書き溜めた長崎の歴史についての草稿を、宝暦四年（一七五四）に長崎奉行菅沼下野守に献上したところ、奉行は大いに賞賛し志をみとめ「御役所御文庫の図籍」を被閲することを許すなど、茂啓に多大な便宜を与えたとある。『長崎実録大成』に収録されている十数枚の諸役所絵図は御文庫にあったものであろう。しかしこれらは図師による絵画風の絵図で、普請方による寸法の入っている平面図とは異なる。

したがって、この自序が書かれた宝暦十年（一七六〇）の時点では、のちに述べる福田古図のような個々の施設の絵図はあったが、まだ長崎奉行所の普請方による絵図帖はなかったのではないか。そうなると今まで見つかっている絵図帖でもっとも古いものが安永期なので、空白は十数年程度になる。つまり参考絵図を含めれば、本書は絵図帖についての全体像を示しているともいえるのではないか。

表２－①　長崎諸役所絵図帖の比較

	①肥前長崎明細図（東洋図） 東洋文庫　36図	②長崎屋敷図（岩瀬図） 西尾市岩瀬文庫　27図	③長崎諸役所建物絵図（東大図） 東大史料編纂所　27図
	安永元年－安永8年（1772－1779）ごろ	天明5年（1785）ごろ	天明7年－寛政3年（1787－1791）ごろ
1	西御役所惣坪員1679坪	西御役所総坪1679坪	西御役所（名称ぬけ）
2	立山惣坪員3239坪	立山御役所総坪員3239坪	立山御役所総坪員3239坪
3	岩原御屋舗惣坪員863坪	岩原御屋舗	岩原御屋舗
4	長崎会所	長崎会所	長崎会所
5	御武具蔵惣坪員60坪	御武具蔵	御武具蔵
6	御普請方用屋鋪表口8間入18間	用屋舗御普請方	御普請方用屋鋪
7	唐通事会所 貫銀方預り土蔵･唐通事帳面納所	唐通事会所　貫銀方預り土蔵･唐通事帳面納所	唐通事会所　貫銀方土蔵･唐通事帳面納所
8	北瀬崎御米蔵総坪員1561坪	北瀬崎御米蔵総坪員1561坪	北瀬崎御米蔵総坪員1561坪
9	南瀬崎御米蔵総坪員299坪	南瀬崎御米蔵総坪員299坪	南瀬崎御米蔵総坪員299坪
10	出嶋惣坪合3969坪余（出島図になし）	出嶋総坪合3969坪余（出島図148）	出嶋総坪員3969坪　（出島図147）
11	新地惣坪3850坪	新地総坪3850坪	新地荷蔵総坪3850坪
12	唐人屋敷（名称抜け）	唐人屋鋪	唐人屋鋪
13	牢屋総坪員744坪余	牢屋総坪員744坪6夕2才5弗	牢屋744坪6夕2才
14	溜小屋総坪員184坪余	溜小屋総坪員184坪余	溜牢184坪余
15	御船蔵惣坪数1133坪半	御船蔵総坪員1133坪半	御船蔵
16	大波戸	波戸場	波戸場
17		俵物役所･干場（西浜町の記述なし）	俵物方役所･干場（西浜町）
18			
19			
20	御薬園惣坪1169坪3合余	御薬園総坪1169坪3合	御薬園総坪1169坪3合余
21			
22	戸町御番所柵内2190坪余		
23	西泊御番所柵内2000坪余		
25	遠見番･唐人番長屋惣坪2231坪半	遠見番唐人番長屋総坪員2231坪半	遠見番唐人番長屋総坪数2231坪余
26	船番長屋	船番長屋	船番長屋
27	引地町町使長屋	引地町町使長屋	引地町町使長屋
28	大井手町町使長屋	大井手町町使長屋	大井手町町使長屋
29	銅座跡絵図･銅座跡掛乙名詰所	銅座跡乙名詰所并船番長屋･町使散使長屋	銅座跡乙名詰所并船番長屋･町使散使長屋
30	八百屋町町使長屋（名称抜け）	八百屋町町使長屋（名称抜け）	八百屋町町使長屋（名称抜け）
31	安禅寺	安禅寺	安禅寺　御宮并御霊屋
32	諏訪社（名称抜け）		
33	諏訪社桟敷図、舞台など（名称抜け）	小瀬戸遠見番所	小瀬戸遠見番所
34	西役所桟敷図（名称抜け）	野母御番所･遠見番所･賄所	野母御番所
35	小瀬戸遠見		
36	野母御番所		
37	道生田塩焇蔵		
38	長崎市中略図（名称抜け）		
39	長崎港口の台場の場所の図（名称抜け）		
40			

しかし今後まだ見つかっていない絵図帖が思わぬ場所で見つかり、諸役所絵図帖の全貌がさらに明らかになることを大いに期待したい。

絵図帖の源流は『長崎市中明細帳』か

『長崎市中明細帳』は、明和二年（一七六五）に長崎奉行石谷備後守の指示で作成されたもので、経緯は冒頭に朱書きで「長崎市中の内訳を詳しく知る書物が無かったので町年寄福田十郎右衛門に申付け新規に作成させた」とある。

『徳川幕府事典』によると、幕府の公文書管理は勘定奉行所の機構改革がされた享和八年（一七二三）に始まったとある。

これが浸透してきたのであろう。内容には惣町数、竈数、人別、船数、川や橋の数などで、諸役所・蔵という項目がある。ここには、立山役所、西役所、岩原屋敷、御用物蔵、武具蔵、御船蔵・塩硝蔵、長崎会所、出島、唐人屋敷、大波戸、新地蔵所、南瀬崎米蔵所、北瀬崎米蔵所、貫銀方土蔵、唐通事会所、俵物蔵所、炮術稽古場、新地前俵物蔵所など、本書で取りあげている諸役所絵図帖にふくまれる諸施設と同じで、惣坪数と成立の経緯を簡単に記している。

この市中明細帳は幕末まで約百年の間、改訂が繰り返され『惣町明細帳』な

表２－④　長崎諸役所絵図帖の比較

	⑩長崎番所絵図（番所図） 長崎歴史文化博物館　30図	⑪文化五辰六月御改長崎諸官公衙絵図面（文化図） 長崎歴史文化博物館　35図	⑫長崎諸御役所古図（福岡図） 福岡市博物館　34図
	文政3年（1820）ごろ	文化5年の原図を天保14年（1843）ごろ改訂	天保14年－弘化2年（1842－1845）ごろ
1	西御役所総坪1679坪	西御役所総坪数1679坪	西御役所総坪数1679坪
2	立山御役所総坪3239坪	立山御役所総坪数3239坪	立山御役所総坪数3239坪
3	岩原御屋敷総坪863坪	岩原御屋舗総坪数863坪	岩原御屋舗総坪数863坪
4	長崎会所総坪504坪6合余	長崎会所総坪数504坪6合余	長崎会所総坪数504坪6合余
5	御武具蔵総坪60坪	御武具蔵総坪数60坪	御武具蔵総坪数60坪
6	御普請方用屋敷総坪128坪	御普請方用屋舗総坪数128坪	用屋舗総坪数128坪
7	唐通事会所並貫銀道具蔵総坪256坪余	唐通事会所並貫銀道具蔵総坪数256坪余	唐通事会所並貫銀道具蔵総坪数256坪余
8	北瀬崎御米蔵総坪1561坪	北瀬崎総坪数1561坪	北瀬崎総坪数1561坪
9	南瀬崎御米蔵総坪299坪	南瀬崎総坪数299坪	南瀬崎総坪数299坪
10	出嶋総坪3969坪（出島図になし）	出嶋総坪数3969坪余（出島図154）	出嶋総坪数3969坪余（出島図になし）
11	新地荷蔵並御米蔵総坪3850坪	新地総坪数3860坪	新地総坪数3850坪
12	唐人屋敷総坪9363坪余	唐人屋敷総坪数9363坪余	唐人屋鋪総坪数9363坪余
13	牢屋総坪744坪	牢屋総坪数744坪余	牢屋鋪総坪数744坪余
14	溜牢総坪184坪余	溜牢総坪数184坪余	溜牢総坪数184坪余
15	御船蔵総坪1133坪余	御船蔵総坪数1133坪余	御船蔵総坪数1133坪余
16	大波戸坪数606坪半	波戸場総坪数606坪半	波戸場総坪数606坪半
17			
18	築地俵物役所総坪805坪余（干場坪員286坪余）	俵物役所総坪805坪1合8夕（俵物干場286坪余）	俵物役所総坪805坪1合8夕（俵物干場286坪余）
19	新地前俵物蔵所	新地前俵物蔵所（名称抜け）	新地前俵物蔵所（名称抜け）
20	西山郷御薬園総坪948坪	西山郷御薬園総坪948坪	西山郷御薬園総坪948坪
21	桜馬場炮術場	炮術場総坪数475坪6合	炮術場総坪数475坪6合
22			
23			
25	遠見番・唐人番長屋	遠見番唐人番長屋総坪数2231坪余	遠見番唐人番長屋総坪数2231坪余
26	船番長屋（名称なし）	船番長屋1064坪	船番長屋1064坪
27	引地町町使長屋総坪735坪	引地町々使長屋735坪	引地町町使長屋（名称ぬけ）
28	大井手町町使長屋	大井手町町使長屋（名称抜け）	大井手町町使長屋（名称抜け）
29	銅座跡乙名会所総坪36坪・長屋（名称抜け）総坪392坪	東浜町借屋（名称抜け）	銅座跡・東浜町長屋（名称は銅座跡役場総坪36坪のみ）
30	八百屋町町使長屋総坪165坪	八百屋町長屋165坪（名称抜け）	八百屋町長屋（名称ぬけ）
31	安禅寺　御宮並御霊家	安禅寺総坪3032坪余	安禅寺総坪3032坪余
32	大音寺・御位牌所	大音寺	大音寺
33		小瀬戸遠見番所・土生田塩硝蔵・賄所	小瀬戸遠見番所
34	野母遠見番所	野母遠見番所	野母遠見番所
35	肥後国天草郡牛深湊御番所	銀杏山遠見番所・湊見張番所	
36			小嶋郷塩硝蔵
37		唐鳥小屋・御用物蔵	御代官所内御用物蔵並唐鳥小屋
38		梅ケ崎唐船修理場	梅ケ崎唐船修理場
39		桜町鐘楼総坪員21坪6合	桜町鐘楼総坪員31坪6合
40			

どのタイトルでも作成されてきた。諸役所という表現も初めてであり、明和二年（一七六五）の時点で統計数字を含む市中の全貌を示す書物がなかったのであるから、『長崎市中明細帳』が安永期に始まる諸役所の絵図帳の出現に繋がったのではないかとも推察される。

絵図帖の名称

絵図帖の名称はまちまちで、長崎諸役所絵図、長崎諸役場、長崎諸御役場絵図、長崎諸役所建物、長崎官公衙図、さらには単に諸役所絵図、長崎屋敷図など、また長崎番所絵図、長崎絵図、肥前長崎明細図と表題が中味と異なるケース、旧諸役所図と中味を隠したらしいものもある。また索引では絵・図でなく繪・圖で見つかることもある。大変紛らわしい。名称は原絵図帖にもともとつけられていなかったか、あるいは失われるなどで、収蔵機関で整理のために付られたと思われるものも多く、原題と思われるものは少ない。

本書では、繰り返して記述することの煩雑さを避けるため、**表1**に示したように東洋図、岩瀬図、東大図、国会図、三井長崎図、内閣図、官公衙図、崎陽図、三井諸図、番所図、文化図、福岡図、諸役所図、神戸図、福田古図、市博地図、大成図、大槌図、市博繪図、福田諸図、福田上図、

表2－③　長崎諸役所絵図帖の比較

	⑦長崎諸官公衙及付近図（官公衙図） 長崎歴史文化博物館　33図	⑧崎陽諸図（崎陽図） 内閣文庫･国立公文書館　24図	⑨諸御役場絵図（三井諸図） 三井文庫　34図
	文化6年（1809）ごろ	文化7年－11年（1810－1814）ごろ	文政元年（1818）ごろ
1	西御役所総坪1679坪	西御役所総坪1679坪	西御役所総坪数1679坪
2	立山御役所総坪3239坪	立山御役所総坪数3239坪	立山御役所総坪員3239坪
3	岩原御屋敷総坪数863坪		岩原御屋舗総坪員863坪
4	長崎会所総坪数504坪6合余	長崎会所総坪数504坪6合余	長崎会所総坪員数504坪6合余
5	御武具蔵総坪60坪	同上:御武具蔵総坪数60坪	御武具蔵総坪員60坪
6	御普請方用屋敷総坪143坪6合		御普請方用屋舗総坪員128坪
7	唐通事会所並貫銀道具蔵総坪数256坪余		唐通事会所･貫銀道具蔵総坪員256坪余
8	北瀬崎御米蔵総坪1561坪	北瀬崎御米蔵総坪数1561坪	北瀬崎米蔵総坪員1561坪
9	南瀬崎御米蔵総坪299坪		南瀬崎御米蔵総坪員299坪
10	出島総坪数3969坪（出島図150）	出嶋総坪数3969坪余（出島図153）	出嶋総坪数3969坪余（出島図156）
11	新地荷蔵並御米蔵総坪3850坪	崎陽新地御蔵絵図総坪数3850坪	新地総坪員3850坪
12	唐人屋敷総坪9363坪余	唐人屋舗総坪数9363坪余	唐人屋鋪総坪員9363坪余
13	牢屋総坪744坪	崎陽牢屋並溜牢図　牢屋総坪数744坪余	牢屋総坪員744坪余
14	溜牢総坪数184坪余	同上:溜牢総坪数184坪余	溜牢総坪員184坪余
15	御船蔵総坪員1133坪半	御舟蔵総坪数1133坪半	御船蔵総坪数院1133坪半
16	大波戸総坪606坪半		波戸場総坪員606坪半
17			
18	俵物役所（干場坪数286坪余）	俵物役所総坪数805坪1合8勺	築地俵物役所総坪員805坪1合8夕、俵物干場286坪余
19	新地前俵物蔵所	崎陽神崎図	新地前俵物蔵所
20	御薬園総坪1169坪3合	崎陽女神図	西山郷御薬園
21	桜馬場炮術場	崎陽太田尾図	桜馬場炮術場総坪員475坪6合
22		崎陽魚見嶽図	
23		崎陽長刀岩図	御用物蔵
25	遠見番長屋･唐人番長屋	長崎火薬庫図	十人町遠見番長屋･唐人番附
26	船番長屋総坪1064坪	長崎砲台図	引地町町使長屋総坪員735坪
27	引地町町使長屋総坪735坪	長崎砲台図	大井手町町使長屋
28	大井手町町使長屋		船番長屋
29	銅座跡乙名詰所并船番町使散使長屋	西泊御番所略図柵内2100坪余	銅座跡役場並両組長屋
30	八百屋町町使長屋総坪165坪	肥前長崎図	八百屋町･町使長屋総坪員165坪
31	安禅寺　御宮并御霊屋	戸町御番所柵内2190坪余	安禅寺 御宮･御霊屋総坪3032坪余
32	大音寺御位牌所		大音寺･御位牌所
33	小瀬戸遠見番所･内木鉢、土生田	長崎小瀬戸村並遠見番所図	土生田御塩硝蔵･内木鉢見逆仲宿･小瀬戸遠見御番所
34	野母遠見番所	野母遠見番所（袋には小瀬戸遠見番所とある）	野母遠見御番所
35	肥後国天草郡牛深湊御番所		天草牛深御番所
36	放火山之図		
37	右ノ山上竈之図		唐鳥小屋
38	番所?天満宮が近くにあり		梅ケ崎唐船修理場柵門并竹垣見守所
39	天草･牛深周辺海域（2枚）		
40			

福田下図と「略称」つけ随所にそのように記した。さらに各絵図帖に**表1**に示した①、②、③、④、⑤、⑥、⑦、⑧、⑨、⑩、⑪、⑫、⑬、⑭と番号を付けた。この順はあとで述べる時代検証の結果を受けて古い順となっている。参考とした絵図帖はA、B、C、D、E、F、G、Hとした。

絵図帖の形態

どの絵図帖もすべて和紙に描かれ、彩色されているが、まったく同じ構図でも配色、文字の書き方などが異なり、同一のものはなかった。溜牢《ためろう》、遠見番所、台場など一部俯瞰図のものもある。木版画はない。

絵図帖は連続して描かれた巻物、あるいはそれを折本としたもの、一枚一枚の貼り合わせ、あるいはパッケージなので、一つ一つの絵図についての時代考証から絵図帖そのものの時代を検証することが可能になる。これは大きな利点である。一枚の絵図の大きさは四十cm（三十八から四十四cm）くらいである。

絵図帖での絵図の並べ方は西、立山、岩原と役所から始まるのがもっとも多い。しかし官公衙図では安禅寺、大音寺から始まり、立山、西、岩原役所と続く。番所は野母遠見番所、天草牛深番所から始まり西、立山両役所の順、崎陽図の場合

表２－⑥　長崎諸役所絵図帖の比較

	B長崎諸役場絵図（福田古図） 長崎歴史文化博物館・福田文庫　22図	**C長崎諸地図**（市博地図） 長崎歴史文化博物館・福田文庫　25図	D『**長崎実禄大成**』（大成図） 18図
	享保・元文（17世紀前半）にまたがる	うち21図はBの写しか?	宝暦10年（1760）
1			西御役所図
2		御役所絵図	立山御役所図
3	岩原御屋舗総坪数863坪	岩原御屋鋪惣坪863坪	岩原御屋舗図
4	長崎会所惣坪数216坪	長崎会所惣坪数216坪	
5			
6			
7	本興善町会所総坪数256坪7合5夕	本興善寺会所惣坪数256坪7合5夕	
8	北瀬崎御米蔵総坪数1561坪	北瀬崎御米蔵絵図惣坪数1517坪	北瀬崎御用米蔵図
9	南瀬崎御米蔵総坪数299坪	南瀬崎御米蔵惣坪数299坪	
10	出嶋（出島図123とほぼ同じ）	出嶋（『出島図』123とほぼ同じ	出嶋屋舗図
11	新地荷蔵	新蔵地絵図	新地土蔵図
12	唐人屋鋪総坪数8015坪半	唐人屋鋪惣坪数8015坪半	唐人屋舗図
13	籠屋総坪数744坪6夕2才5弗余	籠屋惣坪744坪6夕2才5弗余	
14			
15			御船蔵図
16	大波戸	大波戸	大波戸図
17			
18		濱町裏銅吹所絵図	
19		稲佐銅吹所絵図	
20		御薬園坪数560坪程	
21		戸町御番所図柵内2190坪余	戸町御番所図
22		西泊御番所図柵内2100坪余	西泊御番所図
23		道生田御薬蔵絵図	
25			
26	船番長屋並中宿総坪数1064坪	船番長屋并中宿惣坪数1064坪	
27	引地町町役長屋（11人、名称なし）	町使町絵図	
28			
29	銅座（銅吹屋など）		
30	戸町御番所柵内2190坪余		
31	西泊御番所柵内2100坪余		
32			
33	小瀬戸遠見番所	小瀬戸遠見番所	小瀬戸御番所図
34	野母遠見番所	野母遠見番所	野母御番所図
35	稲佐塩焇蔵坪数1847坪		
36	放火山番所	放火山御番所絵図	烽火山御番所図
37	道生田御薬蔵		道生田塩硝蔵図
38	稲佐銅吹所		梅ケ崎図
39	石火矢台（高鉾など7か所）、	沖石火矢台 7か所	石火矢台図
40			
41		稲佐塩硝蔵絵図	稲佐塩硝蔵図
42		諏訪社絵図	

は南瀬崎米蔵から始まり台場へ続くなど変わっているものもある。代表的なものは岩瀬図、東大図、国会図などの順で、**表2**ではそれに順じて並べた。

表2に示したように、絵図には施設の名称の横に坪数が併記してあることが多く、面積の単位には坪、坪数、坪員、歩、歩員と同じ絵図帖の中でも不統一に使われている。坪、合、勺（夕）、才、弗（ふつ）と細かい。たとえば牢屋では岩瀬図、国会図で七百四十四坪六夕二才五弗と書かれている。これは実測ではなく計算値であろう。各絵図帖に収められている絵図の数は、Aの五図、⑭の九図と少ないものを除き二十七から三十五図で、絵図総数は六百余点となった。

諸役所絵図帖の史料としての価値

長崎は、江戸から遠く離れ、海外に向けて開かれた窓という特殊な土地柄であった。絵図には、長崎にどのような奉行所に係わる施設があり、どのように変遷したかなどを考察できる貴重な史料なのである。二カ所にあった奉行所、目付屋敷、出島、唐人屋敷、遠見番所など特長のある施設を擁し、時代とともに変遷するので管理を目的として普請方が用意した平面図で、奉行所作成ということで史料の信頼性も高い。

表2－⑤ 長崎諸役所絵図帖の比較

	⑬長崎諸役所絵図（諸役所図） 長崎歴史文化博物館 29図	⑭諸役所絵図（諸役所図） 長崎歴史文化博物館 9図	A長崎奉行諸役所絵図（神戸図） 神戸市立博物館・池長孟コレクション 5図
	嘉永7年－安政3年（1854－1856）ごろ	左図（⑫）と一体と考える	宝永3年から宝永5年（1706－1708）ごろ
1	西御役所総坪1679坪		西屋鋪絵図坪数3364坪
2	立山御役所総坪数3239坪		立山屋鋪絵図坪数6690坪
3	岩原御屋舗総坪863坪		
4	長崎会所総坪数504坪6合余		
5	御武具蔵総坪数60坪		
6	御普請方用屋舗総坪数128坪		
7	唐通事会所並貫銀道蔵総坪数256坪余		
8	北瀬崎総坪数1561坪		
9	南瀬崎御米蔵総坪数299坪		
10	出嶋総坪数3969坪余（出島図になし）		阿蘭陀出島の図坪数3885坪
11	新地総坪数3851坪		
12	唐人屋敷総坪数9363坪余		唐人屋鋪図坪数8015坪
13	牢屋総坪744坪余		
14	溜牢総坪数184坪余		
15	御船蔵総坪数1133坪余		
16	波止場総坪数606坪半		
17			
18	俵物役所総坪805坪1合8勺		
19	新地前俵物蔵所		
20	西山郷御薬園総坪数948坪		
21		炮術場総坪数475坪6合	
22	唐人屋敷前勤番所・同普請方詰所・御台場		
23			
25	遠見番唐人番長屋		
26	引地町町使長屋総坪数735坪		
27	大井手町町使長屋地坪429坪		
28	船番長屋1064坪		
29	銅座跡・東浜町長屋		
30	八百屋町町使長屋総坪数165坪		長崎惣絵図
31	安禅寺総坪3052坪余		
32		大音寺	
33	小瀬戸遠見番所・賄所・土生田塩硝蔵		
34	野母遠見番所		
35		銀杏山遠見番所・湊見張番所	
36		小嶋郷御塩硝蔵	
37		唐鳥小屋・御用物蔵	
38		梅ケ崎唐舟修理場	
39		桜町鐘楼	
40		天保14年御組屋舗総坪数3865坪1合9夕5才	

古代から慶応三年（一八六七）までの間に、日本人により著述・編纂・翻訳された書籍の所蔵先をまとめた岩波書店発行の目録『国書総目録』には、東大図、内閣図、官公衙図、文化図は出ている。しかし、江戸や駿府、京都、大坂などの遠国奉行所には同種の絵図帖は見当たらなかった。すなわち諸役所絵図帖は長崎に特有のものと考えられる。

これまでは、出島、唐人屋敷の絵図についてはよく取りあげられ関心も大きいが、諸役所絵図をまとめて大観的に考察したのはこのたびが初めてであろう。

本書ではどちらかといえば絵図の成立年代を明らかにするいわゆる書誌学的な取りあげ方に重点が置いた。しかしながら絵図帖は、長崎の歴史、とくに土木・建築史、絵画史などの史料としても貴重である。さらには、たとえば番方の地役人の住居に書き込まれている名前からもその陣容、その変遷などが解明できるなど、まだ解明されていない多くの貴重な情報を包含している。

絵図帖の長崎奉行所での管理

絵図帖は長崎奉行所、番所、台場などの政治・軍事に関する情報を含むことから当然ながら機密文書として管理されたものと思われる。とくに台場や備場の詳

表２－⑧　長崎諸役所絵図帖の比較

	H諸御役場絵図（福田上図） 長崎歴史文化博物館・福田文庫　上巻 23図	H長崎諸御役場絵図（福田下図） 長崎歴史文化博物館・福田文庫　下巻 20図
	寛政から天保末期ごろ	同左
1	西御役所総坪1679坪	
2	立山御役所総坪3239坪	
3	岩原御屋敷総坪数863坪	
4	長崎会所総坪数504坪6合余	
5		
6	御普請方用屋敷総坪143坪6合	
7	唐通事会所並貫銀道具蔵総坪256坪余	
8	北瀬崎御米蔵総坪1561坪	
9	南瀬崎御米蔵総坪299坪	
10	出島総坪数3969坪（出島図146）	出島総坪数3969坪（出島図になし）
11	新地荷蔵並御米蔵総坪3850坪	
12	唐人屋敷（名称抜け）総坪数9363坪余	唐人屋舗総坪数9363坪余
13	牢屋総坪744坪	
14	溜牢総歩184坪歩余	
15	御船蔵（名称抜け）総坪員1133坪半	
16	大波戸（名称抜け）総坪606坪半	
17	籾蔵	
18	元俵物役所（干場坪数286坪余）	築地俵物役所（名称抜け）総坪数805坪1合8夕
19		新地前俵物蔵所
20		御薬園総坪数945坪（西山御薬園の絵図の下に十善寺の絵図あり）
21		炮術総坪475坪6合
22		
23		御用物蔵
25	遠見番長屋・唐人番長屋	
26	船番長屋総坪1064坪	
27	引地町々使長屋総坪735坪	大井手町々使長屋
28		戸町御番所柵内2190坪余
29	銅座跡乙名詰所并船番町使散使長屋	西泊御番所柵内2100坪余
30		八百屋町町使長屋総坪165坪
31	安禅寺（名称抜け）目録に記載なし	安禅寺　御宮并御霊屋(目録には東照宮）
32		大音寺（名称抜け）御位牌所
33		小瀬戸遠見番所・内木鉢、土生田
34		野母遠見番所
35		天草牛深御番所
36		放火山之図
37		唐鳥小屋（名称抜け）
38		梅ケ崎唐船修理場柵門并竹垣見守所
39		桜町鐘楼総坪員35坪8合
40		
41		
42		

細は高度の機密である。長崎奉行所で出された判決記録である『犯科帳』の天保十三年（一八四二）の項には、出島絵師の川原慶賀が機密条項に違反し処罰されたと記載されている。

「御台場向役所向等は認め間敷旨の誓詞も有る処、蘭人の好に任せ右誓詞に背いた」

すなわち御台場や役所などは描いてはいけないとの誓詞をしたのに、オランダ人の好みに任せこの誓詞に背いたとのことで、江戸・長崎払と追放処分になった。出島に出入りする際、そのような誓詞が必要とされたのである。

しかし、過去にはこのような注意は払われていない。延宝期（一六七三―一六八一）のものと思われる長崎の古地図や、安永七年（一七七八）、享和（一八〇一―一八〇三）ごろに刊行され市販された長崎版画に長崎港の台場が石火矢台として描きこまれている。

この延宝期の絵図は元禄初期（一六九〇―一六九二）に出島に来たケンペルによってヨーロッパに持ち帰られ、有名な『日本誌』に掲載され世界に知られた。当時の幕府が「防衛機密」に無頓着だったとしか考えられない。このことについては長崎警備や台場の項で詳しく述べる。

表2－⑦　長崎諸役所絵図帖の比較

	E旧諸役所図（大槌図） もりおか歴史文化館　30図	F長崎諸役場繪圖（市博繪図） 長崎歴史文化博物館　図99、100,101,102:40図	G長崎諸役所古図（福田諸図） 長崎歴史文化博物館・福田文庫　14図
	寛政3年（1791）	文化6年－文政初期	寛政末－文化初、文化中期ごろなど
1	西御役所図総坪員1679坪	西御役所総坪数1679坪（101）	西御役所惣坪数1676坪
2	立山御役所図総坪員3239坪	立山御役所総坪数3239坪（101）	西御役所御桟敷絵図
3	岩原御目附屋敷図総坪員863坪	岩原御屋敷惣歩数863坪（101）	
4	長崎会所図総坪員336坪4合	長崎会所総坪504坪6合余（101）	
5	御武具蔵図総坪員60坪	御武具蔵総坪60坪（101）	
6	御普請方用屋敷図	御普請方用屋敷総坪143坪6合（101）	
7	唐通事会所図	唐通事会所並貫銀道具蔵総坪256坪余（101）	唐通事会所並貫銀道具蔵総坪256坪余
8	北瀬崎御米蔵図総坪員1561坪	北瀬崎御米蔵惣坪数1561坪（101）	北瀬崎御米蔵（名称抜け）
9	南瀬崎御米蔵総坪員299坪	南瀬崎御米蔵総坪299歩（101）	
10	出嶋阿蘭陀屋舗図総坪員3969坪	出嶋惣坪数3969坪余（101）（99）2枚	
11	新地唐荷物蔵総坪員3850坪	新地蔵惣歩数3850歩（101）	
12	唐人屋舗図総坪員9363坪余	唐人屋敷（100）（名称抜け）（102）総坪数9363坪余、2枚	
13	牢屋図総坪員744坪余	牢屋惣坪数744坪余（100）	
14	溜牢図総坪員184坪余	溜牢（名称抜け）総歩数184歩余（100）	
15	御船蔵図総坪員1133坪半	御船蔵惣歩数1133歩余（100）	
16	大波戸図	大波戸（名称抜け）惣坪員606坪半（100）	
17	俵物役所図総坪員634坪	元俵物役所（101）	
18		俵物役所（名称抜け）（99）	新地前昆布蔵焼失跡俵物役所取建絵図
19		新地前俵物蔵総坪数600坪（99）	俵物役所惣坪数805坪余（干場坪数286坪余）
20	御薬園図総坪員1169坪余	御薬園惣坪数1169坪、西山郷御薬園惣坪数945坪（102）2枚	
21	戸町御番所図柵内2190坪余	炮術場惣坪475坪6合（99）	
22	西泊御番所図柵内2100坪余	籾蔵（100）	
23	道生田塩消図	御用物蔵・唐鳥小屋は名称抜け（99）	
25	遠見番唐人番長屋総歩員2231歩半	遠見番長屋・唐人番長屋総歩数2231歩余（100）	遠見番長屋・唐人番長屋
26	船番長屋図	船番長屋（100）	船番長屋
27	引地町町使長屋図	引地町々使長屋（100）	
28	大井手町町使長屋図	大井手町々使長屋（102）	大井手町々使長屋（名称抜け）
29	銅座跡乙名詰所船番町使長屋図	銅座跡乙名詰所并船番町使散使長屋（100）	銅座跡乙名詰所并船番長屋1軒3竈町使散使長屋1軒6竈
30	八百屋町町使長屋図	銅座跡乙名詰所（100）	八百屋町町使長屋
31	安禅寺御霊屋図	戸町御番所（名称抜け）（99）	東上町御蔵屋鋪坪数105坪
32		西泊御番所（名称抜け）（99）	
33	小瀬戸遠見図	小瀬戸遠見番所（102）	
34	野母御番所	野母遠見番所（102）	
35		湊見張御番所（名称抜け）（99）	
36		放火山御番所（99）	放火山御番所
37		八百屋町町使長屋（名称抜け）	
38		梅ケ崎唐船修理場（99）	
39		桜町鐘楼総坪数35坪8合（99）	
40		安禅寺（名称抜け）（102）	
41		大音寺（99）	
42			

維新後五十年を経て散逸

長崎県立長崎図書館郷土課の時代から長崎奉行資料の管理を担当していた本馬貞夫氏は「長崎奉行所関係資料」（千二百四十二点）が二〇〇六年に重文の指定を受けた経緯などについて記している。「明治維新の後、長崎奉行所の文書はそっくり長崎会議所に接収され、そのまま長崎裁判所、長崎府、長崎県と引き継がれた。

しかし維新後五十年が経つと、文書類は廃棄の対象になり業者に払い下げ出した。売却して金に換え、備品を整備する動きもあった」という。

折本、巻物の形で彩色の絵図帖は恰好の売り物で、かなり初期から散逸したのではないか。本書での調査の対象となった十四点の絵図帖のうち、九点が長崎以外に所蔵されており、これらの絵図帖は明治中期から後期に購入されたものが多いことも、その推測を裏付けるように思う。

長崎歴文博収蔵の絵図帖二点が重文指定

長崎歴史文化博物館には、（i）前身の長崎県立長崎図書館が長崎奉行所の流れを引継いで所蔵していたもの、（ii）郷土史家の福田忠昭氏が旧蔵していた絵図類で、昭和五十九年に長崎県立長崎図書館に移管されたいわゆる「福田文庫」や、同種の史料に含まれる絵図、（iii）長崎市立博物館の収蔵のもので主として写本、と大きくわけて三種類で十点近くある。（ⅲ）の写本は大正年間に前二者の写しを作成したものが主体であるが一部オリジナルなものもあり判然としない。

長崎歴史文化博物館収蔵の絵図帖のうち二点は「長崎奉行所関係資料」として国の重要文化財（以下重文と略す）指定を受けている。本馬氏は「絵図類は奉行所内での保管状況がわかっておらず、史料的価値という点からしても有力な絵図が指定の対象になっていない」と指摘している。この指摘のとおり重文に指定されたこの二点は後述するようにいささか疑問符が付くものだけに残念な結果となっている。

本馬氏の指摘から推測すると、長崎奉行所の御用部屋の文書を収める御用箪笥には絵図を収める場所がなく、絵図を作成した奉行所敷地外の普請方用屋敷などに所蔵された。そのため明治維新後、他の奉行所文書とは別の流れになり、このような事態になったとも考えられる。しかし当時の絵図帖の管理の実態や、ここで調査した絵図帖がどのように拡散したのかは興味ある課題ではあるがわからない。

ひんぱんに引用した基本史料

絵図や絵図帖の時代推定を行うにあたっては多くの史料、参考文献を使ったが、ここではもっとも頻度高く使用した基本史料についてまとめて述べる。これらはいずれも信頼性が高く史料価値が確立している史料である。

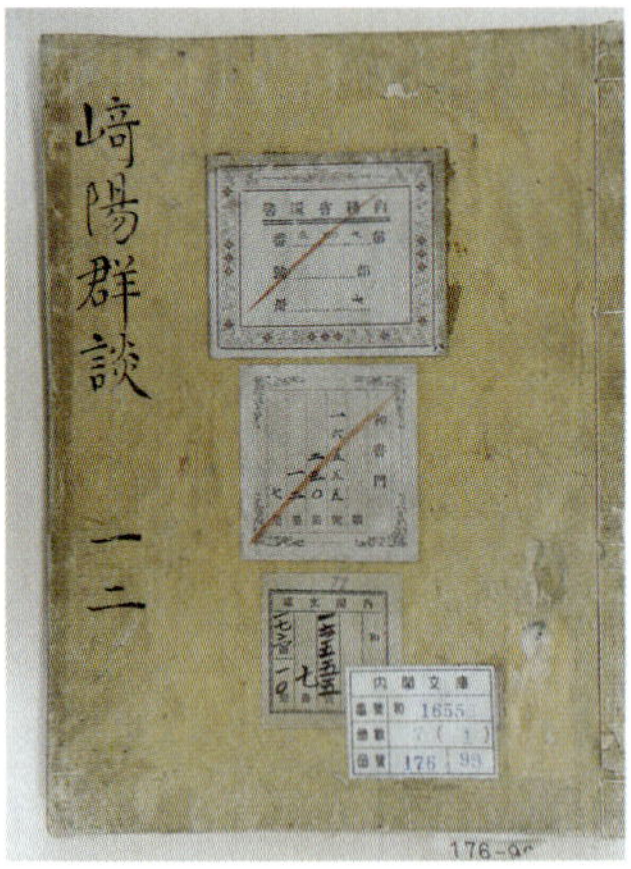

『崎陽群談』の写本の表紙（国立公文書館蔵）

『崎陽群談』　享保元年（一七一六）長崎奉行大岡備前守の編纂による行政資料である。現職の長崎奉行として行政上の目的意識をもって編纂されたと考えられる。享保元年は、寛文三年（一六六三）の長崎の大火から三十七年経っているが、この間の延宝・元禄期には大火による都市景観の一変、正徳新例にみられる貿易改革、立山役所、長崎会所、唐人屋敷の設立など、近世貿易都市としての行政の再編強化がなされた時期であった。

『長崎実録大成』　漢文で書かれた自序によると、当時長崎の学問所長崎聖堂の書記役であった田辺八右衛門茂啓が長年書き溜めた労作を宝暦四年（一七五四）に長崎奉行菅沼下野守に献上した。奉行はこれを賞賛し官庫の図籍などを被閲させるなど多大な便宜を与え、官命によって書継ぎをした。宝暦十年（一七六〇）に完成、明和元年（一七六四）に長崎奉行に献上したもので、内容は十六巻あり、長崎開港からの歴史が記述され、うち四巻は年表である。絵図は諸役所絵図帖の原型のようなスケッチ図が十数点掲載されている。長崎奉行によって以降の書継が命ぜられ、明和四年（一七六七）まで継続され、翌年、田辺氏は死去した。

次項の『続長崎実録大成』と合わせ、昭和三年（一九二八）に古賀十二郎校訂のもとで翻刻刊行された。長崎文庫刊行会、一冊。古賀十二郎編。丹羽漢吉・森永種夫校訂の『長崎文献叢書』二冊は昭和四十八年（一九七三）に長崎文献社により刊行された。

『続長崎実録大成』　明和五年（一七六八）田辺氏の死去により長崎奉行石谷備後守が、書物改手伝役の小原克紹氏に本書の書継ぎを命じた。小原氏は田辺氏により編纂された分を「長崎志正編」と名づけ、続けて編纂したものを「長崎志続編」と称した。

したがって『長崎志』とも総称されるが、本書では小原氏によって書かれた部分は『続長崎実録大成』とした。年表は

『長崎実録大成』の写本の表紙（国立公文書館蔵）

天保十年まで、その他の項目については天保十一年に至る記述もある。

　本書の末尾には天明六年（一七八六）の大改造後の長崎会所、文化元年（一八〇四）ごろの放火山番所、北瀬崎の武具蔵、文化元年（一八〇四）にロシア使節レザノフ来崎時の往復の航路、西泊・戸町備の体、沖七所御台場図、木鉢露西亜人小屋、梅崎仮館図、大波戸上陸道中図、立山役所で国書を提出した際の席図など貴重な絵図が掲載されている。

『**増補長崎略史**』「増補長崎年表」とも呼ばれる。成立は明治二十九年（一八九六）。明治二十一年（一八八八）に刊行された「長崎年表」の増補版である。元長崎区長の金井俊行が編纂した。元亀元年（一五七〇）から慶應三年（一八六七）までの長崎の編年史である。金井氏の家は代々長崎代官の手代であった。

　上記の『長崎実録大成』などの記録は官のことに止まって、民間の事に及ばず、野史の類は正確を欠き、一般に商法のことが不足しているとし、編成されたもの（長崎県立図書館発行の『長崎県の郷土史料』より引用）。

『**金井八郎翁備考録**』成立は安政二年（一八五五）（その後も追記あり）。長崎代官高木作右衛門の手代を勤めた金井八郎が実務の参考とするため、代官所記録類を項目別に分類、整理して筆写したもの。明治二十年（一八八七）、当時長崎区長の職にあった八郎の実子金井俊行は、原本を写させ、原題が「諸元極」となっていたものを「金井八郎翁備忘録」と改題した。

　本書が参考にした諸元極四（唐鳥小屋、御薬園）、諸元極五（御備、御船蔵、御武具蔵、御鉄砲蔵、御塩硝蔵、砲術稽古場）の翻刻版は『長崎代官所関係史料二』として刊行されている。

　以下個々の施設について絵図の特徴を抜き出し時代考証に役立つと考えられる点を考察する。次に各絵図帖についてその特徴を述べ製作時代を推定した理由を述べる。

第二章　絵図帖に描かれた長崎の施設

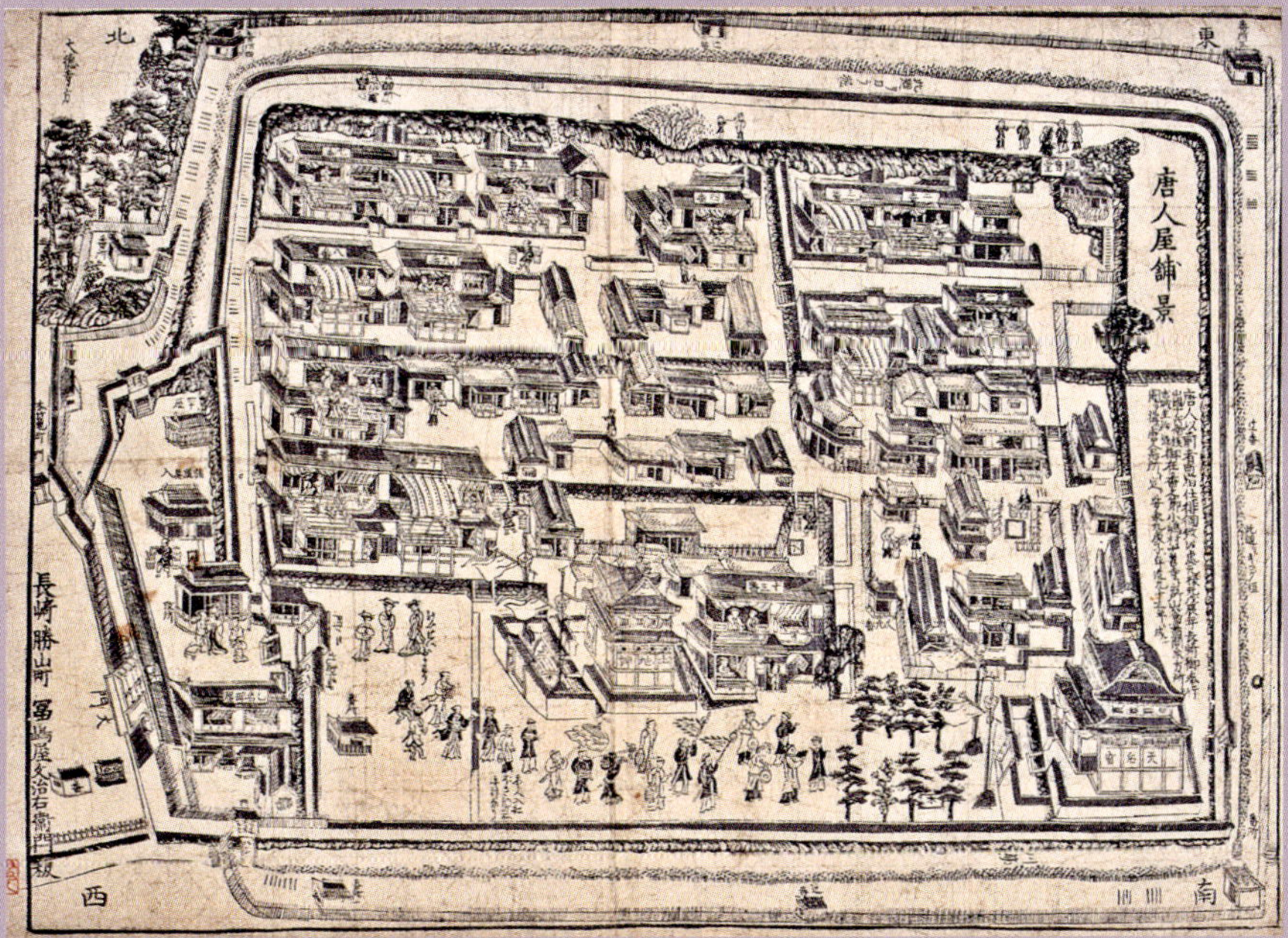

1 長崎奉行所関連
西役所、立山役所、岩原屋敷の変遷を追う

長崎奉行所

長崎奉行の定員は発足当時一人制であったが、寛永十年（一六三三）に二人制となった。また三人あるいは四人制のこともあった。二人制であった期間はもっとも長く合計二百六年で、長崎と在府（江戸）一人ずつであった。奉行所は文禄のころから寛永十年（一六三三）までは本博多《もとはかた》町《まち》にあった。この年、奉行は二人制となり奉行所も二つに別けた。この年火災があり両役所とも、外浦町《ほかうらまち》（その後の西役所の場所、現江戸町）に移った。寛文三年（一六六三）にまた火災があり、その後土地を増して東西二カ所に分けた。延宝元年（一六七三）に立山に東役所が移転するまでは、両役所は同じ場所にあった。

元禄十二年から十三年間は奉行は四人制で、交替時などのやりくりで、立山奉行所の隣地にある安禅寺が使われたこともあった。元禄初期に出島の医師として滞在したケンペルが記した『日本誌』の中の長崎の図およびその流れを汲む地図には第三の奉行所として安禅寺《あんぜんじ》が記されている。

西役所

沿革　岬の教会の屏風絵発見

西役所の位置は、長崎県庁舎本館（二〇一七年移転）が建っていた場所（江戸町）である。港に突き出した高台という戦略的な場所で、長崎開港後にサン・パウロ教会がイエズス会によって建てられ、同会の日本本部も置かれていた。その当時の教会の絵と考えられている阪急文化財団蔵の「岬の教会：南蛮屏風（部分）」を**図1**に示す。福井県の敦賀地方で発見されたものとある。

イエズス会東インド管区の巡察師ヴァリニヤーノは『日本巡察記』に一五八三年の記録とし「周囲はほとんど全部海に囲まれているほど海に突き出している高い岬があり、聖堂が目下建設されている」

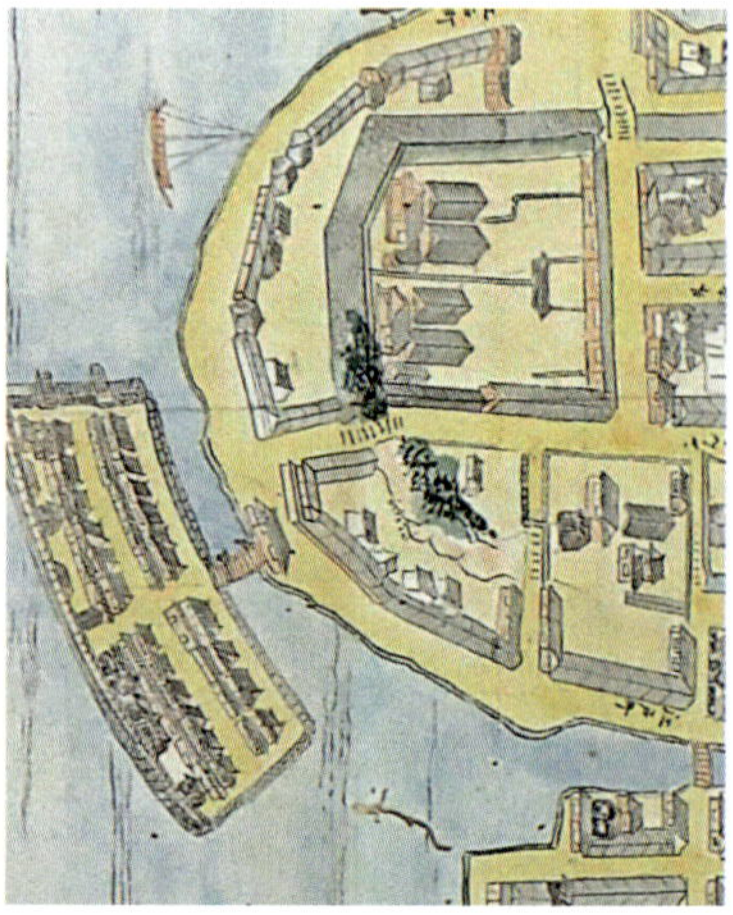
図2（①）『長崎港古図』（内閣文庫蔵）
寛永8年―正保ごろ（1641―1647）

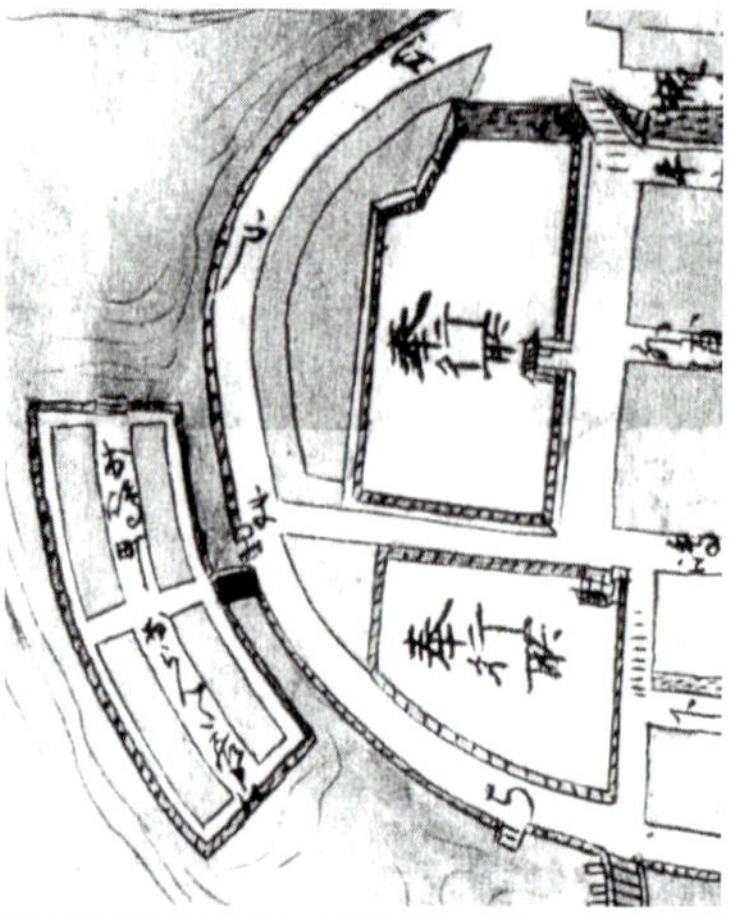
図2（②）『承保3年之夏黒舟長崎へ入津に付諸大名之相詰候絵図』（国立国会図書館蔵）
寛文3年―延宝元年（1663―1673）ごろ

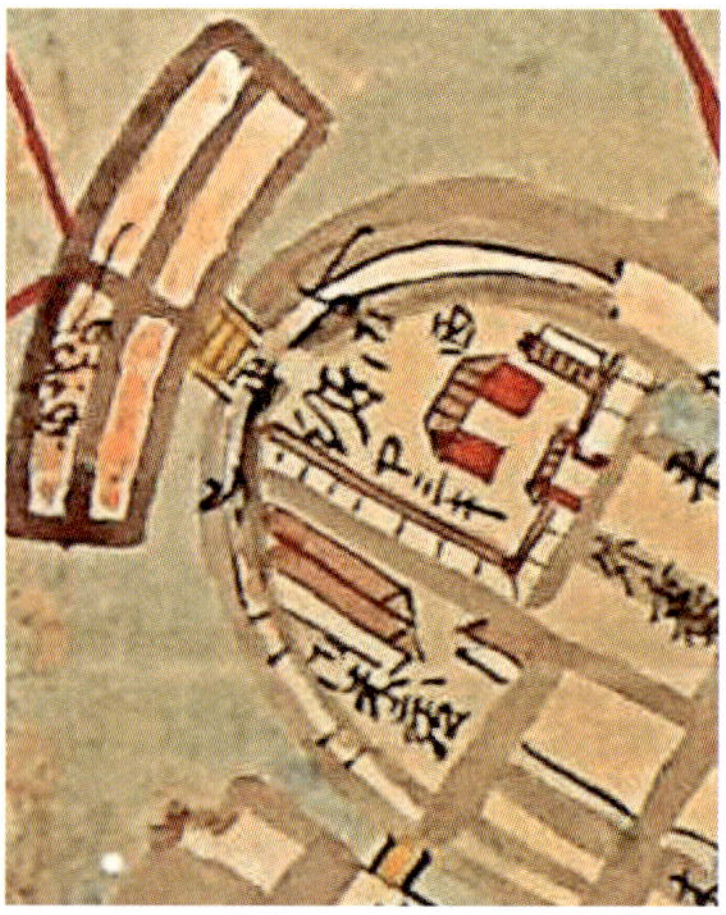
図2（③）『長崎絵図』（西尾市岩瀬文庫蔵）
貞亨元年（1684）ごろ

図1　岬の教会:南蛮屏風の部分（阪急文化財団蔵）

と書いている。長崎がイエズス会に寄進されていた時期である。

長崎は天正十六年（一五八八）豊臣秀吉の直轄領となった。この聖堂は文禄元年（一五九二）に長崎奉行寺沢志摩守によって破壊されたが、慶長六年（一六〇一）に再建された。徳川家康・秀忠の時代、天主教禁令により慶長十九年（一六一四）十月に破壊・焼却された。慶長十九年は、宣教師の国外追放にあわせ、主な教会が十月二日から十六日にかけて破壊・焼却された長崎キリシタン受難の年であった。その後、この地は江戸・大坂の会所屋敷となったが、寛永十年（一六三三）ここに長崎奉行所が置かれた。現在でも石垣は残っているが海は埋め立てられてしまった。幕末の安政二年（一八五五）から安政六年（一八五九）まで幕府の海軍伝習所がおかれ、敷地の半分が教場と寄宿舎に使われた。

絵図帖に描かれた歴史

西役所は、すべての絵図帖に出ており大半の絵図で最初に出てくる。奉行屋敷地としては、ここが立山役所より古いからであろう。

『崎陽群談』には「奉行屋鋪は文禄の頃から寛永十年（一六三三）迄は本博多町にあったが、同年より今の西役所に両奉行所を一カ所に建てた。ただし、惣門（屋敷の外囲いにある大門）は一つで内に両屋鋪の構があった」と書かれている。その後、寛文三年（一六六三）の長崎大火の際両屋敷とも焼失し、再建の際にのちに船番屋敷になった部分を拡張し、東屋敷を建てた。牛込忠左衛門が奉行のとき、両役所が同じ場所にあるのは火災などの節不都合であると建議し、延宝元年（一六七三）に東屋敷は立山へ引越した。

長崎の古い地図に描かれている屋敷の変遷を**図2**に示す。①惣門が一つで敷地内に同じ形の両奉行所があった時代、②敷地を拡張し両奉行所が個々の門を持ち独立していた時代、③東奉行所が立山へ移転し、その跡地に米蔵があった時代、④奉行所との間の区切りもなく蔵所となっていた時代、⑤米蔵が北瀬崎に移り、西奉行所と船番家鋪（長屋）が隣接する最終的な形になった変遷が判る。なお西

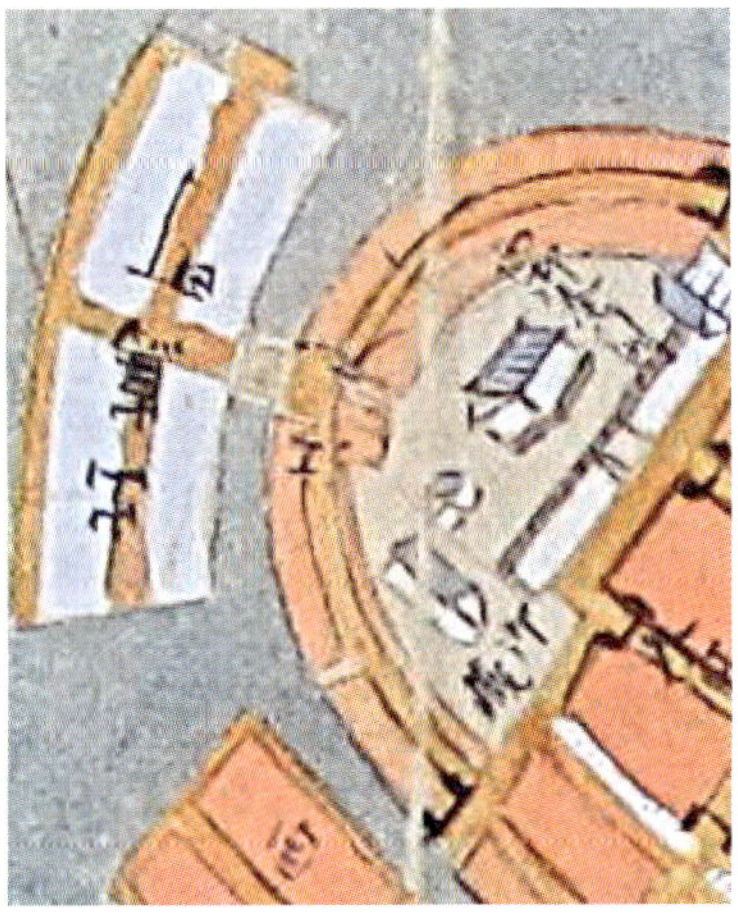

図2（④）『長崎惣絵図』神戸図（神戸市立博物館蔵）宝永3年—宝永5年（1706—1708）ごろ

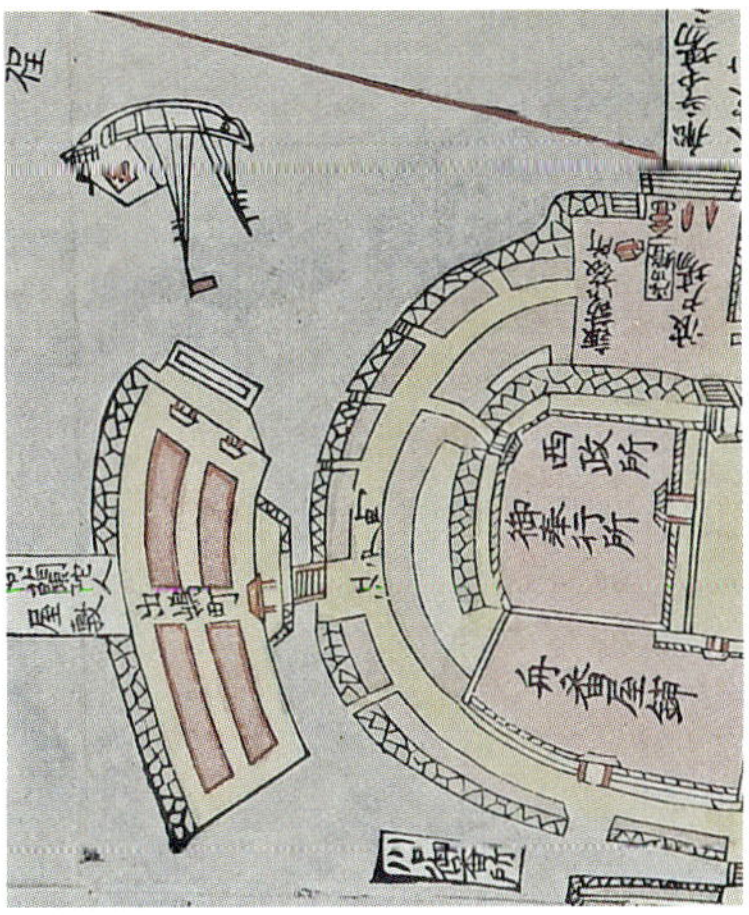

図2（⑤）『肥之前州長崎図』（内閣文庫蔵）延享2年（1745）ごろ

役所は寛永十年（一六三三）始建とすべきであろうが、東洋図、国会図、三井長崎図、福田上図の絵図には「延宝七未年（一六七九）始建（立）」とある。これは延宝六年七月に近くで火事があり西屋敷が類焼し、翌年再建したことによる。

もっとも古い絵図：神戸図（図3）

神戸市立博物館蔵の絵図（**図3**）は現在見つかっている西役所のもっとも古い平面図である。同博物館の池長コレクションの絵図である。のちに馬場となる東南の場所（図の左端）に長屋があるのが特長である。ほかに五軒の長屋がある。江戸から派遣された役人の住居である。雪隠、湯殿が長屋や馬屋の外に濃い褐色に塗られ十数カ所描かれている。同じパッケージの「長崎惣絵図」などから、この絵図は宝永三年から宝永五年（一七〇六–一七〇八）ごろの成立と思われる。長崎奉行所が始まって百年になるが、これより以前の奉行所の平面図は見つかっていない。

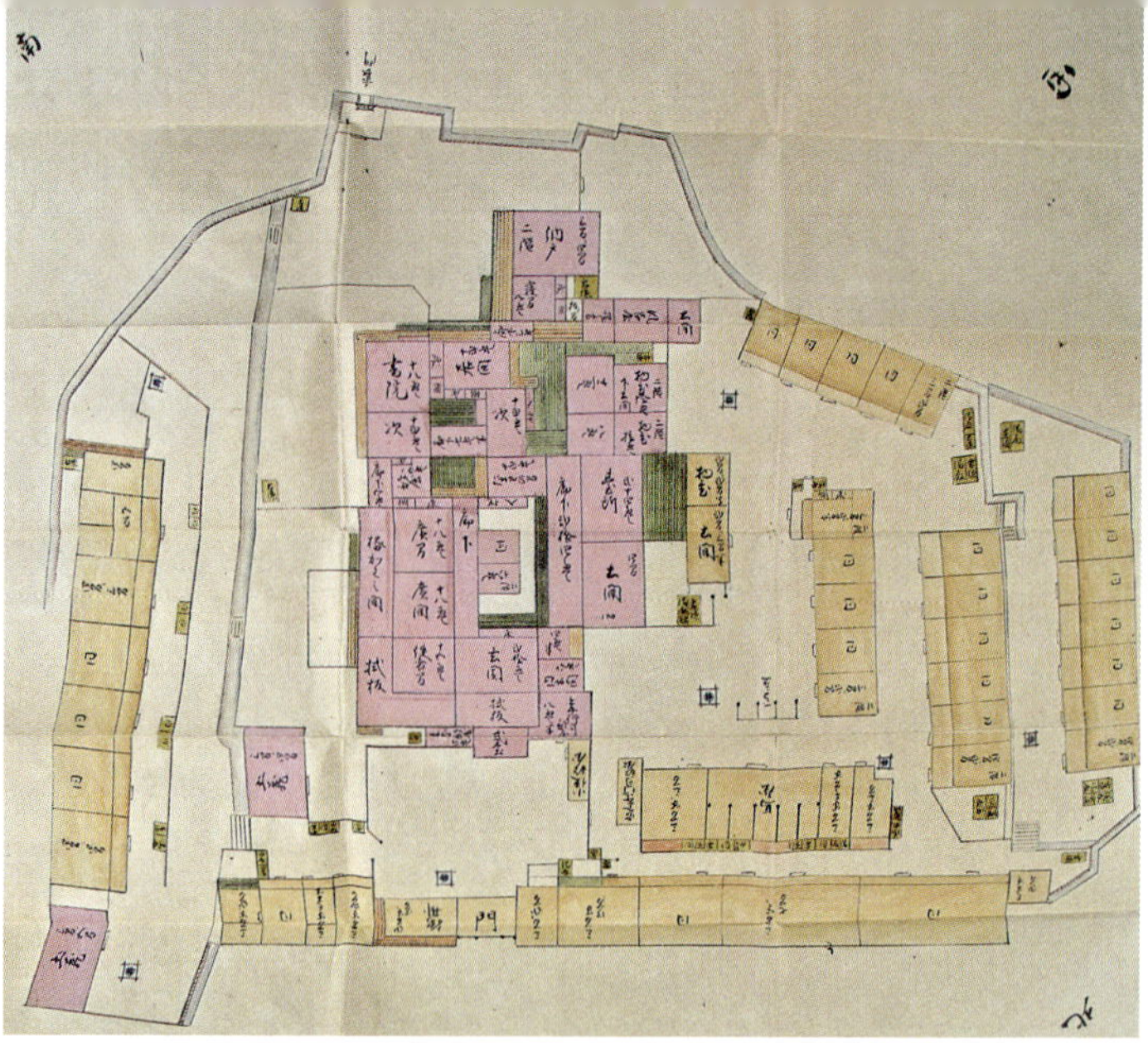
図3　西屋鋪絵図　神戸図（神戸市立博物館蔵）

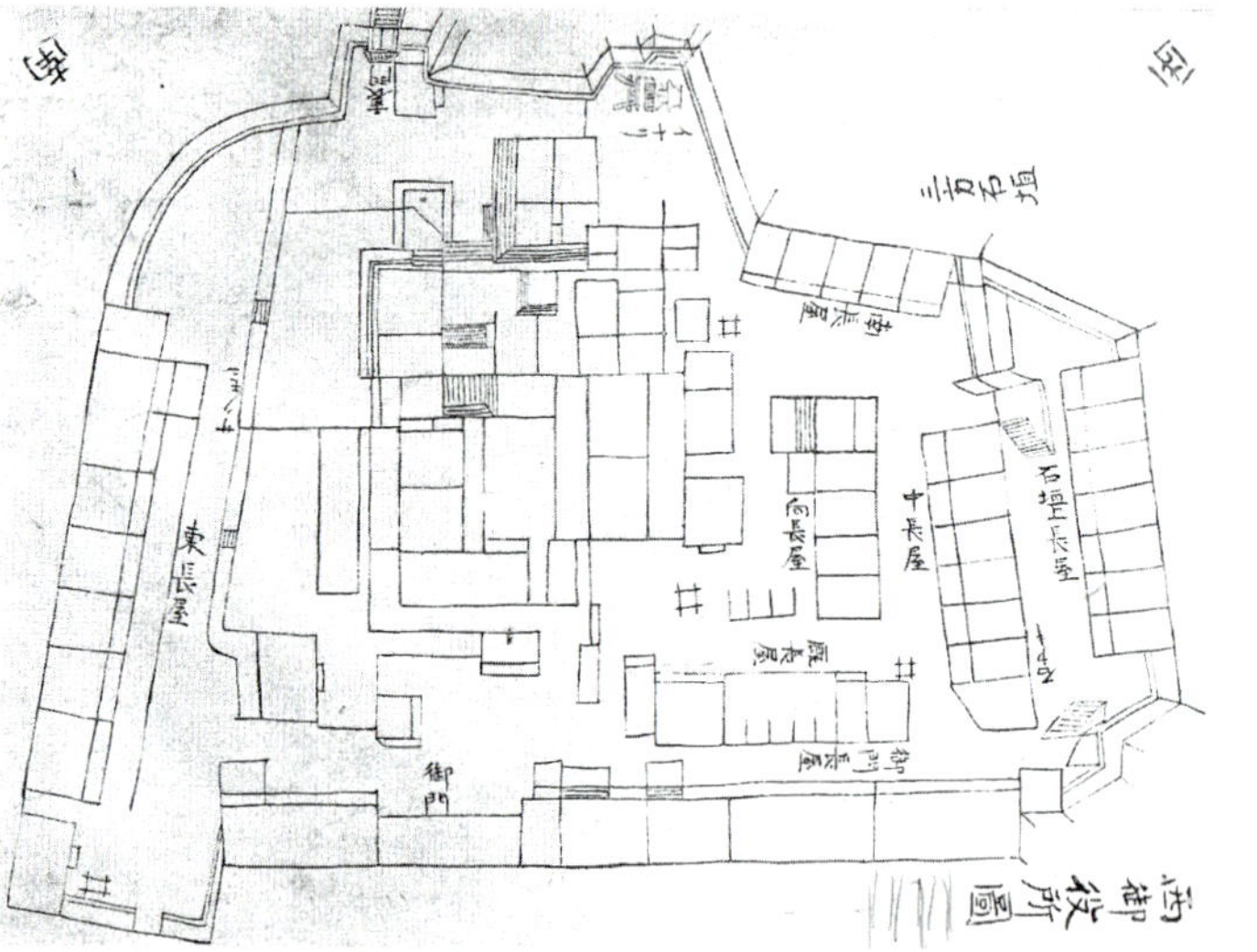

図4　西御役所図　大成図『長崎実録大成』

坪数は三千三百六拾四坪余と表紙に書かれている、他の絵図帖ではすべて千六百七十九坪である。この疑問は内閣文庫蔵『長崎諸事覚書』に「両奉行屋敷坪数覚」という項があり解ける。すなわち

１　二千六十九坪余　東
２　千二百九十五坪余　内百三十九坪余は寛文九年波止場築出の分

とあり、合計は三千三百六十四坪と一致する。東の部分はこの覚書が書かれたあと寛文十二年（一六七二）に立山へ移り、土地の一部は西役所へ、あとは船番屋敷と米蔵となったものと推理できる。

『長崎実録大成』の西御役所絵図（**図4**）では長屋には東、向、中、南、石垣上と名前が書かれており、厩もあり、構成は神戸図と同様である。宝暦十年（一七六〇）ごろの現状図で、神戸図より五十年以上時代は下がる。鎮守イナリが出てくる。雪隠湯殿は描かれていない。

絵図上の主要な変化

絵図帖での西役所の面積はずっと千六百七十九坪で増減はないが、敷地の内部は時代とともに変わっている。神戸図、大成図に描かれた東長屋は、東洋図、岩瀬図、東大図、国会図、三井長崎図では馬場に替わり、三井諸図以降には馬見

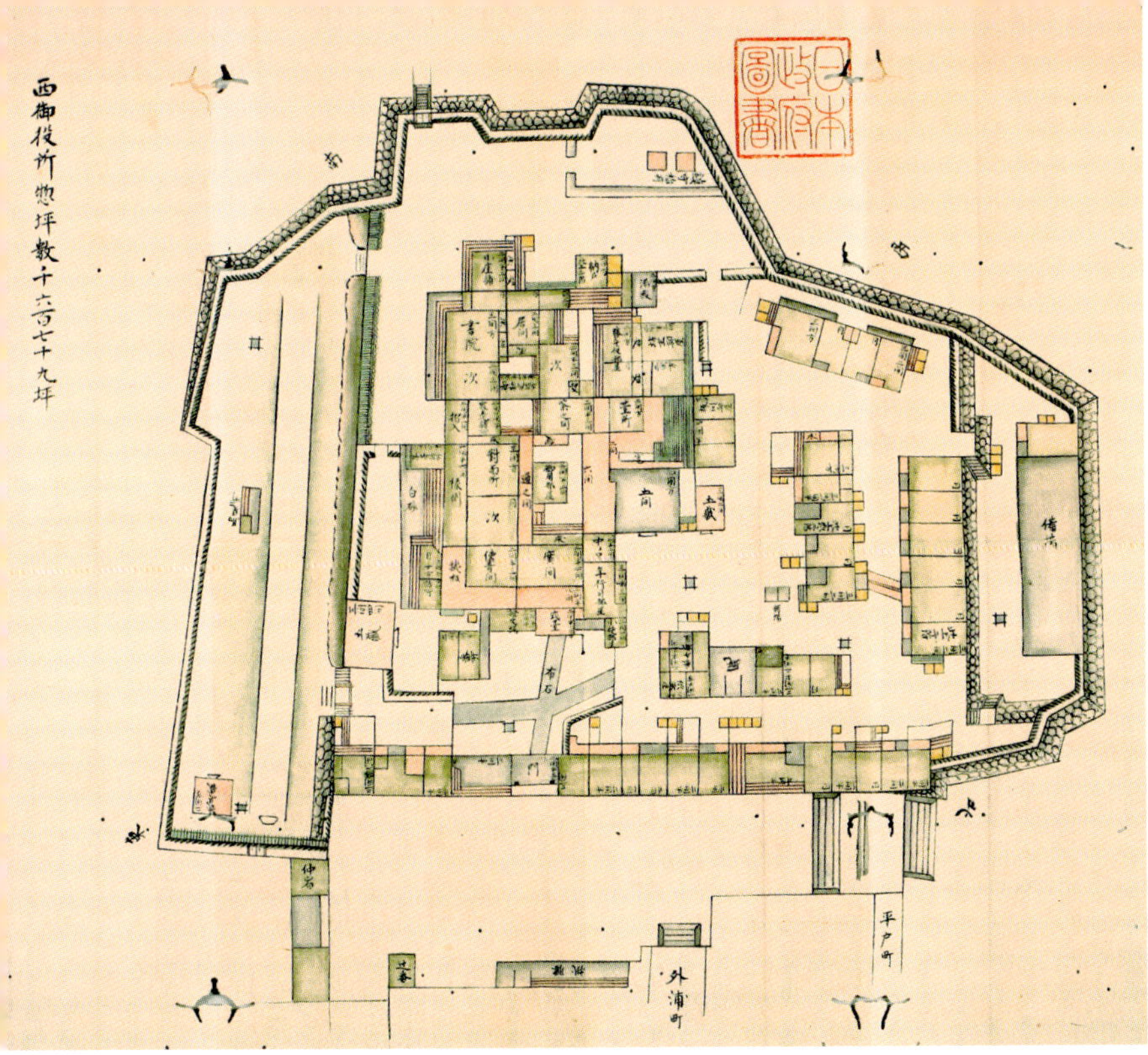

図5　西御役所　崎陽図、（内閣文庫蔵）

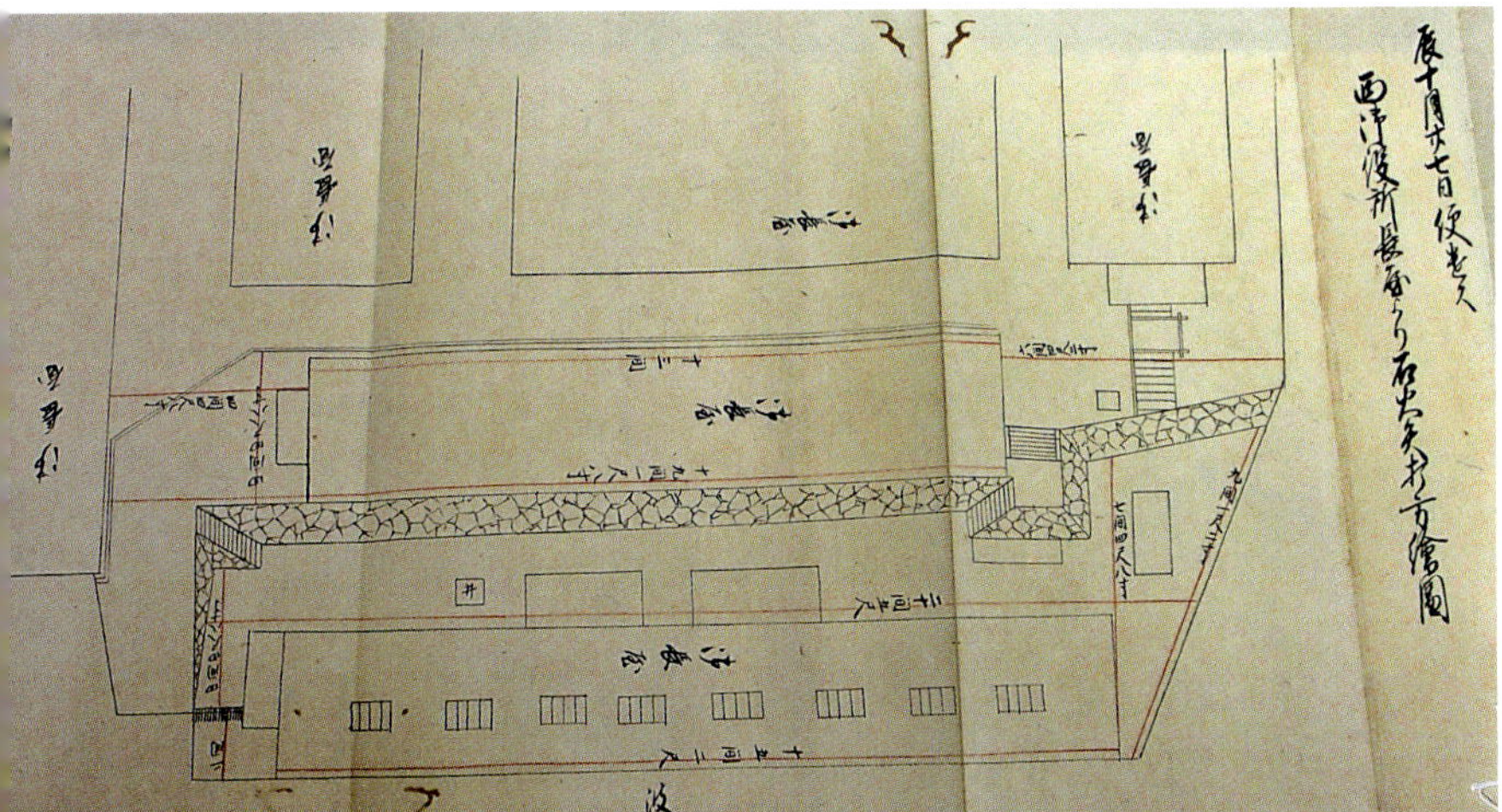

図6　西役所長屋より石火矢打ち方の図『御備一件・諸絵図』、（内閣文庫蔵）

所も現れる。文化期以降の様子は内閣図以降の絵図であるが、馬見所のほか九間四十間の射術稽古場が描かれている。『続長崎実録大成』文化四年（一八〇七）十一月に「西御役所馬場において射術稽古の儀、御役所附・遠見番・唐人番・両組散使などによる願いにより免ぜられる。十八間半的を限り、日を定め稽古をいたすべし」とあり時期的に符合している。絵図には的場が描かれているものもある。次に述べるロシアの来寇を意識した御備の一貫であろう。

大成図で向長屋とある建屋に、大槌図には御家老と書き入れられて玄関もついている。当時西役所では家老も住居を構えていたのであろう。

南西には裏門と鎮守稲荷があり、裏門の横には土蔵があった。この鎮守稲荷は年の経過と共に囲いが出来るなど段々と整備された。土蔵は三井長崎図以降なくなっている。

石垣上長屋が備場へ変身（図5）

北西側（図の右端）は波止場に面しているが、この崖っぷちに「石垣上長屋」といわれた二間三間で二階建の七軒長屋があった。東洋図から官公衙図までずっと長屋であったが、崎陽図で備場に変わり、それ以降ずっと備場となっている。**図5**に石垣上長屋が備場になった西役所の絵図（崎陽図）を示す。備場とは外敵に対する防備の場所である。

内閣文庫蔵の『御備一件・諸絵図』は長崎奉行曲淵甲斐守より老中牧野備前守への報告文書をまとめたものである。このなかに「文化五年（一八〇八）十月二十七日便遣す。西御役所長屋より石火矢打方絵図」という波止場に面した石垣上御長屋が石火矢を擁した備場となったスケッチ図がある。**（図6）**十五間二尺の長さの長屋に七カ所の窓が描かれているが、この場所に石火矢を配置したのであろう。東大史料編纂所蔵の『長崎覚書』には西御役所内御台場（薬師寺久右衛門持）として鉄三百四十目石火矢　壱挺、玉数　鉛十五、鉄八十五など、計六挺の石火矢、短筒のリストが示されている。

　これには次のような背景がある。文化元年（一八〇四）九月ロシアの全権大使レザノフが通商を求め長崎へ来航した。寛政五年（一七九三）に根室で幕府がラックスマンに与えた「信牌」を持参していた。幕府からの回答におよそ半年あまり待たされ、幕府から派遣された目付遠山景晋との会談で通商要求は拒否された。レザノフはその腹いせに部下のフヴォストフに命じて樺太（文化三年九月）および、エトロフ島（文化四年四月）を襲撃させた。これは北辺紛争あるいは文化魯寇事件と言われ幕府を震撼させた大事件であった。このロシアの狼藉が長崎へ波及することを恐れ、老中牧野備前守は長崎警備の再検討を命じた。内閣文庫蔵の史料はこの命令に対する長崎奉行の報告書の添付絵図集である。

まさかのフェートン号事件

　ところが文化五年（一八〇八）八月十五日にフェートン（Phaeton）号事件が起こった。フェートン号は、イギリス政府の命を受け、ナポレオンの支配下に入ったオランダ船を拿捕する目的で来航したもので、恐れて準備をしていたロシア船ではなく、英国の軍艦であって、まったくの不意打ちであった。オランダ商館員は英船に拉致され、英軍のボートは港の中を徘徊・捜索し薪水・食料を強要した。オランダ商館長ドゥーフが穏便な対応を求めたこともあり、英国船は人質を返し食料と水の補給を受け、悠然と立ち去った。この事件では長崎奉行松平図書頭が引責し切腹、佐賀藩の責任者も切腹という悲劇になったが、この大事件からの教訓として備場、台場の増設など上記の長崎警備強化策がさらに見直され増強された。なお長崎警備についてはＰ115以降で詳しく述べる。

武具庫の新設

『金井八郎翁備考録』によると文化六年（一八〇九）に海岸に近い西役所の馬場の東端に二間四方の武具蔵が新設された。これも異国船対応の一環であった。崎陽図、番所図、福岡図などに出ている。他の絵図では蔵の名称がなく、諸役所では土蔵となっている。**図5**の馬場の東端に二間方の武具蔵が描かれている。

立山役所

沿革「山のサンタ・マリア教会」の跡地に

　長崎で三大教会と言われた「山のサンタ・マリア教会」が慶長十九年（一六一四）十月に破壊されるまでこの場所にあった。そのとき長崎に在住していたスペイン人貿易商のヒロンという人による生々しい目撃談がある。

「大村の殿様はサンタ・マリア天主堂の取りこわしを引きうけたが、わたしはその区域に住んでいた。天主堂からものの二百歩と少し隔った同じ町内にいたのである。この邪しまな執行は、十一月五日に始まり、そして中二日おいて八日には、あの美しいばかりか、清らかで、人々がしげしげと出入りした天主堂が、私たちの目の前からうばい去られたのである」

　この地は邪宗門改めの井上筑後守の屋敷になったがその後空地になった。『崎陽群談』には「延宝元年（一六七三）立山の地を奉行屋敷に決め、西屋敷のうち東屋敷を引取った。門長屋は天草郡富岡城の古材を使った」などと、この空地に奉行所が置かれた経緯が書かれている。

　寛文十年（一六七〇）武蔵国・岩槻に転封を命ぜられた当時の領主戸田忠昌が、天草を去るにあたり「天草は永久に天領たるべき土地であり、したがって冨岡城は無用のものに過ぎない」と建議し、冨岡城の本丸および二の丸は破壊された。そのときの廃材が三年後に門・長屋として再使用されたのである。東洋図、東大図、国会図、大槌図、三井長崎図の絵図に「延宝元丑年始建」とあり符合している。

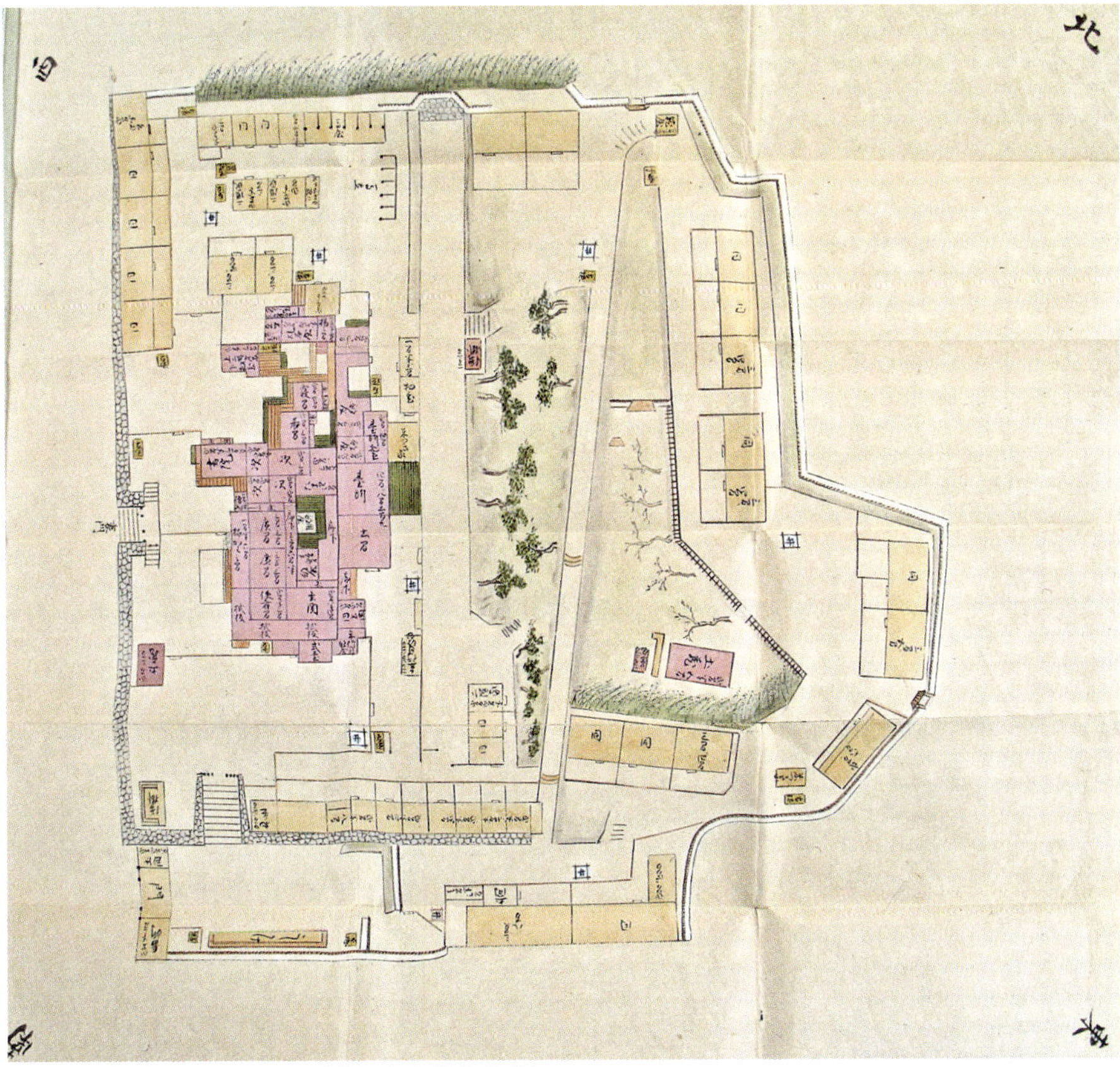
図7　立山屋鋪絵図　神戸図（神戸市立博物館蔵）

現在は、この場所に長崎歴史文化博物館が建てられ、長崎奉行所も一部復元され長崎の観光名所になっている。この立山役所は長崎奉行所の主たる庁舎で、西役所は補完的な役割で使われた。長崎奉行が二カ所の奉行所にそれぞれ勤務したのは、奉行の定員が三人—四人であった貞享三年（一六八六）から正徳二年（一七一二）の長崎貿易の最盛期二十七年だけであった。その後もずっと二カ所に奉行所を擁したのは、このときの名残といえよう。

もっとも古い立山役所絵図（図7）

神戸市立博物館蔵の絵図（**図7**）は、神戸図のパッケージの「長崎惣絵図」の成立年代から宝永三年—宝永五年（一七〇六—一七〇八）ごろまで遡るものと考えられる古い絵図で、他の絵図では見られない様相を示している。

屋敷本屋がやや胴細の敷地に建てられ、馬場とも思われる四間幅の細長い空地で区切られ、そこから階段で樹木の植わっている中段へ上がる。さらに東側には草木が植えられた敷地がある。さらに後に山の内と呼ばれた馬場になった場所には長屋が四棟ある。その北西側に籠屋とあるが牢であろう。

建屋の配置で特徴的なことは書院など奉行の執務場所が八百屋町通り側にあり、台所、物置などの生活の場所が山側にあることで、これ以降の絵図とまったく反対である。また周辺に配置された長屋に係わる雪隠（濃い褐色に塗られた小屋）が建物から離れた場所にあることで、この時代の特徴であろう。正面から入って玄関

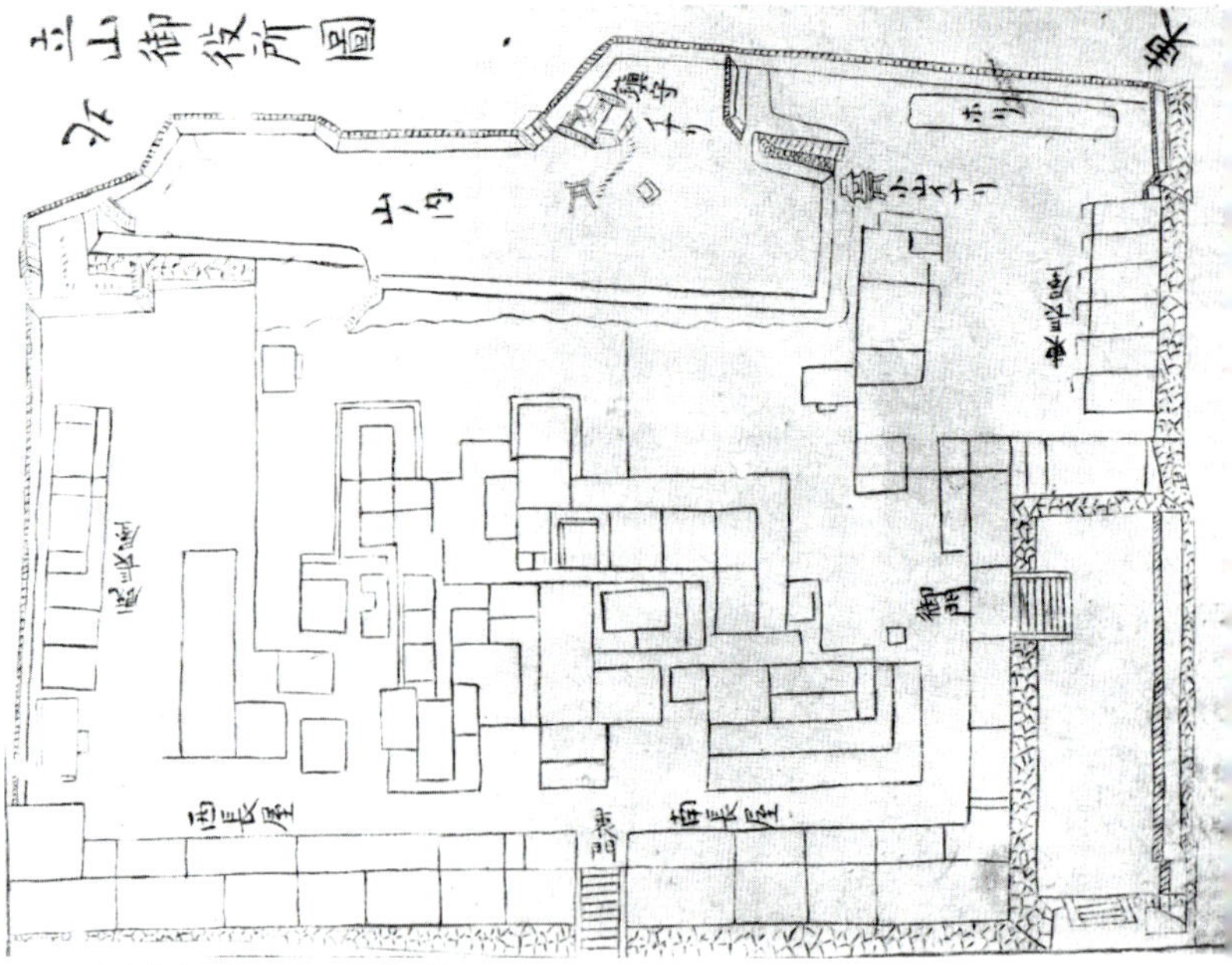

図8　立山御役所図、大成図『長崎実録大成』

へ向かう階段もその後の絵図と違い南側にある。『長崎実録大成』に「享保二年（一七一七）屋敷内悉く平地に均して、本屋長屋全く造替らる」とあり、その際階段も少し奥の方へ式台・玄関と直線になるように付け替えられたのであろう。

山側の草木は十善寺にあった御薬園が元禄元年（一六八八）の唐人屋敷を建設の際、ここへ移されたものであろう。御薬園は享保五年（一七二〇）に小嶋郷十善寺に移された。立山役所の模様替の享保二年とは三年の違いがあるが、この絵図は元禄元年（一六八八）から享保二年（一七一七）の間の成立とわかる。この絵図だけでは成立年代をさらに絞り込む史料はないが、「長崎惣絵図」の成立年代である宝永三年―宝永五年（一七〇六―一七〇八）ごろの立山役所の様子と考えてよいのではないか。

宝暦期以降の立山役所図

『長崎実録大成』の立山役所図を**図8**に示す。これは宝暦十年（一七六〇）ごろの現状図と考えられ、このあと全体の模様は幕末まで変わっていない。文化後期成立の崎陽図を**図9**に示す。

山之内といわれる一段と高い場所にあった馬場に、三井長崎図以降四十五間の武術稽古場が整備される。もっとも馬見所はすべての絵図で見える。この馬場からさらに階段で上がった場所に鎮守稲荷がある。『長崎実録大成』には「寛政十二年（一八〇〇）に鎮守稲荷社拝殿が建て替えられた」とあり、馬場より下の小山稲荷に鳥居も建てられるなど、三井長崎図以降の絵図帖でこの二つの稲荷が整備されたことがわかる。文政元年（一八〇四）に長崎へ支配勘定として赴任した大田直次郎（名覃《たん》、号は、南畝）は、立山の稲荷に参詣したときのことを「立山の鎮守の稲荷の祠は山上と山下にあり、山下の社の額を見るに正一位下野稲荷大明神、東都大田覃書とあり、いつの年に書きたるか今は忘れにける」と自分の名声がここまで及んでおりびっくりしたと江戸の弟に書き送っている。

その後の立山役所

東・西・南と名付けられた長屋は初期から幕末までずっと続く。江戸から赴任

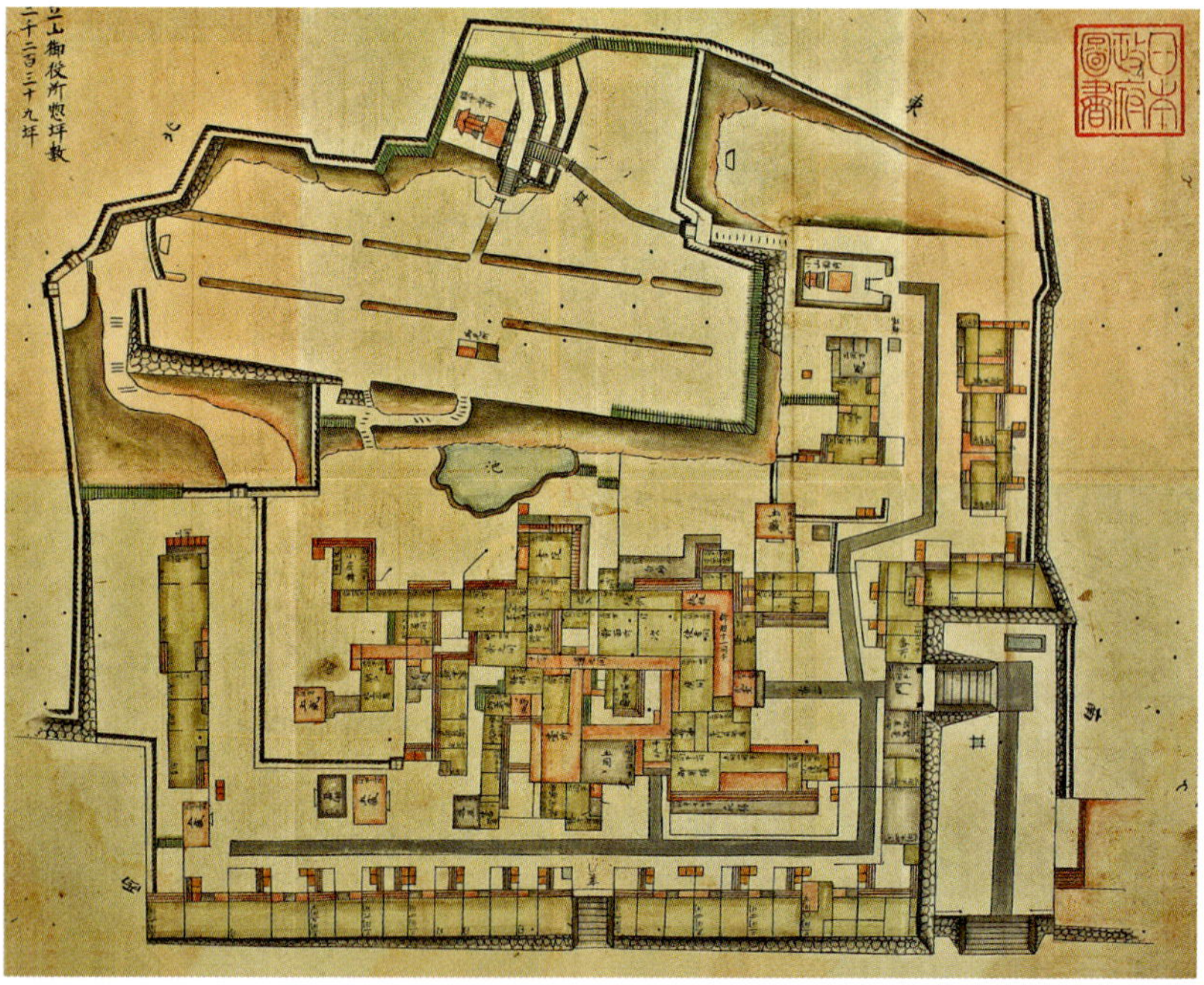

図9　立山御役所　崎陽図（内閣文庫）

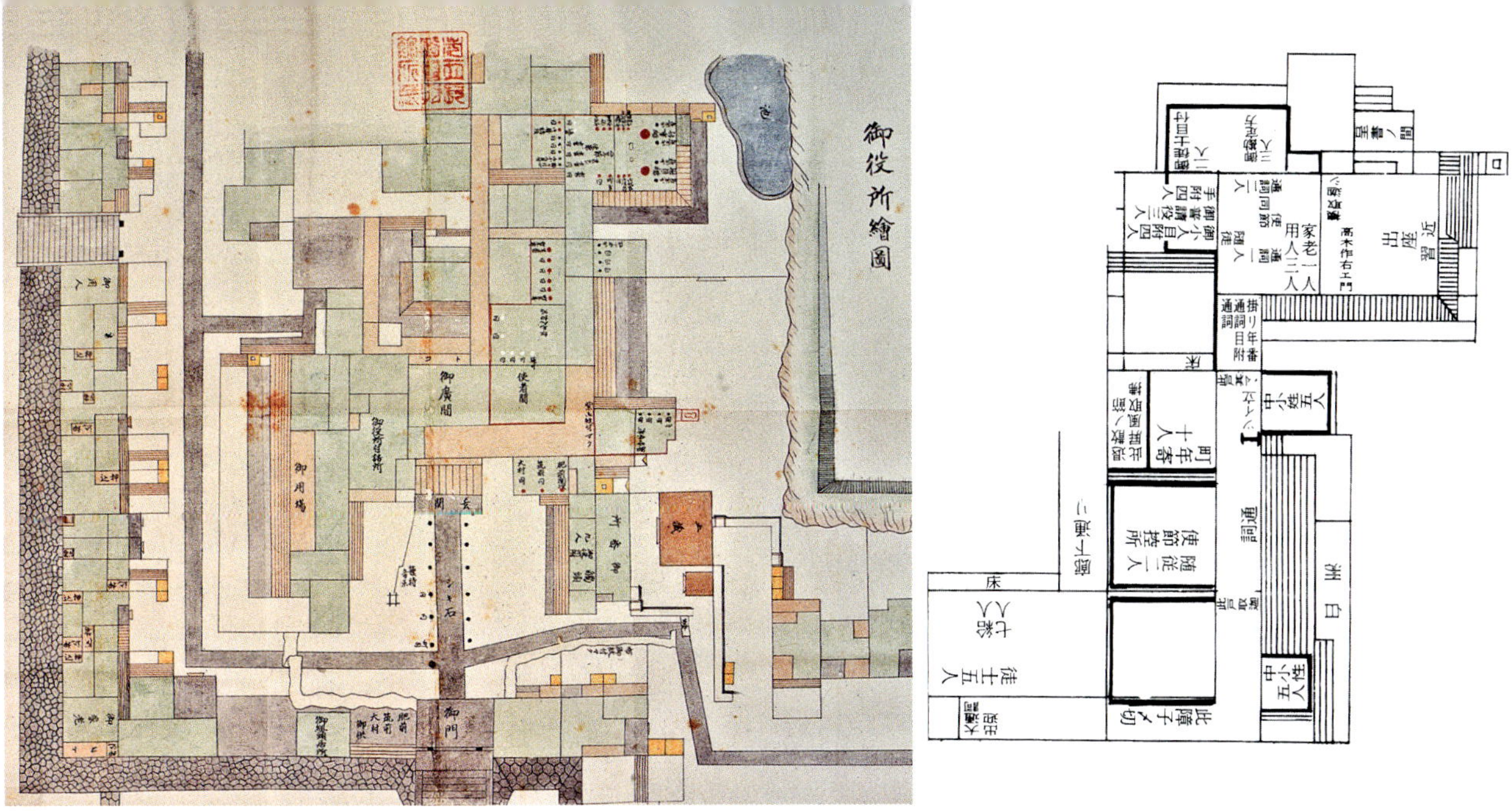

図10　立山役所でのロシア使節（右）（1804）（『続長崎実録大成』からの部分図）およびオランダ特使（左）（1844）の応接図「御役所絵図」市博地図（長崎歴史文化博物館蔵）

した役人の住居である。建屋内をつなぐ布石（鋪石）も時代とともに整備されている。東洋図、岩瀬図、東大図では正面玄関の前の十字のみだった布石が、崎陽図（**図9**）以降建屋の周りと山側の鎮守稲荷までぐるりと整備してされている。

三井長崎図になると敷地の北西側でかなり大きな模様替えがあったことがわかる。奉行の寝所、居間、風呂場などの奉行の住居と敷地の端の厩の間に三番部屋、中間部屋、さらに山側に土蔵があったが、これらを取壊しL字型の練塀を作った。納戸の部分は三階建てとした。つまり奉行の生活空間を確保した改造である。同時に厩を敷地の反対側の小山稲荷の横に移した。ここには一番部屋、二番部屋と描かれた建屋があったがこれらも取り壊された。この模様替は寛政年間になされたと思われるが史料は見当たらない。

用水堀の消滅

大成図（**図8**）の東長屋の横の塀に沿って「ホリ」とある。同じ場所に東洋図では二十間、岩瀬図には二十二間と寸法の入った細長い池のようなものが描かれている。『長崎実録大成』年表の宝暦五年（一七五五）に「立山御役所東塀内に用水堀出来す」とあり、これは用水堀とわかる。東大図以降の絵図にはない。『続長崎実録大成』の寛政五年（一七九三）「東長屋建替、ならび長屋向住居の替有り」とあり、東長屋の建て替えとともに、堀は埋められたのであろう。時代推定に役にたつ。

表門へ上がる階段わきにある四間一間半の溜池は、大成図にはなく東洋図から描かれている。宝暦・明和期に作られ現在にいたっていることがわかる。正面玄関の階段はかさ上げされ現在も使われている。

立山役所での外国使節応接：ロシア使節レザノフとオランダ特使コープス

文化元年（一八〇四）九月ロシアの全権大使レザノフが通商を求めて長崎へ来航した。このとき、日ロ両国が初めて本格的な交渉を行った場所が立山役所であった。『続長崎実録大成』に「大波戸上陸道中図」として使節の上陸から立山奉行所内部までの様子が描かれている。**図10**の右に「御奉行所座配図」（部分）を示す。右端の大きな部屋が書院で、次の間との間の襖は取りはずしてある。書院には、江戸から派遣された目付の遠山景晋、肥田、成瀬の二人の長崎奉行が近習を従えて出座し、次の間のロシア使節、随従と対座している。高木代官、家老、用人が居ならび、東の方に勘定方三人、徒目付、手附、普請役などが座っている。次の間には町

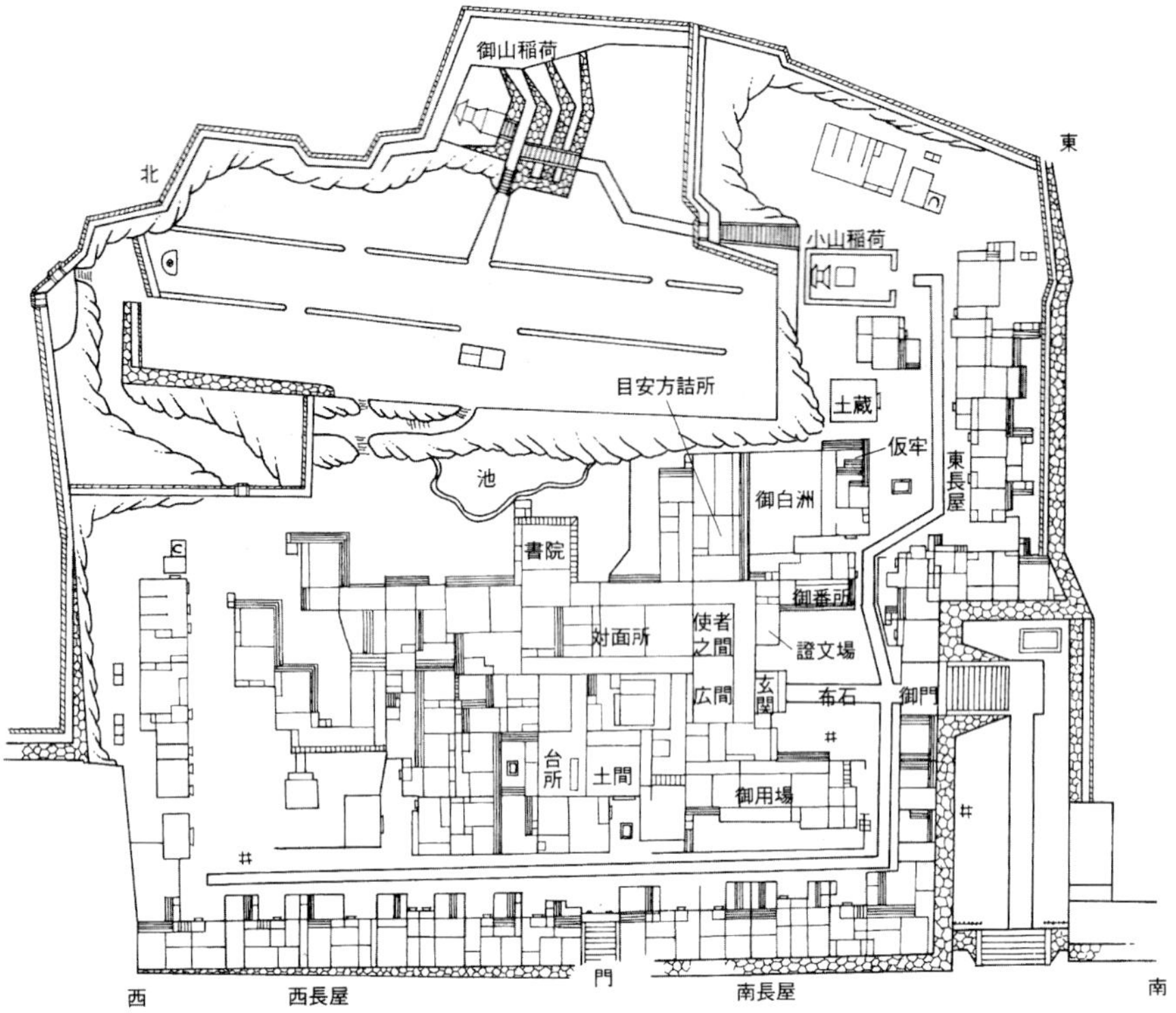

図11　天保期の立山役所図『川村文書』（新潟市蔵）の小松氏によるトレース

年寄十人が控えている。勘定方には大田直次郎も控えておりこの会見の様子は直次郎著の『羅父風説』の記述と合わせて見ると、目に見えるようである。

レザノフ来航から四十年あと弘化元年（一八四四）、軍艦パレンバンによりオランダ国王の特使コープスが長崎へ来航、国王ウイレム二世からの親書を持参した。オランダとの関係を、出島での商取引に限定していた幕府は大いに困惑したが、八月立山奉行所で、親書は長崎奉行伊沢美作守によって受理され江戸へ送られた。

この時期長崎警備の担当であった佐賀藩の藩主鍋島直正は当時三十歳、旺盛な好奇心と実行力を持った人で、長崎警備上西洋の軍艦の構造を知る必要ありとし、長崎奉行に申出、軍艦パレムバンに乗り込んだ。オランダ側の饗応を受け、通詞を通して数々の質問をした。この様子は十四mもの絵巻として、佐賀の佐野常民記念館に収蔵されている。

直正は長崎の防衛体制の強化の必要性を痛感、その後の佐賀藩の台場警備、反射炉の築造、鉄製大砲の鋳造などの先駆的な動きに繋がった。

立山奉行所での接見の席次などを示した「御役所絵図」があり**図10**の左に示す。この絵図は鍋島報効会蔵の『役所及阿蘭陀使節応接図』（長さ6m）の一部として、また長崎歴史文化博物館蔵の史博地図と、ほとんど同一の絵図が2枚ある。経緯を考えると、佐賀の鍋島報効会蔵の方が原因で史博地図はその写しであろう。会見の場にいた肥前聞役などによって、まとめられ絵図になったのであろう。**図10**には史博地図を示した。

会見が行われた立山役所の書院附近の部屋の配置は四十年前と変わっていない。席次や配置も先例にしたがって行われたのであろう。書院では、奉行と御目付が近習を付添並んで、特使のコープスと出島のカピタンと対座、代官、徒目付、勘定、家老などが居ならび、周りを金屏風（朱線）を巡らせている。肥前、筑前、大村の聞役は玄関脇に控えている。この絵図は、日時がはっきりしており、この会見のものものしさ、奉行所では力関係が明確になるなど、大変貴重な絵図である。

天保時の奉行所の模様替

伊沢美作守在勤時に立山役所の模様替

えが行われた。弘化二年（一八四五）二月奉行所文書『手頭留』に朝倉彦太夫（与力）へ「其方儀立山御役所向模様替ならび新規建足御普請掛り、当分の間兼勤申付候」とある。これは御白洲の位置を替え土蔵を取払い仮牢を造った、従来にはない大きな改造であった。

しかしこの改造についてはなぜかこの時期のあとに作成された絵図帖である諸役所図に反映されていない。現在確認されているのは、新潟市の川村家文書に収蔵されている絵図のみである。このことは長崎歴史文化博物館建設に伴う埋蔵文化財発掘調査を担当した小松旭氏による役所の変遷についての考察で、明らかになった。長崎奉行川村対馬守は安政二年（一八五五）五月に着任、安政四年一月に離任した。川村氏はそれ以前の天保十四年（一八四三）初代の新潟奉行を勤めたが、その関係で新潟市郷土資料館に長崎在勤時の立山役所の図面が収蔵されている。「立山御役所絵図面」と題されたかなり痛みがある絵図は小松氏がトレースし、埋蔵文化財発掘調査報告書に記載されている。この絵図を**図11**に示す。

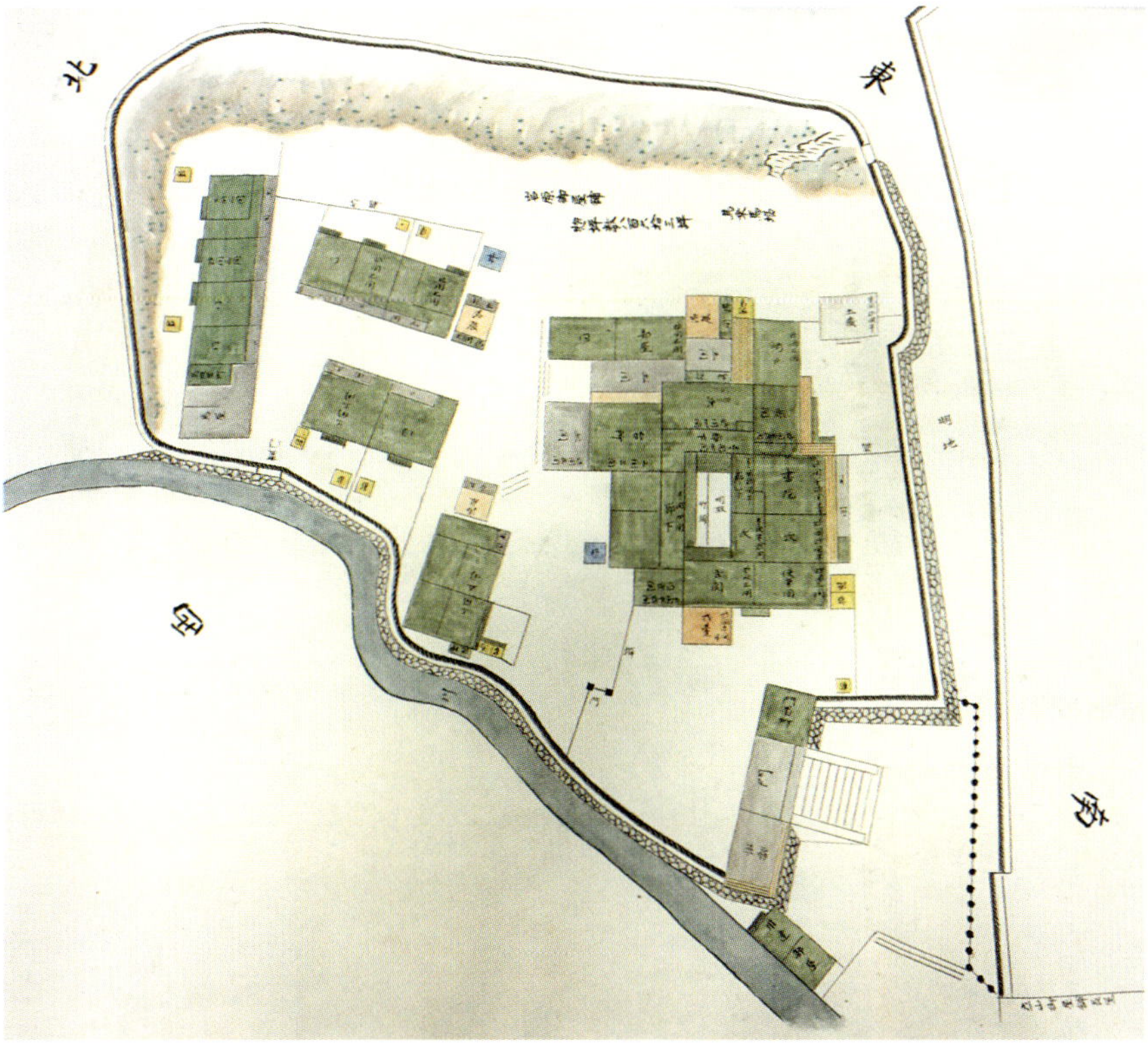

図12　岩原屋敷　福田古図、（長崎歴史文化博物館収蔵）

白洲の向きが従来の北東向きから東南向きに替っており、仮牢も新設されている。これを裏付ける興味ある史料がある。幕末に捕鯨船に乗組み、利尻島へ漂着した米人マクドナルド（日本で最初のネイティブの英語教師として有名）は長崎へ送られ、嘉永元年（一八四八）に長崎奉行井戸対馬守から尋問を受けた。この時マクドナルドが書いた立山役所の見取り図が残っている。駕篭から降りたマクドナルドは裏門から奉行所へ入り、右に曲がり仮牢に入れられ、次に白洲へ出て井戸奉行の尋問を受けた。この際の動線から白洲の位置さらに図に描かれた仮牢の形は、この川村奉行の絵図と合致する。すなわちこの絵図が立山奉行所の最後の様子にもっとも近いものと考えられる。

岩原屋敷（別名「目付屋敷」）

岩原屋敷の前身：桜馬場の勘定方屋敷

幕府が長崎奉行所の監察のために岩原屋敷を置いたことは知られているが、その十五年前に市外の桜馬場に勘定方屋敷が置かれていた。元禄十二年（一六九九）十月勘定奉行荻原近江守は総員三百名のスタッフを擁して長崎へ上使として向

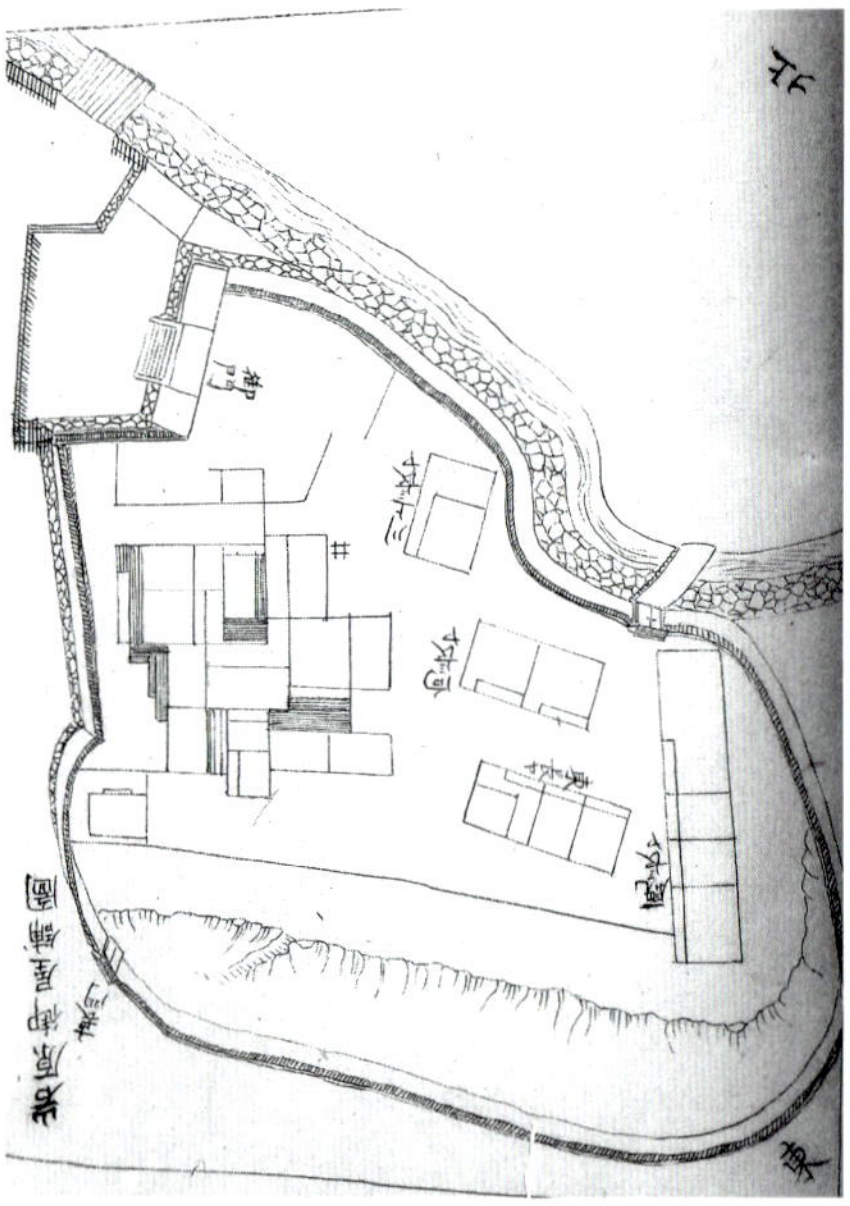

図13　岩原御屋舗図　大成図『長崎実録大成』

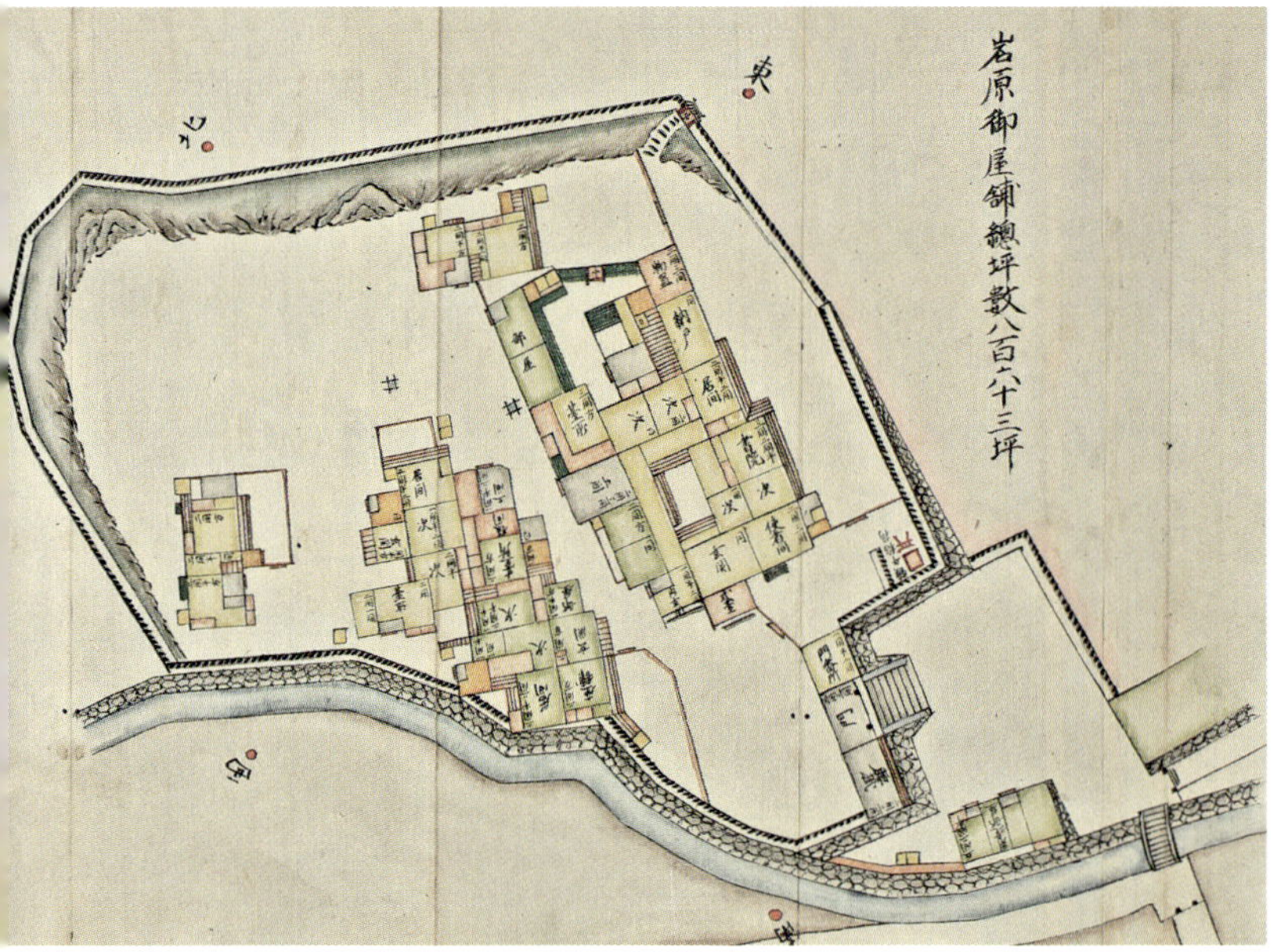

図14　岩原屋敷　内閣図（内閣文庫蔵）

かった。目的は元禄十年に定めた長崎会所の設立による幕府による長崎貿易の直轄化、貿易利益のうち長崎地役人の役料と必要経費以外はすべて幕府に収めるとした、銅輸出を柱とした新たな長崎貿易の実施のためであった。

『寛宝日記』を見ると、この時期に合わせて桜馬場に、勘定方屋敷を新築し、御勘定中川直行、目付高木十郎右衛門ら一行二十人余を派遣し七か月の間、帳簿類を詳しく調べさせた。これが岩原屋敷の下敷きであった考える。『唐通事会所日禄』の元禄十六年の項に「唐人医師を桜馬場勘定屋敷に召し置かれた」との記事があるので引き続き勘定屋敷があったこととなる。なお桜馬場には牢獄もこの時期あった。立山役所から比較的近い場所にこのような役所の施設が置かれたこととなるが、場所を示す地図は見当たらない。

正徳新例による岩原屋敷

幕府は正徳五年（一七一五）に海舶互市新例（正徳新例）を制定した。その一環として長崎奉行の業務を監視するため目付、勘定方を常駐させることとなり、その屋敷が立山奉行所の山側の隣に正徳五年（一七一五）に建てられた。『増補長崎略史』の正徳五年七月に「岩原に目付屋敷を造る」とある。東洋図、国会図、三井長崎図に「正徳五乙未年始建」とあり符合する。

正徳新例

新井白石による貿易改革令

七代将軍・徳川家継の元で幕政を主導した儒者新井白石が、金・銀・銅の海外流出と密貿易防止のため、唐蘭の入港船数・貿易額を制限すべく行った改革で、その後修正は加えられたが、この正徳新例は幕末まで効力を有した。

内容は（1）唐船は年三十艘・六千貫目・銅渡し高三百万斤とし、通商許可証として信牌を給す。これを持たぬ船との交易は認めない、（2）オランダ船は年二艘・五万両（銀三千貫目）・銅渡し高百五十万斤とする、（3）輸入品の入札制をやめ、すべて値組みの方法で買い付ける、などである。白石は生糸・絹織物を主とする輸入品の購入のため、多量の金銀銅が流出することを問題視し改革を行った。

これ以降、長崎貿易は縮小に向かうこととなった。なお勘定方の長崎への常駐は荻原重秀によって始まり、荻原を憎悪した新井白石によって岩原屋敷として具体化したこととなり興味深い。

もっとも古い岩屋屋敷の絵図

立山役所の上部隣接地の八百六十三坪

の場所である。福田古図（**図12**）および大成図（**図13**）は古い。後者は宝暦十年（一七六〇）ごろ、福田古図はそれ以前で、雪隠・湯殿が母屋から離れた場所にあるのが特徴である。奉行所のとなりの階段を上がると門がある。門番所を過ぎ大きな建屋となる。式台、玄関、式台、書院、使者間など公の部分と台所、居間、納戸、湯殿などの私の部分とからなる目付、勘定方のための建物である。大成図には川上長屋、向長屋、東長屋との書き入れがあるが、これらは江戸から派遣された役人や従者の住居である。厩長屋や馬乗馬場があるが、東洋図では厩や馬場は描かれていない。階段を上がると裏門があり立山役所の馬場に出られる。

なんでも飲み込む鯨屋敷と窮屈なしゃちほこ屋敷

東洋図、岩瀬図、東大図、国会図に馬場の山側に溜池が二カ所、岩瀬図以降それを結ぶ水路が現れる。大槌図、三井長崎図以降では馬場、溜池、水路は取りはらわれ、この場所に玄関のついた住居など三～四軒建てられた。寛政の改革で長崎への取締りが厳しくなり、寛政二年（一七九〇）には勘定組頭の松山総右衛門が家族同伴五カ年勤務、寛政三年（一七九一）には御目付の井上圖書が上使として岩原屋敷に入った（いずれも（『続長崎実録大成』））などの事情があり、それを反映したものと思われる。この時期が岩原屋敷がもっとも活気があった時期であろう。文化年間になるとこれらの住居は取り去られている。岩原屋敷の様子はこれ以降、幕末までほとんど変わらない。

細かく見ると敷地の西側に沿って流れる岩原川に、大成図と大槌図では裏門があり橋が架かっている。その他の絵図では裏門はなく橋は立山奉行所側の一カ所のみになっている。

図14に内閣図を示す。大田直次郎が支配勘定として文化元年（一八〇四）から一年間長崎に赴任し、この屋敷に住んだ時期の絵図である。直次郎は「奉行所やしきを鯨屋敷と異名、この方屋敷をしゃちほこ屋敷と唱え、奉行の家来まで、この方やしきを遠慮いたし恐れ候」と弟宛の手紙で書き送っている。立山役所がなんでもがぶがぶ呑む役所なのに対して、隣の岩原（目付）屋敷は行儀がうるさく窮屈だったのであろう。

普請方用屋敷

沿革　告訴を奨励する賞金を示す

普請方用屋敷の前身は高札場で、キリシタンを訴えでた人に、賞金として渡す嘱託銀（褒賞銀）を展示した場所であった。はじめは大波戸にあった。『長崎実録大成』の「御高札並嘱託銀之事」に

一　慶長の頃より大波戸地内に御高札を建置かれる。寛永三年（一六二六）切支丹訴人の為の嘱託銀三百枚掛られる。

一　延宝八年（一六八〇）八月豊後町掛り水溜りの所に土石を埋め、左右石垣を築き御高札を引移した。入二間二尺六寸、長　六間四尺二寸。但し昼番一人、夜番三人宛勤めさせる。

一　天和元年（一六八一）嘱託銀を二百枚増し都合五百枚と成る。

一　明和二年（一七六五）八月御高札場立山役所下八百屋町に移される。

とある。この間の事情は清水紘一氏の論文に詳しい。すなわち幕府は元和四年（一六一八）に盗賊とキリシタン修道士についての告訴を奨励するため賞金額を明示した建札を長崎奉行に下付した。広場では公衆の面前に高価な銀の延棒を置いた。寛永十五年（一六三八）には幕府は全国に建札を命じ、以降数度賞金額の増額などを布達した。

銀一枚とは四十三匁で慶長年間では金一両に相当したので、五百枚となると、仮に一両十万円とすると、五千万円という大金になる。寛永十五年ではバテレン、

イルマン、キリシタンの訴人にそれぞれ二百、百、五十枚というようにランク分けしている。当然盗まれないように、番人を昼夜近くの町から出している。

延宝期や元禄初年に市販された木版画の長崎絵図には、豊後町と桜町の角に御セイ札あるいはせい札と書かれた場所がある。現在はこの地には「桜町鐘楼」の説明板が置かれている。

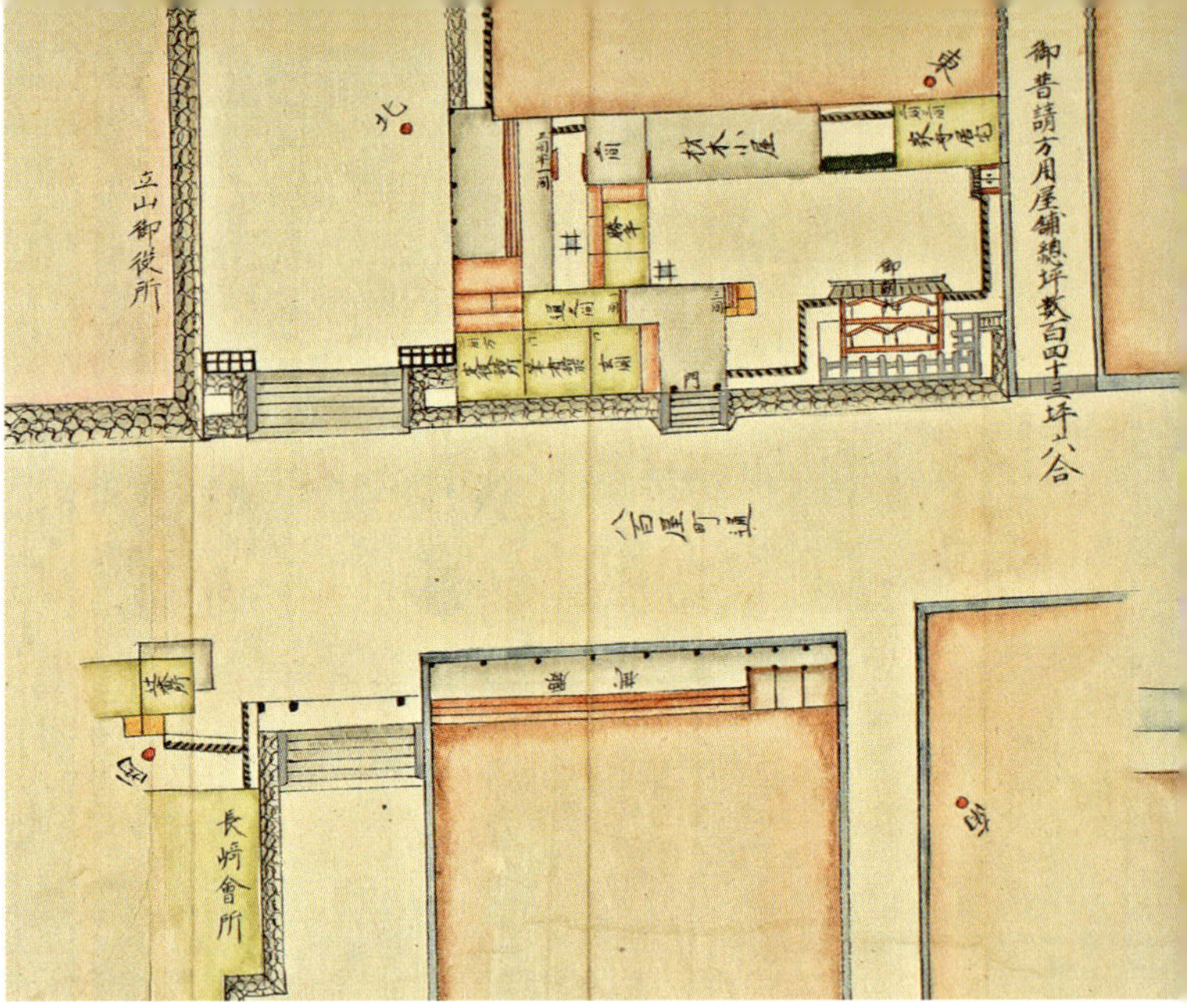

図15　御普請方用屋舗　内閣図、（内閣文庫蔵）

絵図帖の普請方用屋敷（図15）

崎陽図を除くすべての絵図帖に出ている。東洋図、国会図・福田上図に「天和二戌年（一六八二）始建」と沿革が記されているが、先述の史料の延宝八年（一六八〇）となぜか二年違っている。その後明和二年（一七六五）に八百屋町へ移った。『長崎市中明細帳』および『惣町明細帳諸雑記』には「明和二年七月八百屋町へ移り銀五百枚を八百屋町が預かり、正月は四日から八日まで、二月から十二月までは朔日より五日まで掛けた」とある。この時は切支丹禁令後百年を過ぎていた。その後どうなったかは不明である。

『増補長崎略史』の明和二年（一七六五）に「普請方用屋敷を立山役所下に移す」とあるように、普請方と看板を掛け替えた。しかし高札の仕事は引き続き行なわれた。**図15**に内閣図の絵図を例として示す。二間六間の御制札との囲いがあり通りに面している。北隣が立山奉行所である。絵図には八百屋町通りを面した腰掛も含まれている。普請方屋敷に出入りする人の待合場所であろう。辻番所は長崎会所の一部である。なお高札と制札の言葉の使い方は明確ではないようである。

御制札所の絵に制札が並んで置かれているのがみえる。この役所から長崎内の制札場へ配った。御制札場所は『崎陽群談』によると出島二枚、唐人屋敷五枚などと十七カ所定められていた。文政六年の『惣町明細諸雑記』では十五カ所とある。

なお役所絵図帖を担当し作成したのは普請方であるが、この場所でその関連の仕事をしたようには間取り図では読み取れない。なお普請方に関しては唐人屋敷前波止場に普請方詰所あるいは普請方小屋場、船番長屋の西役所側に普請方大工小屋と出先がある。

鳥居（鎮守）が番所図以降の絵図に現れる。幕末に近づくと段々と神頼みになっているのは奉行所を始めどこも同じである。

大波戸（波止場）

沿革　もっとも古い奉行施設

『長崎実録大成』に「文禄の頃（一五九二―一五九五）より、此所を船着の波止場に定め、石垣を築き地形を均し番所を建、寛永の初年に至り船手の町々より下役を出し、異国船着津の度々御奉行所に注進せしむ」とある。ほとんどの絵図帖に含まれる。六百六坪半。絵図の名称は東洋図は大波戸、岩瀬図、東大図は波戸場、それから大波戸となり、三井諸図から波止場に名称は戻るなどばらばらである。現在の地名は大波止である。

この文禄の頃とは豊臣秀吉の時代で『長崎実録大成』の文禄元年（一五九二）には「始めて長崎奉行を置き寺沢志摩守に任す」

とあり長崎の古い時代のことである。
寛永十六年（一六三九）から肥後熊本と島原と交代で、大波戸に番船を詰めさせ、沖両番所と小瀬戸の巡視、オランダ船見分の節の奉行の御用船も勤めた（『崎陽群談』）。肥後船の二艘のうち一艘は四十挺立と大きいもので港の中で目立つ存在であった。

諏訪神事の御旅所、鉄玉の由来

絵図を比べるとあまり変化はないように見えるがよく見ると色々と発見がある。**図16**に宝暦十年（一七六〇）成立の大成図を示す。諏訪御旅所と大きく書かれている。「寛永十一年（一六三四）九月諏訪社御神事始り、この年より大波戸の地を御旅所に相定らる。よって八月朔日仮御殿の地清秋の式あり」とある。九月七日に大波戸の御旅所に神様がお下りし（渡御）、九月九日お上り（還御）する神事すなわち有名なおくんちである。諏訪社、西役所、大波戸、立山役所、代官所と奉納踊りが廻った。なお諏方御旅所との書き入れは、大成図のみである。

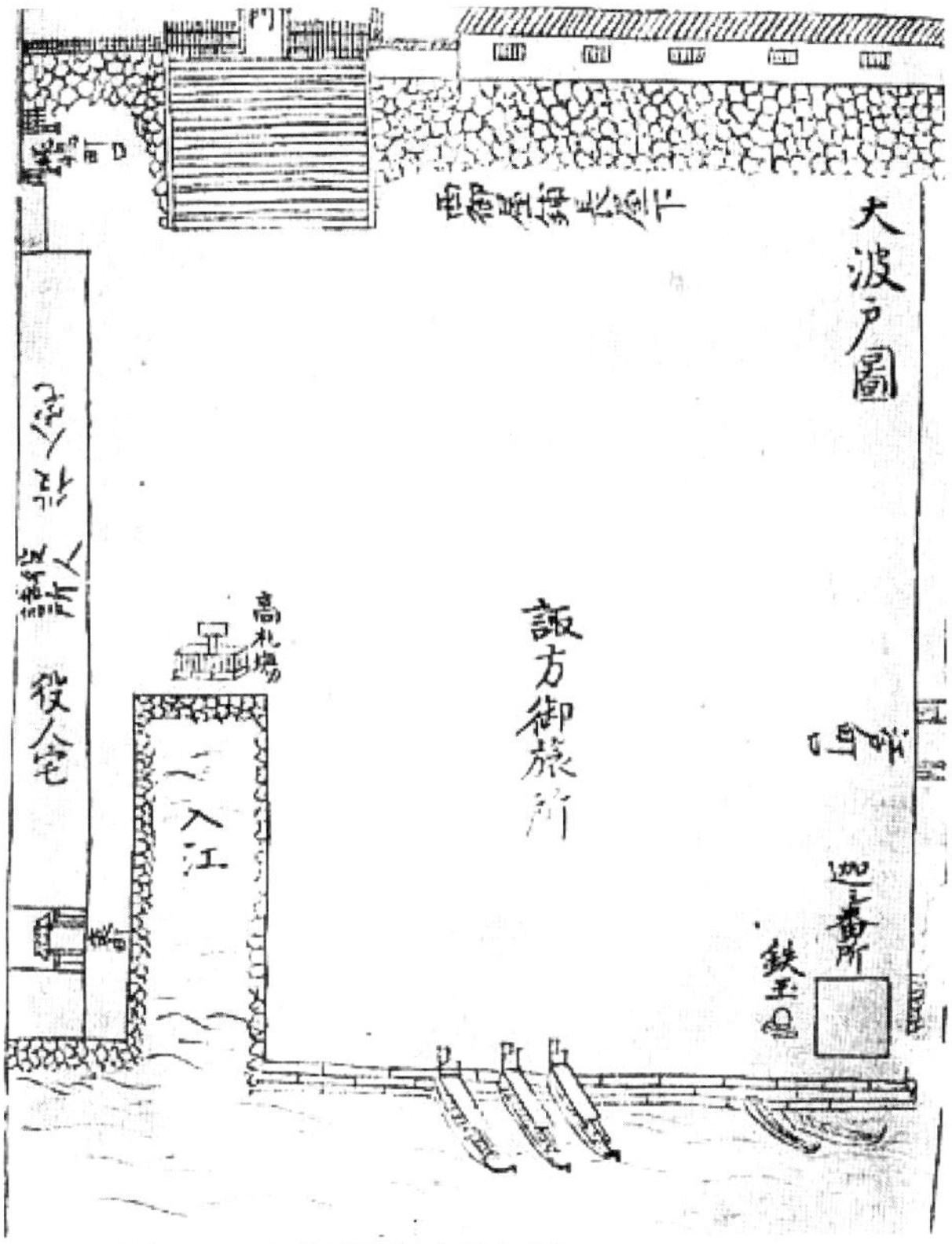

図16　大波戸図　大成図『長崎実録大成』

迦（はづし）番所は「寛文五年（一六六五）に唐船が夜中に入津した際の目当のため、大波戸に灯篭堂を建て、毎夜灯火をとぼした。その後、湊内に唐蘭船が在津中、警護の繋番船役人が、繋番船を迦し、この番所から海上を見渡して相守るゆえ、迦番所と言われた」との由緒が書れている。ほかには四本の舟繋石（この図では三本）、鉄砲玉が描かれている。鉄砲玉は廻り五尺六寸ほど。由緒についてはポルトガル人が持ってきた、日本で蛮船を沈めるために用意した、島原・天草一揆の際に鋳造されたとか色々な説があるが、「いずれもでたらめで信用し難し」としている。いずれも『長崎実録大成』の記述である。

寛永十二年（一六三五）には唐船の貿易場は長崎一港となり、寛永十八年（一六四一）には蘭船貿易港は平戸から長崎に移り、外国交通の事務は長崎奉行所の管掌となった。異国船は一切他に往来することを禁止され、長崎の湊は諸用繁多となった。

東洋図、国会図、三井長崎図には「大波戸潟浚（国会図では浚後）始元禄六酉年（一六九三）唐館普請方より兼勤、同役人詰所同九子年（一六九六）、同鯨船始元禄十六未年（一七〇三）」と書かれている。『長崎実録大成』に「元禄八年（一六九五）長七間横七間坪数四十九坪築きだししむ」、同九年（一六九六）長八間横八間坪数六十四坪、並び入江の所長三間二尺横五間三尺坪数十八坪余築出さしむ」とあり符合している。鯨船の始まりについては、従来は出帆した唐船の監視は遠見番所で行っていたが、近年洋中に出て密商をするものあり、町司船番が鯨船に乗り小銃を備えて遠く洋中に出て監視を行ったことによる。

鯨船とは『大辞林』によると「江戸時代、

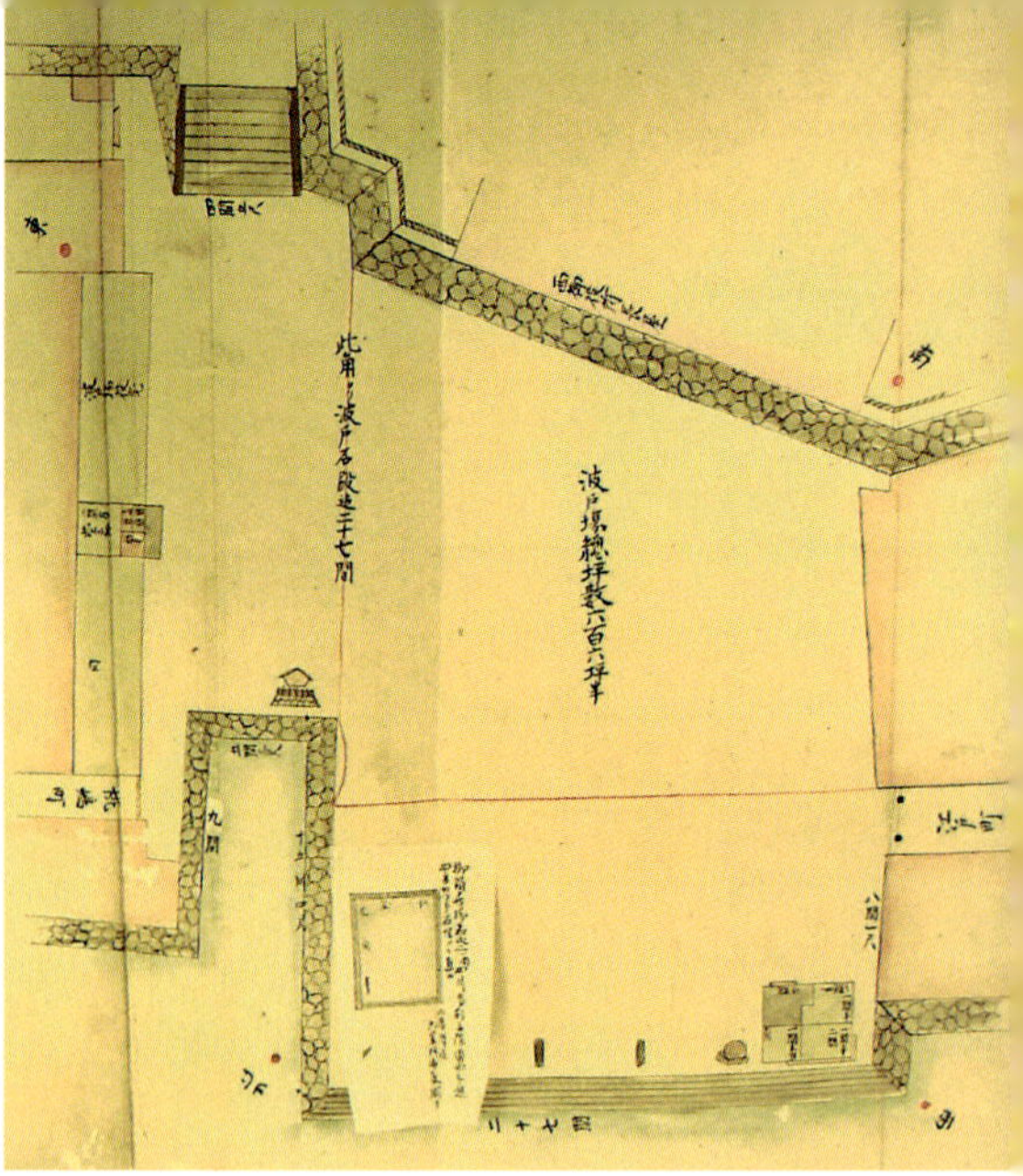

図17　波戸場　諸役所図　（長崎歴史文化博物館収蔵）

捕鯨用の勢子船の軽快な性能を生かして作られた小型軍艦」とある。『唐人番日記』参に「文化五年十一月十七日より出島前にてバッテイラ造早舟造り始め十二月末出来、飛行丸と唱え候用御書付有。但し長さ四間半舵八挺立」とある。この飛行丸は、大波戸に置かれフェートン号事件のあと、異国船襲来時の備えとして建造された。

波止場の入江の形状も細かく見ると変わっている。大成図では横五間三尺長十四間と長方形である。この横幅は変わらないがその後入江の港への開口部が広がっている。内閣図、官公衙図、三井諸図、番所図では長さは十四間半と八間一尺五寸となっている。文化図、福岡図、諸役所図では、開口部でのくびれはない。この細かい変化については史料が見つからない。

時代検証に役立つ変化は砲台とその跡である。『新長崎年表』には天保十四年（一八四三）五月に「大波戸に砲台を築く（四・五m四方）」とある。諸役所図の波止場の図（**図17**）の入江の西側に貼り紙がつけられ、小さい字で「御筒居場嘉永二酉四月有形取除図面之通四方かつら石埋めに直る御普請役」と書かれ、左側には石積の三間三間の四角が描かれている。

天保十四年（一八四三）に改訂された文化図には台場は描かれていない。この年に台場築造、その後嘉永二年（一八四九）に取り除きということで、諸役所図の絵図に描かれている。番所図にも同じ場所に説明抜きに四角が描かれている。この説明が付かない。この時期に波止場に台場を造り、数年後には取り払った理由については明らかでない。

御薬園

沿革　四度の移転のすえ西山郷へ

幕府開設の薬草園は江戸・麻布・大塚の寛永十五年（一六三八）がもっとも古く、京都鷹ケ峯の寛永十七年（一六四〇）に続いて、長崎（一六八〇）が三番目である。長崎の場合、唐蘭船で海外から運ばれてきた外来薬草木の日本各地への中継地であったという大きな特色がある。

長崎の御薬園は四度にわたって場所を替えた。

（1）十善寺郷

延宝八年―元禄元年（一六八〇―一六八八）八千七百六十六坪　八年間

（2）立山奉行所内

元禄元年―享保五年（一六八八―

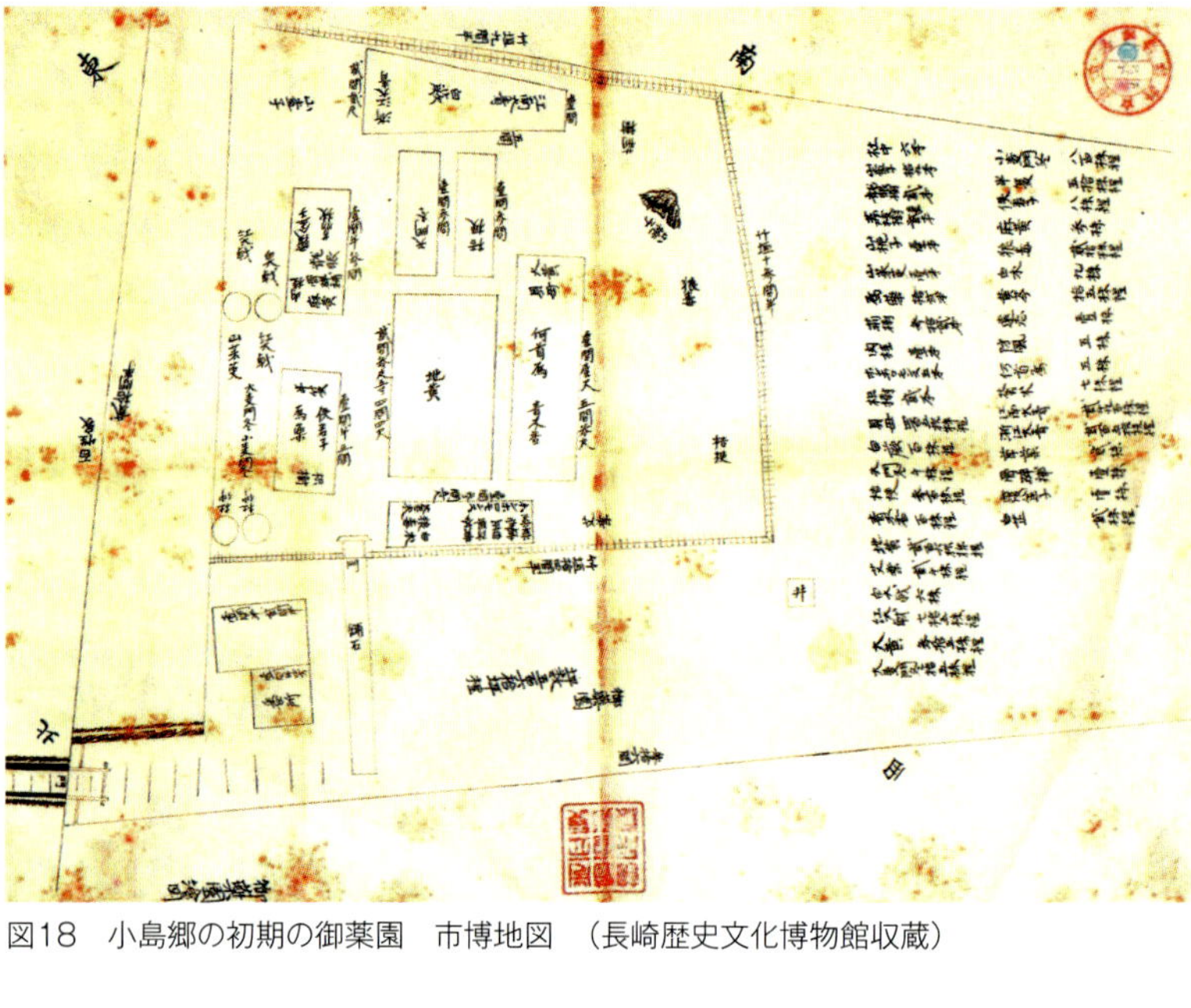

図18　小島郷の初期の御薬園　市博地図　（長崎歴史文化博物館収蔵）

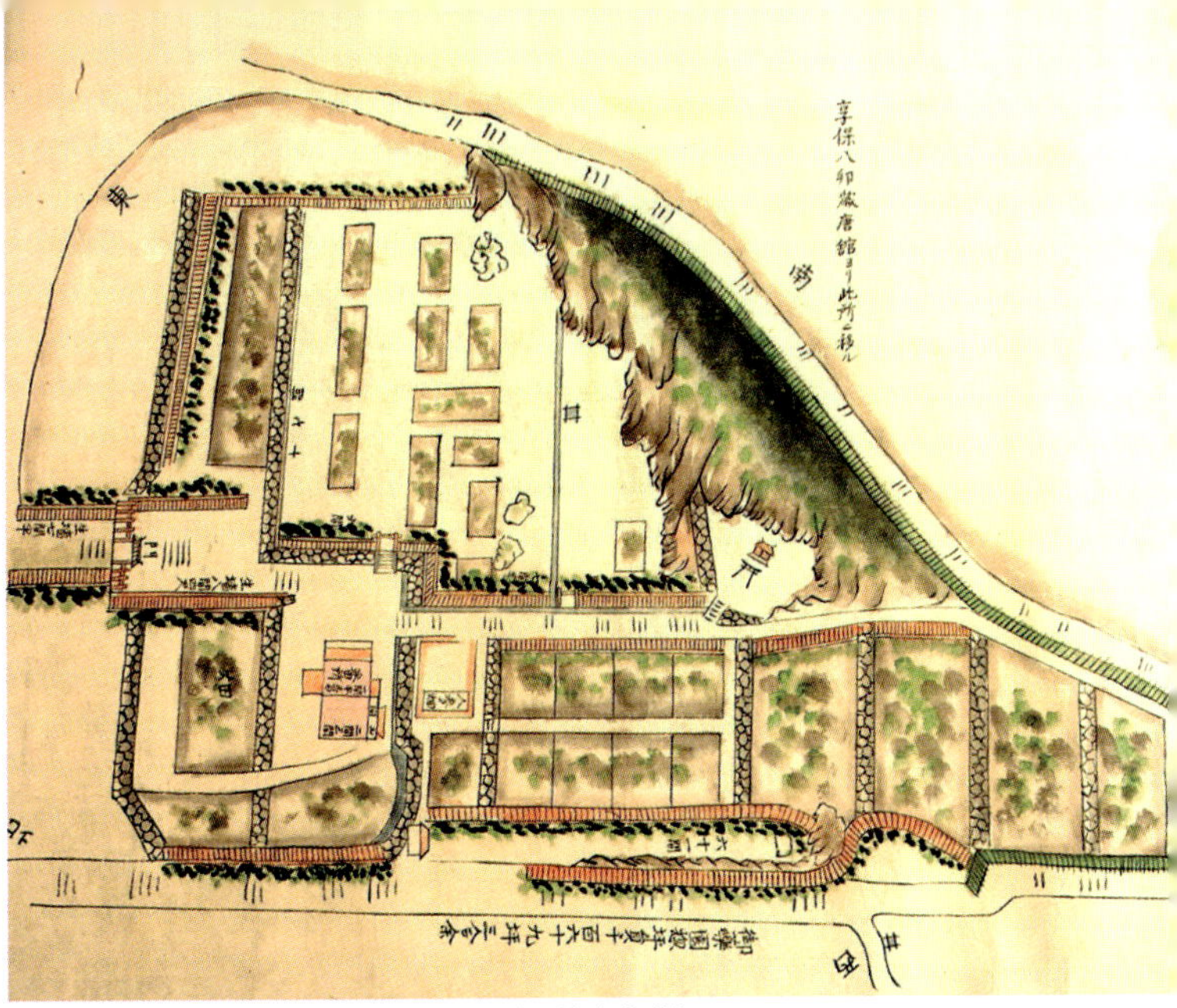

図19　小島郷の御薬園　三井長崎図（三井文庫蔵）

一七二〇）広さの数字なし。三十二年間

（3）小島郷
享保五年－文化六年（一七二〇－一八〇九）千百七十九坪　七十九年間

（4）西山郷
文化六年－慶應四年（一八〇九－一八六八）千二百二十八坪　五十九年間

『増補長崎略史』の延宝八年（一六八〇）に「十善寺郷に薬園を設く。境内八千七百坪

船載の薬草木を試植す」とある。当時の長崎奉行は牛込忠左衛門と川口摂津守であった。しかし、長崎での御薬園の実際の開設はこれ以前にさかのぼり、長崎代官末次平蔵が密貿易で入手した珍しい草木やその種子を、支配下の空地になっていた十善寺跡を開拓し植えたのが始まりである。末次家が没落後、幕府がこの薬園を没収して拡張し、正式に御薬園として管理をはじめたといわれる。八年後の元禄元年（一六八八）には、唐人屋敷をこの場所に建てることとなり、草木は残らず立山役所地内に移植した。さらに享保五年（一七二〇）にこの薬草木は残らず、小島郷の天草代官役所明地に再移転した。

市博地図に「御薬園坪数五百六十坪程」という絵図（**図18**）がある。これは（3）の小島郷での初期の絵図と考えられる。北に門があり敷地は三方を三方を十四間半、十三間半、九間半の竹垣で囲われている。約四十種の草木のリストがあり、各々の本数が書かれている。リストの中には人参はない。園内には薬草木のほか、かなりの大木があったとみられる。

人参の栽培

人参（朝鮮人参）は、古来から仙薬、妙薬として知られ、その薬効のすばらしさが有名で非常に高価なものであった。朝鮮から対馬藩が輸入していた。以前から権力者により国産化が試みられたが、八代将軍徳川吉宗の人参国産化プロジェクトによりはじめて成功した。享保六年（一七二一）隠密裏に朝鮮人参の種苗、その後六十粒の種も入手し、各地に植えて試験栽培を始めた。栽培を繰り返し、享保十四年（一七二九）に日光での栽培に成功、これがおよそ五十年後には一万株に増えたといわれる。「オタネニンジン（御種人参）」と呼ばれた、この日本の朝鮮人参は大量に普及し、天保ごろには輸出に廻るほどになった。田代和生氏による総説が詳しい。

東洋図、大槌図には人参畑三間半方という囲いがある。国会図・三井長崎図には人参畑との字がある。岩瀬図、東大図には人参という字はないが畑に囲いがある。朝鮮人参の栽培には長崎の御薬園でも小規模ではあるが、取り組んでいたことがわかる。なおこの和人参は俵物役所の所管で人参座という特別会計があり、市中売買は堅く禁じられていた。

小島郷の御薬園（図19）

『増補長崎略史』には「享保五年（一七二〇）小島郷に御用御薬園を置く。境内千百六十九坪余。立山奉行所内の薬草木を移し更に舶来薬草木を植ゆ。文化六年（一八〇九）西山郷に移す」とある。東洋図、東大図、大槌図には「享保八卯年（一七二三）唐館より直る」国会図に「唐人屋鋪より直る」、三井長崎図に「唐人屋鋪より此所に移る」と書かれており、立山役所に在った三十五年を飛ばした記述になっている。

御薬園の南側は大浦道、北側は三井長崎図、内閣図、官公衙図に六十一間とある唐人番遠見番の稽古場がある。御薬園が移転した後にもこの稽古場は残る。**図19**に三井長崎図の絵図を示す。物坪数は絵図の下部に千百六十九坪余と書き込まれている。

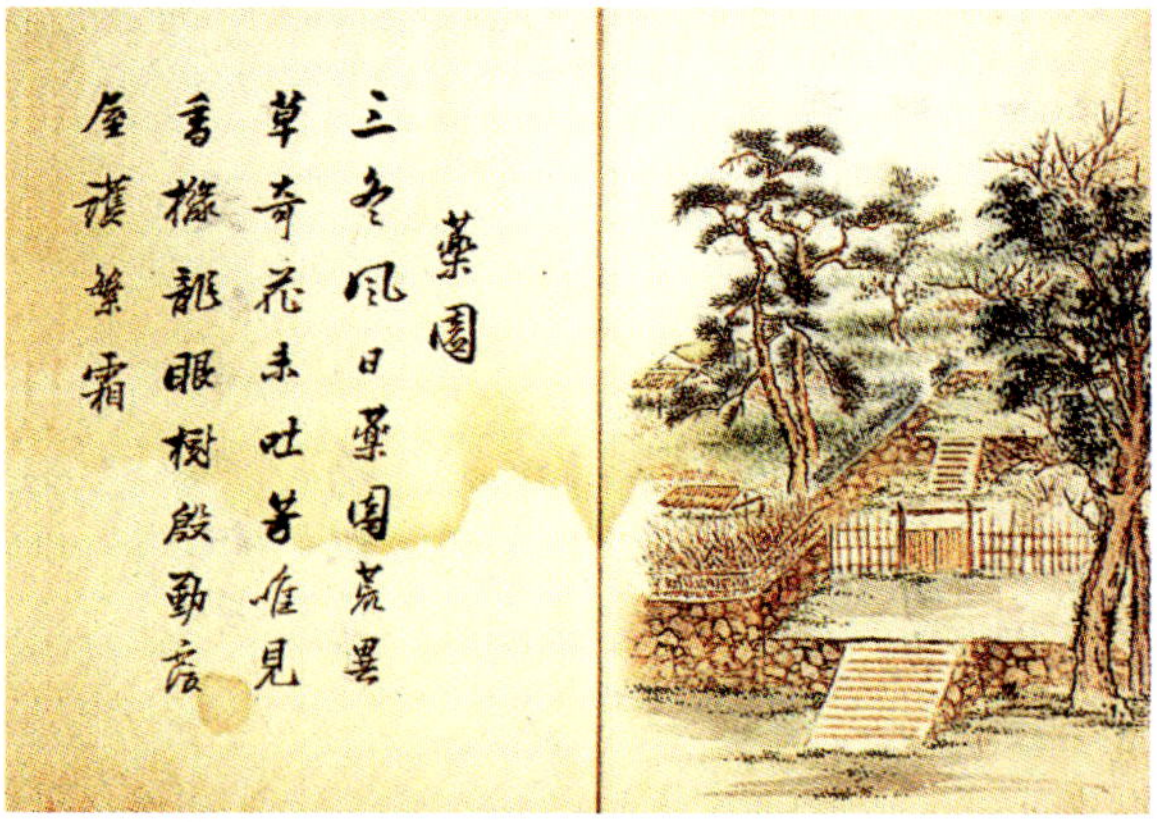

図20　御薬園　大田直次郎「崎鎮八絶」より（東京大学総合図書館蔵）

大田直次郎の「崎鎮八絶」

大田直次郎は文化元年（一八〇四）の冬長崎の諸施設を巡視したが、その際「崎鎮八絶」という漢詩を書いた。「文化甲子の仲冬崎陽図を巡視す。監する所の諸処、いささか短述を為す」とある。八絶とは「会館」（長崎会所）、「瀬崎倉」（北瀬崎米蔵）、「官船廠」（御船蔵）、「新地倉」（新地蔵）、「和蘭館」（出島）、「唐館」（唐人屋敷）、「包頭庫」（俵物役所）、「薬園」の八カ所で一つ一つにスケッチ図が付いている。「薬園」のスケッチ繪を（**図20**）に示す。門の前から奥を見通した構図になっており、絵図とは幾分相違しているが感じはつかめる。漢詩の読みは春名徹氏による。

御薬園

三冬風日薬園荒。異草奇花未だ芳を吐かず。唯見香櫞龍眼樹。慇懃に屋を覆いて繁霜を護る。

（冬の三カ月の風や日に薬草園は荒れている。異国の草の珍しい花は未だ咲かず芳香を放つに至らない。ただレモンや龍眼樹のみは、丁寧に屋根がけして霜を防ぐようにしてある）

西山郷へ移転

この小島郷十善寺の御薬園は文化七年（一八一〇）に西山郷へ移転した。絵図の時代考証の大きなポイントとなる。十善寺郷の御薬園は海岸に近く、潮風を受けるため薬草木の栽培に適さず、さらに適地を求めて移転したものである。『金井八郎翁備考録』の「御薬園」の項には「西山郷の地は西北をふさぎ東南に面し朝日を受け八つ時過ぎより陰になり、黒土にて土性柔軟なるを以て何品を栽培するもよく生育すべし」と薬目利中島新兵衛の提言がでている。

この西山の御薬園の面積は文化図、福岡図で九百四十八坪、市博繪図で九百四十五坪、福田下図で九百四十五坪と書かれている。福岡図の絵図を**図21**に示す。福田下図には「西山郷御薬園総坪数九百四十五坪、文化七年（一八一〇）十月直る」とあり、小島郷の薬園の絵図の上に合わせて貼ってある。場所は松森天満宮の石垣に沿った斜面でそこを三段に分けた段々の圃場である。

『金井八郎翁備考録』の「御薬園」の項には阿蘭陀通詞の北村元助が薬草木培養について心得があるということで、安政三年（一八五六）四月に長崎奉行川村対馬守の御達により御薬園の植付方掛を拝命した。この元助が所持していた薬草木を植えるには手狭なので、御薬園続の田畑二百坪余を囲込みたいとのことになり、代官高木作右衛門が安政三年（一八五六）五月に川村奉行の許可を得た。西山の御

図21　西山郷の御薬園　福岡図　（福岡市博物館蔵）

薬園の広さは千二百二十八坪とされているのは、この増地による。すなわちここに示したすべての絵図は安政三年以前ということになる。拡大した西山の御薬園の絵図は見つかっていない。

この場所は現在は住宅地が密集していて神社の石垣もわからない。国道235号線の諏訪神社バス停をすぎた場所に案内板と「西山御薬園跡」との石碑がある。ここから横道に入ったところが、現在は瀬戸口氏宅（下西山町）になっており、庭内に「鎮守神農の像」を奉っていた祠が今でも残っている。神農像は松森神社に奉納されている。なお松森天満宮は寛永二年（一六二五）に本博多町に創建、明暦二年（一六五六）にここ西山の地へ移転した。

御用物蔵と唐鳥小屋

沿革　勝山町代官屋敷内にあった

御用物は唐蘭船の持ち渡りの品のうち特に珍奇なもので、品質を精選して幕府のために献上された。砂糖、反物、伽羅、書物、薬種、鳥獣などであった。歴史は古く寛文二年（一六六二）には町年寄の高木作右衛門が幕府から御用物役に任ぜられている。『崎陽群談』には高木作右衛門の祖が一番にキリスト教を棄教したことで幕府の信頼を得、御用物懸りを務めることになったとある。高木家は元文二年（一七三七）長崎代官に任じられ、その後この職も兼務し世襲した長崎の名家である。この蔵と唐鳥小屋は勝山町の代官屋敷内にあった。

『増補長崎略史』の元禄四年（一六九一）に「御用物庫を八百屋町に設く」、宝暦四年（一七五四）十月の火災で「八百屋町出火炉粕町に延焼す。御用物庫、普請方用屋敷そのほか焼失」とあり、そのあと宝暦五年（一七五五）に勝山町の代官屋敷内に移したとあり、経過がわかる。

唐鳥小屋も同じく代官の敷地

御用物蔵は三井諸図、文化図、福岡図、福田下図、市博繪図に出ており、福田下図、市博繪図には「元禄四年立始、宝暦四年今の地に移す」とあり、『増補長崎略史』の記録とほぼ合っている。御用物蔵そのものは三間五間の建物で公儀普請とある。他に御代官自分普請の部分もある。また敷地には稲荷もある。

『崎陽群談』には唐蘭船で御用の鳥獣が渡来した場合の手続きも書かれている。慶応大学が所蔵する高木家伝来の『唐蘭持渡鳥獣之図』に「寛文の初年より幕府は高木作右衛門宗能（三代目）に対して唐蘭船載の諸物品を皆調進すること、珍禽獣については悉くその真形を図写して幕府に送るように命じた」とある。外国の珍しい鳥獣は唐蘭船により長崎へ持ちこまれた。鳥はオウム、インコ、ヒクイドリ、孔雀、駝鳥など、獣は犬、猿、馬など。高木作右衛門（代官。御用物役）に渡し、この真形を図写し江戸へ送り御用の有無を

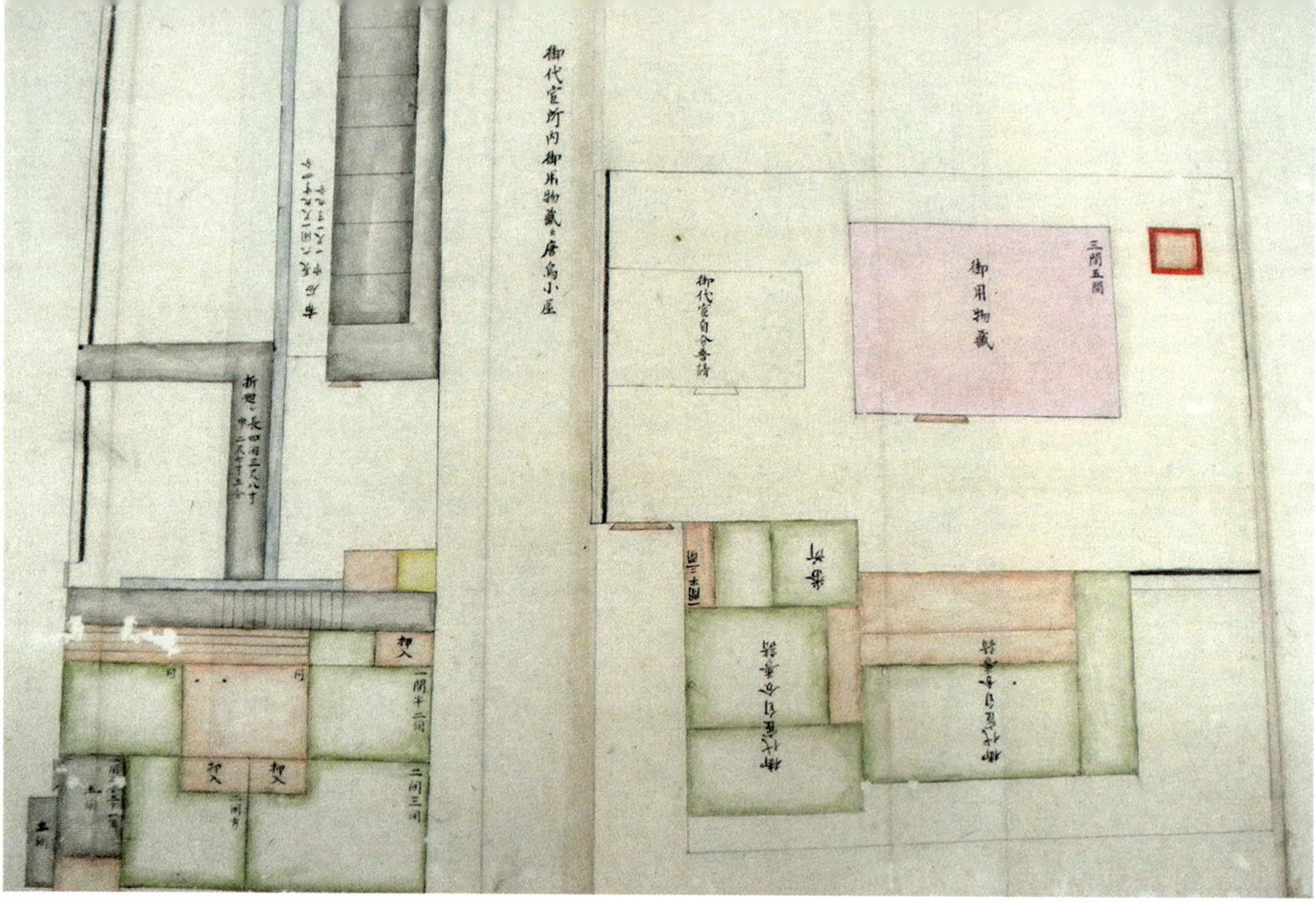

図22　御用物蔵と唐鳥小屋　福岡図　（福岡市博物館蔵）

問い合わせた。御用が決まるまでは作右衛門が餌飼した。これらの鳥獣を飼育した小屋が唐鳥小屋と称されていた。江戸で御用がなかった鳥獣は、競売されるか出島または唐人屋敷へ移された。出島図や唐人屋敷の絵図に囲場や篭所があるのはこの関連である。磯野直秀氏による詳しい解説や総説がある。

　唐鳥小屋は以前からあった筈であるが、比較的新しい三井諸図、文化図、福岡図、諸役所図、福田下図、市博繪図の六絵図帖に出ている。三井諸図などには「南角ヨリ三間之分桜町境、是より西角にて内中町境」とあり、場所は高木代官の屋敷内とわかる。安政になって綿羊の飼育もされた。面積についての記載はないが、百坪程度でうち三十坪程度が御鳥飼居宅で湯殿、雪隠がついている。

　平面図なので判然としないが鳥篭を七つ置いたと思われる場所がある。文化図、諸役所図にいくつかの書き込みがある。「文化五年（一八〇八）庭篭解取古物用建、桁行七間五尺、軒下七尺五寸」、また「文化五年（一八〇八）鳥飼の自分入用で物置建」とも書かれている。三井諸図には延長十四間高さ五尺と練塀の寸法が入っている。唐鳥小屋と御用物蔵と並んでいる絵図を**図22**（福岡図）に示す。

組屋敷

江戸から赴任した与力・同心屋敷

　絵図の題名は「天保十四卯年（一八四三）建　御組屋鋪総坪三千八百六十五坪一合九夕五才」となっている。諸役所図のみに出ている。幕府は天保の改革の一貫として従来江戸から長崎奉行所へ出役していた与力と同心を家族同伴勤務（家内引越切り）とした。そのために新設された組屋敷で与力住居が十軒、同心住居が十五軒あり、絵図にはそれぞれに役人の名前が書かれている。**図23**に示す。ちなみに東端の大井万三郎は筆者の曽祖父である。西側は堂門川、南は新大工町通りに並行した道で区切られた場所で地名は片渕（現在は片渕四丁目）で、勤務地の立山奉行所から三百mくらいと近い。しかし弘化四年（一八四七）には改革の揺り返しで、「長崎奉行組在住与力・同心を差止めて新規手附出役」ともとに戻ってしまった。長崎奉行所文書の『御用留銘書』に記録がある。組屋敷も五年足らずで取り壊された。そのせいかこの組屋敷があったこと自体

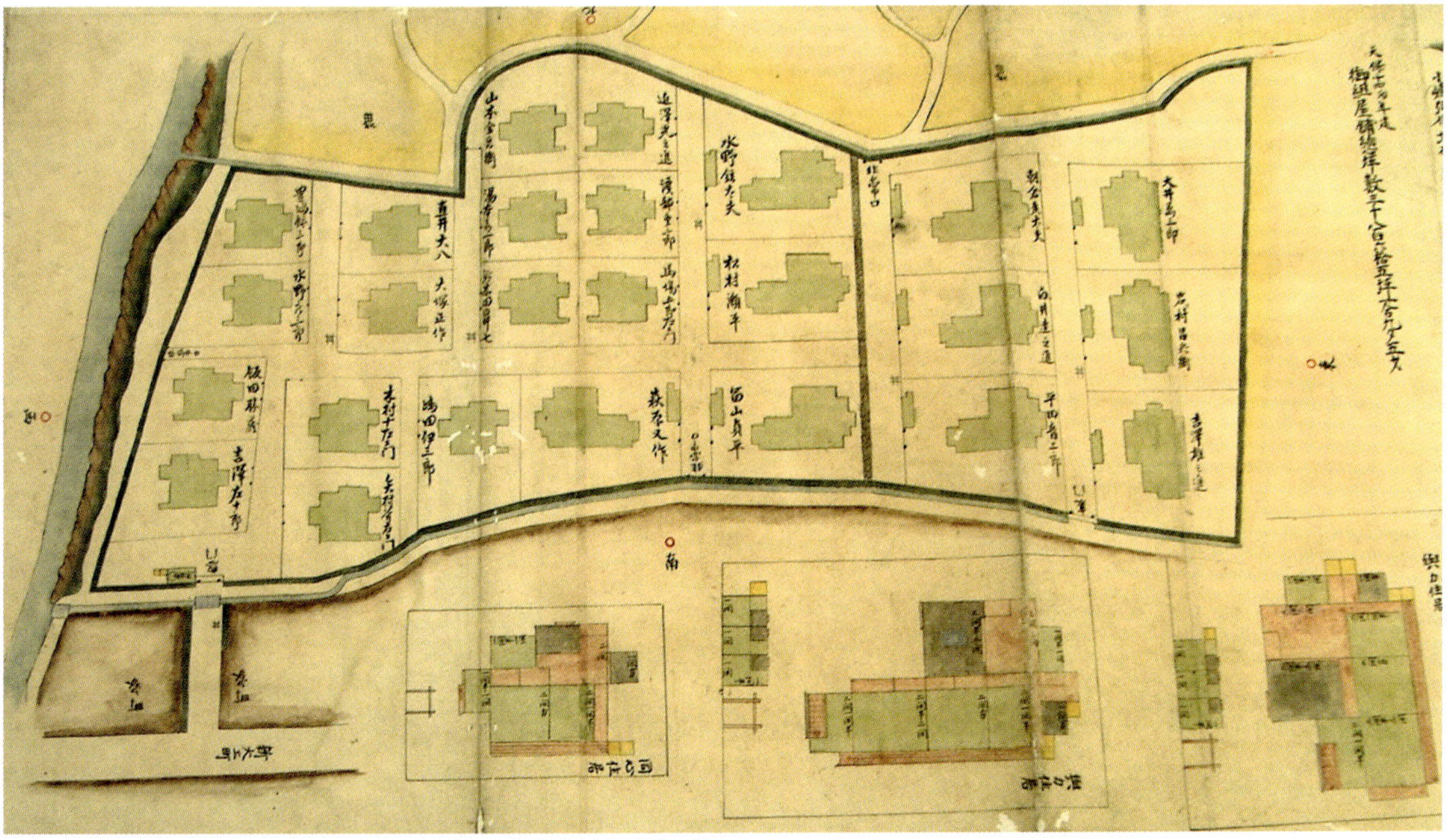

図23　片淵の御組屋鋪　諸役所図　（長崎歴史文化博物館収蔵）

ほとんど知られていない。唯一、内閣文庫の『旧幕模写長崎港図』に「御組屋敷」と描きいれられている。この部分の図を**図24**に示す。太い赤線は長崎街道で、新大工町から始まっている。その左側に御組屋敷との書き入れがある。立山奉行所、安禅寺、諏訪神社、松森天神と並んでいるが、当然あるはずの西山の御薬園は無視されている。

この土地は奉行所用地として残り、のちには乃武館、英語稽古所、維新後は西南戦争の負傷者のための長崎軍団仮病院が置かれた。この仮病院の遠景写真（**図25**）を示す。春徳寺辺の高台から撮影したものであろう。

国立公文書館蔵に明治十年（一八七七）

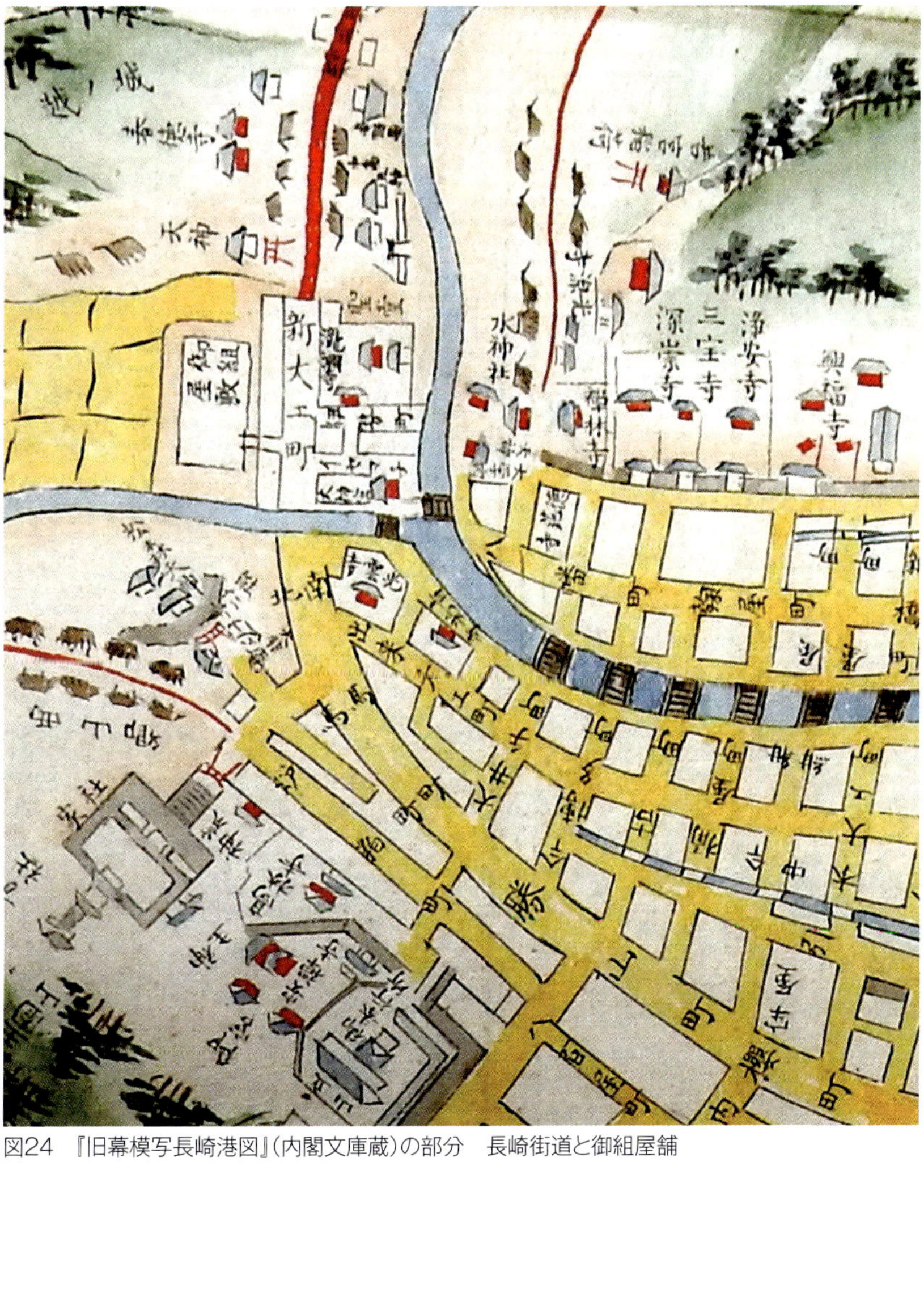

図24　『旧幕模写長崎港図』（内閣文庫蔵）の部分　長崎街道と御組屋鋪

七月軍医総監・松本良順より太政官さらに右大臣岩倉具視への送状もついている。同じ写真が長崎歴史文化博物館にもあるが、上野彦馬撮影とある。写真は実に鮮明で撮影のため建物の外にでて全員揃って号令に従って立っている様子が諏訪神社・松森天満宮の背景とともに見える。安政四年―六年長崎海軍伝習所でポンペに西洋医学を学び、戊辰戦争では賊軍となり投獄されたが、明治政府の初代軍医総監として、再び長崎へきて長崎軍団仮病院を指揮した松本良順が、政府に報告を送ったもので、実に興味深い。この場所には仮病院のあと長崎監獄などが置かれた。

図25　『長崎軍団仮病院写真』（内閣文庫蔵）

2 蔵

御船蔵、塩硝蔵、北瀬崎米蔵などの役割

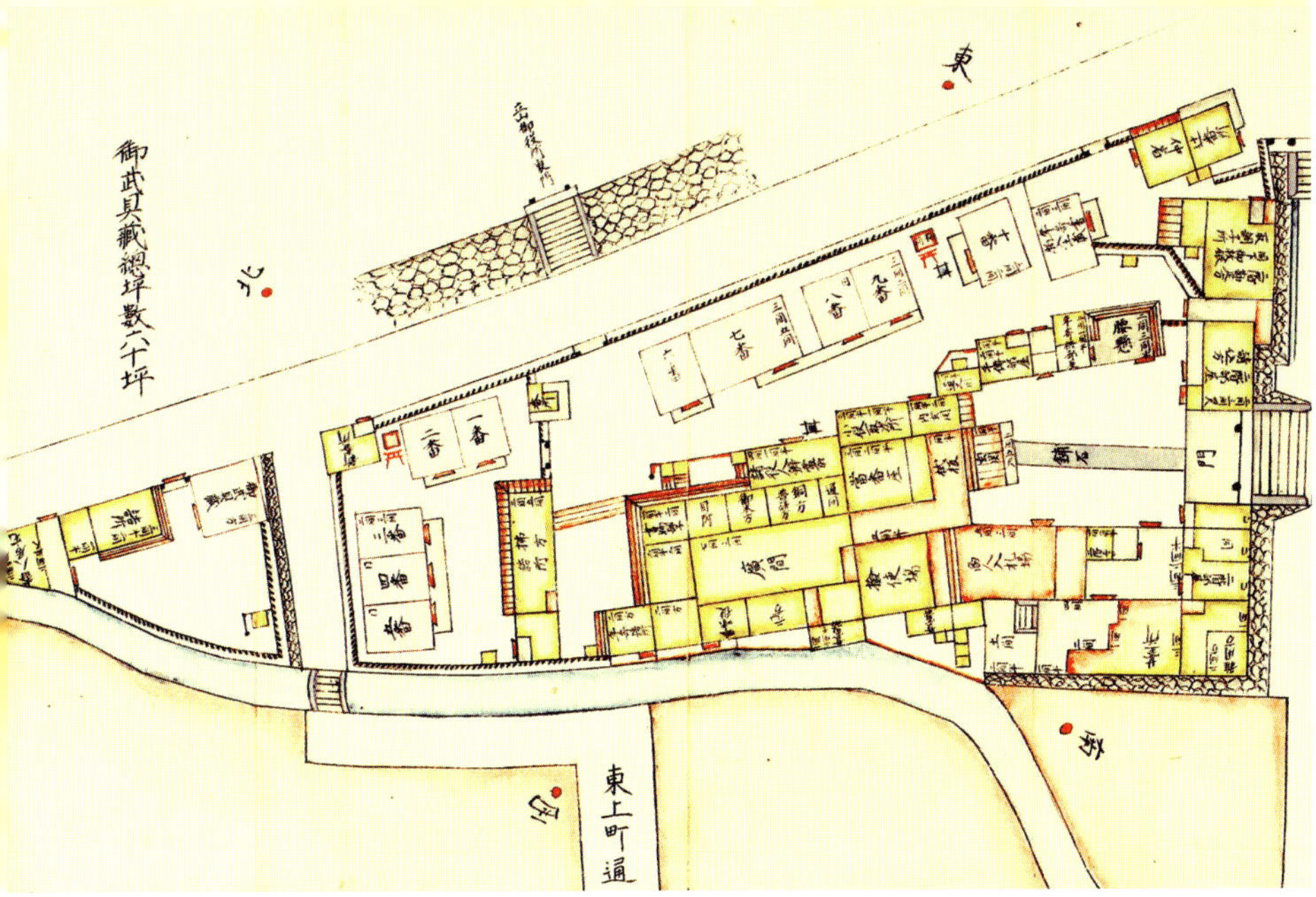

図26　御武具蔵（長崎会所の絵図の左側の部分）内閣図（内閣文庫蔵）

武具蔵

弓、鉄砲、陣太鼓など収める

武具蔵は長崎会所の隣で山側にあり、六十坪の小さな敷地で長崎会所と同じ絵図に含められる。**図26**の左側の部分である。『長崎実録大成』では「先年武具蔵は本興善寺絲荷蔵屋敷の内にあったが、享保六年（一七二一）会所向屋敷の土蔵を仕切り、其半分を武具蔵とした」とある。大槌図、三井長崎図、市博繪図などに「享保六丑年（一七二一）に此処に移る」、あるいは、始建とあり符合している。

武具蔵に入れられた武具は『崎陽群談』によると具足、弓、矢箱、鉄砲、玉薬箱、木綿火縄、鉛玉、石火矢玉、旗竿、陣太鼓、絹旗、絹指物小旗、絹幕など多様である。会所との間は公道がある。三間方の蔵、詰所（虫干場とも記される）と番小屋の三つの建屋の構成は時代によりあまり変化は見られない。

御船蔵

沿革　唐津城主寺沢兵庫頭の船

長崎奉行所の御用船のための御船蔵で町外れの西坂から少し時津街道を下がった馬込にあった。現在は長崎駅にほど近い場所に御船蔵町という地名のみが残っている。沿革は史料の記述をまとめると次のようになる。

『御船蔵旧記』（後述）に「正保三年（一六四六）戌十一月八日御奉行馬場三郎左衛門様・山崎権八郎様御在勤の節始めて御地割、長さ二十九間半、入二十六間、此坪数千三百八十九坪」と書かれている。なお御船蔵ができたのは正保四年（一六四七）六月にポルトガル使節の来航という大事件があったためと歴史書に書いてあるが、それ以前に御船蔵は計画されていたこと

図27　御船蔵図　大成図『長崎実録大成』

がわかる。

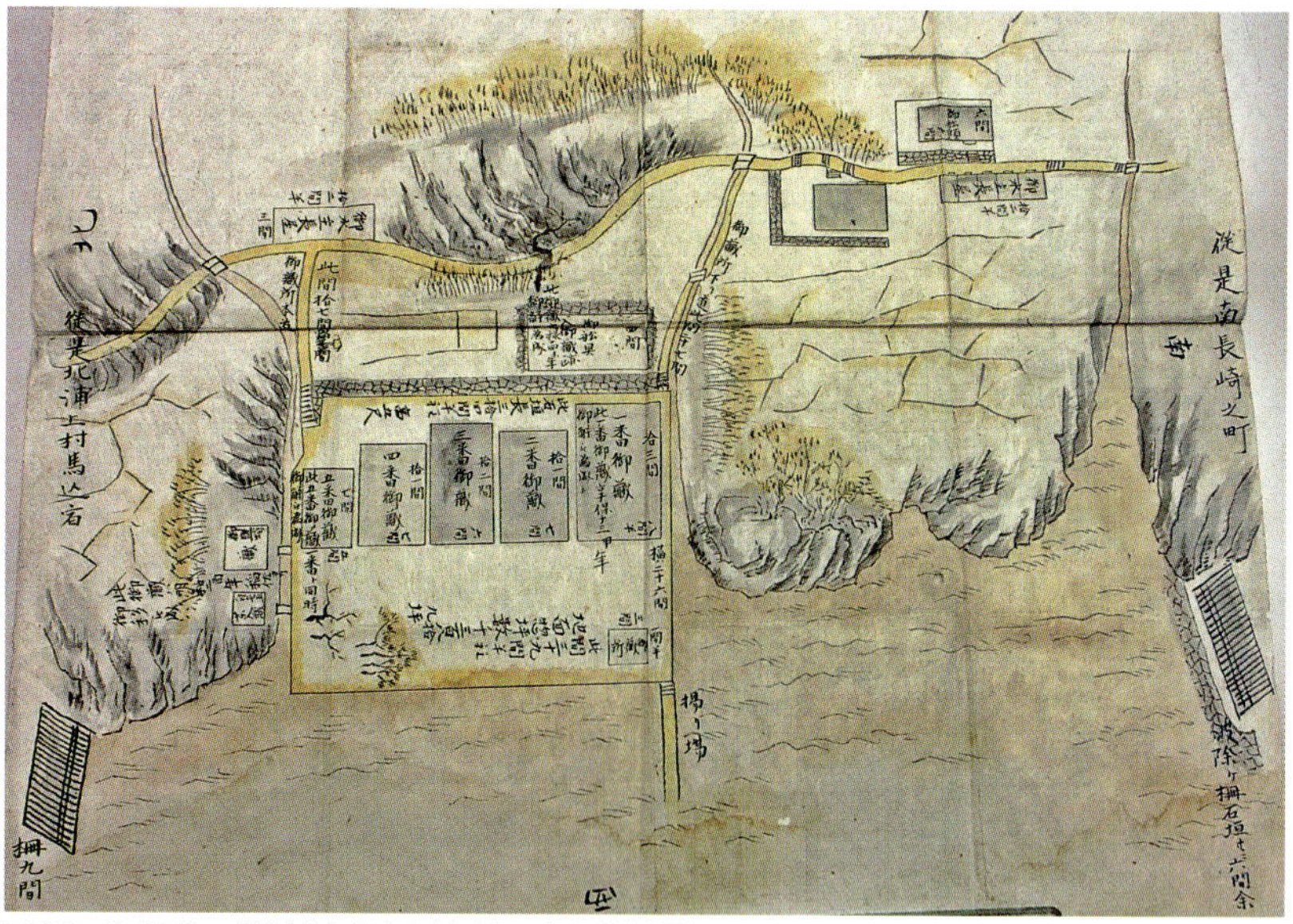

図28　御船蔵　『林（美）文書』（九州歴史資料館蔵）

『長崎実録大成』には「正保四年（一六四七）唐津城主寺沢兵庫頭の相続の継子がなくお家は断絶した。よって兵庫頭所持船の内五艘召し上げられ、長崎に差廻し、翌慶安元年（一六四八）に馬込村のうちの船場千三百七十坪の地に御船蔵を建てられた。唐津より乗ってきた船頭二人、水主十人は当地で召し抱えられ、御船蔵の道筋に船頭居宅二カ所、水主小屋十軒を建てた」とあり、孔雀丸　六十四挺立、竜王丸　五十挺立、雲龍丸　四十二挺立、鷹凰丸　八挺立、無名　八挺立の五艘の船名と規模が書かれている。

『崎陽群談』の「御船蔵建初メ・御船数の事」には船蔵数は六棟で、孔雀丸、竜王丸、雲龍丸、鷹凰丸の船名が記され、この四艘の寺沢兵庫船は強く破損しており御用に相立申さず事とある。これは『崎陽群談』が編纂された享保元年（一七一六）の時の状態を記しているものと考えられ、実際にはこれら五艘とも享保五年（一七二〇）に解船されている。

さらに『崎陽群談』には「生駒壱岐守の獅子王丸（四十六艇立）は知行減らし以後当地に廻ってきたが、先年修復し御用にたっている」とある。『御船蔵旧記』には「寛永十三年（一六三六）奉行の榊原飛騨守が長崎へ赴任の途中、瀬戸内海に無人で漂流中のこの船を当地へ挽かせた、紋所から讃州高松城主生駒壱岐守の船と判った」とやや詳しい事情が書かれている。

『崎陽群談』には「船蔵は古来からあったが、板葺で破損しやすいので、寛文十年（一六七〇）瓦葺になったとあり、『増補長崎略史』の寛文十年（一六七〇）の項に「船倉改築成る。筑前侯命を受けこの年工を起こし七月に至りて成る」とあり一致している。

以上のように記録は幾分錯綜しているが、寛永十三年（一六三六）には獅子王丸だけあった船場に、慶安元年（一六四八）に御船蔵が建てられ、寺沢兵庫頭元所持船の内五艘が収容された。建屋は寛文十年（一六七〇）に改築され瓦葺になったということであろう。

図27に大成図の御船蔵の絵図を示す。かなり時代を下がった宝暦十年（一七六〇）ごろの様子であるが、三棟の船蔵、時津道の入口の両側に二軒の船頭の居宅、さらに道沿いに十軒の水主の長屋がある。三棟の船蔵は第二、三、四蔵であるが高さは後述の寸法と矛盾なく描かれており、イメージ作りに役立つ。

歴史を描き込んだ福岡藩の御船蔵図

九州歴史資料館蔵の御船蔵の絵図（**図28**）は、林（美）文書という福岡藩の普請方の史料で他の絵図にはない過去の経緯が書入れられており貴重である。なお御船蔵の普請は福岡藩が担当していた。絵図の上部に長崎市内から時津に至る道が描かれ、二本の川筋に囲まれた場所に一番から五番までの船蔵がある。また一番船蔵の上段に御船具蔵がある。寛文十年（一六七〇）に全体が完成した当時の状態を

図29　"Nagasaki Ezu"の御船蔵の部分　（大英図書館蔵）

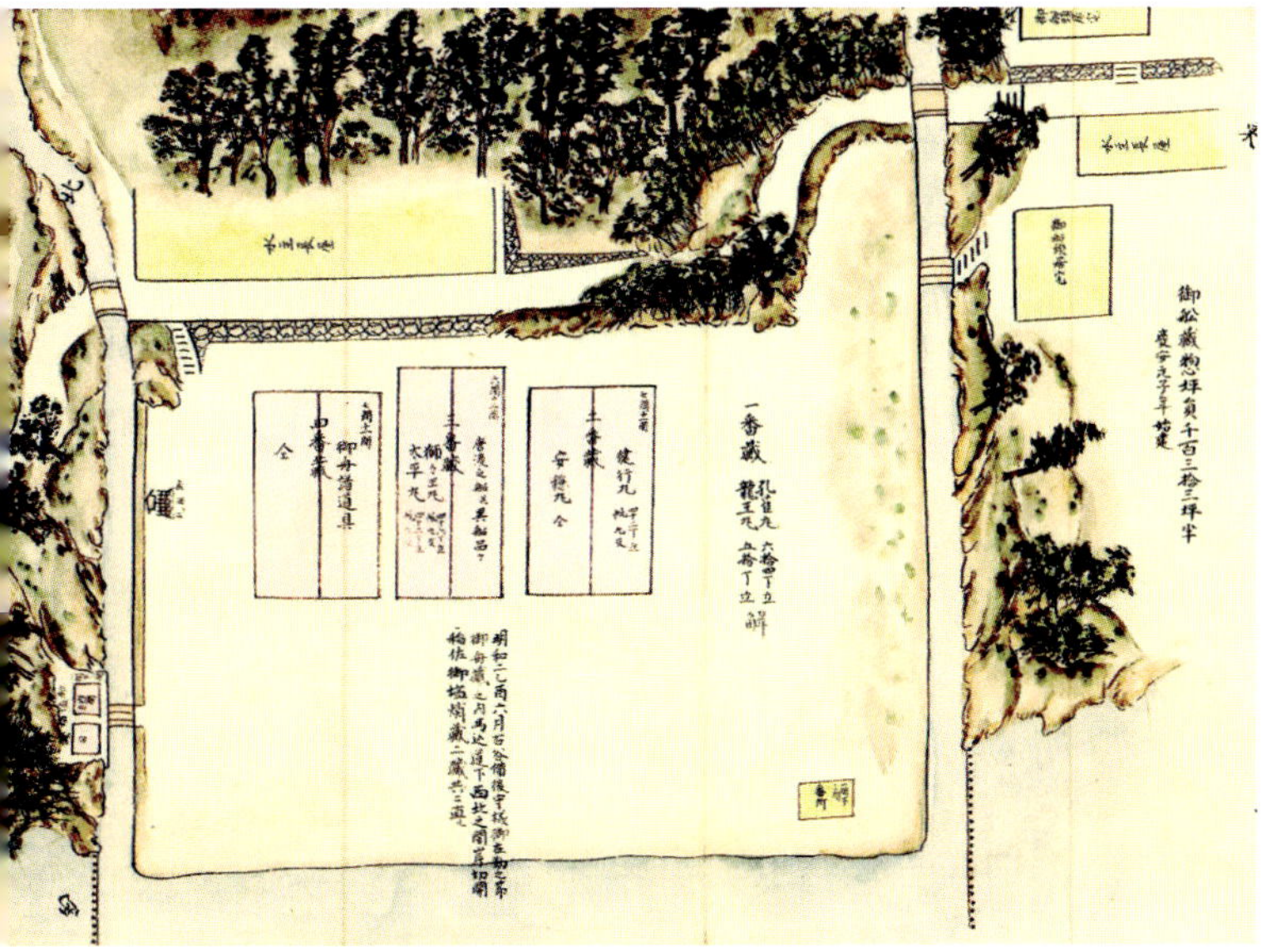

図30　御船蔵　国会図　（国立国会図書館蔵）

を描いたものである。ただし、北岸に「御塩硝蔵」と「石火玉薬入蔵」が描かれ、「明和二酉年（一七六五）稲佐より」とあり明和期以降に書かれた絵図である。

興味あることは、この五棟の船蔵で「十三間八間半の一番蔵は享保十三年（一七二八）に解体された」「七間五間の五番蔵は一番蔵と同時に解体された」、さらに船蔵の上段の石垣の外に「元禄十四年（一七〇一）に解体された御船具入御蔵跡」などと、沿革が書かれていることである。また海岸の「揚り場」や「南波除け柵石垣共六間余」も他の絵図にはない。

船頭、水主の居宅が御船頭、御水主となっているのは、長崎奉行の直接の支配で、御船頭には十人扶持、畑地四百坪、御水主には四人扶持・二百坪が与えられたことから当時はこのように称されたものである。宝永二年（一七〇五）高木代官支配になり御船頭は同じだが、御水主は御が取れて、水主と称されるようになった。

『御船蔵旧記』

御船蔵の変遷を御船頭が編年体で記した貴重な記録が『御船蔵旧記』で長崎歴史文化博物館収蔵である。「旧本は虫食いて文章が不分明だったが、慶応四年（一八六八）に写した」とある。正保三年（一六四六）の設立当初から文化五年（一八〇八）のフェートン号事件までの約百六十年の記録である。御船蔵にあった船舶の種類、規模、製造、修復、解体の年代が享保五年（一七二〇）ごろまで記述されており、これについては深瀬公一郎氏による紹介と解析がある。先述したように「正保三年（一六四六）戌十一月始めて御地割、坪数千三百八十九坪」と書かれている。この総坪数は『長崎実録大成』の千三百七十坪とほぼ合っているが、多くの絵図帖に記されている千百三十三坪とは異なり、理由はわからない。

寛文十年（一六七〇）には御道具蔵（一番蔵の上段にこの度新規に取建）、七間程沖手に築き出した南波除け石垣ができ、御船蔵があずまや作りとなったとあり御船蔵の整備が完了した。御船蔵の川岸に設けられた塩硝蔵についても詳細な記録が書かれており有用である。

御船蔵の寸法

『御船蔵旧記』および内閣文庫の『長崎諸事覚書』（寛文十二年（一六七二）ごろ成立）の記録を合わせると船蔵の大きさは次のよ

うになる。なお坪数は『御船蔵旧記』、寸法は少し異なる場合があり『長崎諸事覚書』の数字に拠った。

一番蔵：表口八間、入り十三間、高三間五尺二寸（約六・九m）、百十坪半
二番蔵：表口八間、入り十一間、高三間九尺九寸、（約八m）七十七坪
三番蔵：表口八間、入り十一間、高二間六尺三寸、（約五・四m）七十二坪
四番蔵：表口七間、入り十一間、高三間二尺九寸、（約六・三m）七十七坪
五番蔵：表口五間、入り七間、高二間半（約五m）三十五坪
道具蔵：表口四間、入り十間、高二間四尺（約四・八m）四十坪

大英図書館蔵の〝Nagasaki Ezu〟は現存する長崎の木版画としてはもっとも古く延宝八年以降元禄元年以前（一六八〇—一六八八）のものと考えられるが、ここには五棟の船蔵が描き入れられている。その部分を**図29**に示す。大黒町の海岸に「唐船すえ所」とあり、図の左上部には本蓮寺などが見える。出島の阿蘭陀医師として元禄三—五年に長崎に在住した有名なケンペルは『日本誌』に「長崎でもっとも目立つ役所の建物の一つ、五棟の大きな木造の建屋で、命令一下すぐに出船できるべく三艘の大きなジャンク船が待機している」と書いていている。建屋の高さについてはこの高さで当時は目立った存在だったのであろう。

絵図に書かれた船名

御船蔵の代表的な絵図として国会図の絵図を（**図30**）を示す。坪数は千百三十三坪余とありほかの絵図でも同様である。どの絵図でも一番蔵と五番蔵はすでに解体されており二、三、四番の三棟の船蔵が描かれている。周囲には二棟の御船頭居宅（清水家と森路家が幕末まで勤めた）、十人いた水主の長屋などがある。

絵図の中央下に「明和二年石谷備後守在勤の節、馬込道下西北の間岸切開稲佐から塩硝蔵二蔵共に直る」旨書かれている。

一番蔵には東洋図、岩瀬図、東大図、国会図、官公衙図、福田上図に孔雀丸、竜王丸解とあるがそれ以外の絵図では空白になっている。二—四番蔵の三棟の船蔵が接して建てられている。以下は蔵に書き入れられた船名などを記す。

東洋図：二番蔵に太平丸、安穏丸、三番蔵に唐渡の船・異船品々、獅々王丸、四番蔵に御船諸道具、健行丸
岩瀬図：二番蔵に健行・太平丸、安穏丸、三番蔵に獅子王丸、太平丸、四番蔵は船諸道具
東大図：三番蔵に唐渡の船異船品々、四番蔵に御船諸道具入
国会図：二番蔵に健行丸、安穏丸、三番蔵に唐渡之船・異船品々、獅々王丸、太平丸、四番蔵は御船諸道具
大槌図：二番蔵に健行　太平丸、安穏丸、三番蔵に唐渡之船・異船品々、獅子王丸、太平丸、四番蔵は御船諸道具
三井長崎図：二番蔵に太平丸、安穏丸、三番蔵に唐渡之船・異船品々、獅子王丸、太平丸、四番蔵には御船諸道具
内閣図：書き入れなし。
官公衙図：二番蔵に太平丸、安穏丸、三番蔵に唐渡異舟品々、獅子王丸、太平丸、四番蔵に御舟諸道具入
崎陽図：二番蔵に健行丸、安穏丸、三番蔵に獅々王丸、太平丸、四番蔵に御舟諸道具
三井諸図：二番蔵に健行丸、安穏丸、三番蔵に獅子王丸、太平丸、四番蔵に御船諸道具、番所図、文化図、福岡図、諸役所図、市博繪図には何も書かれていない。
福田上図：三番蔵に唐渡異船品々、四番蔵に御船諸道具

なお崎陽図以降二番蔵の横に三間二間の唐船武具蔵が出てくる。

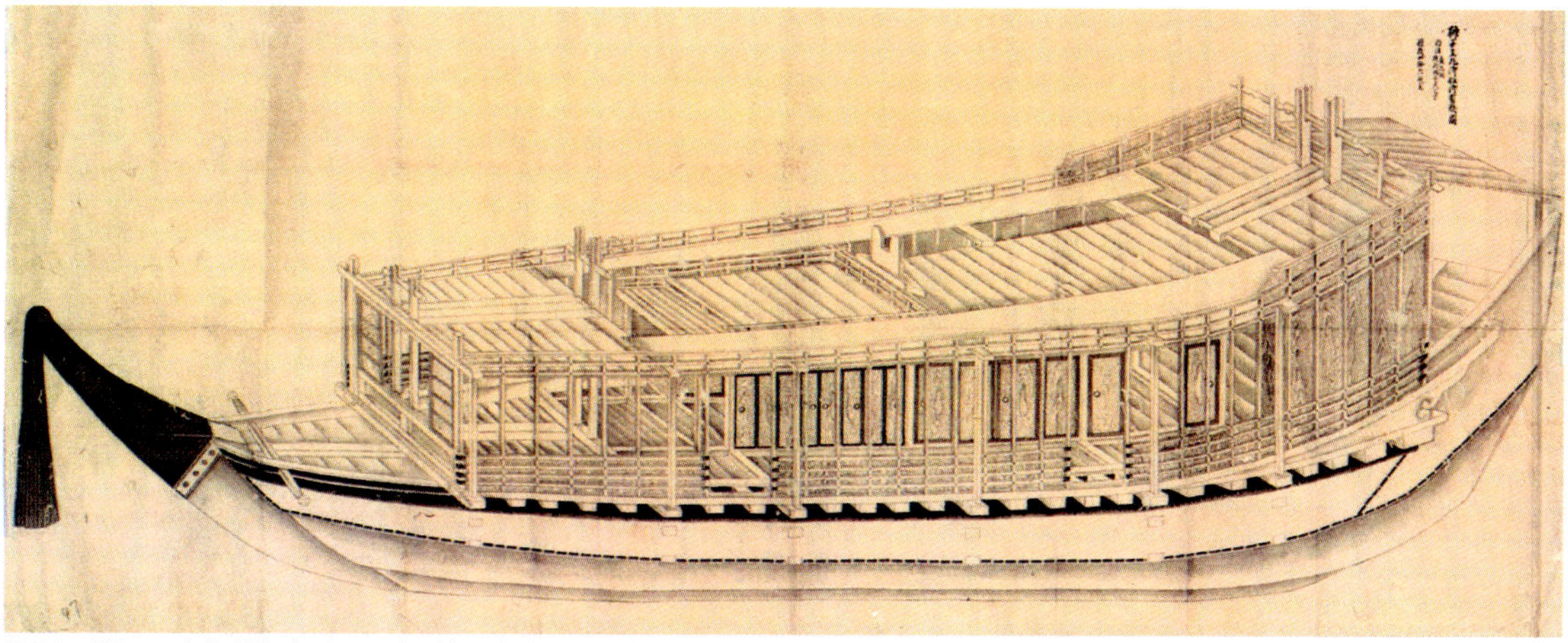

図31　獅子王丸御船御有形図　（長崎歴史文化博物館収蔵）

健行丸

健行丸（十二挺立）については東洋図、国会図、崎陽図、三井諸図に御船蔵入りしており、岩瀬図、大槌図にも太平丸の字の肩に健行と書かれている。また三井長崎図、官公衙図とも太平丸が二番と三番ともに書かれており二番蔵の方は健行丸の間違いとも考えられる。天保年間に幕府が各地に武器や火薬について報告を求め纏めた『遠国武器類』（内閣文庫蔵）には代官高木作右衛門書上として、健行丸とその伝馬船について、

「本船伝馬船共（正徳二辰年（一七一二）駒木根肥後守大岡備前守在勤の節出来、其後連々破損に及んだので、追々御修復が有ったが損潰してしまったので、文政十二丑年（一八二九）本多佐渡守在勤の節、古屋形を用い其外新に造替を仰せ付けられた。伝馬船は天保十三丑年（一八四二）戸川播磨守在勤の節造替を仰せ付けられた。しかるに右御船大波戸前へ浮囲中、当六月三日（弘化二年）大風雨にて破損したので現在御修復中に御座候」とある。

『御船蔵旧記』には奉行大岡備前守が健行丸と命名したとある。新船が建造されると在勤の奉行が命名するきまりだったらしい。

このことから健行丸は正徳二年（一七一二）に建造され、そのあと破損補修を続けながら文政十二年まで検使乗船と大事な役割を果たしていたのであろう。造り変えられたあと嘉永六年（一八五三）プチャーチン来航時には検使船として活躍している。

獅子王丸は十艇の石火矢装備

獅子王丸（四十六挺立）は文化五年（一八〇八）に御備強化の一環として製作された。内閣文庫の『御備一件・諸絵図』の文化六年四月七日に「宿次遣す。同五月二日牧野備前守（老中）へ秋山内記を以て進達、獅子王丸御船製作方絵図七枚」とあり設計図が残っている。秋山内記は奥右筆で長崎奉行から老中への報告ルートであろう。図の一枚には「獅子王丸御船御屋形一トまに相成物矢倉張に御仕替図」とあり十挺の石火矢が装備されている。

この獅子王丸（**図31**）は沿革に記したように寛永十三年（一六三六）に瀬戸内海で漂流していたものを長崎へ挽いてきた関船であるが、絵図帖では天明ごろ（一七八五）から文政期までずっと三番蔵にあった。獅々王丸とも書かれる。おそらく船名と四十六挺立という仕様が引き継がれ改装が重ねられ、文化五年に石火矢を装備した軍船として新規に改造されたのであろう。長崎歴史文化博物館に文政四年十二月に「獅子王丸御船修復中骨折候褒美」などの史料があり、この時期に

新規に改造されたことは間違いない。

小笠原島を探検した長崎の船

大変興味ある話で『幕末の小笠原』、『長崎市史』などに記述があり以下に要約する。寛文九年（一六六九）長崎代官末次平蔵は幕命を受け十善寺辺で五百石積みの唐船を模して「富国寿丸」を建造した。島谷市左衛門が船長となり江戸へ回航し、延宝三年（一六七五）無人島（現在の父島）を確認した。この無人島は寛文十年（一六七〇）阿波のミカン船が漂着発見し下田奉行所に届け出たものである。

島谷らは島の緯度を測り地図を作製し祠を作り「此島大日本之内也」と記した。この一連の作業は国際的にも有効なもので、その後小笠原島がが日本の領土として国際的に認められる基礎となった。『御船蔵旧記』にも唐船造り御船一艘、無人島見届けなど断片的に記されている。

この「富国寿丸」は延宝七年（一六七九）御船蔵に帰り格納され九年には解体された。小笠原島はその後長く放置されていたが幕府は海外からの情報によりその重大さに気づき、文久元年（一八六一）外国奉行水野筑後守忠徳を咸臨丸で派遣し「小笠島の回収」に成功した。水野忠徳は、プチャーチンが長崎へ来た時の長崎奉行であり、小笠原と長崎との不思議な縁を感じさせる。

塩硝蔵

塩硝とは火薬の主要な原料

塩硝とは硝酸カリウムのことで火薬の原料である。これに硫黄と木炭を混合して火薬を作る。爆発力は弱いので現在は花火などに使われるが、ダイナマイトが発明されるまでは、火薬の主要な原料であった。

天然には硝石として産出するが、わが国にはなく、中国や東南アジア方面（インド）からの輸入に頼っていた。加賀や飛騨などではサクと呼ばれる草、石灰屑、蚕の糞を床下の穴に埋め込んで硝酸カリウムを得る培養法があった。一般的には人の糞尿、家畜の排泄物や、古い家屋の床下にある表層土に微生物の作用によって硝酸カリウムが蓄積したものを抽出して塩硝を得ている。なお塩硝は焔硝、塩焇などとも書かれるがここではすべて塩硝とした。

稲佐塩硝蔵

オランダ船が長崎に入港すると在船中火薬を預かり出島の対岸の稲佐に保管していた。ケンペルは『日本誌』で、長崎に入港した時に塩硝をおろすのを見てこれほど厳しいのかと驚いている。彼は長崎で目立つ公共の建物として御船蔵、塩硝蔵と両奉行所を挙げており、「町の対岸に塩硝蔵がある。丘に大きな地下貯蔵室を造り火薬を入れている」と書いている。

『長崎実録大成』には「寛永年中より稲佐郷疋田長右衛門茶屋地内に塩硝を預けおき、元禄三年（一六九〇）土中に穴蔵を造り入れ置いたが、湿気があったのでその後蔵を建て入れ置いた」とある（図116のG）。元禄三〜五年にケンペルが見たのはこの出来たての地下蔵であろう。大成図には官公衙図の「古今の図式」に出ているのと同一の絵図（**図32**）がでているが、これには土蔵が二軒ある。『長崎実録大成』の成立年代である宝暦十年（一七六〇）から考えるとこれは塩硝蔵が明和二年（一七六五）に御船蔵へ引越した数年前の様子で、朱字は写しを作成した際に付けられたものである。

福田古図には稲佐塩硝蔵坪数千八百四十七坪、内千百二十二坪山の内、七百二十五坪平地とあり、水門を上がった場所に門があり、その正面に阿蘭陀武具蔵と書かれた建物がある。東には御検使部屋、西には番所と制札が描かれている。あるいはこの絵図が元禄以前の様子を示しているのかも知れないが、史料はなくわからない。

御船蔵の塩硝蔵

御船蔵の川岸の崖を穿って造られた塩硝蔵の経緯については『遠国御武器類』の「その二十四」の長崎御代官高木作右衛門書上とし、この間の経緯をまとめている。

塩硝蔵　桁行弐間半　梁弐間

塩硝蔵は元々浦上村稲佐郷にあったが湿気で合薬が湿り役に立たなくなり、その上土蔵が破損したので、明和二酉年（一七六五）石谷備後守在勤の節、馬込郷御船蔵の土地の内に石蔵を建て、御塩硝を引移した。しかしこれまた湿気があり、寛政五丑年（一七九三）平賀式部少輔在勤の節、伺の上同所紅毛玉薬入の石蔵へ振替を仰せ付けられた。ところが、御備向について追々合薬の量が増えてきたので、文化六巳年（一八〇九）曲淵甲斐守在勤の節、同所南手に新規に塩硝蔵の御取建を仰せ付けられ、石蔵は唐船持渡塩硝蔵に成っている。

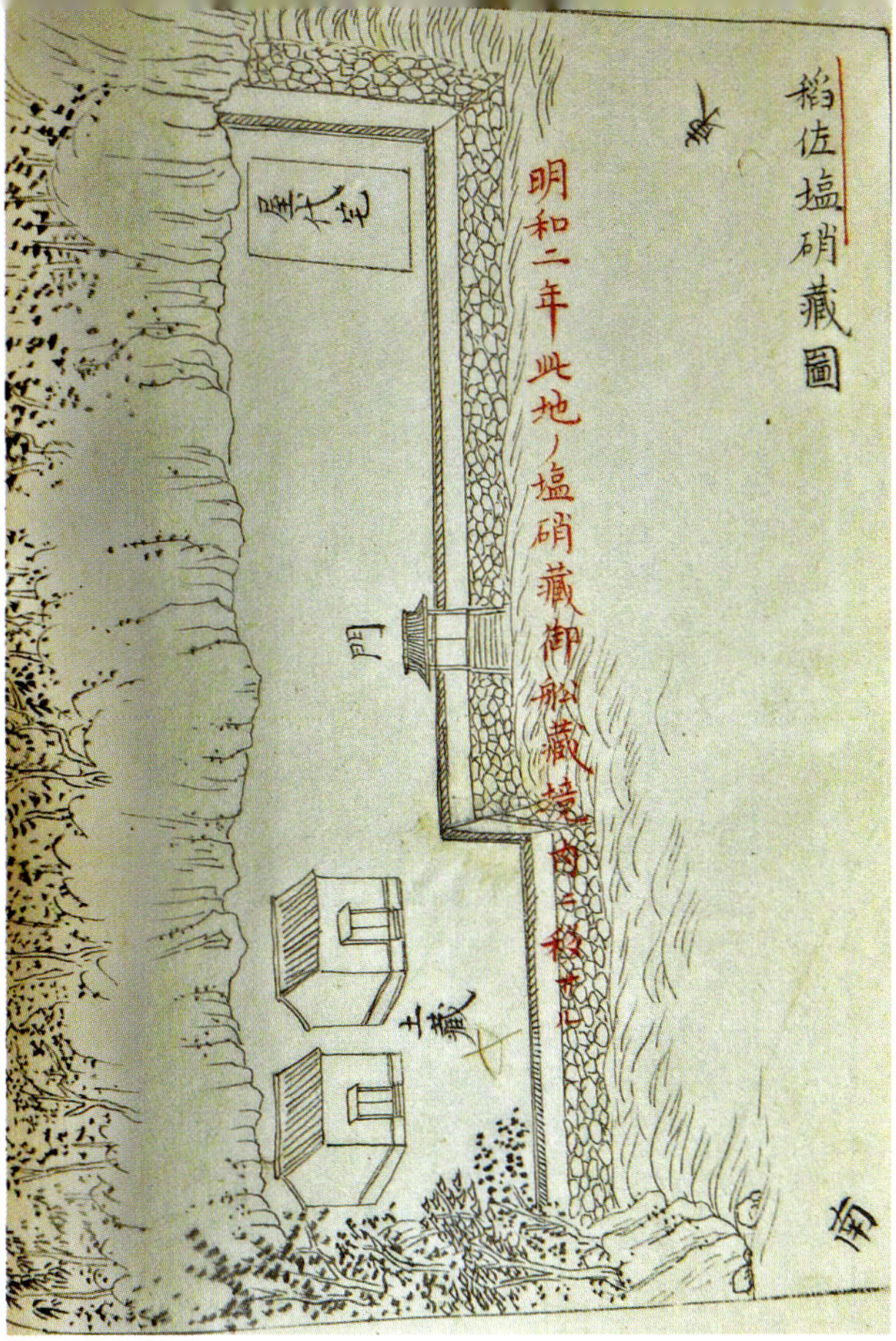

図32　稲佐塩硝蔵図　大成図『長崎実録大成』

『御船蔵旧記』には、さらに詳しく、公儀御塩硝蔵は明和二酉年（一七六五）四月七日より取り掛かり同六月二十日まで出来、紅毛塩硝蔵同年六月二十三日より同九月二十六日までに出来た。この蔵は長崎会所支配。同年八月六日に御塩硝を移し、加役として御船頭両人へ銀二百目御水主十人へ銀二百目年々渡すこととなった。

さらに寛政五年（一七九三）丑五月平賀式部少輔様御在勤の節、「御塩硝蔵の儀湿気強く候に付き、紅毛玉薬蔵と振替えることとし、今後紅毛玉薬蔵を御塩硝蔵とし、御塩硝蔵を紅毛玉薬蔵とする」とある。

絵図帖を見ると東洋図、東大図、国会図、三井長崎図には「慶安元子年始立。同処之内馬込道西北之間岸切開稲佐塩硝蔵二蔵共直ル。明和二酉年石谷備後守様在勤之節」と経緯が書かれている。もっとも東大図では稲佐を稲荷と間違っている。石蔵は東洋図、岩瀬図、東大図、国会図、大槌図では一カ所（橋は一カ所）だが内閣図以降では二カ所（橋は二カ所）となる。なお三井長崎図では石蔵は一間半二間とあり一つの石蔵に仕切を介して二つ隣合わせになっている。内閣図以降は仕切りがなくなっている。また崎陽図、三井諸図には石蔵は阿蘭陀蔵、元塩硝蔵と書かれている。その後はすべて塩硝蔵となっている。このように塩硝蔵の描き方と名称はかなり混乱しているが、『御船蔵旧記』の記述が正確で明和二年の当初から二つの石蔵が崖を穿って作られ、十八年後の寛政五年に振替へ、名称を変えたことは確かであろう。

崎陽図、三井諸図、福田上図では南手に二間二間半の塩硝蔵が描かれている。これは長崎警備強化で合薬の需要が増えたので、文化六年（一八〇九）に、新規に建てられたものである。その後、番所図、文化図、福岡図、諸役所図で、もう一つの塩硝蔵（諸役所図で二間三間とある）が加わ

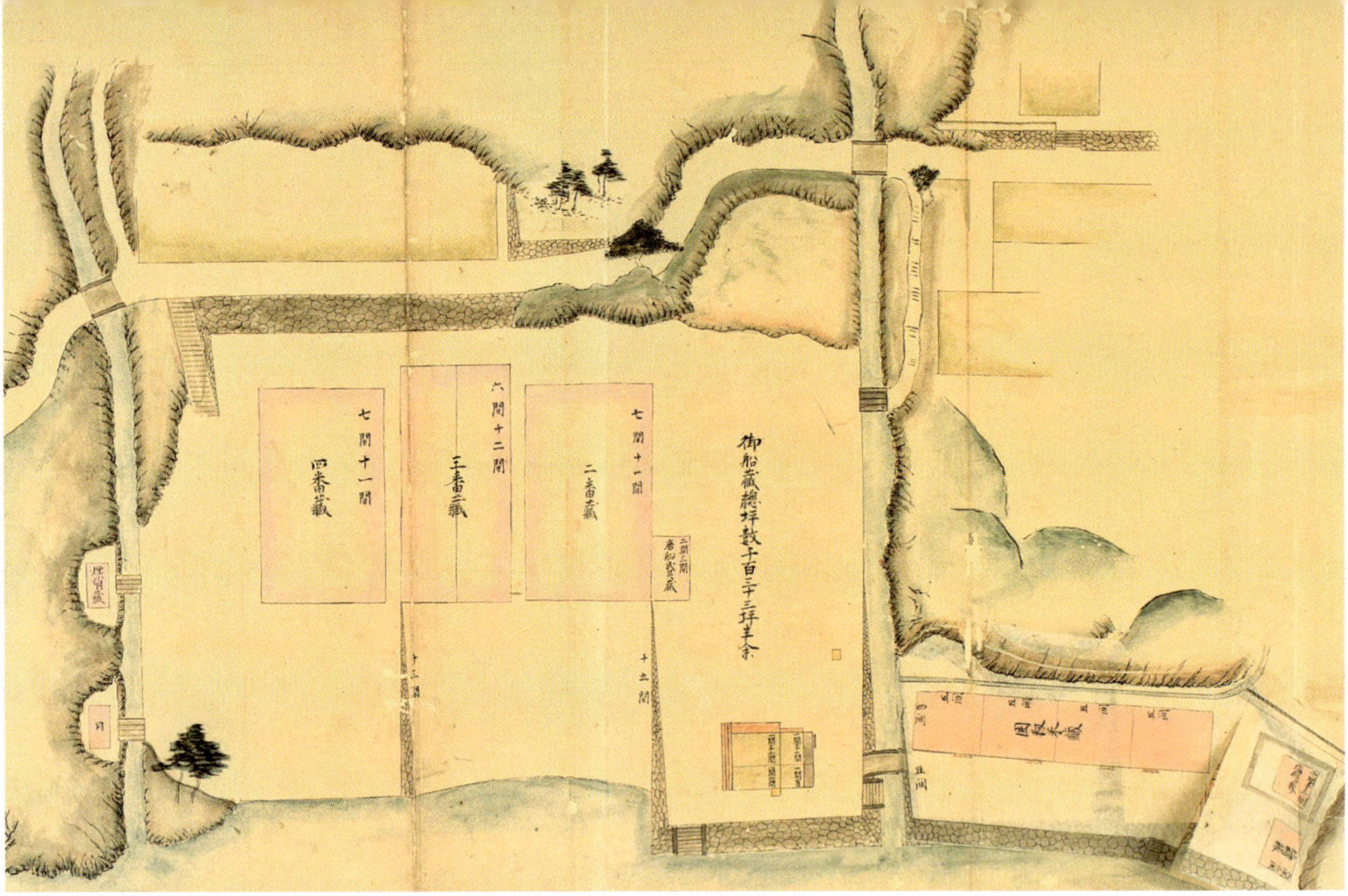

図33　御船蔵　右手に塩硝蔵と籾蔵　諸役所図　（長崎歴史文化博物館収蔵）

り、蔵は二つになる。これは北瀬崎米蔵の項で述べるが、同所の塩硝蔵を文政元年（一八一八）に引移したものである。

囲籾米蔵も加わる

さらに諸役所図（**図33**）には籾蔵も加わる。『増補長崎略史』の嘉永五年（一八五二）閏二月に「馬込郷船倉境内に籾蔵を造る」とある。『金井八郎翁備考録』の諸元極五の「御船蔵」の項には、嘉永五年閏二月九日の長崎奉行牧志摩守の達とし「当地は耕作の場所が少なく、廻米にて暮らしているが、非常備の廻米は手薄く、万一凶年の時を考えると、このままでは安心できないので、この度囲籾蔵一棟を、新規造り立を申し付けた。当秋には籾米を買入れ囲うこととなる。

場所は馬込郷御船蔵続きの余地で、火災の患いも薄く、御代官と相談の上幅四間長さ二十間とした」とある。図には二十間四間で四戸前の囲籾米蔵が描かれている。また「この蔵の見守番・取締は御船蔵にある御塩硝蔵と同じく、御船頭・水主に仰せ付けること、会所の役人に対して新地にある囲籾蔵も合わせて平常入念に勤めるよう」との指示をしている。なおこの籾蔵が描かれている絵図帖は時期的に見て諸役所図のみとなっている。

北瀬崎米蔵

沿革　米のとれない長崎の食糧蔵

長崎附近には耕作地が少なく、米は周辺の地方からの供給に依存していた。

長崎では万治二年（一六五九）、延宝八年（一六八〇）および享保十七－十八年（一七三二－一七三三）に大飢饉に見舞われた。享保の飢饉では西国地方がイナゴの被害にあい、当時の長崎奉行大森山城守が手を尽くし

図34　崇福寺の巨鍋　『長崎名勝図絵』聖寿山崇福寺施粥巨鍋天和2年壬戌仲春望後日の22字が記してある。330年余のあと、現在は覆屋されている。

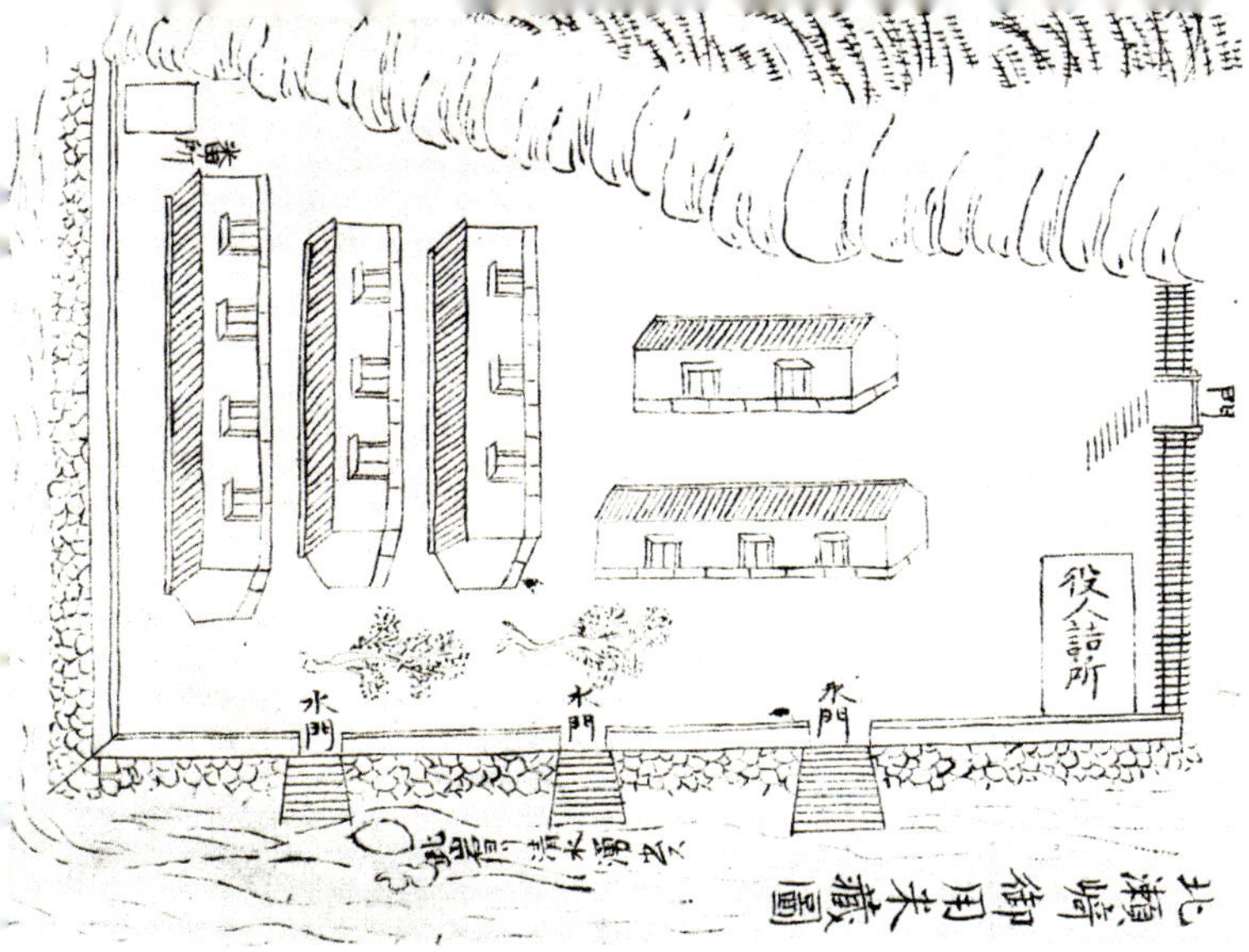

図35　北瀬崎御用米蔵図　大成図『長崎実録大成』

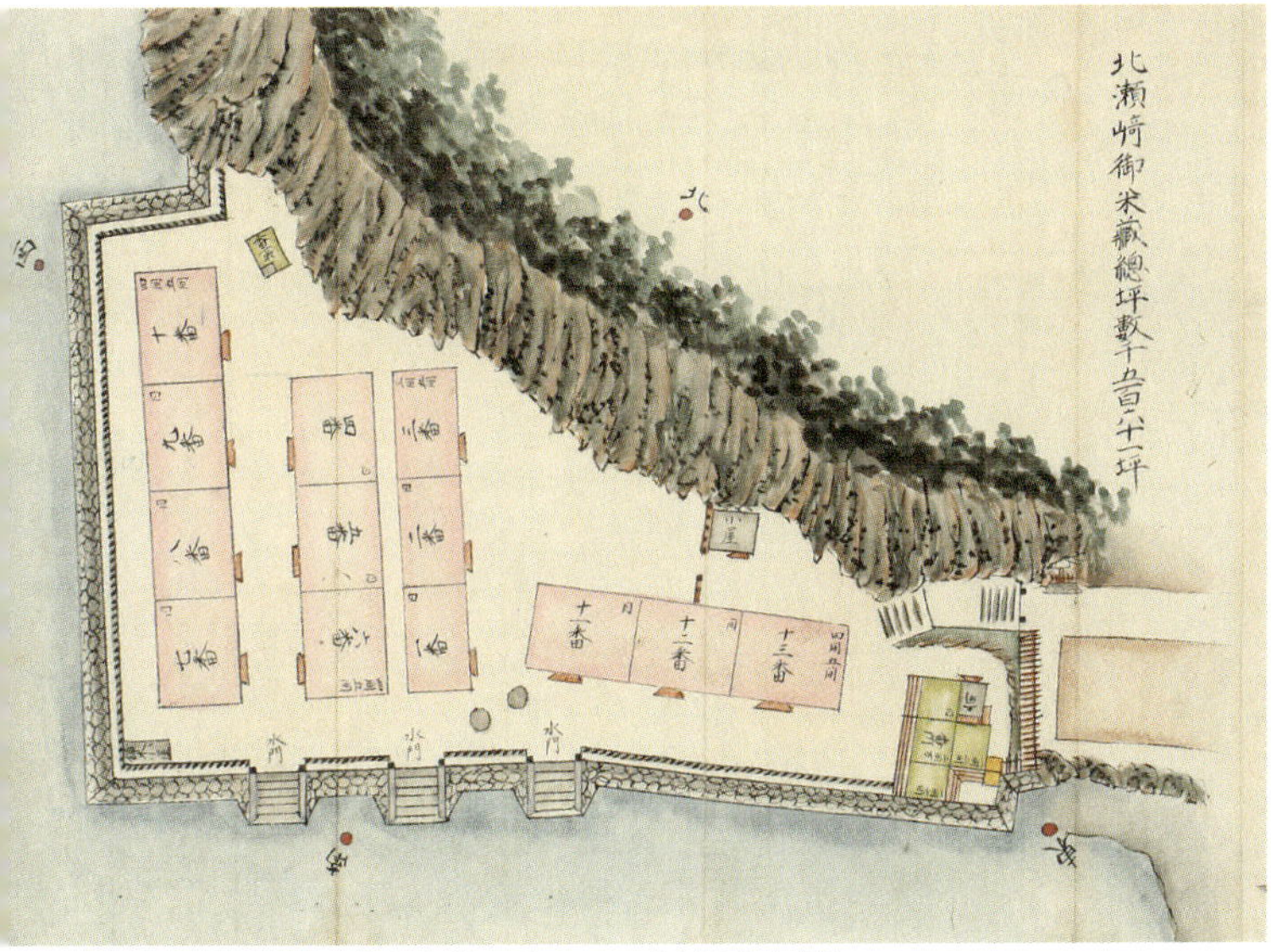

図36　北瀬崎御米蔵　内閣図　（内閣文庫蔵）

て関東、北国、中国地方の米・穀物を長崎へ送らせたので、長崎では餓死する人は一人もいなかったといわれる。唐三カ寺などは粥をたいて飢えた人々に与えた。天和二年（一六八二）崇福寺では銀一貫三百目（二百二十万円）で直径六尺五寸の大釜を鍛冶屋町で作り、車に載せて寺にひっぱりあげた。この粥をたいた巨釜は現在も崇福寺境内にあり、長崎市の有形文化財に指定されている。（図34）

このような状態で長崎奉行所にとっては米蔵さらに籾蔵の整備は必要条件であった。『増補長崎略史』の享保四年（一七一九）七月に「北瀬崎に米廩を置く」とある。同九年（一七二四）に、十善寺村にあった米蔵を南瀬崎米蔵と唱え、同時にここは北瀬崎米蔵となった。現在はNHK長崎放送局があり海岸は埋め立てられている。

なお北瀬崎米蔵の前身は、『増補長崎略史』によると、東奉行所が立山へ移った跡地に延宝三年（一六七五）七月に置かれた米蔵で、これを濱蔵と称した。西役所の項で触れた。『崎陽群談』には「御用米之事」の項に「米代銀として二百七十貫目（四・五億円）を用意しておき、米が安い節に買って置き、地下役人の願いによって拝借させた。米蔵は西役屋敷の隣、船番長屋の脇の土蔵に入れ置き、この蔵を御用米蔵と称する」と書かれている。

古い絵図では米蔵は五軒

大成図にでている絵図（図35）はイメージつくりに役立つ。五軒の米蔵が海に接して建てられ水門が三つある。海中に「この岩穴より清水湧き出す」とあるが、この場所は今は埋め立てられ国道になっている。東洋図、岩瀬図、東大図、国会図、大槌図では土蔵の数は同じく五軒である。東大図、国会図、三井長崎図に「享保四亥年（一七一九）始建。同十一年（一七二六）船番屋鋪蔵直ル」とある。このことは『長崎実録大成』の記述ではっきりする。すなわち享保四年（一七一九）には土蔵三間十五間が二軒と三間二十間が一棟、計三軒が建てられた。さらに同十一年（一七二六）に以前船番屋敷の地内に在った土蔵二軒を引移した。これは上述の西役所の濱蔵（御用米蔵）：三間十五間と三間十間各一軒で、これで北瀬崎の蔵数は五軒となったとある。土蔵には仕切りがあって番号がついている。東洋図、東大図、岩瀬図、国会図、大槌図では一～十五番で、この内十一

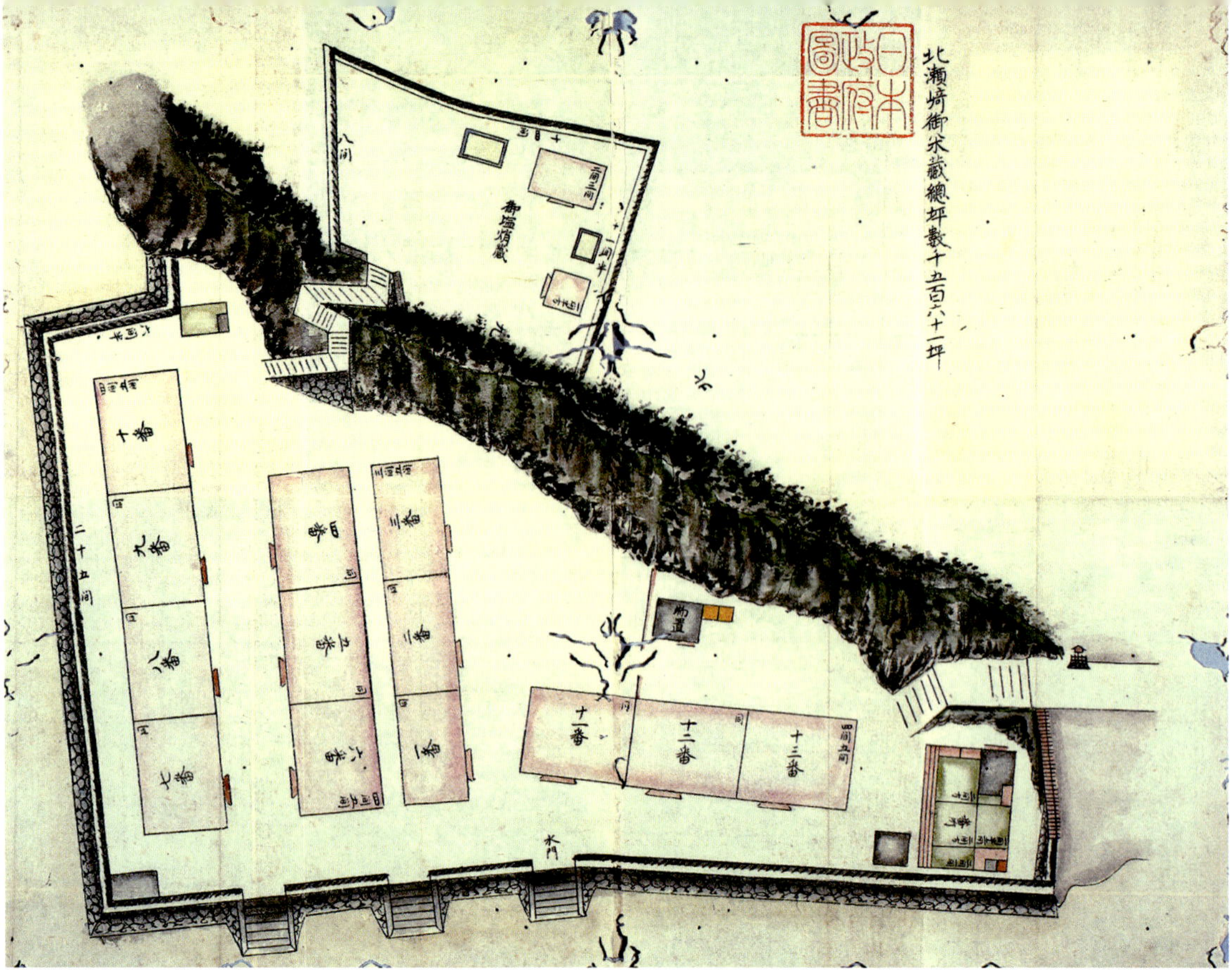

図37　北瀬崎御米蔵、山上に塩硝蔵　崎陽図　（内閣文庫蔵）

―十五番が船番屋敷から引移した土蔵である。

三井長崎図以降の絵図では土蔵の数は一つ減って四軒になり、蔵数は二つ減り一―十三番となった。しかし蔵の規模は大きくなり四間五間と三間五間（一―三）と面積は二割増えている。『続長崎実録大成』文化元年（一八〇四）に「四番五番六番御蔵一軒、元と三間梁の処四間梁に建替、二月より修造取掛り、六月成就す」とある。時代考証に役立つ。土蔵の数はその後変わらない。**図36**に、この時期の絵図（内閣図）を示す。『長崎実録大成』によると次の南瀬崎米蔵と合せ南北両瀬崎の廻米は一ヶ年で豊後米一万石、天草米六千―八千石、肥前米八百石であった。当時の市中の人口を三万人とし、年間の一人の消費量を一石として単純計算すると、四万石となり約半分をこの役所の米蔵の払米に依存していた計算になる。

長崎における払米については矢田純子氏の研究がある。それによると「長崎へ廻漕された幕府年貢米は十八世紀半ばには二万六千石余りに達し、その大半が北瀬崎をはじめとする米蔵入用米として使用され、そのうち約八千石が払米として市中に放出された。この払米は市中の米相場の形成にも関わり、市中の米価政策においても重要な役割を果たしていた」とある。

米は米屋で買える商品ではあるが、長崎は三―四万人という大きな人口で、三―四万石の米が必要となる。このほとんどを周辺諸国からの供給に依存し、その周辺諸国が不作の時や、海路が不順の時は、金銀が山とあっても飢渇の難儀にあうこととなる。このことから奉行所の米蔵や籾蔵（担当は町年寄）は重要な機能を持っていた。

山の上の塩硝蔵が出現

北瀬崎米蔵の面積は総坪千五百六十一坪ですべての絵図で同じである。福田古図にはその内訳として柵の内六百四十七坪、藪の内三百六十二坪、山の上五百五十一坪としている。このうち山の上に建てられた塩硝蔵とその消長が時代検証に役立つ。崎陽図、三井諸図、番所図、福田上図には米蔵の崖の上に囲いがあり、崎陽図、番所図では御塩焇蔵と書かれている。崎陽図の絵図を**図37**に示す。この絵図には説明がないが、番所図から、二間三間と一間半方の二つの囲いは塩硝蔵、あと二つの二重線の囲いは池（深さ二尺および四尺）である。柵の内の米蔵とはジグザグな階段（雁木）で繋がっている。三井諸図にはこの囲いに「此所白帆注進之節之備道具入有之」とある。これは塩硝蔵が移ったあと道具蔵になったことを示している。福田上図には四つブロックがあり二つは倉庫のように見えるが説明は無い。文化図はこの部分に貼り紙で隠し、下にぼんやり建屋が透けて見える。また階段も貼り紙で消されている。

『続長崎実録大成』には「北瀬崎囲内御武具蔵造営の事」の項に「文化五年（一八〇八）御奉行曲淵氏御在勤の節、御塩硝蔵一棟新に経営有り、十二月より工事を始め、同六年三月に完成した。のちに御塩硝蔵は別に御船蔵境内に建替になり、この御蔵は同八年七月より御武具蔵との名称になった。かつ薬師寺久左衛門塩硝蔵不用になり、同十四年春御払になり解取る」とある。説明には北瀬崎の絵図がつけてあり、崖上の囲いには薬師寺久左衛門塩硝蔵とある。

さらに塩硝蔵の消長については内閣文庫『遠国御武器類』二十五「高木定四郎預御鉄砲蔵御鉄砲・御石火矢その外小道具の覚」長崎鉄砲方高木定四郎書上という史料がある。これは先に御船蔵の項に出てきた史料と並ぶものである。『続長崎実録大成』の文政二年（一八一九）七月に「高木道之助、長崎御鉄炮方に仰せ付けらる。席の儀は御目見以上」との記録がある。高木道之助（定四郎）は代官高木作右衛門の弟である。以下は高木道之助の幕府に対する報告である。

「御鉄炮蔵　桁行　三間　梁　二間

右は文化六巳年（一八〇九）曲淵甲斐守在勤の節、浦上村山里馬込郷字北瀬崎御林跡新畑の内御用地に御買上御塩硝蔵一棟を御取建になった。其後文政元寅年（一八一八）筒井和泉守在勤の節代官の高木作右衛門が伺の上この御蔵を御船蔵南手へ御引移に成り二番御塩硝蔵と唱えた。高木道之助は文政二卯年（一八一九）長崎御鉄炮方を仰せ付けられ、この二番御塩硝蔵並び御鉄炮其の外小道具共道之助へ引渡した。名称は御鉄砲蔵と唱えることとなった」

嫌がられ短命だった山の上の塩硝（道具）蔵

『金井八郎翁備考録』の「御鉄砲蔵」の項に文政元年（一八一八）五月、高木作右衛門（代官）による「北瀬崎御武具蔵御船蔵地内へ御引直の儀伺書」に次のような記述があり、この辺の事情が判明する。

「浦上村山里字北瀬崎御林跡新畑の内四畝十八分御用地に御買上になり文化六年（一八〇九）に御塩硝蔵を一棟御取建になったが、近辺の町方が火災などで支障があると中立てたので、この御塩硝蔵は御船蔵地内に御取建になり、この蔵には御道具類を入置くように仰せ渡された。この場所は北瀬崎米蔵の岸上で番人も米蔵と兼任していた。通路のがんぎ巾が狭い上に曲がりがあり、非常な急場の節は勿論のこと、平日品々持運びなどの通路としては甚だ難しく、殊に是まで度々崩損し其の時々御修復の儀を申上げ早速御取繕にはなったが、このがんぎを御取繕中万一非常の節は御武器其の外品々取り出しに差し支え、殊に夜中の御蔵出しは難しい。番人は米蔵と兼勤であるが、崖上の地へはかなり遠隔で、其の上高い崖上にあるので番人の見守りも不行届となる。とにかくこの場所は諸事差し支えが多いので、御武具蔵は御船蔵地内の塩硝蔵の脇へ御引直しするように仰せ付下さるようにお願いします。そうなれば御蔵場所の数も減り、第一御用弁も宜しく年々がんぎ御取繕の御入用も不要になり、年々会所より出ていたこの地の御年貢・作徳銀など合わせて二十五匁一分四厘九毛も不用になります。この段伺い申し上げます」

この伺に対する奉行の回答は残っていないが、伺の通りになったのであろう。

この高木代官の伺を読むと「とにかくこの崖上の場所は嫌だ」と強調している。実際現地に行くと御船蔵のあった場所は現在のNHK長崎放送局の直ぐ裏手で、急な岩の崖で塩硝蔵のあった場所へ上がれるようになっている。この場所は現在は二十六聖人殉教地の記念碑が建っている。江戸初期キリシタンを拷問した吊るし井戸などあった場所で、さらに当時死罪が執行されていた西坂である。処刑場との関連でこの場所が嫌がられたことは容易に想像がつく。

塩硝蔵についての消長

稲佐、御船蔵、北瀬崎米蔵に係る塩硝蔵の消長を史料によって時系列に整理した。

寛永年中（十七世紀前半ごろ）

オランダ船から預かった塩硝を稲佐郷疋田氏茶屋地内に預けた。

元禄三年（一六九〇）

土中に穴蔵を造りいれたが、湿気がありその後蔵を建てた。

明和二年（一七六五）

御船蔵に石蔵を穿ち稲佐郷の塩硝を移した。

寛政五年（一七九三）

この石蔵には湿気があり、塩硝を同所紅毛玉薬用石蔵へ移した。

文化六年（一八〇九）

北瀬崎御林跡新畑（山の上）に塩硝蔵一棟を建てた。これは魯寇事件、フェートン号事件を受けた御備の一貫。

文化六年（一八〇九）

御備向の都合で御船蔵南手に塩硝蔵を建て、同所蔵の石蔵は唐船持渡塩硝蔵とした。

文化八年（一八一一）

北瀬崎山の上の蔵は七月より武具蔵との名目にした。

文政元年（一八一八）

北瀬崎の塩硝蔵を御船蔵南手へ御引移、二番塩硝蔵と唱える。北瀬崎の蔵は御道具蔵とした。

文政元年（一八一八）

代官から御道具を御船蔵の塩硝蔵の脇に移して欲しいとの願出。

北瀬崎に塩硝蔵があったのは九年間で、御船蔵での塩硝蔵の消長とともに時代推定に役立つ。

なお文政三年ごろ成立と思われる番所図の北瀬崎米蔵の山の上に塩硝蔵が描かれているが、数年の矛盾がある。また絵図帖には鉄砲蔵という名称は出ていない。

南瀬崎米蔵

天草代官の米蔵として

『増補長崎略史』に「享保五年（一七二〇）八月　十善寺郷南瀬崎に米廩を置く。元天草代官所米廩なり」とある。享保五年（一七二〇）に十善寺村にあった天草代官の米蔵を長崎御地方に仰せ付けられ、同九年（一七二四）にこの名称になった。

ここでなぜ天草屋敷（米蔵）が長崎にあったかを説明したい。天草は寛文四年（一六六四）戸田忠昌（のちの老中）が領主になったが、寛文十年（一六七〇）に国替になった際、忠昌は天草は永久に天領であるべきで冨岡城を無用として破壊した。このあと幕府直轄の天領となり明治維新まで続いた。延宝元年（一六七三）に天草代官が長崎への米の輸送業務のため小島郷十善寺村に詰所と米蔵を設けた。これは天草屋敷とか天草米蔵と呼ばれ元禄・宝永期の「唐人屋敷図」の端などに描かれている。正徳四年（一七一四）に天草が専任の代官から日田代官の兼任になるまで続き、それ以降の絵図では天草屋敷はなくなった。矢田氏は「天草の年貢米は延宝四年（一六七六）から長崎へ納められ、長

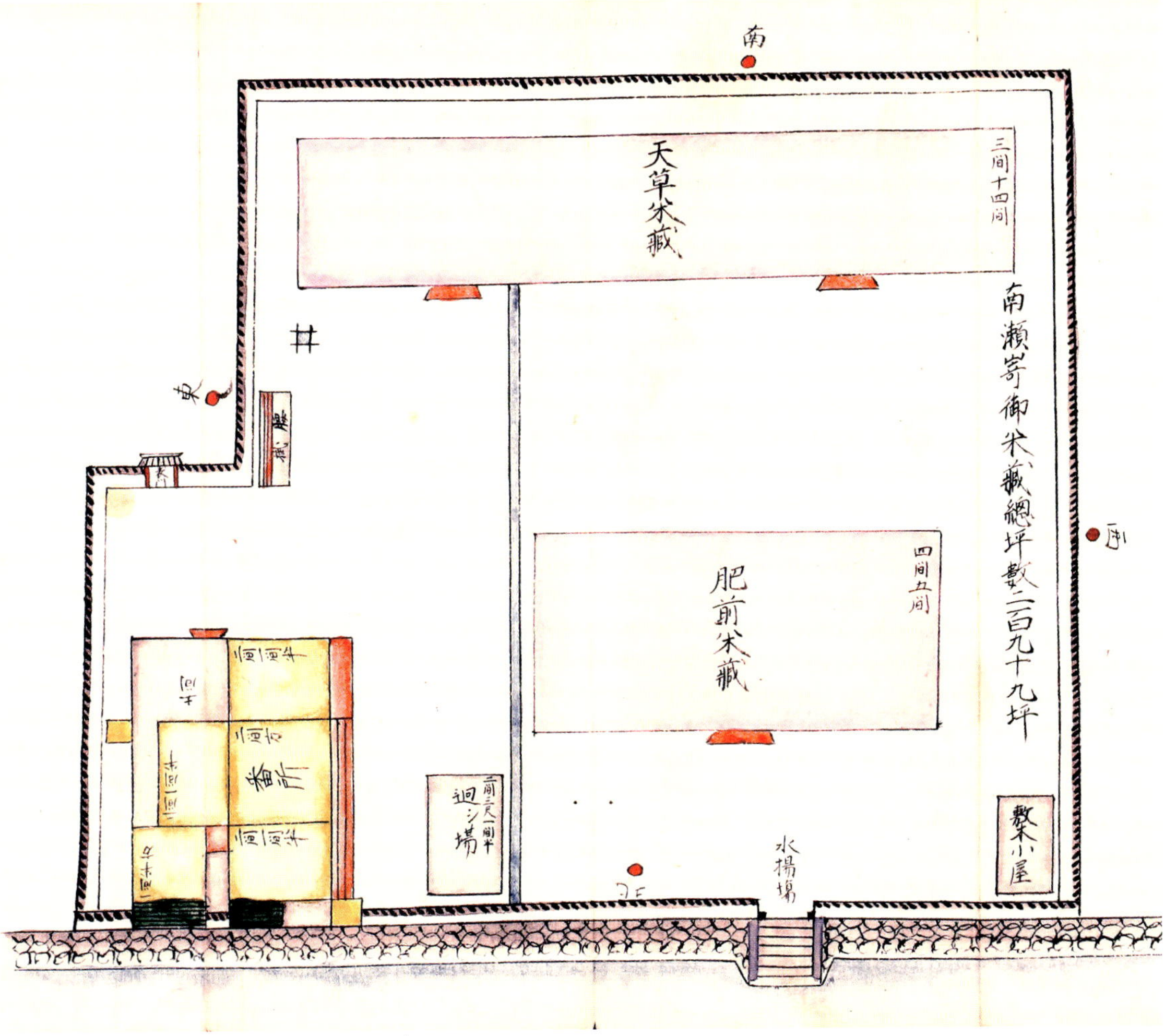

図38　南瀬崎御米蔵　内閣図　（内閣文庫蔵）

崎奉行所関係の役料など長崎での入用米として使用された。当時廻漕された天草米は年間六−七千石でその四分の一から三分の一が払い下げられた」としている。

東洋図、東大図・国会図・大槌図、三井長崎図に「享保五子年始建」とある。天草と肥前米を収容するそれぞれの蔵で敷地は二百九十九坪で北瀬崎米蔵の五分の一の広さである。六−七尺の練塀で囲まれている。隣地に唐人番長屋がある。三間十四間（軒高二間六寸）の天草米蔵、四間八間（軒高一丈三尺）の肥前米蔵という構成は年代で変わらない。水揚場は一カ所ある。北瀬崎から約七百m南の位置にある。番所の横にある表門と水門のみが出入口である。この二つの米蔵の間に仕切りが三井長崎図以降現れるがこれが何のためかわからない。**図38**に内閣図の絵図を示す。

海に面して東側には番所、西側には内閣図で敷木小屋、官公衙図で鋪木小屋、崎陽図で囲いのみ、三井諸図では輪木小屋となる。番所図、文化図、福岡図、諸役所図では鳥居が現われる。幕末に近づくと鎮守（鳥居）が現れるのは他のケースも同じである。

南瀬崎米蔵は慶応二年（一八六六）外人居留地に編入されその役割を終えた。

3 長崎貿易関係

外国との貿易業務すべてを地役人が運営

長崎会所

沿革　元禄十一年に設立され幕末まで

長崎会所は長崎貿易を総括した重要な役所である。すべて地役人によって運営されていた。『長崎会所元方発端書』によると「貞享年中の頃迄現在の長崎会所地は五カ所会所であったが元禄十一年（一六八八）近藤備中守・諏方下総守御在勤の節、唐阿蘭陀商売を改め金銀地下配分請払いなど一式を会所で相勤める様に仰せ渡され、五カ所会所は別途借宅に移り、それより長崎会所と唱え来た。享保十九年（一七三四）窪田肥前守御在勤の節、雑物替会所を払方会所と仰せ付けられ、以後長崎会所を元方会所と相唱え申し候」とある。

『長崎実録大成』の「長崎会所之事」には「元禄十一寅年（一六八八）より長崎惣勘定所となり、是より長崎会所と称す」とあり符合している。勘定奉行・荻原近江守重秀の仕事であった。

しかし東洋図、国会図、大槌図、三井諸図、三井長崎図、福田上図に書かれている沿革にはそれより二十三年の前の延宝四辰年（一六七六）始建とある。また三井長崎図には享保十九年（一七三四）向会所始建ともある。この間の事情は当時最大の輸入品であった生糸の商売の経緯と絡み複雑であるが、山脇悌二郎氏による解説、長崎市史の記述などを参照して以下時系列に整理する。

延宝四年（一六七六）
　五ケ所糸割符会所（市法会所）八百屋町に設立　惣坪二百十九坪余。
元禄十一年（一六九八）
　長崎会所を設立、五ケ所会所は別途借宅に移る。
正徳四年（一七一四）
　隣接の長崎聖堂立山書院跡に為替会所（のちの払方会所）新設。
享保十九年（一七三四）
　元方（向）会所始建、長崎会所は元方、払方の二部局構成となる。
寛延三年（一七五〇）
　二部局は別棟二部で分立していたが合併。
明和二年（一七六五）
　南隣の十九坪余を編入。
天明六年（一七八六）
　南地百二十六坪を買収し表門を置くなど全面的に改築　惣坪五百四坪余となる。

すなわち、この場所の始まりは延宝四年、長崎会所という名称の始まりは元禄十一年で、長崎貿易の会計を総理するいわゆる長崎惣勘定所として発足したこととなる。

なお絵図帖に記された長崎会所の惣坪数は内閣図、官公衙図、崎陽図、三井諸図、番所図、文化図、福岡図、諸役所図、市博繪図、福田上図ではすべて五百四坪六合余となっている。国会図では五百四十四坪六合余、大槌図は三百三十六坪四合と間違っている。

なお五百四坪余となった経緯は、延宝四年当時の二百十九坪余、明和二年の一九坪余、天明六年の百二十六坪を足して三百五十七坪で、残り百四十坪は、正徳四年の長崎聖堂の土地（旧跡）の編入の分のなのではないか。長崎市史にはこの旧跡の寸法とし東十五間二尺三寸西十間一尺北六間南十二間三尺四寸とあり説明がつく。

もっとも古い「長崎会所」絵図

『長崎実録大成』の「長崎会所之事」には、元禄十一年（一六八八）創立時のデータとして

惣坪数　二百十九坪四合二勺余
北　十三間一尺三寸　表門
東　十四間三尺　立山役所の下通り
西　十四間二尺　川筋石垣の上通り
南　十七間二尺　中宿屋敷の境
土蔵　一軒　三間に四間　内仕切二戸前
同　一軒　三間に七間　内仕切二戸前

とある。絵図はない。『長崎会所元方発端書』には元方会所総坪数二百十六坪とし寸法も上記とほぼ同じである。長崎会所のもっとも古い絵図である福田古図（**図39**）には惣坪数二百十六坪とあり、周囲の長さは上記と同一で、土蔵数二軒の仕様も同じで、長崎会所の初期の状態を示している。土蔵の内容は金銀蔵が三、御封金蔵が一、小間物道具蔵が一

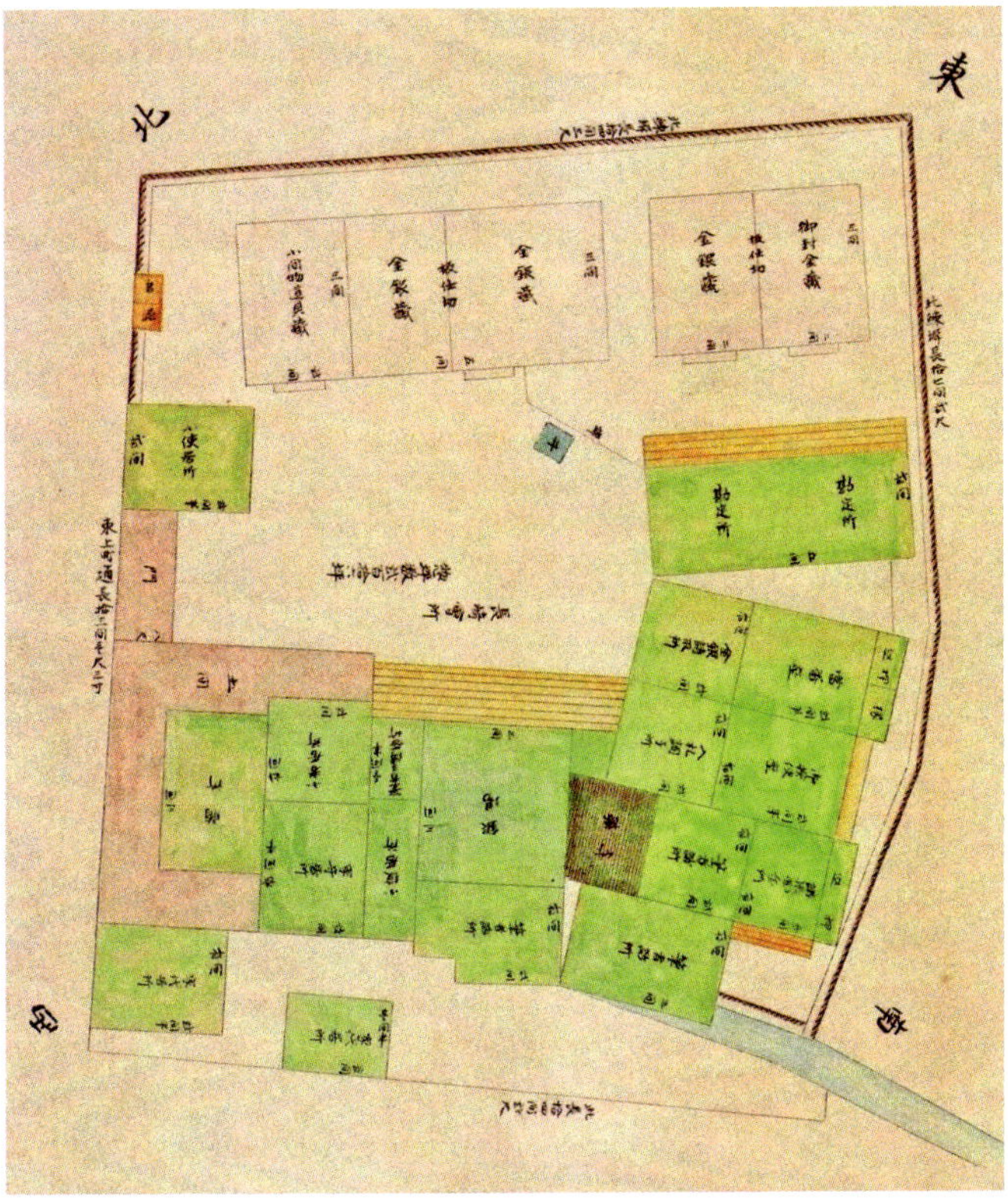

図39　長崎会所、福田古図　（長崎歴史文化博物館収蔵）

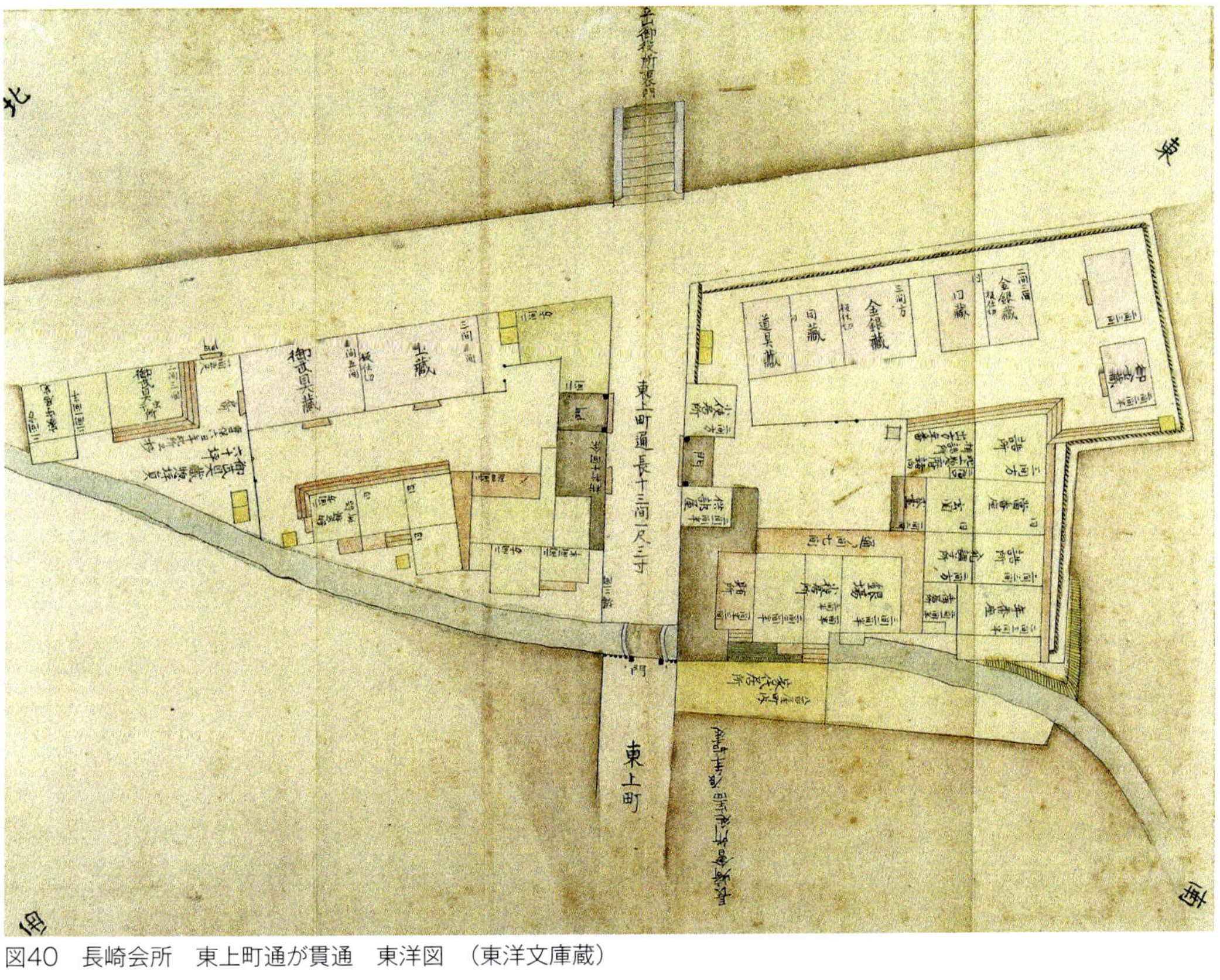

図40　長崎会所　東上町通が貫通　東洋図　（東洋文庫蔵）

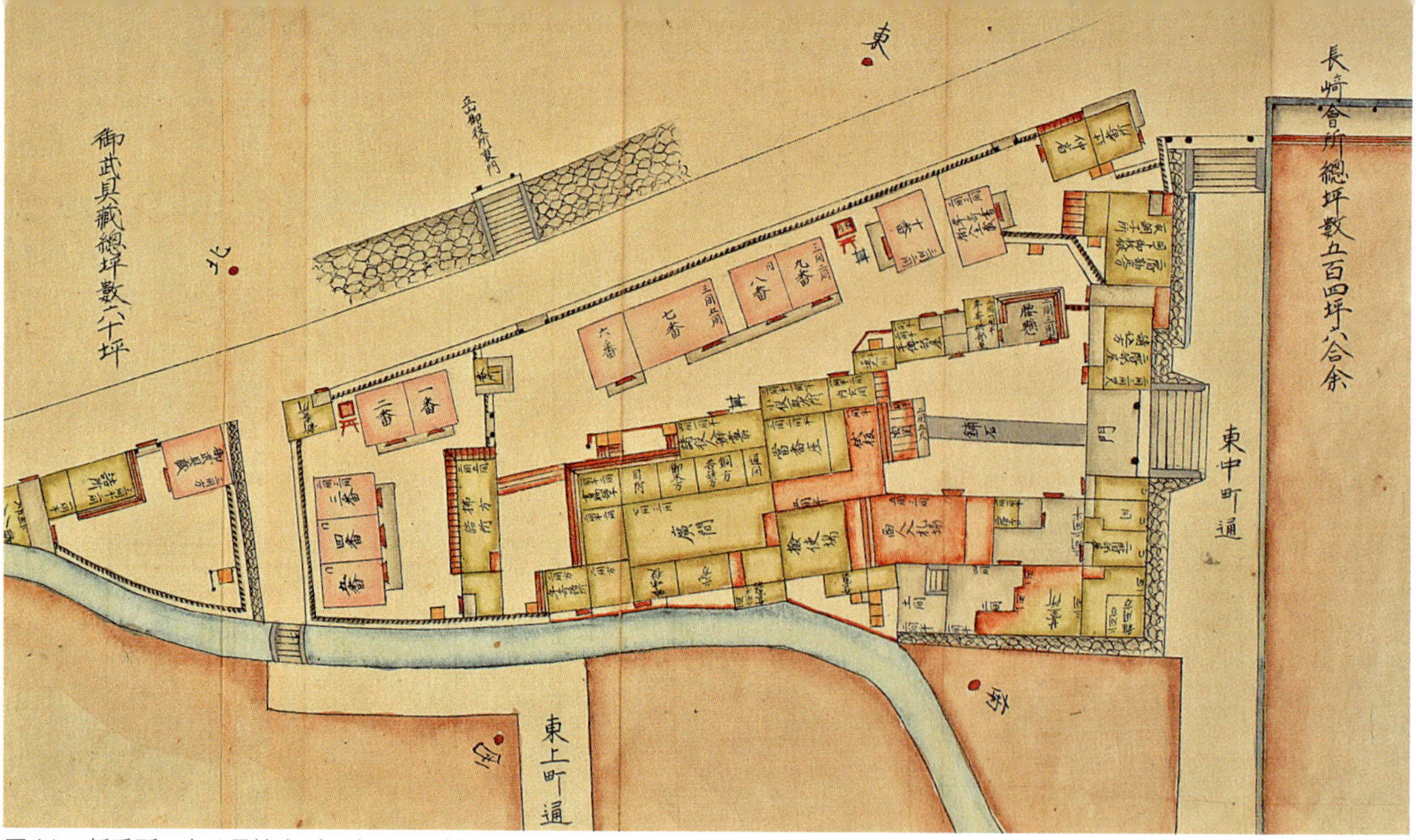

図41　新番所のある長崎会所　内閣図、（内閣文庫蔵）

である。この時期は表門が北側の東上町に面していた。先述したように正徳四年（一七一四）に払方会所が出来、敷地が拡張したので、この絵図はそれ以前に描かれたものと思われる。なおこの土地は昔聖堂が建てられていたが、正徳元年（一七一一）に移転し空地となっていた場所という。

拡張工事：東中町通りを曲げて新道

東洋図の長崎会所図（**図40**）では会所の敷地を東上通町通り（長さ十二間一尺余）が立山奉行所の裏門まで通っており、天明六年（一七八六）の大拡張工事の前の状態を示す貴重な絵図である。この通りは安永九年（一七八〇）に市販された肥州長崎図（木版画）でそのようになっており、絵図はそれ以前に成立したものと考えられる。会所の門は二分割の東上町側にそれぞれある。東半分では金銀蔵、建屋の構成は**図39**と似ており東端の土地が買い増され御金蔵と書き入れられた土蔵と同一規模の土蔵が建てられている。西半分の敷地には三間五間の土蔵と御武具蔵があり、勘定掛と書かれた部屋があるが執務場所は東側より小さい。

国会図には「延宝四辰年（一六七六）始建、総坪五百四十四坪六合余、内百二十六坪余、此高天明五巳年（一七八四）戸田出雲守様御在勤の節絵図面の通り建替を仰せ付けられた際、八百屋町通の分を御買上に相成」との経緯書きがある。三井長崎図には「延宝四辰年長崎会所始建、享保十九寅年（一七三四）向会所始建、天明四辰年（一七八五）戸田出雲守様御在勤の節、図のごとく打込相成」とある。このことは『続長崎実録大成』天明六年（一七八六）に「近年、会所が大破してきて改造することとなり、かつこれまで場所が狭かったので、東中町の一部百二十六坪余を買った。表門や役人の詰所など新たに建てた。六月に完成した。平面図に示す」とあり同様な絵図が示されている。**図41**に内閣図の長崎会所の絵図を示す。惣坪五百四坪余で、この後慶応四年（一八六八）の幕府終焉まで変わらない。

長崎歴史文化博物館収蔵の『長崎惣町絵図』は四・五二×三・六mという超大型の絵図で、この場所（新道と橋）に「長崎会所ケ所内地面之新道」と細字で書きこまれている。

布袋厚氏はこの地図に十九世紀初の長崎の街並みを復元するという大変難しい興味のある仕事をされ出版されている。（『復元！江戸時代の長崎』長崎文献社刊）この地図の製作年代は明和年間（一七六五）とされているが、上記の書入はそれより二十年あとの天明六−七年（一七八六−一七八七）ごろであろう。すなわち天明五−六年の会所の拡張工事の際に東上通りは敷地内にいれ、同時に川に新しい橋を架け隣の御武具蔵との間に新道を作ったのであろう。

会所蔵

会所蔵については石田千尋氏による研究がある。所蔵銀、所蔵物の一覧も示されている。天明六年（一七八六）の改造で一番から五番蔵は二軒五戸前で銀蔵、六番から十番は三軒五戸前で荷物蔵となった。一番蔵は幕府からの借入銀や会所御囲銀など、二番蔵は会所運営の中核財源、三番蔵は小額の利銀・積銀・用意銀など、四番蔵・五番蔵は商人預け銀御囲蔵で元入・本出方の前段階における収支を掌る会所銀などを収蔵したとされている。銀蔵はもっとも重要な建物で奉行交代時の引継の手続きが定められていた。

絵図を見ると岩瀬図、東大図、国会図、大槌図には銀蔵は四つ、三井長崎図以降五つになっている。なお天明六年（一七八六）に大拡張工事の以前の福田古図、東洋図の絵図では金銀蔵の場所は八百屋町通り側にあった。銀蔵の数と建替年は一様ではなく判然としない。

新番所

『続長崎実録大成』に「寛政七年（一七九五）二月会所裏手に於いて新番所建之、惣町日行使の内より毎夜両人宛勤番せしめらる」とある。日行使とは各町を支配した乙名の補佐の役である。銀蔵の隣の北西の隅に国会図では稲荷があるが、三井長崎図では稲荷が少し移動し番所ができ、内閣図（**図41**）、官公衙図、崎陽図、三井諸図、文化図には新番所（寸法は二間半一間半）と書き入れられている。新番所は迂回した東上町通八百屋町通の角にあり入口は八百屋町通にある。したがって「新番所」の字が逆さに書かれている。絵図には稲荷は九番蔵と十番蔵の間にも描かれ二社となっている。稲荷が二社になったのは国会図以降でその後変わらない。

新番所は番所図以降の絵図からは消えている。『続長崎実録大成』文化十年（一八一三）には「六月、裏手番所日行使勤番を止め、御役所下辻番人、夜中半時廻り仰せ付けらる」とあり符合している。奉行所が道路を隔てて前にあり治安は良く、日行使の勤番をやめても辻番が夜回りをするような警備で充分と判断されたのであろう。新番所が長崎会所にあったのは十八年間であり、絵図の時代推定に役立つ。

なお長崎会所は慶応三年七月に仮御金蔵と改称されたが、その半年あと幕府崩壊とともの消滅した。

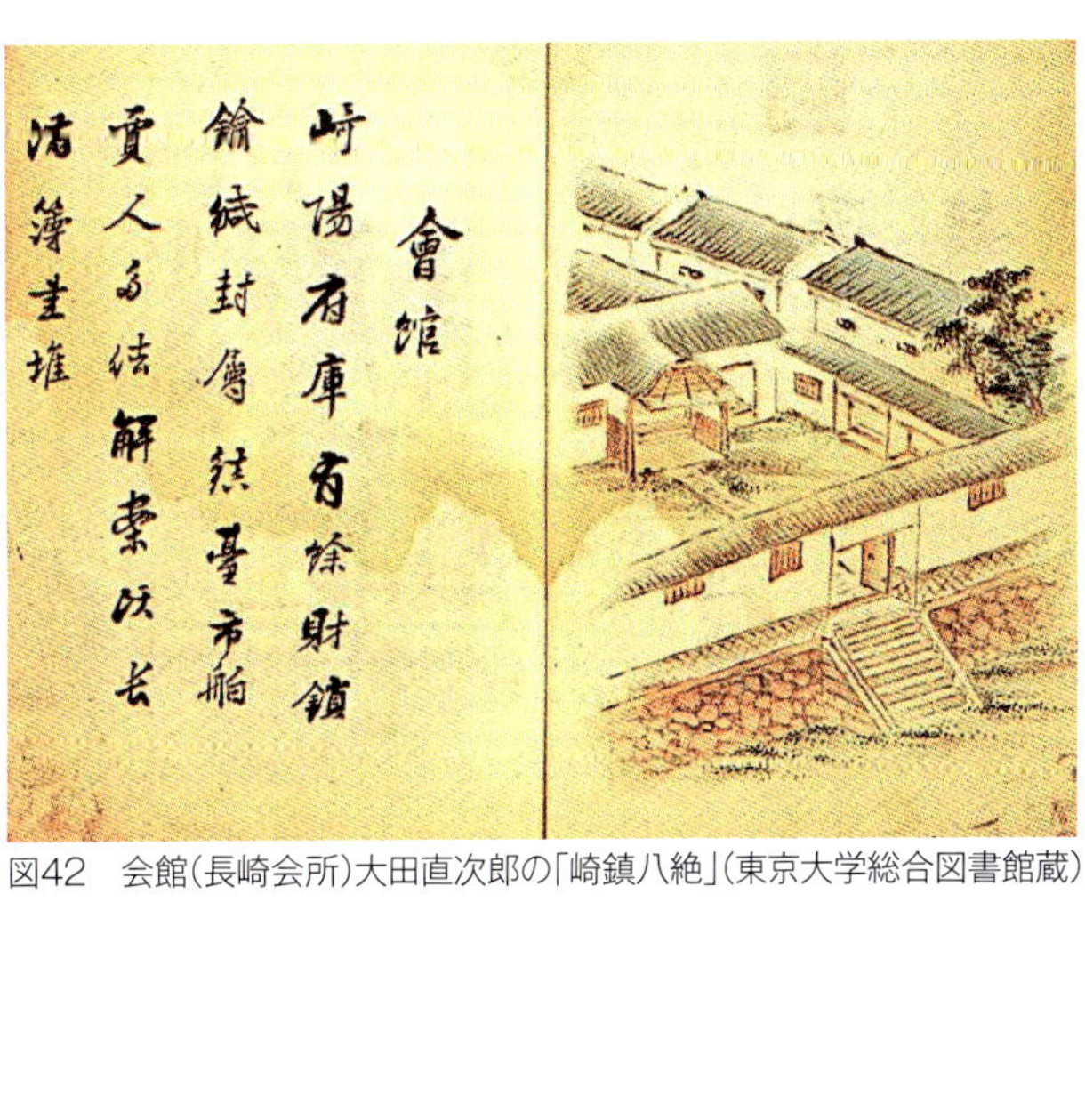

図42　会館（長崎会所）大田直次郎の「崎鎮八絶」（東京大学総合図書館蔵）

大田直次郎の「崎鎮八絶」

大田直次郎は、「崎鎮八絶」（P40参照）で「会館」すなわち長崎会所について漢詩とスケッチ繪（**図42**）を残した。絵図と比べると白壁の練塀、三間四尺の階段、表門と敷石、玄関、さらに三棟の荷物蔵などが描かれていることがわかる。樹木の奥が稲荷社であろう。長崎会所のイメージっくりに役立つ。漢詩の読みは春名徹氏に教わった。

会館
崎陽の府庫に余財あり。鍵を閉ざし封

をほどこして鎮台に属す。市船の買人多く結解す。頭長案ずるに簿満ち書堆し。（長崎会所は資本が豊かである。厳重に鍵を鎖し、封をほどこして長崎奉行の管理するところ。商船や商人が多く集散する。責任者のもとには帳簿や書類がうず高く積まれている）。

唐通事会所・貫銀方預土蔵

沿革　末次興善が開いた町に

現在長崎市立図書館がある興善町は、元亀元年（一五七〇）長崎がポルトガル船に対して開港し、その後開かれた六町につづき、末次興善という人が開いた町と言われる。末次興善の息子が、のちの長崎代官末次平蔵である。この本興善町は、現在でもそうであるが、長崎の幹線道路でおくんちの神輿が通る道でもあり、長崎貿易に関する諸役所・施設があった。

通りに面した二百五十六坪の長方形の小さい土地であるが、宝暦十二年（一七六二）に唐通事会所が設けられる前にはいろいろと変遷があった。『崎陽群談』の「中宿屋鋪蔵・用屋鋪・新御物蔵の事」にある次の短い記述がその事情を要約している。「元奥谷町（「元興善カ」のルビあり）に有った蔵は、元は延宝五年（一六七七）市法中に糸蔵に建て、その後貞享年中（一六八四－一六八七）より糸割符中貸蔵に、その後元禄年中より銅代物替始まり、代物替会所の蔵になり、右蔵の内一棟は高木作右衛門預かりにて武具類残らず、その外取り上げ鉄砲入れ置き候」

『増補長崎略史』の元禄十年（一六九七）十月の項には「代物替会所を本興善町に置く。唐蘭船商額の外物品を以て交易する所なり。町年寄高木彦右衛門唐蘭商売総元締に任し代物替などの事務を兼掌す」と記されており右の記述と符合する。これは銅代わり物替五千貫目の外に、二千貫の代り物を俵物その他の諸色を以てしようとするもので、俵物が公式に輸出入のバランスを維持するために登場したのであった。

また『増補長崎略史』の宝暦元年（一七五一）に「唐通事会所を今町元人参座跡に置く。唐通事の事務従前大通事自宅に於いて之を執る。此年始めて会所を置き事務を執しむ。十二年（一七六二）七月本興善寺絲荷蔵跡に移す」とある。唐通事が個人で持っていた海外情報書類である唐風説書の控や各種覚書などを一カ所にまとめ、勤務の参考にし、業務連絡の中心であった機関である。

唐通事会所と貫銀方預土蔵は別のものであるが、本興善寺の同じ敷地にあったので、すべての絵図帖でこのように称されており、ほとんどの絵図帖にでている。このことは奉行所関連の主要な機能を持っていた組織であったことを示唆しているが、資料は乏しい。総坪二百五十六坪七合余は変わらない。なお唐通事会所と対比されるべき阿蘭陀通詞会所はどの絵図帖にも出ていない。片桐一男氏は出島の対岸の江戸町通りにその存在を確かめた。『出島図』（増補版）の図版237（**図49**）に通詞会所とある。

貫銀方預土蔵（内閣図以後の絵図には貫銀道具蔵と書かれている）については史料が見当たらない。以下に記した事項は原田博二氏のご教示による。

貫銀《ぬきぎん》とは町ごとに箇所銀、竈銀の一部を積み立てて、諏訪神社の祭礼の費用、橋普請、川さらえ、戦争や火災などへの費用にあてていたものである。その額は高額で、たとえば文化五年（一八〇八）の桶屋町の場合は、年間では銀三貫九百十三匁余にのぼった。他の総町七拾六町、さらには丸山・寄合の両町二町の分を合わせると相当な金額になる。これらの金額を預かったのが貫銀方預土蔵である。本興善町の唐通事会所の一画にあったのは、唐通事会所の敷地に余裕があったことと、地の利が良かったこと、さらには、長崎会所の前身ともいうべき割符会所がここにあったことなどが理由であろうと解釈されている。

『惣町明細帳諸雑記』文政六年（一八二三）には貫銀の使途について記されている。時鐘鐘楼の費用、乙名小使の給銀、諏訪社に祈祷料、市内の橋に係わる費用など雑多である。浜町大橋、長久橋、岩原前石橋、今魚町板橋などの費用は会所から出ていたが、宝暦十三年（一七六三）（石谷備後守・大岡美濃守在勤の節）から貫銀から出すようになったとある。奉行が貫銀の使途にまで口を出している。

絵図の変遷

享保・元文ごろにまたがる古い絵図と思われる福田古図（市博地図）（**図43**）には「本興善町会所」という表題ででている。南側の表通りに面して入口、左手に事務所と思われる畳敷きの部屋、右手に家代居宅、北側に六間二間半間と五間二間半の二つの土蔵がある。この内北側の土蔵の一つが、御武具蔵の項で述べたように享保六年（一七二一）に長崎会所の西側隣地に移された武具蔵と思われる。したがってこの絵図は絲荷蔵の時代で享保六年（一七二一）以前のものとわかる。唐通事会所はまだない。

それ以降は東洋図の絵図（安永元年—同八年（一七七二—一七七九））ごろまで時代は下がり、絵図には大きな変化はなくなる。ここでは国会図の絵図を**図44**に示す。縦長の敷地の本興善町側に唐通事会所がある。北西側三分の一の敷地に二階建ての土蔵がある。これが貫銀方預土蔵であり、二階下の分は唐通事帳面納所（二間半二間）となっている。この部分は明和四年（一七六七）に仕切られたと東洋図、岩瀬図、国会図に記してある。出入り口は唐通事会所側にある。この土蔵の構成は幕末まで変わらない。

文化図の絵図には唐通事会所の部分に「文化四年（一八〇七）卯九月曲淵和泉守御在勤之節図面之通御建替」書かれた紙が貼付けられている。和泉守はこれからもよく出てくる長崎奉行で甲斐守と同人である。また唐通事会所・貫銀の部分に朱書で「設出入口　左右朱引之分練塀文化五辰年（一八〇八）四月松平図書頭守様御在勤之節」とある。諸役所図にも同一の書き込みがある。

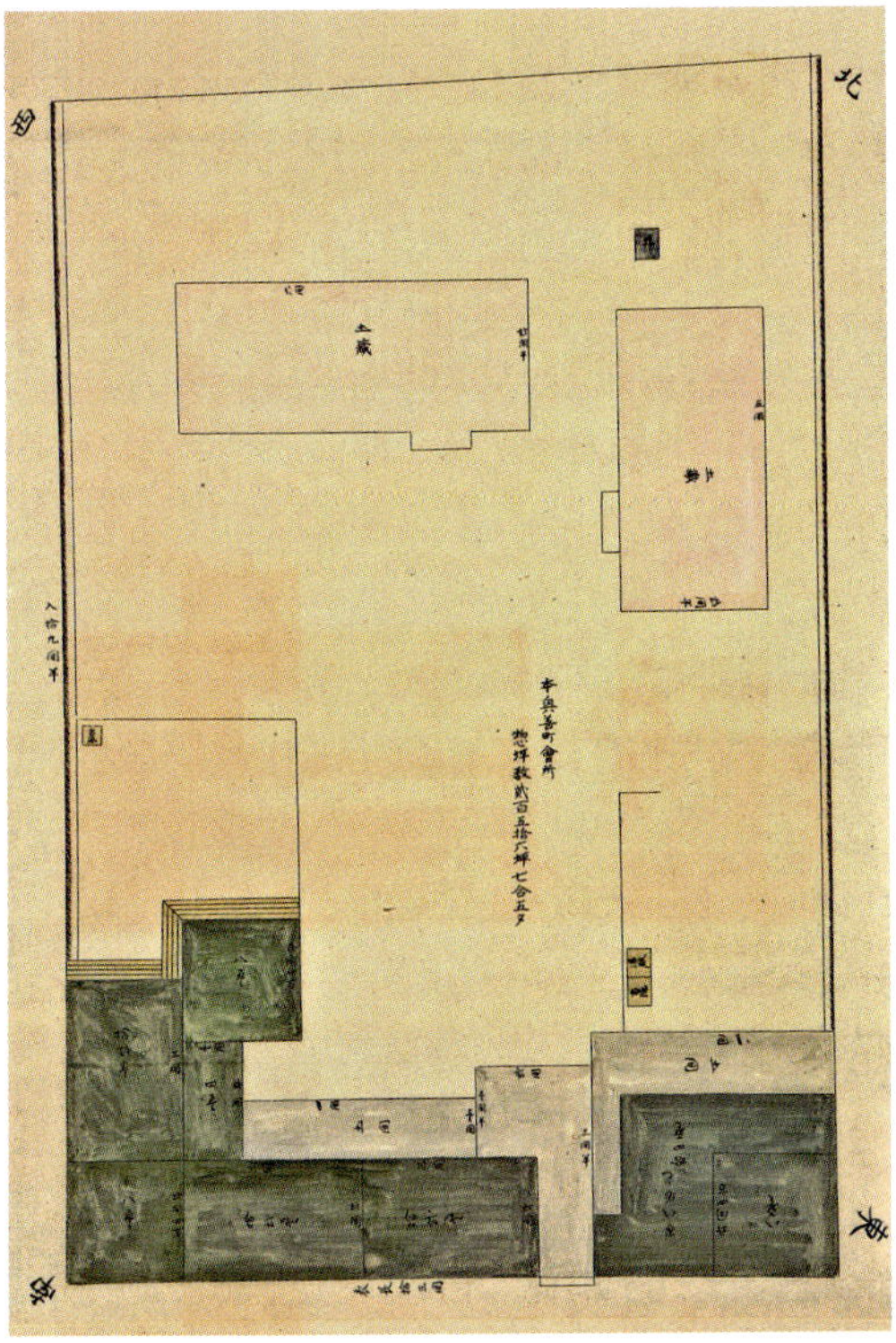

図43　本興善寺会所　福田古図（長崎歴史文化博物館収蔵）

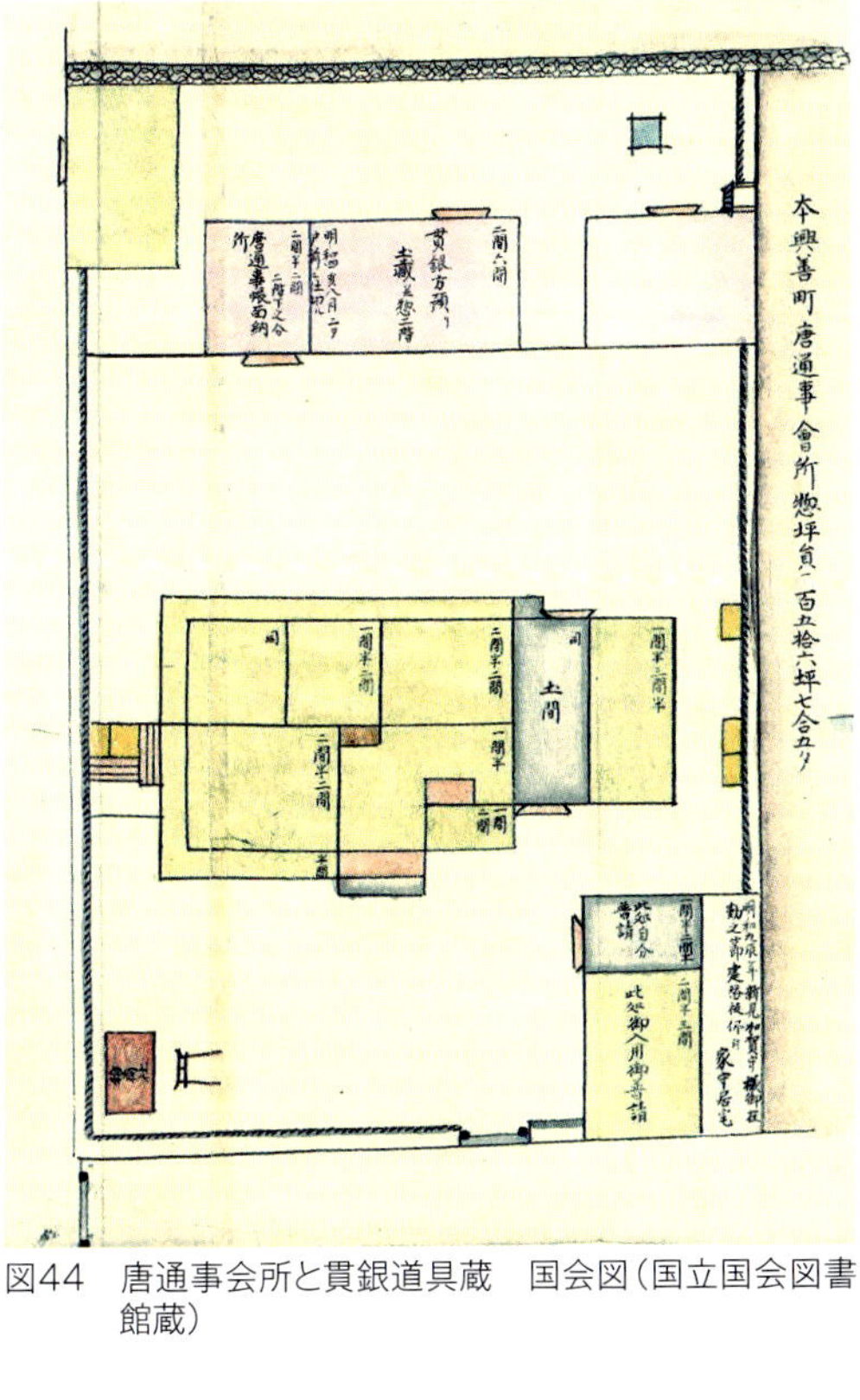

図44　唐通事会所と貫銀道具蔵　国会図（国立国会図書館蔵）

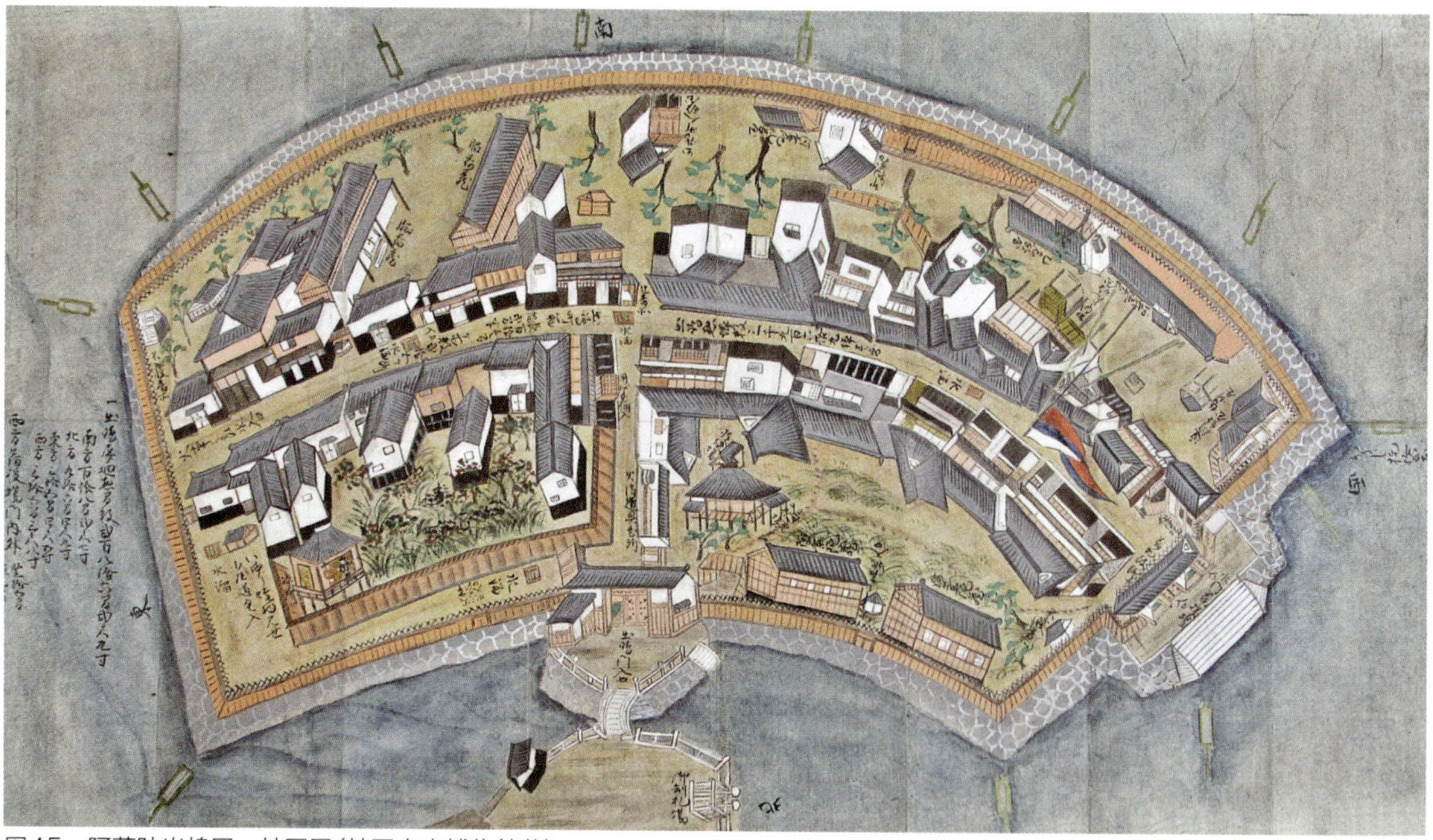

図45　阿蘭陀出嶋図　神戸図（神戸市立博物館蔵）

図書頭は後述するフェートン号事件で責任をとって切腹した奉行であり、曲淵甲斐守と同時に長崎奉行を勤めた。唐通事会所も貫銀蔵も地役人の支配で奉行所の直接の支配にある組織ではないのに、この仕切りなど細かいことを、在勤の奉行が指示をしている事情はわからない。

東洋図から長崎三井図までは、時代の経過とともに、唐通事会所の建物が拡張し幅が広がり、貫銀方預土蔵との距離が狭まっている。また時代の推移とともに唐通事会所と貫銀蔵は練塀で仕切られるようになった。鎮守は東洋図、岩瀬図では土蔵側にあるが東大図から本興善町側に描かれ、ずっとそのようになっている。

出島（出嶋）

沿革　ポルトガル人の居住地として

『増補長崎略史』の寛永十三年（一六三六）に「出島屋敷成る。是に於て南蛮人の市街散宿を禁ず。初め南蛮人適宜各所に散宿し弊害多し。是を以て去十一年豪商二十五人を諭し海面三千九百六十九坪を埋め家を造らしむ。これを出島と称す。二十五人を出島町人と称し南蛮人より家税を収めしむ。年額八十貫目に至る。後蘭人の居住所となる」とある。

南蛮人とはポルトガル人のことである。出島は当時市中に多く住んでいたキリシタンがポルトガル人と接触することを防ぐために建てられた。寛永十六年（一六三九）にはポルトガル人は追放され、寛永十八年（一六四一）には、それまで平戸にいたオランダ人が幕府の命令により入居した。出島は二百二十一年後の安政六年（一八五九）五月通商条約の締結によりオランダ商館が閉鎖され、オランダ領事に引き渡された時点まで、鎖国日本の世界に向けた貴重な窓となった。

出島は長崎のシンボルかつハブであり、ほとんどの絵図帖に含まれている。出島は、唐人屋敷もそうであるが、絵図帖のほか個々の絵図として多く描かれており、絵図帖のない時代の貴重な史料である。筆者は出島が描かれていない寛永十三年（一六三六）以前の長崎の古地図をぜひ見たいと思い探しているがまだ見つからない。

『出島図』

長崎市出島史跡整備審議会が編集し一九八七年長崎市が発行した『出島図』は内外から収集した出島関係図の中から約二百点を選び、年代順に整理されて図版番号さらに図版解説が付いている重厚な基本的な研究書である。森岡美子氏は同書の研究編、「鎖国期の出島図」でこれらの絵図について詳細に分析している。

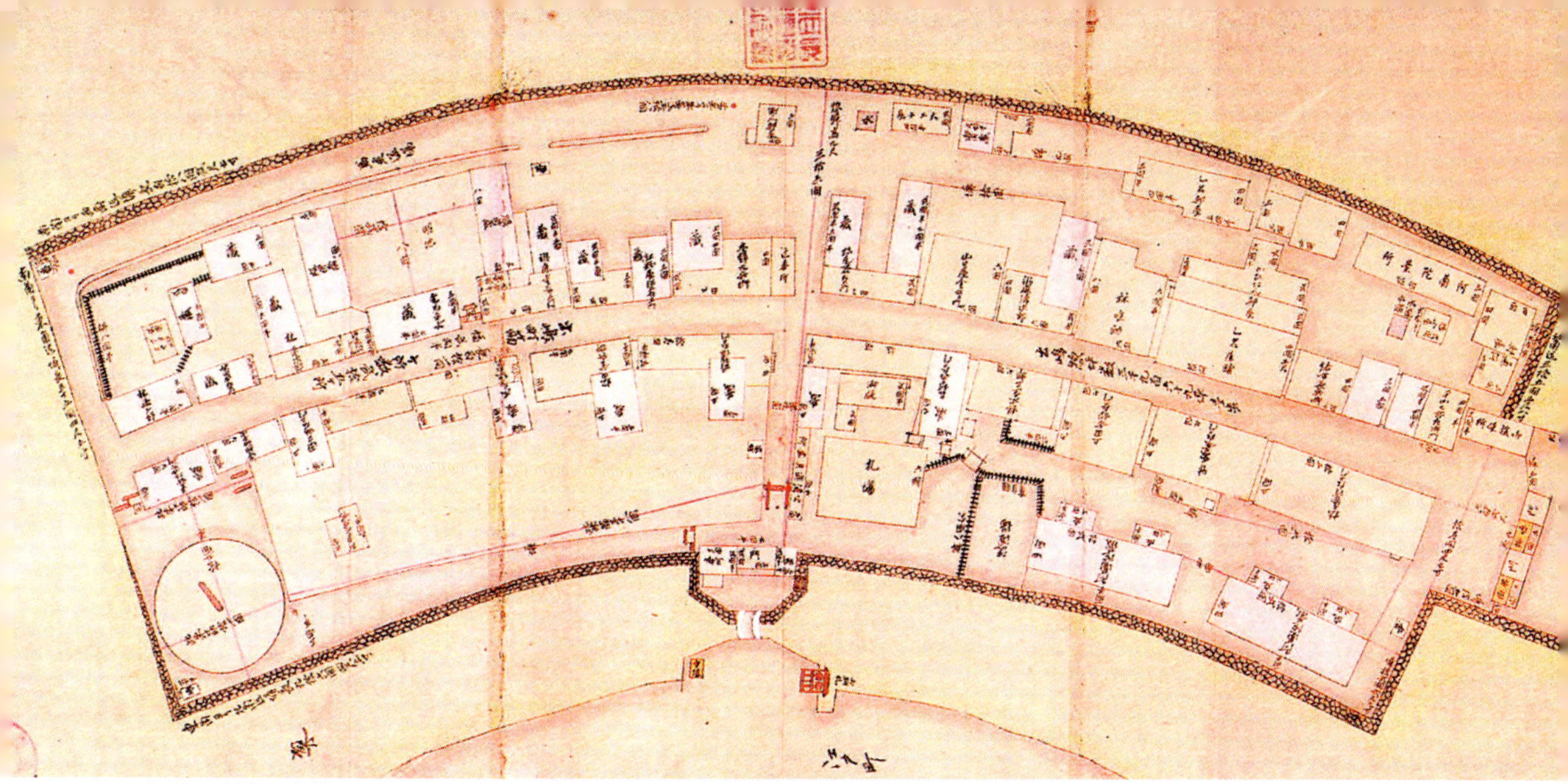

図46　出嶋　左端に円形の馬乗場　市博地図（福田古図）（長崎歴史文化博物館収蔵）

また金井圓、中村質、沼田次郎、森岡美子、箭内健次氏による図版解説は大変有用で参考にさせていただいた。

この二百点のなかで奉行所の普請方の手による平面図は十数点に過ぎない。絵図帖にある二十一点のうち東洋図、国会図、大槌図、番所図、福岡図、諸役所図、福田下図を除く以下の図版（数字は図版番号）が掲載されている。東大図147、岩瀬図148、三井長崎図149、官公衙図150、内閣図151、崎陽図153、文化図154、三井諸図156、福田古図123、福田上図および市博繪図は146、福田下図は153とほぼ同じものである。また神戸図は116と良く似ている。

『出島図』では絵図は「概ね編年的に収載」されており、本稿での順序は、岩瀬図、文化図を除いて一致している。

もっとも古い出島図

寛永十三年（一六三六）に出島が誕生した時期の様子を描いた絵図を探すとなると、やはり『出島図』に頼らざるを得ない。同書によれば出島図のうち、もっとも古いものはモンタヌス（一六六九）による図版106–109で、出島ができて三十年ほど経過している。モンタヌスは来日したことはなく、イエズス会や東インド会社の記録を基に書いたものである。日本人の画家によるものは「寛文長崎屏風」（一六七三）「長崎鳥瞰図屏風」など屏風絵で、これらの図はほぼ同年代と思われる。次に古いものとしてケンペルによるスケッチ画がある（一六九二）。

出島の総坪数は『崎陽群談』では三千九百二十四坪余とあるが、絵図ではすべてが三千九百六十九坪とある。この差は十七世紀中ごろの荷揚場が順次増築されたことによるもので、最近の西側護岸の発掘調査などから、築造当初の惣坪数は三千八百三十四坪で、より自然な扇形であったとされる。出島の造成、形状などについては『新長崎市史』近世編の山口美由紀「出島の造成とオランダ商館」に詳しい。

神戸市立博物館蔵の池長コレクションの「阿蘭陀出嶋図」（**図45**）は十八世紀初に描かれたものと考えられる古い絵図である。同じ包みの中の他の絵図の考証から、宝永三年から宝永五年（一七〇六―一七〇八）ごろに描かれた絵図と思われる。本書第三章の「各絵図帖について」の参考絵図Aの項を参照して頂きたい。絵図には表紙には坪数三千八百八十五坪とあるが、絵図には惣坪数三千九百六十九坪一歩と書入れられている。『出島図』の図版116（旧島原藩主の家系である松平忠和氏所蔵絵図の模写で東京大学史料編纂所蔵）とかなり似ている。この図の図版解説には「十八

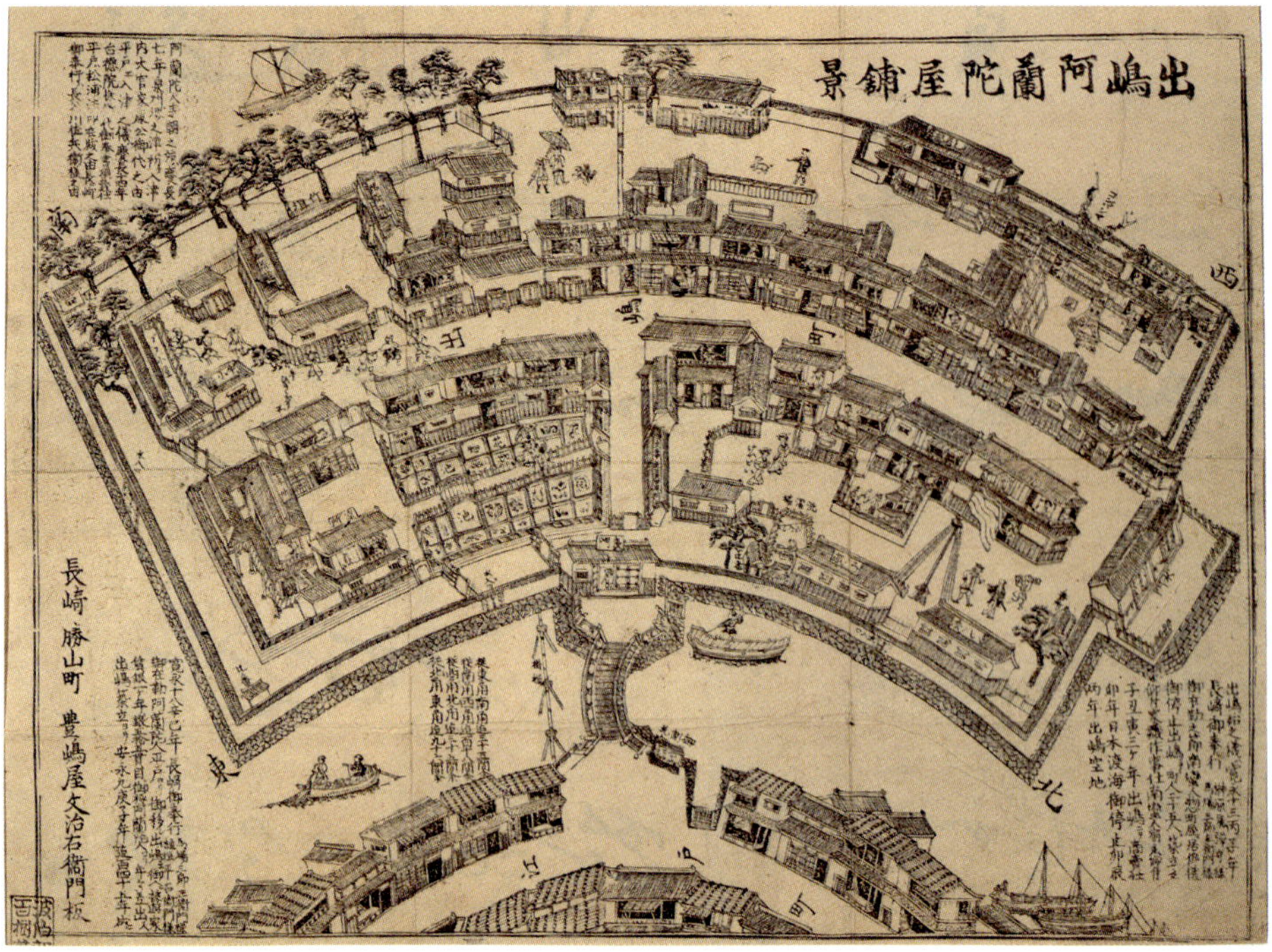

図47　出嶋阿蘭陀屋鋪景　豊嶋屋文治右衛門板　（神戸市立博物館蔵）

世紀初のものといえる」とあり上記の推定と符合している。

表門の右に阿蘭陀蔵と書かれた十二間・四間の二棟の防火倉庫が描かれている。オランダ人は右の水門に近いイ蔵をLely（ゆり）、左のロ蔵をDoom（いばら）と呼び寛文三年（一六六三）と寛文十一年（一六七一）にオランダ側の費用で建てられた。海中から築き立てられた石垣の上に練塀が巡らされ、その上に忍び返しが付けられていた。元禄九年（一六九六）に日本側の費用で建てられた一対の脇荷蔵（船員個人の輸入品）が描かれており、これ以後に描かれた絵図である。この脇荷蔵は天明五年（一七八五）に壊された。『出島図』の図版116と比べると脇荷蔵にあるフェンスがなく花畑に出ていた人は涼所に描かれており、この図版より前に描かれた絵図とも考えられる。

橋を渡って右側に切妻屋根の独立した建屋がある。これはモンタヌスの絵など初期の絵図にもあり、取引の必要上当初から存在した札場である。寛文十二年（一六七二）に市法商法になると、この建物は使われなくなったが、貞享二年（一六八五）の貿易改革で使われるようになり、その後値組取引になり、延享二年（一七四五）に取り壊された。

出島町人部屋の横に阿蘭陀風呂屋がある。風呂屋は十八世紀始めの絵図に描かれ、やがてなくなった。名称から見てオランダ人のための風呂屋のように思われるがわからない。出島門を入りすぐ左に戸があり水溜、火事の節水入口とある。また寛文二年（一六六二）から始まった伊万里焼物見世小屋道具入もあり、海中には進入禁止ラインを示す傍示木が十二本見える。

吉宗の洋馬の輸入

出島の東の角に円形の馬乗場が（差渡十一間）、馬仕入柱、海岸に沿って馬場、さらに出島橋を渡って右側の札場の奥に厩屋が描かれた絵図がある。福田古図（市博地図）で、ここには市博地図の絵図を**図46**に示す。『出島図』図版123と同じ絵図で解説には「出島町人名が書き入れてあるものとしては最古のものである」とある。この絵図は享保八年（一七二三）将軍吉宗の指示でオランダへ洋馬を注文し、享保十年（一七二五）に調馬師ケイゼルとともに五頭が到着したことに始まる史実に係わる。今村英明氏はその経緯を詳しく調べ、元文二年（一七三七）までにペルシャ馬など牡馬二十一頭、牝馬七頭合計二十八頭が輸入されたとした。洋馬の輸入は、この十二年間（享保十年から元文二年）

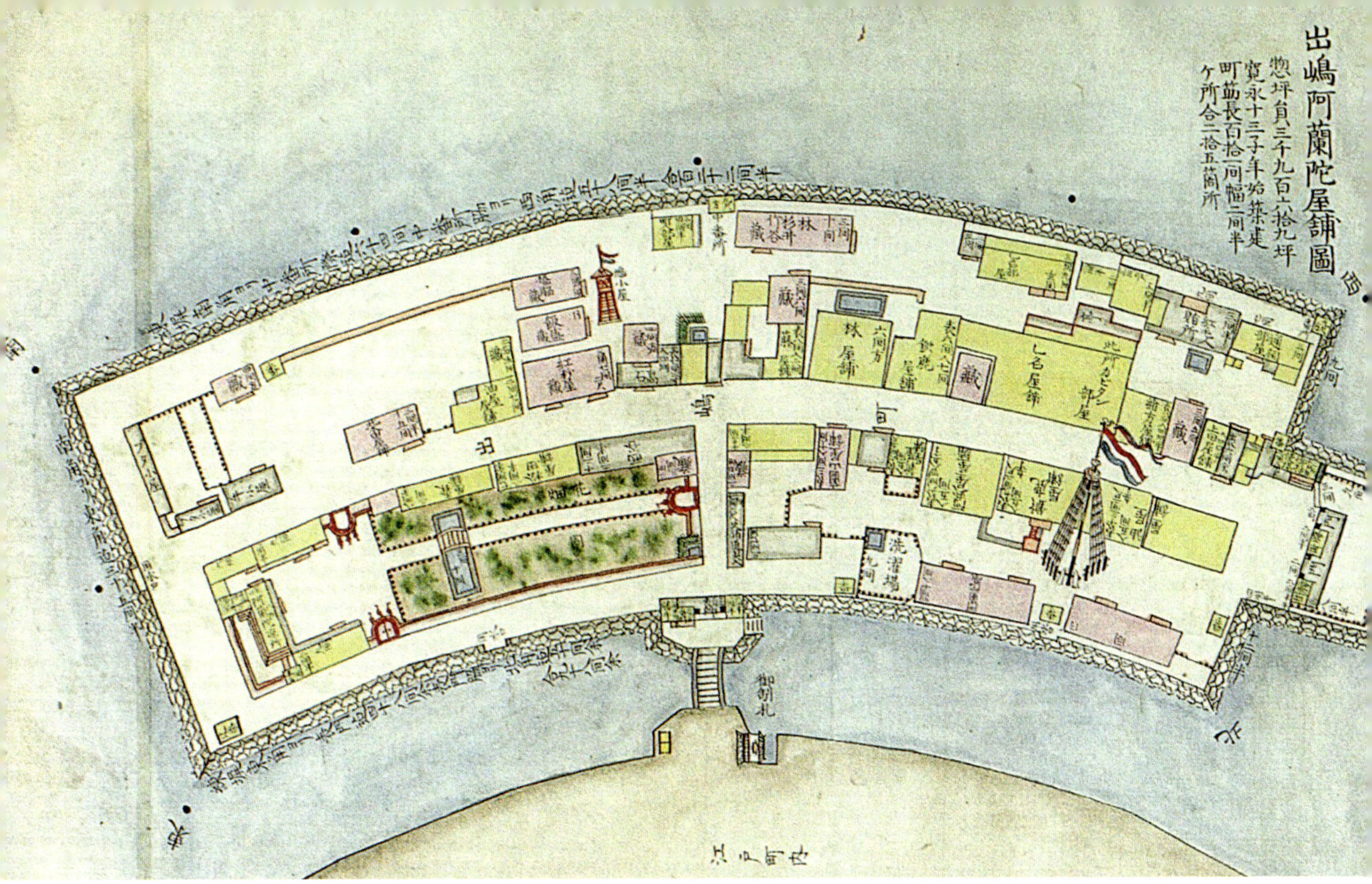

図48　出嶋阿蘭陀屋鋪図　大槌図　（もりおか歴史文化館蔵）

であり、時代推定の有効な手段となる。さらに商館長日誌の一七二七年（享保十一年）に「日本人に洋式調教を教えるべく、幕府の経費で出島に馬場と厩舎が完成し、1月17日（和暦で12月25日）に長崎奉行が点検をした」とある。したがってこの絵図は享保12年以降のものと絞り込める。

細かい話ではあるが、**図46**の出島橋の左側に雪隠と書かれた小さな建物がある。この建物は寛政初年ごろ（大槌図）までにあるがそれ以降はなくなってしまう。出島見物客のための公共のトイレットだったのであろうか？

市販の木版画「出嶋阿蘭陀屋鋪景」

この「出嶋阿蘭陀屋鋪景」（**図47**）は市販の版画であり安永九年（一七八〇）と製作年代が明かなことでも貴重な史料である。長崎勝山町　豊嶋屋文治右衛門版で、「唐人屋敷景」（**図60**）とセットで売り出された土産品である。

なお、この版画は安永八年（一七七九）から天明三年（一七八三）にわたり三期オランダ商館長を勤めたTitsingh（ティチング）により持ち帰られ、改訂され彼の著作『日本図誌』に掲載されている。沿革を含め文字は削除され、かな文字の銘文は判読不能の字体になっている。注記で不正確な説明がついているが原図が墨色なのに対してこの絵図は彩色で美麗である。

ところで東洋図の絵図は脇荷蔵があることから天明五年（一七八五）以前に遡る。各絵図帖の項（第三章、P140）で述べるがこの絵図帖は安永元年から同八年（一七七二—一七七九）ごろに成立したもの推定される。

版画と東洋図を比較すると札場がないこと、牛豚の囲いなど絵図の構成がよく似ている。花畑に水場があり小さな橋が掛かっていること、涼所が二カ所になっていることが目立つ違いである。時期的にみても版画は東洋図を原図とし俯瞰図にしたたものとも考えられる。

東洋図、岩瀬図、東大図、国会図、大槌図にカピタン部屋が描かれているが、これらは次項に記す寛政十年（一七九八）の大火以前の絵図である。**図48**に大槌図の図を示す。表門から入り突き当たった町人部屋の手前左側に橙色の鳩小屋と書かれた小さな塔が描かれておりこれは際立った特徴である。

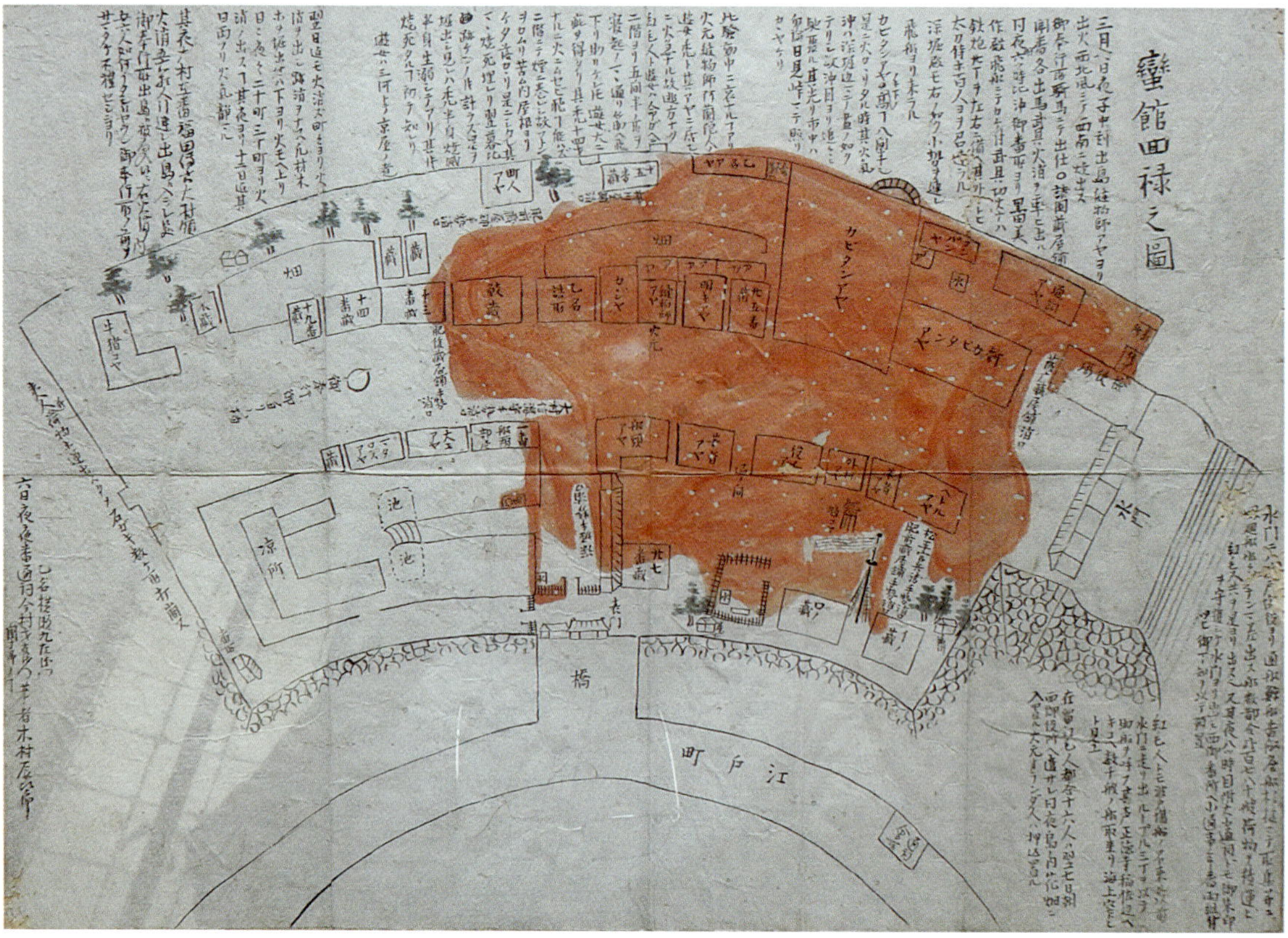

図49　蛮館回禄之図　寛政10年の大火の図（長崎市西隆義氏蔵）

この絵図の原図と思われる国会図に同じ形の塔が描かれているが、こちらには説明は無く、大槌図で初めて鳩小屋と判った。鳩は愛玩用で鳩小屋は明暦元年（一六五五）に建てられた。『出島図』の図版135、136、137、139、141と寛政十年の大火前の絵図にでている。**図47**の木版画にはカピタン部屋の近くに鳩小屋が二ヶ所描かれている。大火で燃えてしまったか、その後の絵図には描かれていない。

なお大槌図では出島町人所有の建物に林屋鋪、飯盛蔵など町人の名前を冠して記しているのも他の絵図にはない特徴である。

寛政十年の出島の大火

寛政十年（一七九八）三月六日夜カピタン部屋の隣りの縫物師の建物から出火、出島の建物の半数以上焼き尽くした。在留のオランダ人十七人は隣の西役所へ避難し、そのあと花畑の家へ移った。福田上図と市博繪図（『出島図』図版146と同一）の絵図では大火のあとで焼失した建屋が朱引きされており「松平石見守様初御在勤の節朱引の通り焼失」とある。

長崎市在住の西隆義氏の所有の「蛮館回禄之図」は、焼失場所を朱色で塗りつぶし火事の記録が余白にびっしりと記されている珍しい絵図である（**図49**）『出島図』図版237。肥前、福岡、肥後、大村、深堀などの蔵屋敷の手勢が火を消し止めた場所も記してある。火事の光は市中はもちろん、「日見峠にて照りかがやけり」とある。その夜の夜番であった阿蘭陀通詞今村才左衛門筆者木村辰次郎との署名がある。

カピタン部屋も焼け、カピタンは庭園の家へ住んでいた。カピタン部屋はオランダ東インド会社の費用分担であった。当時ヨーロッパではナポレオンが猛威を振るいオランダも占領されアジア貿易も衰微していて会社の財政が苦しく、再建されたのは大火のあと十一年の文化六年（一八〇九）年であった。したがって絵図でのカピタン部屋の有無が時代推定に役立つ。

カピタン部屋は三井長崎図、内閣図、官公衙図には描かれてなく、この三図は

表 3　出島町人の変遷

	福田古図	岩瀬	国会	三井長崎	内閣	官公衙	崎陽	三井諸	番所	文化図	諸役所	福田上	福田下
A	松尾茂左衛門	油屋	油屋	油屋	山口	山口	山口(2)	山口(2)		山口(2)	品川貞七郎	油屋	山口(2)
	竹森彦左衛門	阿武屋	阿武屋	阿武屋	杉山	杉山	杉山	杉山		杉山	川口藤兵衛	鈴鹿	杉山
	上田市郎左衛門	新屋	新屋	新屋								阿部屋	
	野木庄三郎	鉅鹿	鈴鹿	鉅鹿	鈴鹿	鈴鹿	鉅鹿	鉅鹿		鉅鹿	江崎邦太郎	新屋	鉅鹿
	名村嘉左衛門	園山	園山	園山	飛鳥(2)	飛鳥(2)	飛鳥	飛鳥	飛鳥(2)	飛鳥	飛鳥助次郎(2)	園山	飛島
					守山	守山	守山	守山		守山			守山
B	前羽伝右衛門										守山愛之助		
	松田金兵衛	松田	松田	松田	河村	河村	河村	河村	河村	河村	竹谷勘兵衛	松田	河村
	平野清兵衛	西谷	西谷	西谷	山口(2)	山口(2)	山口	山口	山口(2?)	山口	林茂十郎	西谷	山口
	田口助右衛門	森	森	森	森	森	森	森	森			森	
	守部助平次										高見和兵衛		
	木屋弥右衛門												
C	緒方長兵衛	賄方	緒方	緒方	野口	野口	野口	野口		野口	平野藤右衛門	緒方	野口
	平山七郎左衛門	蔵	藤					河内屋		河内屋		藤	
	山口屋金右衛門	上田	上田	上田	松山	松山	松山	松山	(松山)	松山		上田	松山
	林唯助	林	林	林	谷山	谷山	谷山	谷山	谷山	谷山		林	谷山
	鉅鹿清次郎	鉅鹿	鈴鹿	鉅鹿	鈴鹿	鈴鹿	鉅鹿	鉅鹿		鉅鹿		鈴鹿	鉅鹿
	松尾谷左衛門				道幸	道幸	道幸	道幸	道幸	道幸			道幸
D	紅粉屋弥三右衛門	紅粉屋	紅粉屋	紅粉屋								紅粉屋	
	林藤三郎	飯盛	飯盛	飯盛	打橋(2)	打橋(2)	打橋	打橋	打橋(2)	打橋	打橋	飯盛	打橋
	愛馬平吉	橋脇	橋脇	橋脇	片山	片山	片山	片山	(片山)	片山		橋脇	片山
	鉅鹿重右衛門	油屋	油屋	油屋	田口	田口	田口	田口	田口	田口		油屋	田口
	柴田安左衛門	柴田	柴田	柴田	伊関	伊関	伊関	伊関	伊関	伊関		柴田	伊関
	林平次郎	林	林	林	林	林	林	林	林	林			
	林藤三郎	杉井	杉井	杉井	森安(3)	森安(3)	森安(3)	森安(3)	森安(3)	森安(3)	森安	杉井	森安(3)
	久野九兵衛	竹谷	竹谷	竹谷	竹谷	竹谷	竹谷	竹谷	竹谷	竹谷		竹谷	竹谷
		高石		高石								山浦	
E					矢嶋	矢島	矢嶋	矢嶋	(矢嶋)	矢嶋	石崎恒五郎		矢嶋

A－E は『出島図』の森岡美子氏による区分（右図）に準じた。
括弧の数字は同じ名前が出ている回数を示す。
東洋ではCに緒方長蔵、東大では緒方とある。他に人名の記述なし。
大槌は国会と同じであるがxx屋鋪、xx蔵という書き方をしている。
文化図は貼紙が多く透けて見えるものも含めた。
番所では粉で消してあるなど薄く残っているものはかっこを付した。
福岡には記載なし。

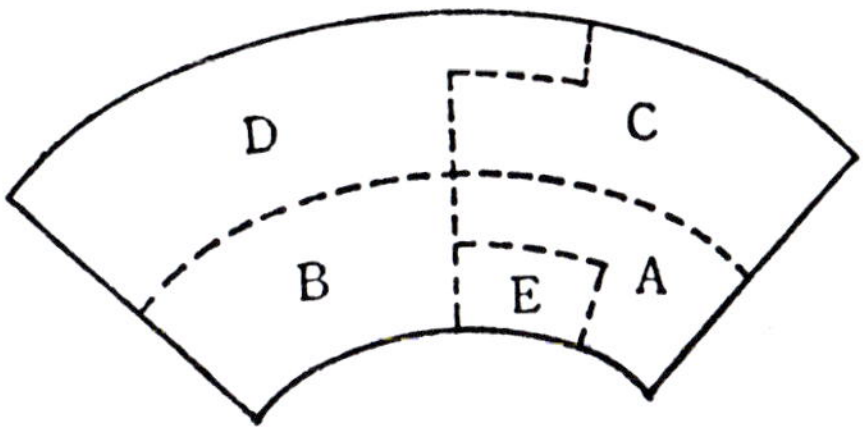

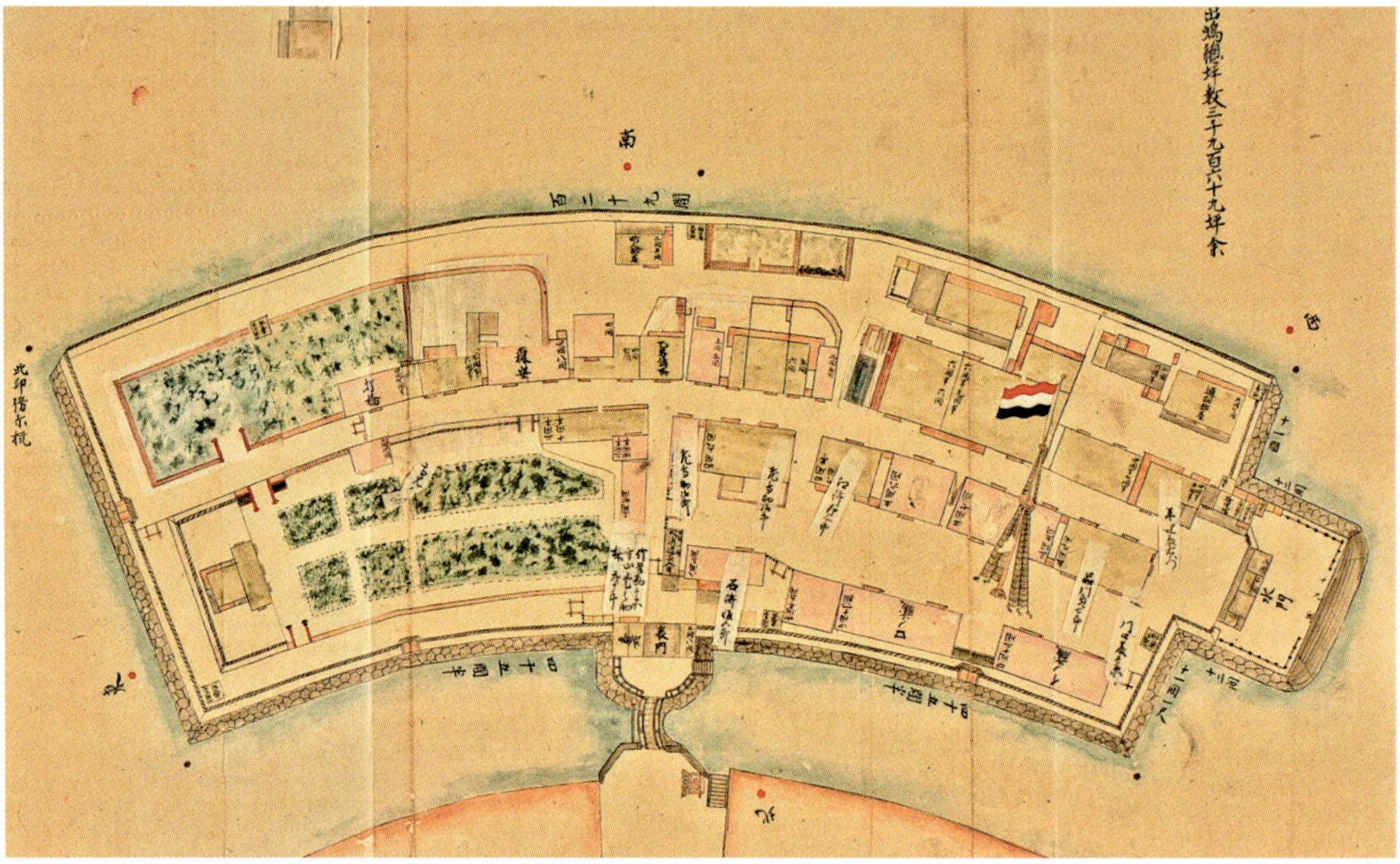

図50　出嶋　諸役所図　（長崎歴史文化博物館収蔵）

寛政十年（一七九八）から文化六年（一八〇九）までのものであることがわかる。この間内閣図、官公衙図の花壇の隅に「カピタンヘヤ」と書かれた建物がある。崎陽図、三井諸図、番所図、福岡図、文化図（貼り紙）、諸役所図には再建されたカピタン部屋が描かれており、これらの絵図は文化六年（一八〇九）以降の成立ということになる。

出島町人の変遷

出島が出来た時の二十五人の町人の名前は知られている。そのうち高木、高島、高木、後藤の四人は町年寄、宮崎、海老屋、堀、村田、杉、高石の六名は町乙名、他は博多、京、堺、大坂などから移住した商人などでいずれも長崎の有名人であった。**表3**に絵図から読み込んだ出島町人の変遷を、森岡氏による「出島家主一覧表」に準じて示した。東洋図、東大図、福岡など人名の記されていない絵図もある。『出島図』図版123の解説に「この絵図は出島町人名が書きいれてあるものとしては最古のものである」とあるが、この表では、この初期の町人名の名残をとどめていない。時代と共に変わることがわかる。

大きな傾向としては東洋図、岩瀬図、国会図、大槌図、三井長崎図、次に内閣図、官公衙図、崎陽図、三井諸図、番所図、文化図の間は余り出入りがなく、変化の目立つ時期は文化の初めと天保末である。諸役所図はかなり異なる。詳しい史料があれば時代検証に役立つものと言える。

出島での御備

文化五年（一八〇八）のフェートン号事件のあと、出島にも石火矢百目筒三挺が配置された。文化八年（一八一一）には三百目の石火矢も配置されたが、これは文政三年（一八二〇）に唐人屋敷へ移された。（唐人屋敷での勤番所と台場の出現の項、P81を参照）しかし、台場など石火矢の配置をした場所を示す絵図は見つかっていない。

絵図帖としては最後の出島絵図

諸役所図は奉行所が製作した絵図帖としての最後の出島図（**図50**）である。どういう理由か『出島図』にはでていない。この絵図は絵図帖の他の絵図などから嘉永七年から安政三年（一八五四―一八五六）ごろのものと推定される。

出島町人名が貼り紙で貼り付けられている。

南東の隅にある牛小屋と豚小屋は福田古図および岩瀬図以降ずっとあったが、諸役所図でなくなり花畑になっている。この時点では牛や豚は出島の外から供給されるようになったのであろう。

森永種夫氏は「浦上村山里では唐紅毛

人の食用のために牛や豚を飼育し、唐人屋敷へは生きたまま、出島へは屠殺して送るしきたりを長く続けてきたが、屠殺をとりやめたい」との住民の代官への願いを、天保九年（一八三八）の長崎代官の記録『御用留』から紹介している。

海側の町人部屋の右隣に長年あった十五番蔵（砂糖・蘇木の蔵で以前には林、杉井、森安という出島町人名が書き入れられていた）がなくなり島になった。

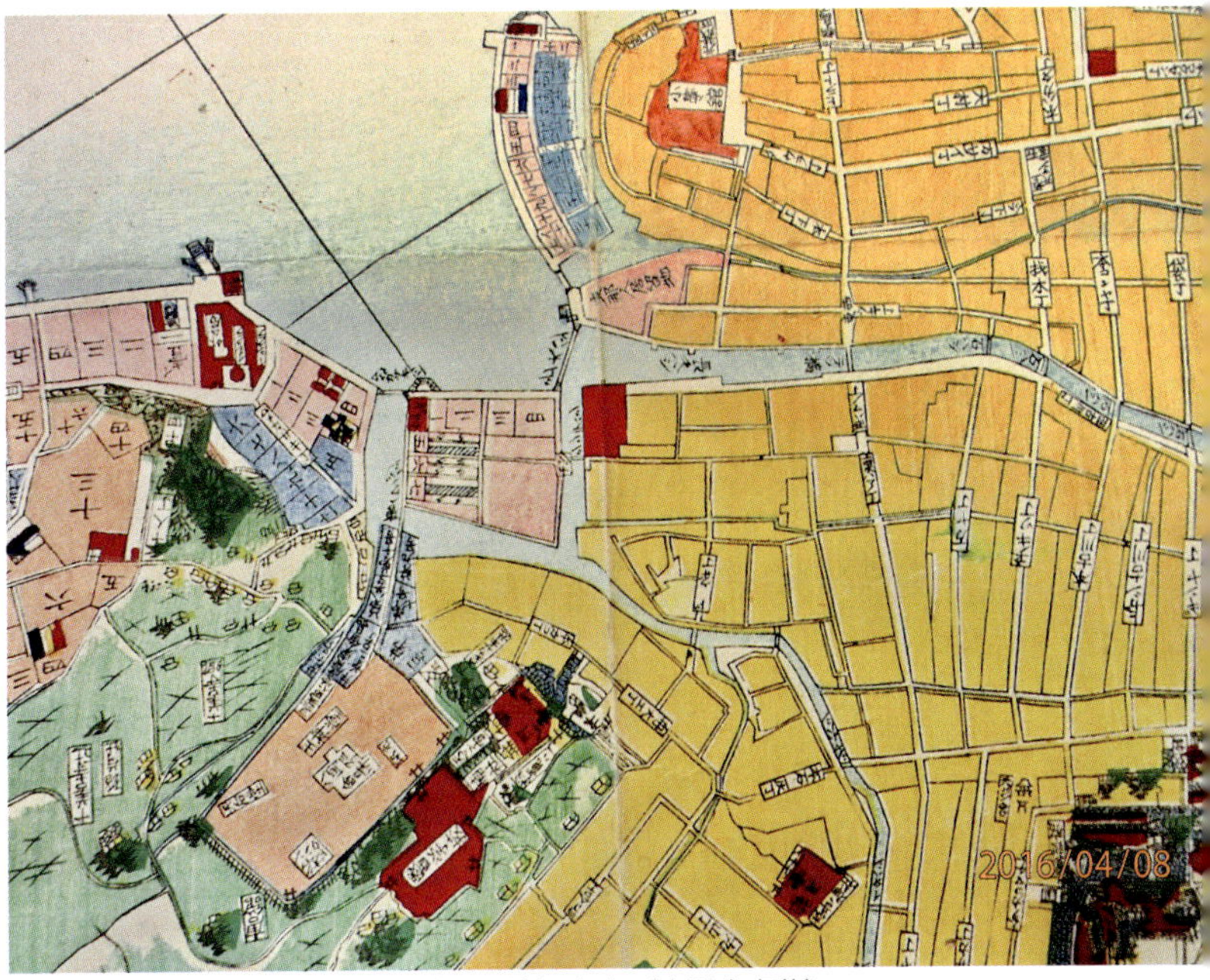

図51　『長崎港全図』明治3年の部分、渡辺忠章、（内閣文庫蔵）

シーボルト在任中（文政六年—十一年（一八二三—一八二八））には出島の二十五％を植物園にしたといわれる。これと関連があるのか、花畑の池に木橋（太鼓橋）が懸っていたがこの時期になくなっている。

なお諸役所図以降の時期の出島の絵図は『出島図』に収録されているが奉行所の普請方による絵図はない。川原慶賀による絵図、畑が海軍伝習所の教師の住居になっている絵図などがあるが、ほとんどが海外の博物館蔵である。

本題からは外れるが、明治維新以降大きく変容した出島の絵図として、内閣文庫蔵の『長崎港全図』の出島、新地、唐人屋敷をカバーする部分図を**図51**に示す。

明治三年（一八七〇）八月渡辺忠章編とあり、居留地は上等・中等・下等と色分けされ、各地番の面積と借地人の名前が書かれ明治維新後の急激な変化を示している。出島は海側が上等、川側が中等である。俵物役所の跡地は支那人居留地とあり出島橋が架けられ、さらに新大橋で新地に繋がっている。なお西役所のあとには小学館と書き込まれている。

唐人屋敷（屋鋪とも屋舗とも書かれる）

沿革　中国貿易の舞台として

唐人屋敷の成立には中国本土の政情が大きくからんでいる。すなわち一六八三年（天和三年）、台湾の鄭氏が降伏し清国が遷界令を解除（一六八四）すると長崎へ来航する唐船が急増した。幕府は貞享二年（一六八五）唐船による貿易量を年間銀六千貫目に制限したが、来航船数は元禄元年（一六八八）には百九十四艙（積戻船七十七艙を含む）と急増し積戻船と抜荷が多発した。これを正常化し銀、銅の流出を防ぐという貿易上の問題、多数の唐人の市民との接触による風紀上の問題、切支丹の禁教政策のほころびを恐れた問題の三つの要素により、幕府は元禄元年（一六八八）に約半世紀にわたって続いた唐人の長崎市中在住の方針を転換し、唐人屋敷を新設し唐人を囲うことを決めた。

『長崎御役所留』には貞享五年（一六八八）七月二十三日付の御奉書（大久保加賀守ほか老中連名）で長崎奉行の川口源左衛門・山岡十兵衛へ「来年から唐人はオランダ人の出島と同様に囲に入れるようにしたい。松平主殿頭（島原藩主）と松平肥前守（平戸藩主）と相談を遂げ、存じ寄りを申し上げること」との指示が出ている。

『崎陽群談』に「唐人屋鋪の地は、十善寺という寺の跡で空地であったが延宝年中御薬園として唐薬種の種子を栽培したが、上手くいかず空地になっていた場所である」との記述がある。地形を均して上中下段とし道や石垣が築かれた。唐人屋敷は元禄元年（一六八八）九月に起工され翌元禄二年正月には上段の方から家屋の建設開始、同年閏正月二十七日には唐人の入居を開始した。

長崎への来航船数の推移

長崎への唐船の来航数を、葡船（ポルトガル船）、および蘭船のそれと合わせ『洋学史事典』の付表から抜粋して**表4**（P84～P85）に示す。付表は長谷川一夫氏による労作で、『続長崎略史』の記録より七十一年前の元亀二年（一五七一）から、さらに葡船、英国船の来航数も含む。ただ安政年間の唐船の数については記載がなく、『続長崎略史』の数字を使った。唐船は寛永十二年（一六三五）に貿易を長崎に限定されている。葡船は寛永十六年（一六三九）に来航が禁止されており、それぞれ表に反映されている。

唐船の来航は唐人屋敷が設立された時期がピークであり、その後減少し続けることがわかる。船の大きさが異なるので単純な比較はできないが船数だけを見ると唐船数は蘭船の九倍以上である。なお来航した唐船の船名、起航地、長崎への到着・出発時、宿町、船頭・財副名、特殊積荷などのデータは中村質氏により「日本来航唐船一覧」としてまとめられている。しかし不明な点が多い。

関西大学東西研究所刊『長崎唐館図集成』

この本は『出島図』と対比されるべき唐人屋敷図についての大作である。収録された絵図と大庭脩、成沢勝嗣、永井規男、薮田貫氏による論考は絵図の時代考証に大いに役立つ。永井氏は長崎奉行の管理下に作成された屋敷地図一覧とし十点の絵図を紹介している。

なお山本紀綱著『長崎唐人屋敷』は大作で参考にさせていただいた。

ケンペルの手書きの絵図（図52）

ケンペルは元禄三年－五年（一六九〇－一六九二）に医官として出島に駐在した。唐人屋敷ができて二年後である。大英図書館にはケンペルが手書きで唐人屋敷を書き入れた絵図がある。原図は“Nagasaki Ezu”（延宝八年（一六八〇）から元禄元年（一六八八）ごろの木版画）で、これを転写したものである。**図52**の左下端の四角の中に「唐人屋敷、中国人街、以前は御薬園すなわち薬用植物園の場所」とラテン語混じりの字で書き入れられている。スケッチ画で唐人屋敷を、位置や縮尺を無視して、むりやり挿入している。しかし唐人屋敷の存在を示した最初の絵図と思われ貴重な記録である。大波戸（右上端）、西役所（御番所とある）、出島町、十禅寺、唐人番長屋、天草屋敷、さらに唐人屋敷に隣接した遊女町である寄合町と丸山町（図の下端）と書き込まれた部分を示す。

もっとも古い唐人屋敷の絵図

唐人屋敷の平面図としてもっとも古い絵図は『唐人屋敷図』で、長崎歴史文化博物館収蔵と東京大学史料編纂所蔵と二枚ある。いずれも忠実な模写である。前者は中村三郎／写とあり一七八×二一六cmという大型な絵図である。後者は「長崎市外片渕福田忠昭所蔵・大正五年六月模写了」とあり、絵図の寸法は一〇六・八×一五三・八cmと同じようである。しみや貼り紙などまで忠実な模写であるが、着色が幾分異なっている。長崎の史家の福田忠昭氏の所有していた原図の模写が中村氏および東大で作成されたということだが、原図の所在や経緯については不明である。ここでは東大史料編纂所蔵の『唐人屋敷図』を**図53**に示す。

この絵図は奉行所の普請方の手による大型絵図で、細かい寸法とともに、土地の造成に係る部分の敷地周辺の傾斜地や、階段などを画いた多数の紙が貼り付けられている。説明書きも随所に貼り付けられている。面積は八千十五坪余とある。構（囲の内部）には九間三間の大きさの本部屋と言われる唐人の居住家屋が五十、それに付属する雪隠・湯殿、腰掛、風呂屋、四隅に番小屋さらに土神堂が描かれている。構の周りは練塀と水路で囲まれ、竹垣による囲みも東北、東南側にある。非常時のためと思われる幅八尺の裏門が東南の山側にある。

「開所されて十八日目の元禄二年（一六八九）二月十七日に遊女が四・五〇人ほど裏門より入り、屋敷内を見物し、それより矢来の外を通り、もとのごとく裏門より帰った」との記述が、『唐通事会所日録』にある。なぜ遊女の初めての来館が行き帰りとも裏門からだったかは大変興味があるが理由はわからない。土神堂は同じく『唐通事会所日録』元禄四年（一六九一）九月に唐人船頭共の願いを受け「土神の石殿の建立を許可」とある。したがってこの絵図は元禄五年（一六九二）以後、新地がまだ描かれていないので元禄十五年（一七〇二）以前の絵図と推定される。

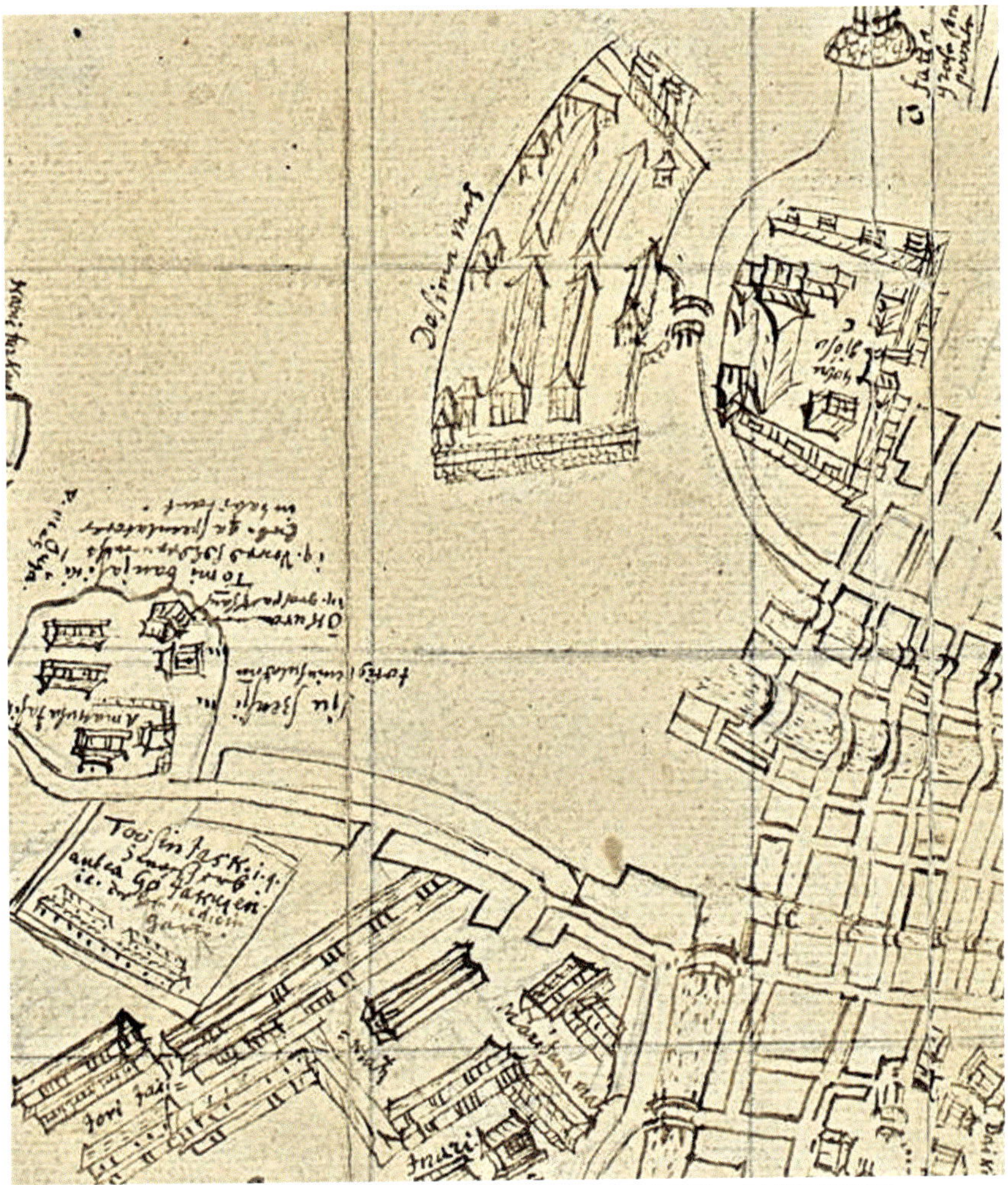

図52　『ケンペルの手書きの長崎絵図』唐人屋敷が描き加えられた部分　（大英図書館蔵）

宝永の大火後の対策を反映した絵図

次に古い絵図は（図54）神戸市立博物館蔵の池長コレクションの「唐人屋鋪図」である。長崎惣絵図などの五枚のパッケージの一枚である。**図53**と比べると面積は八千十五坪、本部屋数は五十と同じであるが、元禄十六年（一七〇三）、宝永二年（一七〇五）および宝永四年（一七〇七）の火災とくに宝永二年の大火を受け長屋の配置密度を少なくし、水溜を殖やし、水道などを設け、構の周辺の水路など防火措置を講じたあとが見える。これら防火対策の工事の期間を考えると絵図は宝永三年以後の成立と考える。

本部屋の数は正徳新例を受け減船にともなう無益の部屋二棟を壊したのが享保元年（一七一六）また正徳四年（一七一四）になくなった天草屋舗が画かれていることから、それ以前の絵図となる。宝永五年（一七〇八）に唐人屋敷の北側の崖の上へ移ってきた大徳寺が、同じパッケージの「長崎惣絵図」ではまだ伊勢町にあること、宝永五年二月以降に置かれた伊万里焼物商人の定店があること、さらに波止場に宝永五年に出来た矢来門と番所が描かれていることから、この絵図が描かれた時期はかなり絞られ宝永三年—宝永六年（一七〇六—一七〇九）ごろ成立の絵図と考える。

この時期のものとして東京国立博物館蔵の絵図と常盤歴史博物館蔵の『唐人屋敷之図』がある。前者は神戸博の絵図とほとんど同一である。二の門の外に改場と思われる建屋ができたこと、本部屋に番号が書き入れられていない点が違う。後者は裏門の位置が変わっていること、

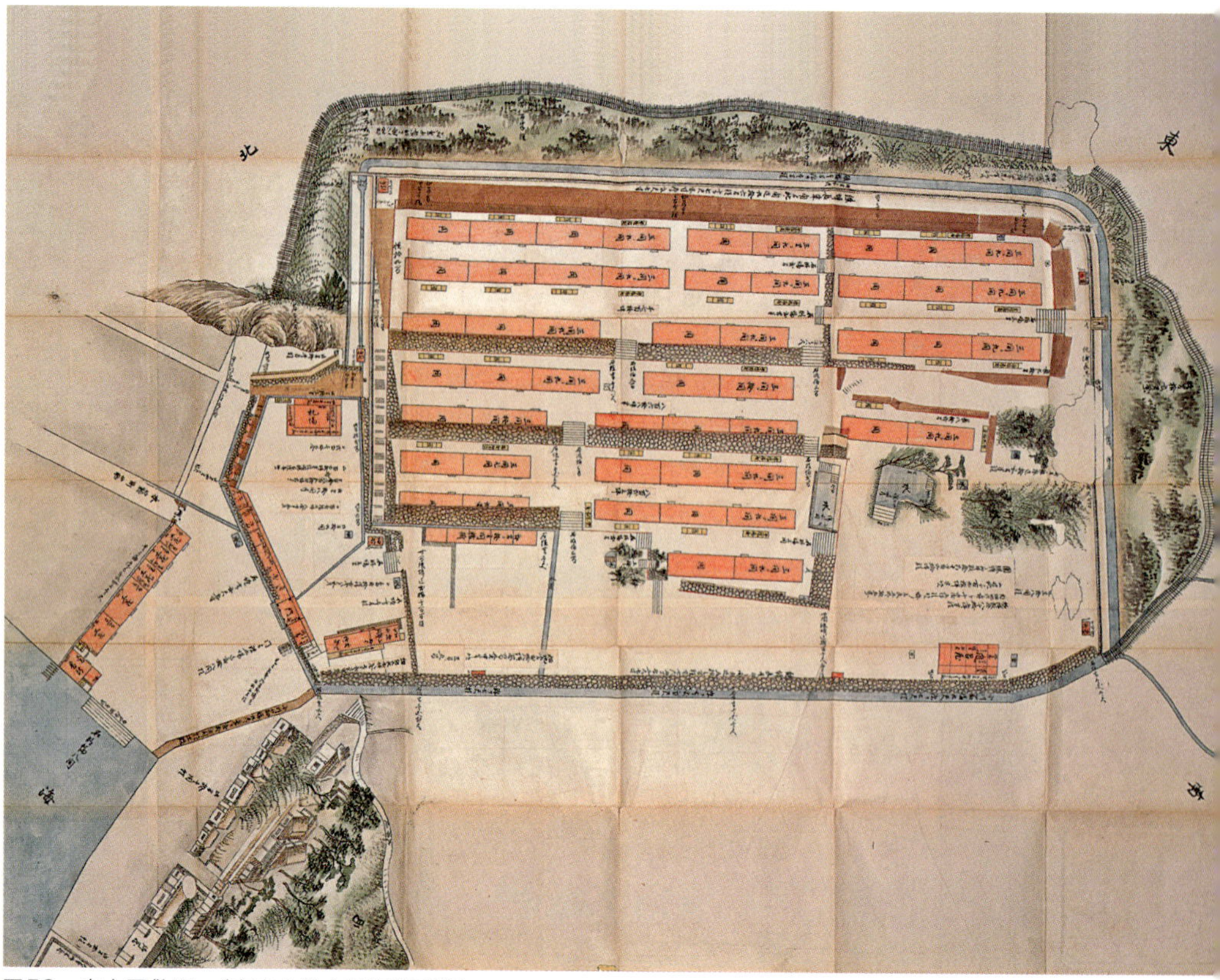

図53　唐人屋敷図　（東京大学史料編纂所蔵）

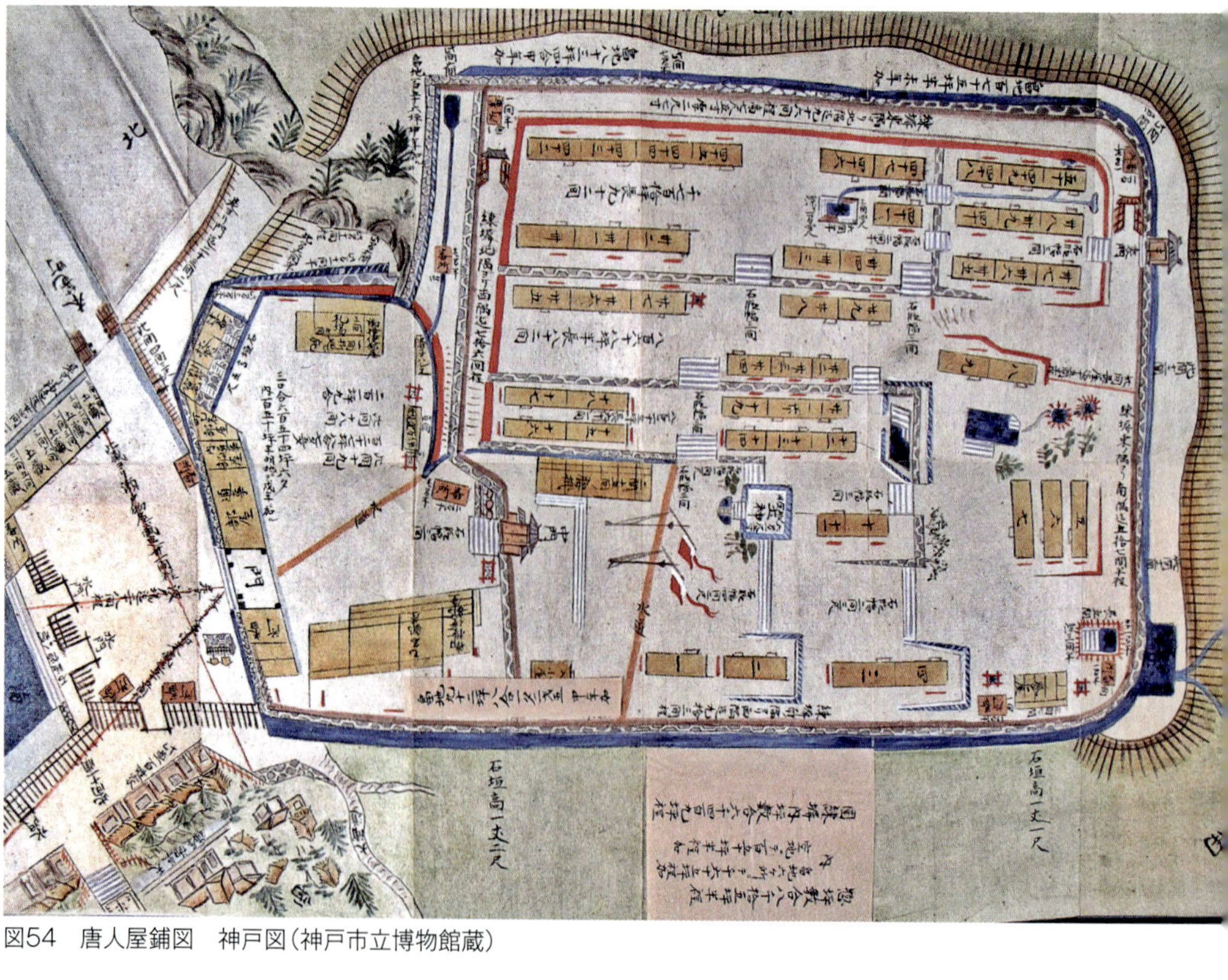

図54　唐人屋鋪図　神戸図（神戸市立博物館蔵）

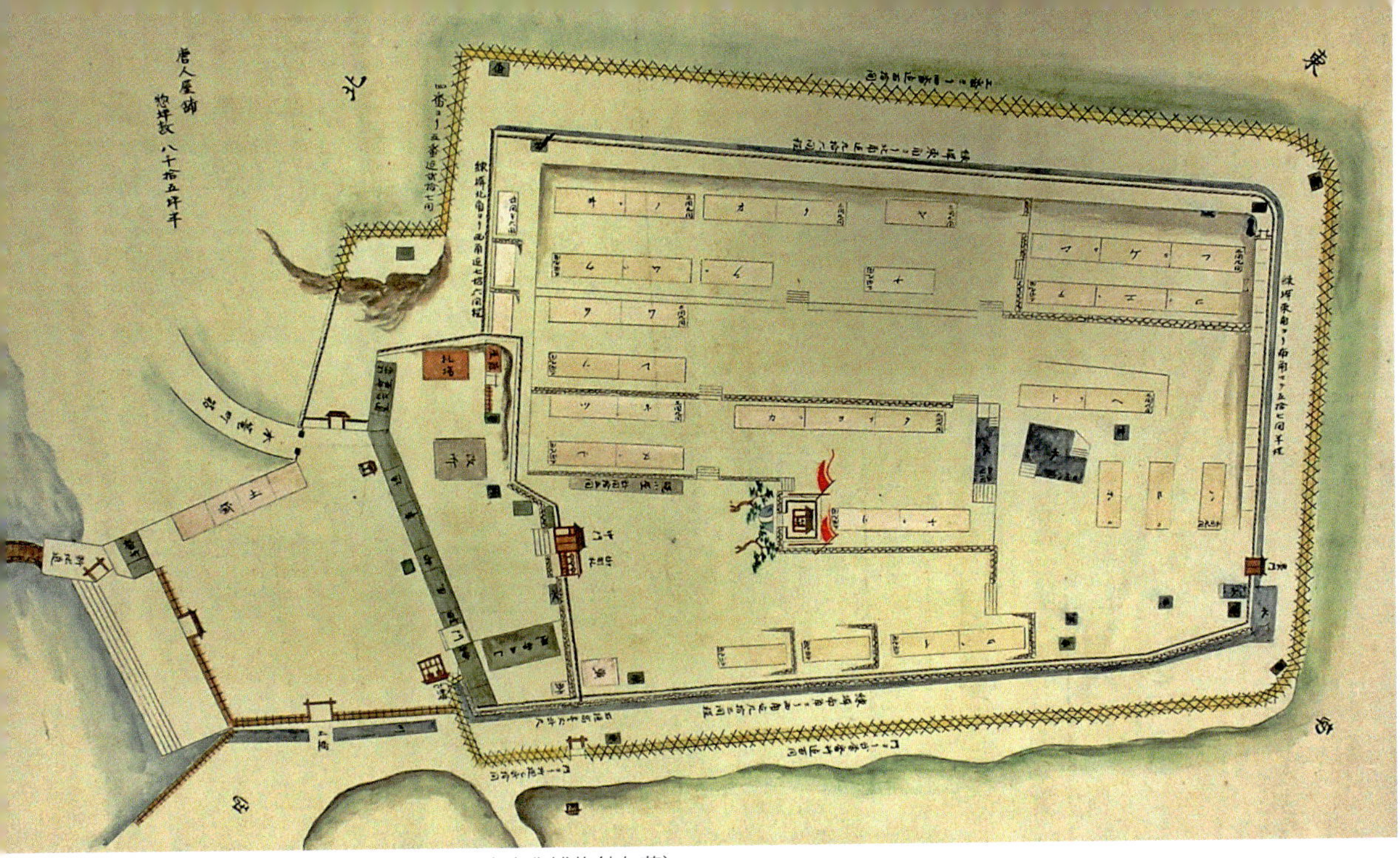

図55　唐人屋舗　福田古図、（長崎歴史文化博物館収蔵）

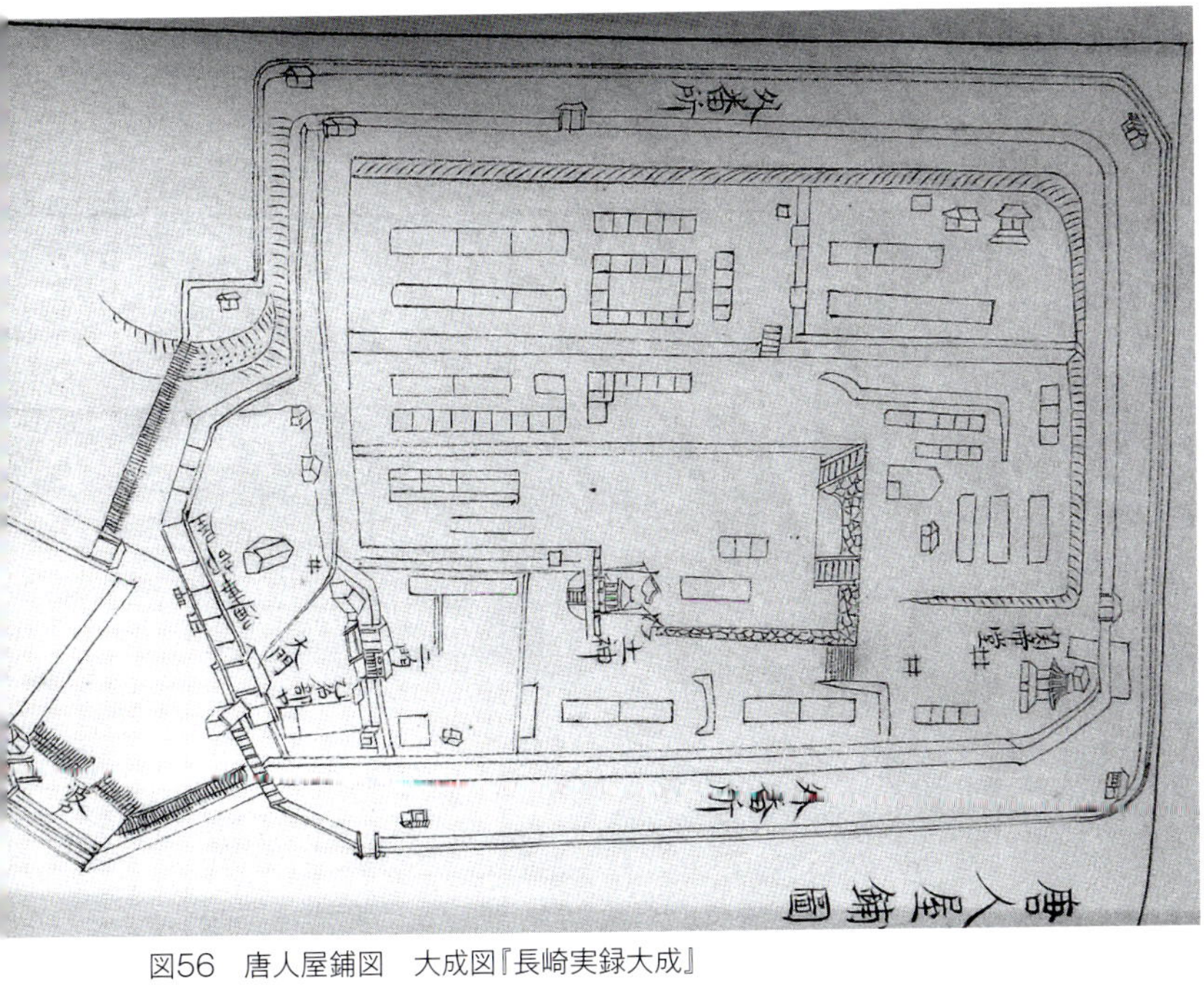

図56　唐人屋鋪図　大成図『長崎実録大成』

大徳寺が崖上に描かれていることなどから神戸図のあとの絵図であることは確かである。しかし絵図はスケッチ風に描かれており奉行所が管理目的で作成した絵図でない。

牢屋、竹垣、番所などの整備

次は長崎歴史文化博物館収蔵の「唐人屋鋪」（**図55**）である。同館にはほとんど同一絵図が二枚ある。一つは福田古図、もう一つは市博地図で模写である。三間九間の本部屋は三十五棟で先の五十棟から十五棟も減っている。二の門の外には牢屋（籠屋）が初めて描かれる。『長崎実録大成』の享保五年（一七二〇）に「今度唐人屋敷境内に新に獄屋を立られ、小倉より送来した唐人三人入牢仰せ付られる」とあり符合する。『長崎覚書』にはこの年、牢屋と拷問所が建てられたが、その後拷問所は取りこわされたとある。

構は練塀（高さ七尺五寸）、空堀または水路さらに外側に竹垣と三重に囲まれている。絵図では竹垣は完成しており番小屋は五つある。享保六年（一七二一）の『長崎実録大成』に「惣塀外に竹垣を結び、その内に番所四ケ所（二間半二間建）、同年北方塀外に番所一ケ所建、五ケ所となる」と一致する。これ以前の絵図では練塀の内のみに番所が置かれていた。唐人見張り策の大きな変化を示す。

従来構を一周していた水路は北端で途切れ

てしまったように見える。天后堂、観音堂はまだなく、それらが建てられた元文二年（一七三七）以前の絵図である。練塀の東北に以前は山側にあった裏門が移って描かれている。裏門は『長崎実録大成』に享保九年（一七二四）に「新裏門建」とあり二ケ所に増えているので、それ以前の絵図である。牢屋（籠屋）が新たに出ているのでこの絵図は享保五年から享保九年（一七二〇―一七二四）ごろに描かれたものと思われる。

図57　左の二図は観音堂の地下の元文2年などの刻銘、上図は基盤の天明7年の刻銘　著者撮影

図58　住之江稲荷社と享保21年4月吉日と刻まれた石盥　著者撮影

観音堂、天后堂ができ市店が現われたスケッチ図

図55から約四十年の間の絵図は見つかっていない。しかも次はスケッチ図である。この「唐人屋鋪図」（**図56**）は『長崎実録大成』に掲載されている。筆者の田辺八右衛門が奉行の許しを得て官庫の図籍の中から収録した絵図で『長崎実録大成』成立時すなわち宝暦十年（一七六〇）ごろの唐人屋敷の様相を描いたものである。

簡単で雑なスケッチ図で絵図への説明の書き入れも少ないが、本文には棟数等の数字が表示されている。三間九間または四間七間で二階作りの本部屋の数は二十とあり、なんとか二十あるように見える。唐人個人立の市店が初めて現れ百七（一間半二間）とある。こちらはせいぜい六十余しか数えられない。元文元―二年（一七三六―七）に建てられた天后堂（関帝堂と間違っている、十六坪）および観音堂（六坪）も初めて現れる。裏門は二カ所ある。

筆者は、観音堂の瓢箪池の奥に潜り込んで壁に「元文二年丁巳吉日」との丸い円で囲んだ刻印、さらに「拾伍艘、辰船、□□□部屋附」と彫られた四角印もあることを見出した。**図57**にその写真を示す。なお部屋附というのは寛政九年（一七九七）に書かれた『長崎歳時記』によると唐船

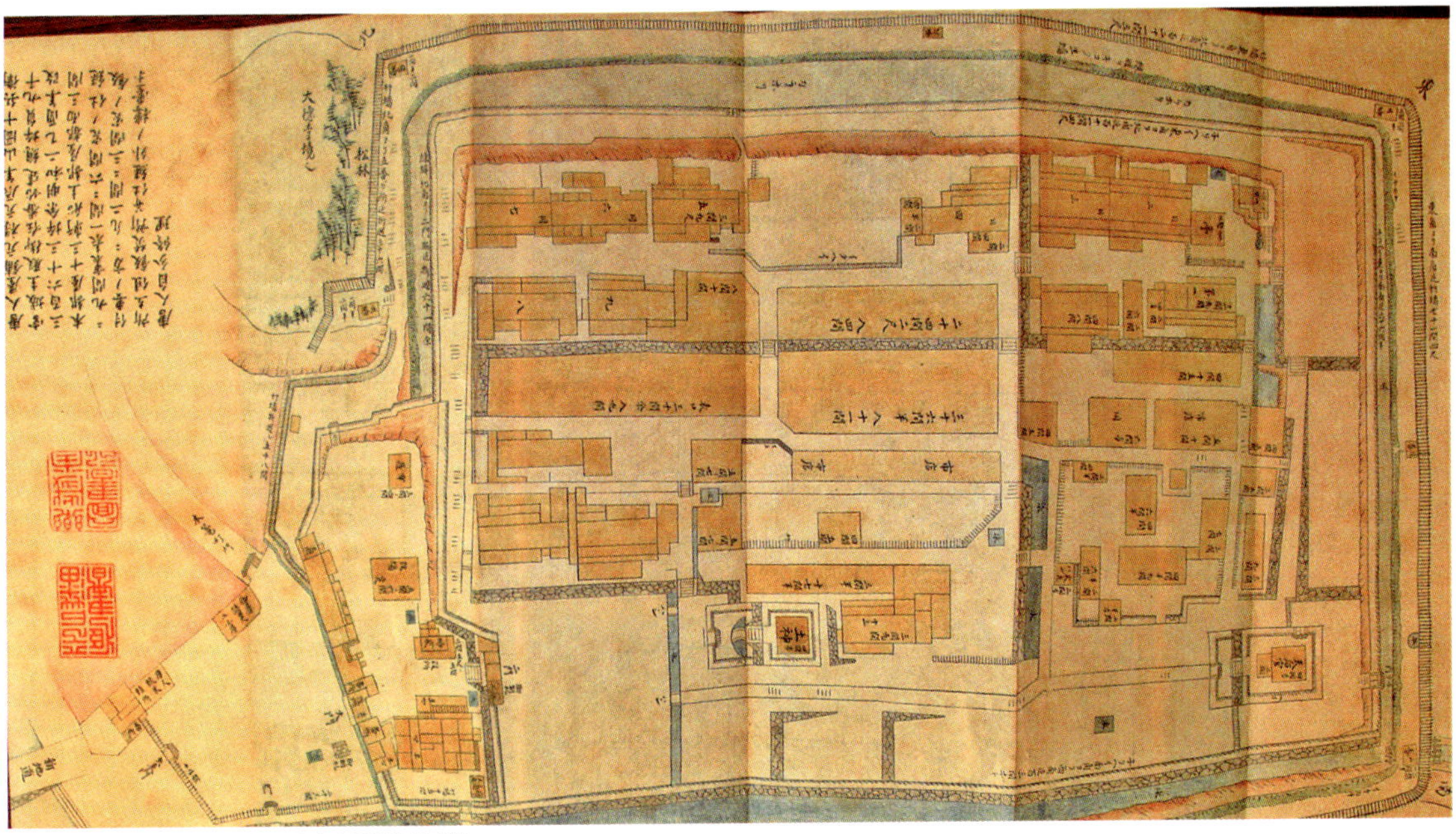

図59　唐人屋鋪図　（松浦史料博物館蔵）

の入津から帰帆まで唐館に遣わされた火の元番で一船毎に三人づついたという。

唐人屋敷の総坪数は元文元年に五百九十七坪増え九千三百六十二坪となった。この敷地拡張は『長崎実録大成』および『唐人屋鋪由来帳』などに「元文元年（一七三六）に裏手畑地構の内にお加わえに成られ唐人長屋御建てなられ候。尤も関帝堂唐人願により此節御建てなられ候」とある。実際には長屋は建たなかったが、関帝堂は建てられた。

この工事については、近くの住之江稲荷神社に「享保廿一年丙辰四月吉日（一七三六）奉寄進　唐人屋鋪新地形作事日雇中」と彫られた石盥が現存しており、村人がこの拡張工事を担当したことがわかる。（**図58**）なおこの敷地拡張は長崎市教育委員会の発掘調査により堀やカラ堀などの遺構が見つかり考古学的にも確認された。これ以降唐人屋敷の面積の増減はほとんど無い。

松浦史料博物館蔵の唐人屋鋪図

この唐人屋鋪図は松浦史料博物館蔵の絵図（**図59**）と東京大学史料編纂所が大正五年伯爵松浦厚氏所蔵の絵図を模写したものがある。図の説明書きに、設立の経緯に続き「明和二乙酉年（一七六五）改本部屋十三軒船主部屋すべて三間に九間、裏表一間に六間宛ノ仕継付妻の方に凡二間に三間宛の飯所在。但飯焚所・仕継の楼台など唐人自分修理」とある。

この絵図は一–九番と十三番とふられた本部屋（十、十一、十二番は絵図に本部屋の形が描かれているが番号はない）が建てられている。また市店と書かれた建屋もあるが従来の　間半二間と規格されたものはなく、五間十間という大きな建屋がある。上・中段に大きな建屋が三棟描かれている。これらは建設用の仮建屋とも考えられる。

明和二年（一七六五）には唐船の入港制限は十三艘、定高三千五百十貫になり、それに対応して本部屋数を十三とするなど、このころにかなりの模様替えが行われた結果なのではないか。その約五年前の宝暦十年（一七六〇）ごろの『長崎実録大成』の唐人屋鋪図（**図56**）からの変化が大きいことに注目したい。本部屋へ継ぎ足した部分（仕継）、飯炊所、楼台などは大成図にはなかった。

筆者は、この大きな模様替えは、当時九年のおよんで勘定奉行と兼職をし数々の改革をした長崎奉行石谷備後守の指示によるものと思うが、史料は見つからない。

この時期から唐人屋敷は単なる唐人の収容施設だった初期から、中国の生活空間を持つ唐人独特の雰囲気を持つ都市空間になったのではないか。これは輸出用の銅の不足、さらに俵物など輸出品の調達待ちによる越年滞留が通常化したことが大きく寄与している。中村質氏の『近世長崎貿易史の研究』によると享和三年（一八〇四）のデータでは唐船の滞在日数は八十四日から二百九十四日（平均百八十日）と長期化した。商人仲間の代表として一年以上滞在するケース、客としてきて自分普請の場所に長く滞在する唐人もいた。

『長崎唐館図集成』で永井規男氏は、この絵図は天明四年（一七八四）の大火のあと、復興途中の過渡期の状況を示したもので、敷地の中段と上段に大きな建物が描かれており、これらは火災後に唐人を収容した仮屋建築ではないか指摘されている。この大火災は七月二十四日の天后堂を除くすべてが灰燼となった大きな事件で後の項で述べる。しかし筆者はこの絵図は説明書きのように明和二年の本部屋を十三軒と決めたころのものと考えたい。この十三軒の配置は東洋図の絵図（P140参照）、冨嶋屋文治右衛門板の版画と同じで一—九番は上段、十—十一番は中段、十三番は土神堂の裏で下段となっている。

大火以後の配置は岩瀬図（**図61**）以降の絵図で示される上段四—八番、中段九—十三番、下段一—三番で、この配置は幕末まで変わらない。大火以後の絵図は裏門を四カ所としたこと、水入口を新設したことなど防災を意識したパターンであり、松浦史料博物館蔵の唐人屋鋪図、東洋図、安永九年市販の木版画の三図は同じパターンで明らかに大火以前の絵図である。土神堂、天后堂、観音堂のいずれも描かれていること、大火の翌年一体化した通事部屋と乙名部屋がまだなく、改場があることなどもその理由である。また唐人は船単位で居住が割り当てられ、大きな仮屋に雑居させることは保安上考えにくい。

市販の木版画「唐人屋舗景」（図60）

市販の版画であり安永九年（一七八〇）と製作年代が明かなことでも貴重な史料である。唐人屋敷の木版画はこれが唯一のものではないか。「長崎勝山町　冨嶋屋文治右衛門板」とある土産物で「出嶋阿蘭陀屋鋪景」（**図47**）とセットで売り出された。この冨嶋屋は江戸中期の長崎版画を代表する版元で天明ごろに屋号を豊嶋屋から冨嶋屋へ改めたといわれる。この版画は、埋木で版元名を訂正した後摺ということになる。

唐人屋敷の内部の様子がこの版画によって初めて公開された画期的な出来事であった。古河歴史博物館、長崎歴史文化博物館、神戸市立博物館、各蔵の三点が見つかった。いずれも冨嶋屋版である。ここでは神戸市立博物館蔵の唐人屋鋪景を示した。鷹見版には人の絵はなく屋根、板壁、松の木などの模様が彫られていない。あるいは未完成の版木とも思われる。すべての絵図の右隅に同じ文章で元禄元年創立の沿革を以下のように記している。

唐人以前は町宿仕徘徊致候処元禄元戊辰年長崎御奉行山岡十兵衛様宮城主殿様御在勤の節小嶋村十善寺と云所山谷百間余方の所に囲を構え唐人居所と定安永九庚子年迄九十三年に成る

（唐人は以前は市内に泊まり、町を自由に歩き回ていたが、元禄元年（一六八八）長崎奉行山岡十兵衛様宮城主殿様御在勤の節、小嶋村十善寺という谷間に構を作り、唐人の居所と定めた。今年安永九年（一七八〇）で九十三年になる）

本部屋数は先述した順序で一番—十三番とふられている。本部屋には直角に建屋を増し、また門が付いた塀で囲われ、ベランダが出来、日よけが付けられるなど以前より生活空間が色濃く出ている。収容施設ではなく唐人独特の雰囲気が色濃い場所になったと言える。鷹見版では空白であるが、他の絵図には、唐人のぼさ納めの行列、けいせい（遊女）をはじめ家の中までざっと数えて七十人以上の人が描かれている。また乙名部屋の周りは版によってかなり様子が違って描かれている。

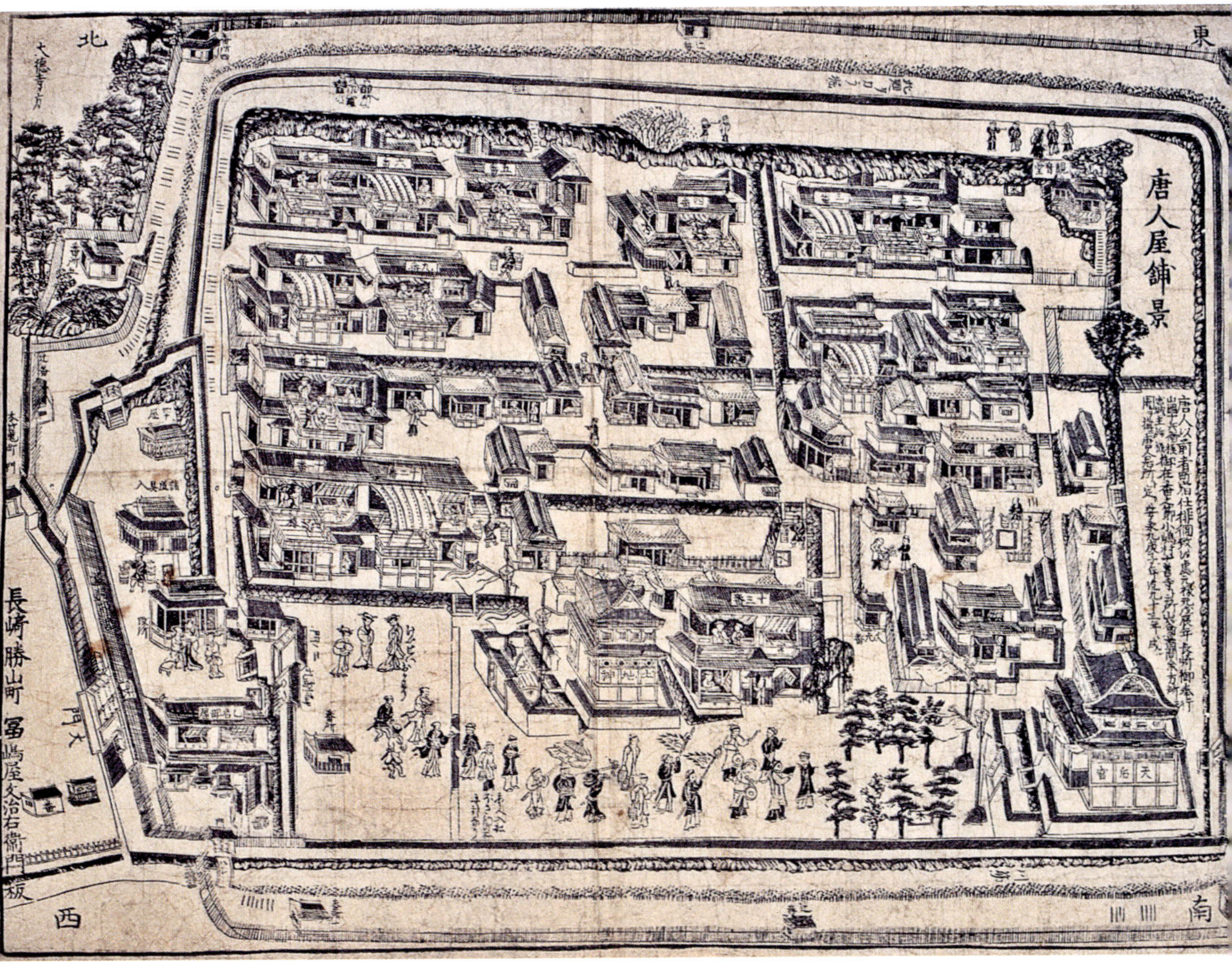

図60　唐人屋舗景　安永9年（1780）　冨嶋屋文治右衛門板　（神戸市立博物館蔵）

この版画にはもととなる原図があるはずで、東洋図あるいは松浦史料博物館蔵の絵図（**図59**）がそれではないか。その後の変化を付け加え俯瞰図にしたのではと推察する。出島の絵図（P67）でも同じようなケースがあった。構図がよく似ており時期的にも説明できる。

なお、この版画は出島図と同様 Titsingh（ティチング）の著作『日本図誌』に掲載されている。

天明四年の大火

唐人屋敷の歴史上もっとも大きな出来事は、天明四年（一七八四）七月二十四日の大火であった。この大火で天后堂を除くすべてが灰燼となった。『長崎古今集覧』には「館内屠猪の者等寓居を並る処、俗に猪町と号する処の大工小屋より出火」さらに「古代の館内の構、この時一宇もなく焼亡故、其形容今は大に変ず」とある。大火後、一時的に四つの唐寺に避難していた八百九十二人の唐人を収容することが長崎の治安上の緊急かつ最大の課題であり、十三棟の本部屋の再建は手早くされた。この再建は普請方が担当したが大村市立史料館蔵の初村家旧蔵峰家史料に詳しい。天明四年（一七八四）九月の「館内本部屋壱軒建凡積」などには、松木百二十本、大工三百六十五人、日雇三百九十人

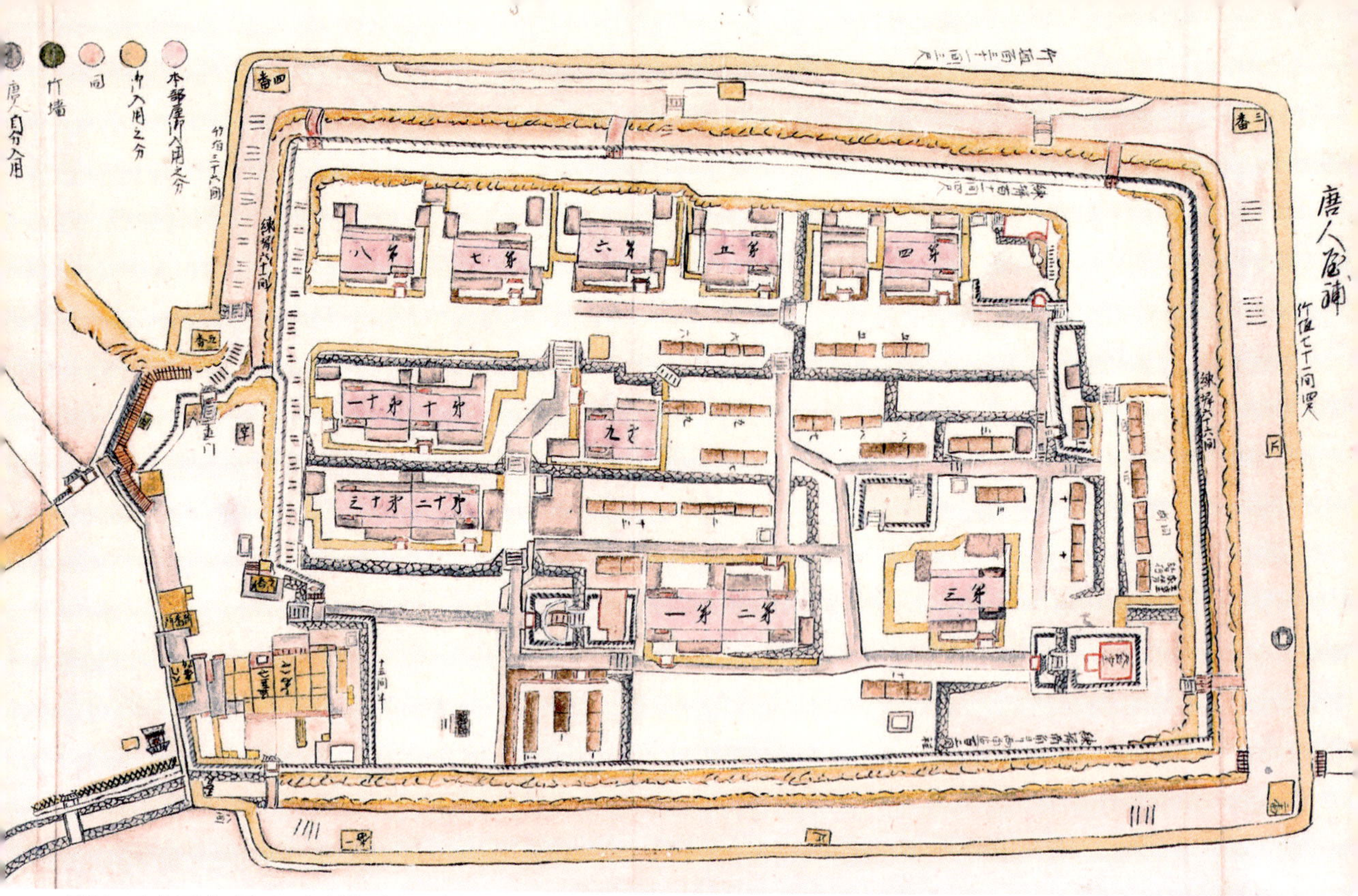

図61　唐人屋鋪　天明の大火災のあと　岩瀬図（西尾市岩瀬文庫蔵）

で〆銀八貫二百三十匁余（約千二百万円）との数字も出ている。

恵美須町の大工林蔵が本部屋十三棟を一括受注したこと、市店も別に入札されたこと、建設工事は難航し、再度入札が行われたことなどもわかる。詳細については深瀬公一郎氏の論文がある。

天明の大火災のあとの唐人屋敷の絵図

西尾市の岩瀬文庫蔵の絵図帖のうちの「唐人屋舗図」を**図61**に示す。この絵図では焼失した土神堂はその場所に紙が貼られており、まだ再建されていない。『唐人番日記』の天明五年（一七八五）三月六日の項に「館内土神社焼失跡再建に付当五日より晴天十五日の間興福寺より僧俗六人日々館内へ立ち入り度旨の願があったので聞き届けた」とあり、土神堂は翌年に再建されたことがわかる。このことからこの絵図は土神堂が再建される前すなわち天明五年（一七八五）ごろに描かれたものと言える。観音堂の場所には瓢箪池のほかは何も描かれていない。現存する観音堂の基壇に「天明七丁未正月建造」の刻銘（**図57**の右）があり、大火災のあと観音堂も三年弱で再建されたことがわかる。なお安永八年（一七七九）に船主らの依頼で建てられた霊魂堂が初めて描かれる。また裏門も五カ所に増え、北東側に水入れ場も二カ所できる。これは非常時に対するものであろう。なお水入れ場や塀外の板橋は『長崎覚書』に言及されている。

再建された十三棟の本部屋は『弘化二年雑集記』によると官商（王氏　世栄）の七棟と額商の六棟であった。当時は官商船が七艘、額商船が六艘の入港が普通であった。額商とは一定員数に限られた官許の民間商人のことである。同じ史料によると官商の請持は三、四、五、六、七、八、十三号棟で、十二家のそれは一、二、九、十、十一、十二号棟であったことがわかる。なお本部屋の番号のふり方は松浦史料博物館蔵の絵図、東洋図、安永九年の木版画から変わっており、このふり方が最後まで残る。同時に唐人自分建（四号と五号の間の本部屋と造りの似たこぶりの建屋など）や市店（一・五間二間の大きさのもの約五十）なども

図62　石崎融思筆　唐館図絵巻の部分　（長崎歴史文化博物館収蔵）

再建されている。

比較的安定した時代に数々の絵図帖

この大火の三年後には、土神堂・天后堂、観音堂が復活した。東大図、国会図、大槌図、三井長崎図、内閣図、官公衙図、崎陽図、福田上図、福田下図の絵図帖はこの大火以後、約三十年間のものである。絵図帖の製作年代は絵図帖のなかの他の絵図によって判明したもので、唐人屋敷自体では時代推定に役立つような変化はない。全体の傾向として、東大図で敷地の仁田川の際に現れる惣代部屋が段々と敷地の上部にも出てくる。同時に一間半二間の市店の数が減ってくる。基本的な構図はほぼ同じであり、本部屋数は十三で変わらない。

現存する唐人屋敷の絵画の中でもっとも精緻な作品と言われる石崎融思による『唐館図絵巻』は、大火の十八年後享和二年（一八〇二）の唐館のにぎやかな様子が画かれている。この絵巻は明治期に海外へ流出したが、現在は「蘭館図」とともに、長崎歴史文化博物館収蔵となっている。石崎融思の絵図は写実性の高いことで知られており、**図62**に特徴のある屋根を持つ土神堂、堂前の池にかかっている木橋、唐様の赤い柱の門構えの惣代部屋、二階建ての瓦葺の屋根を持つ大部屋の、自分普請の部分でくつろいでいる唐人などの部分を示すが、唐人屋敷の最盛期であったこの時期の様子を示している。『唐蘭館図絵巻』として刊行されており原田博二氏の精緻な解説が付いていて興味は尽きない。

世情の変化：大村勤番所と台場の出現

文化元年（一八〇四）になるとロシアのレザノフの来航、さらにフェートン号事件（文化五年〈一八〇八〉）に象徴される欧州諸国の東アジア進出による影響などを受け、唐人屋敷は衰退し、唐人は反抗、騒動と落ち着きをなくす。

清国での銅の需要が減り、銅の輸出は百万斤を切るようになり、代りに俵物が貿易の支柱になっていた。十九世紀初め、清朝の浙江、福建、広東などの東南沿海での海賊の活性化により工社（乗組員）の戦闘員化、唐船の大型化による乗員の増加（八十－百人）など船主との力関係の変化など、いずれも唐人騒動の原因となった。また唐船の工社が従来から少々づつ持ちこんでいた諸品（いわゆる脇荷）の直売の問題が顕著になった。工社は自儘に市中を徘徊し、専ら不正の品を取扱ったので、役方のものが制したが、それに対して手向いし、多数集まり徒党を組んで反抗するまでになった。なお唐人騒動について

図63　唐人屋敷の大村勤番所と台場の部分　福岡図　（福岡市博物館蔵）

は深瀬公一郎氏による論考がある。

　唐人の騒動は唐人屋敷の開設初期の時代からあり、なんとか奉行所の地役人で押さえてきた。しかし市内での唐人の徘徊、騒動は遂に奉行所の地役人では対応が出来なくなり、文政三年（一八二〇）には幕府は大村藩に命じて大門の外の波止場に勤番所と台場を建て、藩士五十八人が常駐するに至った。

　『増補長崎略史』の文政三年（一八二〇）六月に「唐館門前に勤番所を置く。近年唐人濫に出て市中を徘徊しあるいは密商を為すを以て番所を設け大村の士五十八人を在勤せしむ。同六年（一八二三）三月地役人を以て之に代ふ」とあり同時に脇の浜辺に石火矢台場を築いた。『金井八郎翁備考録』「御備」の項には「長崎市中平常の備ならび唐人屋敷取締の為、右屋敷門外へ大村上総介（大村藩主）勤番所取建候。向後家来共詰め候。右の趣大久保加賀守殿（老中）仰せ渡され候」とあり、その後の経緯について「番所の管理は文政六年（一八二三）には長崎奉行へ引渡された」「嘉永四年（一八五一）にはこの石火矢台場は異国船渡来の節の警備のためとし代官高木作右衛門へ引渡された」とある。

　『長崎覚書』には「文化八年出島御備に三百匁玉筒壱挺お渡しになっていたが、文政三年唐人屋敷前御台場へ引き直しになり、その代わりに唐金石火矢（鉛二百目玉、長さ四尺一寸）を代わりに出島に備えた」との裏話がでている。

　この勤番所と台場は番所図以降、文化図、福岡図、諸役所図に描かれている。**図63**に福岡図の「唐人屋舗図」のうち大門と新地への橋の間の唐人屋敷前波止場に勤番所と石火矢台場（絵図には石炮台とある）が描かれた部分を示す。台場は波止場の横、竹矢来の内側に、勤番所は仁田川沿いの塀で囲まれた場所に建てられた。勤番所の横には一般の人の通行用に十善寺郷橋がある。勤番所のためにもう一本の橋も架けられている。この期間の唐船来航数は文化年間で十・二艘、文政年間で八・一艘、天保以降で五・八艘と減少した。

唐人の騒動

　この勤番所、台場を設置したことは唐人を刺激し、文政四年（一八二一）に唐人と大村藩が激しく衝突した。文政十一年（一八二八）には唐人の市内徘徊の取り押えとして福岡藩に命じて新地と大徳寺へ家士を数日出張させた。天保六年（一八三五）には大きな騒動が起こった。**図64**は天保六年十二月長崎奉行所の厳重な取締を不満として騒ぐ唐人を、唐人屋敷に出動した福岡藩士らが鎮圧する様子を画いたものである。梯子を掛けて屋根の上を追い

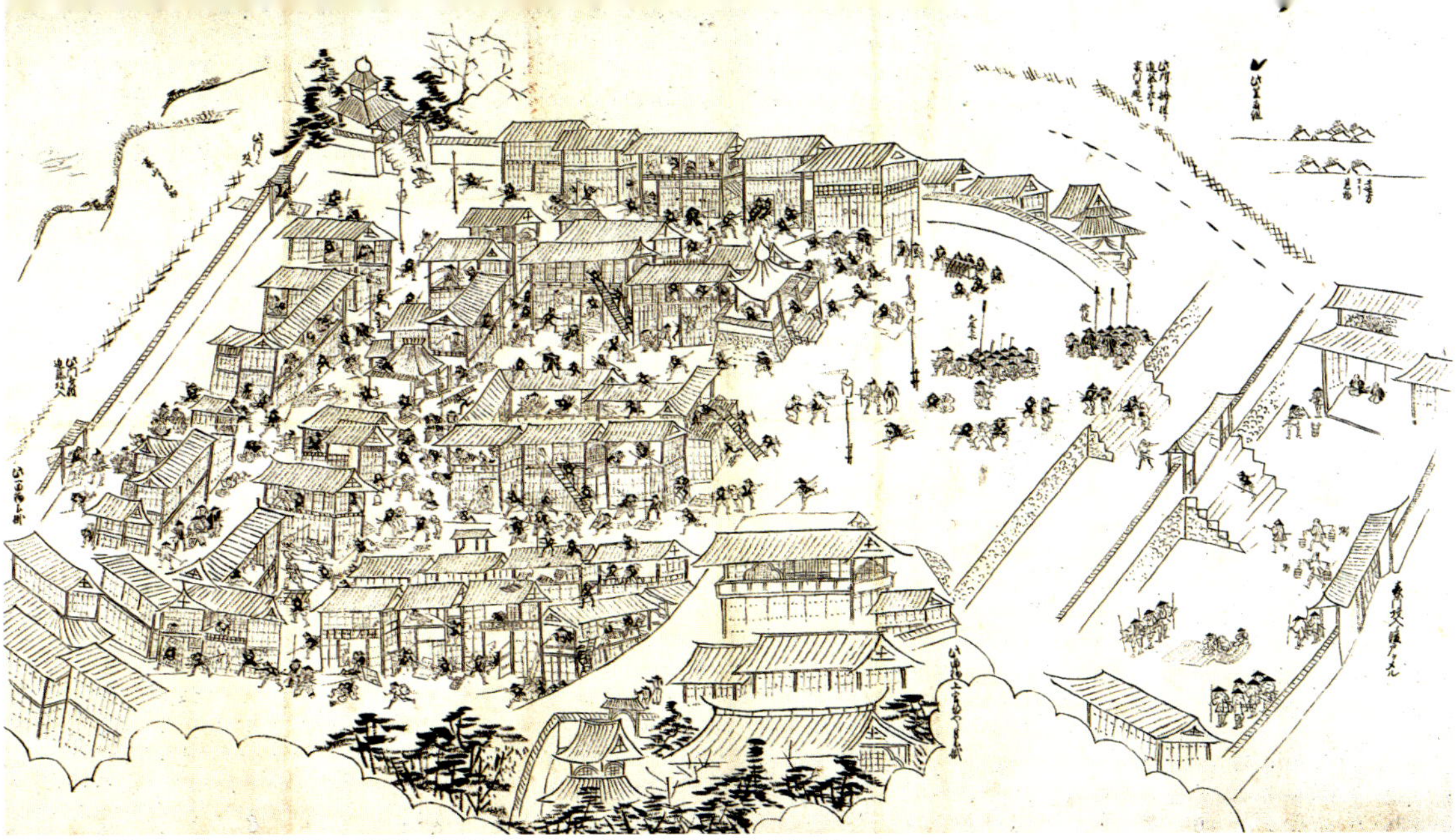

図64　唐館打入之図:天保6年の騒動　伊丹家史料　（福岡市総合図書館蔵）

回す様子はなどが描かれ興味深い。黒田家の絵師によって描写されたもの（伊丹家史料）で、普請方の絵図とは異なり、建屋の描かれ方などにいくらか間違いはあるが、騒然とした様子をよく示している。この騒動で捕えられた唐人は大村牢に送られた。

唐人屋敷の衰退と本部屋数

本部屋の数が時代検証に役立つ。幕府は唐船の入港定数は貞享五年（一六八八）に七十艘、正徳新例（一七一五）では三十艘、明和二年（一七六五）からは十三艘とした。来航する唐船数は一艘に一つの本部屋を当てており、建設当時は本部屋は五十あった。しかし来航数は当時がピークで正徳新例を受けて二棟取壊し、宝暦十年（一七六〇）では二十、明和元年（一七六四）には十三と減少した。幕府は明和二年（一七六五）に唐船の定数を十三艘とし、松浦史料博物館蔵の絵図、東洋図、安永九年の長崎版画、岩瀬図から始まる絵図帖の本部屋数十三はそれに対応している。唐船の長崎入港数（表4参照）は文化の末から文政にかけて一桁台（文化十四年（一八一七）から文政九年（一八二六）までの十年で合計七十七艘）に落ち込み、天保十一年—天保十三年（一八四〇—一八四二）の阿片戦争などで清は不安定になり来航する唐船も減った。文化七年—十一年（一八一〇—一八一四）ごろの作と推定される崎陽図では二番三番の本部屋が解体され空地になっており、唐人屋敷の衰退の始まりを示している。三井諸図では二、三番の本部屋に加えて四番も解取相成と消滅しており、代りに網蔵となっている。『弘化二巳年（一八四五）雑集記』には本部屋は七部屋崩落して、使用に耐える部屋は官商三、額商三の六部屋しか残っていなかったとある。

川路聖謨の『長崎日記』には嘉永六年（一八五三）一月十四日に「唐館へ参る。其のけしき、築地やぶれ、軒かたぶきて、荒村の古寺のごとし。唐人共はいろ青くやせて、喪家の狗、饉歳の乞食のごとし。この節は夏船・冬船共に来らざる故に、帰ること能わず。その上故郷は戦争のちまたと成り、日々合戦のやむ時なしなど聞ゆれば、哀しみて、日ごとに関帝堂みくじをとり、或いは泣き、或いは色を直して、死する如くなり居るよし也」とある。

川原慶賀による唐人屋敷の遠景の銅版画

古河市の古河歴史博物館の鷹見コレクション蔵の川原慶賀の「崎陽稲荷嶽眺望之図」は唐人屋敷を裏山の方から見た珍しい銅版画である。（**図65**）鷹見泉石は古河藩の蘭癖の家老でこの絵は収集品の一つてある。手前に屋敷をぐるりと囲んだ

西暦	和暦	葡船	蘭船	唐船
1718	享保3		2	40(1)
1719	享保4		0	37(3)
1720	享保5		2	36(1)
1721	享保6		3	33
1722	享保7		1	33
1723	享保8		2	34
1724	享保9		1	13
1725	享保10		2	30(1)
1726	享保11		2	42(1)
1727	享保12		2	42(1)
1728	享保13		2	22
1729	享保14		2	32
1730	享保15		2	38
1731	享保16		1	38
1732	享保17		2	36
1733	享保18		2	28
1734	享保19		2	31
1735	享保20		1	29
1736	元文1		2	16(1)
1737	元文2		2	5
1738	元文3		2	5
1739	元文4		2	20
1740	元文5		2	25
1741	寛保1		2	14
1742	寛保2		2	15
1743	寛保3		2	15
1744	延享1		2	20
1745	延享2		2	20
1746	延享3		3	10
1747	延享4		3	10
1748	寛延1		2	12
1749	寛延2		3	13
1750	寛延3		3	10
1751	宝暦1		3	11
1752	宝暦2		2	15
1753	宝暦3		2	15
1754	宝暦4		2	24
1755	宝暦5		2	12
1756	宝暦6		2	7
1757	宝暦7		2	12
1758	宝暦8		1	14
1759	宝暦9		3	20
1760	宝暦10		2	12
1761	宝暦11		2	12
1762	宝暦12		2	15
1763	宝暦13		2	13
1764	明和1		2	14
1765	明和2		1	12
1766	明和3		2	12
1767	明和4		1	12
1768	明和5		1	9
1769	明和6		2	13
1770	明和7		1	13
1771	明和8		2	13
1772	安永1		1	13
1773	安永2		2	13
1774	安永3		2	13
1775	安永4		1	13
1776	安永5		2	13
1777	安永6		2	13
1778	安永7		2	13
1779	安永8		2	13
1780	安永9		2	13
1781	天明1		1	13
1782	天明2		0	13
1783	天明3		1	13
1784	天明4		1	13
1785	天明5		1	15
1786	天明6		2	13
1787	天明7		2	13
1788	天明8		2	13
1789	寛政1		2	13
1790	寛政2		1	9
1791	寛政3		0	10
1792	寛政4		1	10
1793	寛政5		1	12
1794	寛政6		1	10
1795	寛政7		1	10
1796	寛政8		0	5
1797	寛政9		1	10
1798	寛政10		1	9
1799	寛政11		1	5
1800	寛政12		1	9
1801	享和1		1	19
1802	享和2		2	11
1803	享和3		1	10
1804	文化1		2	11
1805	文化2		1	12
1806	文化3		2	5
1807	文化4		2	7
1808	文化5		0	12
1809	文化6		1	10
1810	文化7		0	11
1811	文化8		0	11
1812	文化9		0	13
1813	文化10		2	13
1814	文化11		1	7
1815	文化12		0	11
1816	文化13		0	14
1817	文化14		2	
1818	文政1		2	6
1819	文政2		2	5
1820	文政3		2	12
1821	文政4		2	8
1822	文政5		2	7
1823	文政6		2	8
1824	文政7		2	7
1825	文政8		2	9
1826	文政9		2	4
1827	文政10		2	11
1828	文政11		1	13
1829	文政12		2	5
1830	天保1		2	9
1831	天保2		2	10
1832	天保3		1	4
1833	天保4		1	10
1834	天保5		1	6
1835	天保6		1	4
1836	天保7		1	11
1837	天保8		1	8
1838	天保9		1	7
1839	天保10		1	6
1840	天保11		1	5
1841	天保12		0	7
1842	天保13		2	6
1843	天保14		1	6
1844	弘化1		1	8
1845	弘化2		1	7
1846	弘化3		1	8
1847	弘化4		1	4
1848	嘉永1		1	5
1849	嘉永2		1	7
1850	嘉永3		1	5
1851	嘉永4		1	4
1852	嘉永5		1	4
1853	嘉永6		1	0
1854	安政1		1	
1855	安政2		2	
1856	安政3		2	5
1857	安政4		4	1
1858	安政5		2	

表4　長崎への来航船数一覧

西暦	和暦	葡船	蘭船	唐船
1571	元亀2	2		
1572	元亀3	1		
1573	天正1	1		
1574	天正2	2		
1575	天正3	1		
1576	天正4			
1577	天正5	1		
1578	天正6			
1579	天正7			
1580	天正8	2		
1581	天正9	2		
1582	天正10			
1583	天正11	1		
1584	天正12	1		
1585	天正13	1		
1586	天正14			
1587	天正15			
1588	天正16	1		
1589	天正17			
1590	天正18	1		
1591	天正19	1		
1592	文禄1			
1593	文禄2	1		
1594	文禄3			
1595	文禄4	1		
1596	慶長1	1		
1597	慶長2	1		
1598	慶長3	2		
1599	慶長4			
1600	慶長5	1		
1601	慶長6			
1602	慶長7	1		
1603	慶長8			
1604	慶長9	1		
1605	慶長10	1		
1606	慶長11	1		
1607	慶長12			
1608	慶長13			
1609	慶長14	1		
1610	慶長15			
1611	慶長16	1		
1612	慶長17	1		
1613	慶長18			
1614	慶長19	3		
1615	元和1	1		
1616	元和2		2	
1617	元和3	2	5	
1618	元和4	4	2	
1619	元和5	8	3	
1620	元和6	6	5	
1621	元和7	6		
1622	元和8			
1623	元和9	7		
1624	寛永1	5		
1625	寛永2		5	
1626	寛永3	6		
1627	寛永4		1	
1628	寛永5	5	3	
1629	寛永6	2	3	
1630	寛永7			
1631	寛永8	3		
1632	寛永9	3		
1633	寛永10	2	1	
1634	寛永11	1	9	
1635	寛永12	3	7	4
1636	寛永13	4	9	
1637	寛永14	6	11	64
1638	寛永15	2	2	
1639	寛永16	2	12	93
1640	寛永17	1	11	74
1641	寛永18		9	97
1642	寛永19		5	34
1643	寛永20		5	34
1644	正保1		8	54
1645	正保2		7	76
1646	正保3		5	54
1647	正保4		4	不明
1648	慶安1		6	20
1649	慶安2		7	59
1650	慶安3		7	70
1651	慶安4		8	40
1652	承応1		9	50
1653	承応2		4	51
1654	承応3		5	56
1655	明暦1		4	45
1656	明暦2		8	57
1657	明暦3		9	51
1658	万治1		14	43
1659	万治2		8	60
1660	万治3		5	45
1661	寛文1		11	39
1662	寛文2		8	42
1663	寛文3		6	29
1664	寛文4		8	38
1665	寛文5		12	36
1666	寛文6		7	37
1667	寛文7		8	33
1668	寛文8		9	43
1669	寛文9		5	38
1670	寛文10		6	36
1671	寛文11		7	38
1672	寛文12		7	43
1673	延宝1		6	20
1674	延宝2		4	29
1675	延宝3		6	22
1676	延宝4		4	24
1677	延宝5		3	29
1678	延宝6		3	26
1679	延宝7		4	33
1680	延宝8		4	29
1681	天和1		4	9
1682	天和2		4	26
1683	天和3		3	27
1684	貞享1		5	24
1685	貞享2		4	73(12)
1686	貞享3		4	84(18)
1687	貞享4		3	155(22)
1688	元禄1		3	117(77)
1689	元禄2		4	70(9)
1690	元禄3		2	70(20)
1691	元禄4		3	70(20)
1692	元禄5		4	70(3)
1693	元禄6		5	70(11)
1694	元禄7		4	70(3)
1695	元禄8		4	60(1)
1696	元禄9		4	70(11)
1697	元禄10		6	70(33)
1698	元禄11		6	71(1)
1699	元禄12		5	69(4)
1700	元禄13		5	53
1701	元禄14		4	56(10)
1702	元禄15		4	80(10)
1703	元禄16		4	80
1704	宝永1		4	80(4)
1705	宝永2		4	80(8)
1706	宝永3		4	80(13)
1707	宝永4		4	80(4)
1708	宝永5		3	59(45)
1709	宝永6		4	54(3)
1710	宝永7		4	51(3)
1711	正徳1		4	57
1712	正徳2		4	59(3)
1713	正徳3		3	40(9)
1714	正徳4		3	51
1715	正徳5		3	7(13)
1716	享保1		2	7(19)
1717	享保2		2	43(7)

原典『洋学史事典』但し安政の唐船数は『続長崎略史』より引用。唐船の括弧は積み戻し船の数

図65　崎陽稲荷嶽眺望之図　川原慶賀筆　盧谷調刻　銅版墨刷　27x38㎝
（古河市歴史博物館蔵）

竹垣が見える。右隅にはアーチ型の石門（現在でもあり）と観音堂、左に天后堂があり、中央はるかに土神堂の屋根が見える。その向こうに新地と俵物役所、さらに出島が描かれている。西役所は意識的にか船の帆で見えなくしている。「瓊浦　慶賀筆」「盧谷彫刻」とあり、川原慶賀が原図を描き、息子の盧谷が銅版にしたことがわかる。長崎奉行所の目安方の公式記録『諸事留日録』の二の帳九六（弘化二年）に「今下町登七郎銅版摺湊の景絵唐人物の摺絵阿蘭陀船の図売出方願の事」とある。登七郎とは慶賀の息子の盧谷のことであり、「湊の景絵」がこの絵図のことは明らかで奉行所の正式な許可を得て出版されたことがわかる。

奉行所が編纂した最後の絵図帖

諸役所図（**図66**）では六番の本部屋も解体され本部屋の数は六棟になっている。六番の場所には網蔵さらにその横に元帥堂（三間四間くらいの規模）とある。網蔵については白い紙に書かれ貼り付けてある。以前惣代部屋のあった場所とあわせ二カ所ある。唐船の船具類を格納したものであろう。火の元番所が二の門の横に移っている。『唐人番内田氏諸書留』には「嘉永二年（一八四九）井戸対馬守御在勤の節、これまで九号部屋の外にあったが、九号部屋が手狭になり増築したいとの十二家船主沈普伯の依頼があり、嘉永二年正月二十一日に御解家仰せ付られ、二月二十六日二の門脇手に建てた」とありこの絵図が嘉永二年以降のものとわかる。この場所は構の中でももっとも低い場所で上の方は見えない火之元番所には適さない場所であり、船主の頼みというのも乙名を含めて力関係はどうなっていたのかと不可解である。なお聖人堂、元帥堂についての史料は見当らない。

唐人屋敷の終焉

絵図がないので本題から外れることとなるが、唐人屋敷の終焉について簡単に記す。明治維新直後の慶応四年（一八六八）三月の長崎県租税部編の『唐館新地処分書類』には「船主部屋、追々崩落当時三軒相残候」とあり最後は三部屋になってしまった。

安政六年（一八五九）の米・蘭・露・英・仏の五カ国との開国で、清は置き去りになった。万延元年（一八六〇）になり、「外国人居留地協定」により使用人として居留する唐人の多くが、広馬場（唐人屋敷前波止場）を足場とするもぐりの唐商人となった。慶應三年（一八六七）には唐館の封鎖が解除された。明治元年には唐人は唐館から離れ新地に移転するものが多かった。明治二年には唐人屋敷は大火でほとんど焼失。先に出島の項で示した明治三年八月の絵図（**図51**）には土神堂、観音堂、天后堂と福建（八閩三号）会館などが書き入れられている。別の同時期の絵図には中段に水溜池（七間四間）が残っているが、これは唐人屋敷の開設以来続いたのものである。現在はない。明治四年（一八七一）になり日清条約の締結により清との関係は正常化した。この時期については菱谷武平氏のくわしい著作がある。

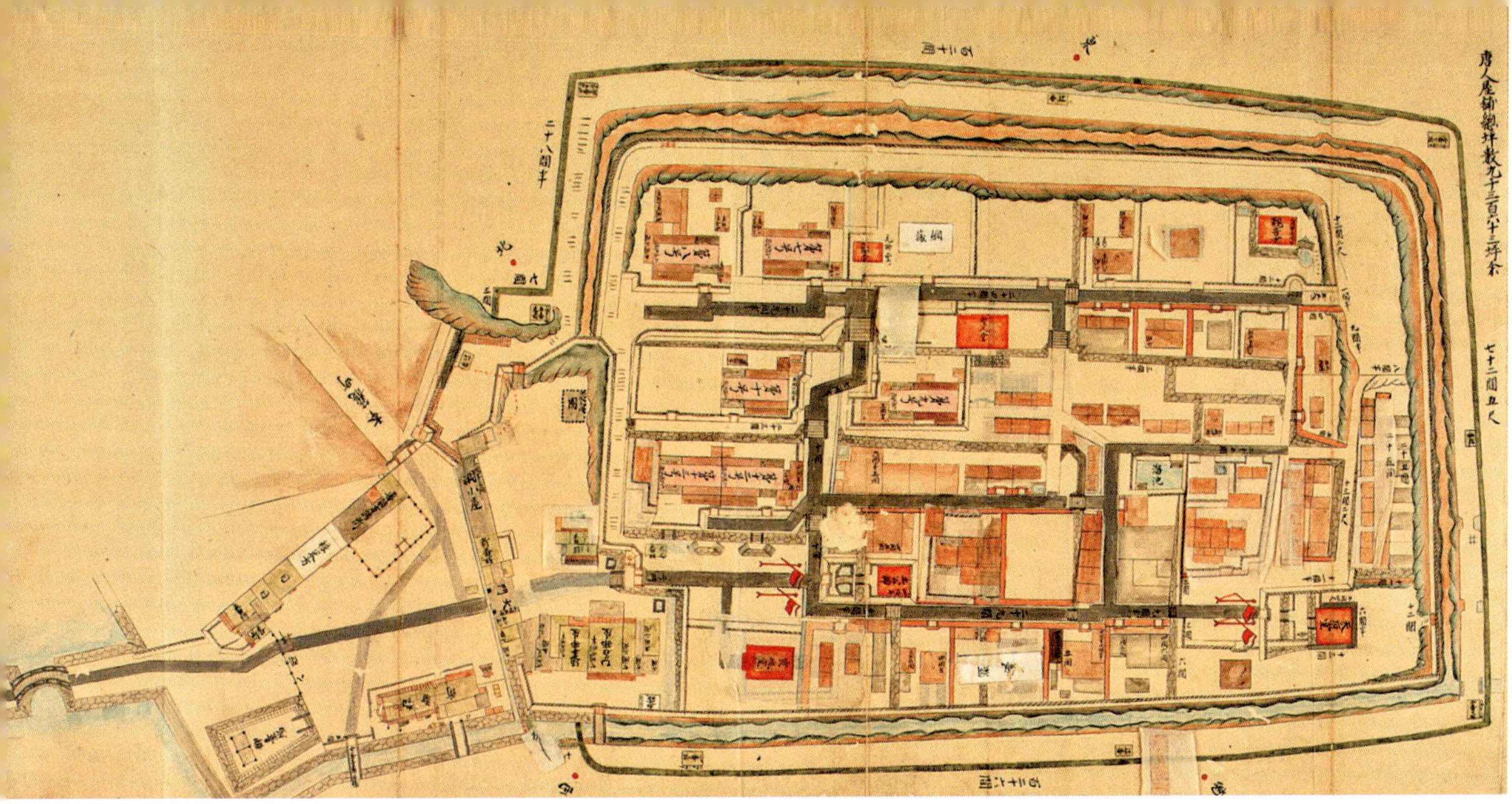

図66　唐人屋舗　奉行所が編纂した最後の絵図帖　諸役所図　（長崎歴史文化博物館蔵）

唐人屋敷前波止場

大門に入るまでの取締の体制

　唐人屋敷の大門の外の広場は、波止場あるいは広馬場とも呼ばれ、唐人が入津、帰帆の際の出入りの波止場（幅十二間石段幅八間）、矢来門、番所、制札場があり大門へつながっていた。本籠町《もとかご》から梅ケ崎・大浦へ抜ける御崎道という大事な街道が交差しており、矢来の南に門があって一般人が通り抜けることを許していた。

　この広場には、新地がなかった元禄初期は二十間三間（五戸口）の土蔵があった。その後土蔵はなくなり、唐人屋敷の普請・修理を担当する普請方の長屋に替った。また唐人用の粮米の米蔵があった。番所図、福岡図、文化図、諸役所図には文政三年（一八二〇）に建てられた大村藩の勤番所と台場が描かれている。勤番所と台場については唐人屋敷の項目ですでに述べた。

　諸役所図（**図66**）のこの広馬場の部分を見ると、新地から大門への舗道と本籠町から十善寺へ抜ける舗道が交差して描かれている。波止場に上陸した唐人はこの広馬場に入ると右手に御台場があり矢来門をくぐり右手に勤番所があるのを横目に見ながら大門から唐人屋敷に入ることとなるが、この取締の体制に不快感を持ったことは容易に想像できる。

新地

沿革　海を埋め倉庫を造る

　唐船の荷物を火災から保護された場所に収容すべく建てられた埋立地が新地である。『増補長崎略史』元禄十五年（一七〇二）三月の項に「新地唐船荷蔵成る。初め唐船の荷物市街の倉庫を定めて貯蔵せしむ。去十一年（一六九八）の大火に罹り焼亡するもの多し。即ち商人三十九人請て海を埋め倉庫を造る。地坪三千五百坪土蔵十二棟九百坪なり。去十二年工を起す。費銀四百四十貫目余其二百貫目は政府これを貸与す」と新地が建てられた経緯が書かれている。

　『唐通事会所日録』の元禄十五年九月十七日に「南京船〆四艘の荷物新地蔵へ御入れなられ候」とあるが、これが新地が実用に供された最初の記録である。

　この長方形の埋立地は一見すると同じようであるが詳細に見ると時代の経過とともに次に述べるように面積の拡大、湊番所、米蔵、籾蔵の出現、新地表門の部分の埋め立てなど時代推定に役立つ幾つかの変遷がある。

もっとも古い新地の絵図

　設立当初の新地を示していると考えられる絵図は大成図の新地土蔵図でこれを

図67に示す。東西七十間南北五十間で三千五百坪、十二棟の蔵、一棟に五つの土蔵で土蔵数は六十である。水門が四カ所設置され、水門一カ所に対して唐船の荷物蔵が二棟向い合わせになっている。土神堂もある。北半分は四棟の蔵があり半分は空地である。新地は表門で築地に、南門で唐人屋敷へ繋がっている。表門の左右には長屋があり、諸地役人の仲宿が数カ所ある。番所が東西南北四カ所にある。

三千八百五十坪に増え普請方の管轄

福田古図（市博地図）では蔵はひとつ減り十一棟だが、面積は南北五十五間で坪数は三千八百五十坪と増えている。東南に五間四方の大きな区画があり土神堂とある。蔵を柵で囲むなどの造作がされ、大成図の次に古いものとも思われる。米蔵はまだないので明和二年（一七六五）以前の絵図である。南東および北東の周辺に長崎会所仲宿、町年寄仲宿、諸役人諸目利仲宿がある。仲宿とは辞書に出ていないが、町年寄仲宿が他の絵図では町年寄詰所と書かれているところから諸地役人の詰所と思われる。なお仲宿は新地のほかは両奉行所と梅ケ崎唐船修理場に出ている。

東洋図には「新地蔵建始元禄十一寅年（一六九八）新地願主に御免　宝永二戌年（一七〇五）迄に図の通成就。但蔵主自分立　宝暦元未年（一七五一）御普請方御修覆場に加る」と経緯が書かれている。宝永二年までに面積は幾らか増え三千八百五十坪となった。また設立当初は町人の自分立であったが、宝暦元年より普請方からの修復費用が出て奉行所管理下の施設となったとある。東大図、大槌図、三井長崎図、福田上図にもほぼ同様な記述がある。

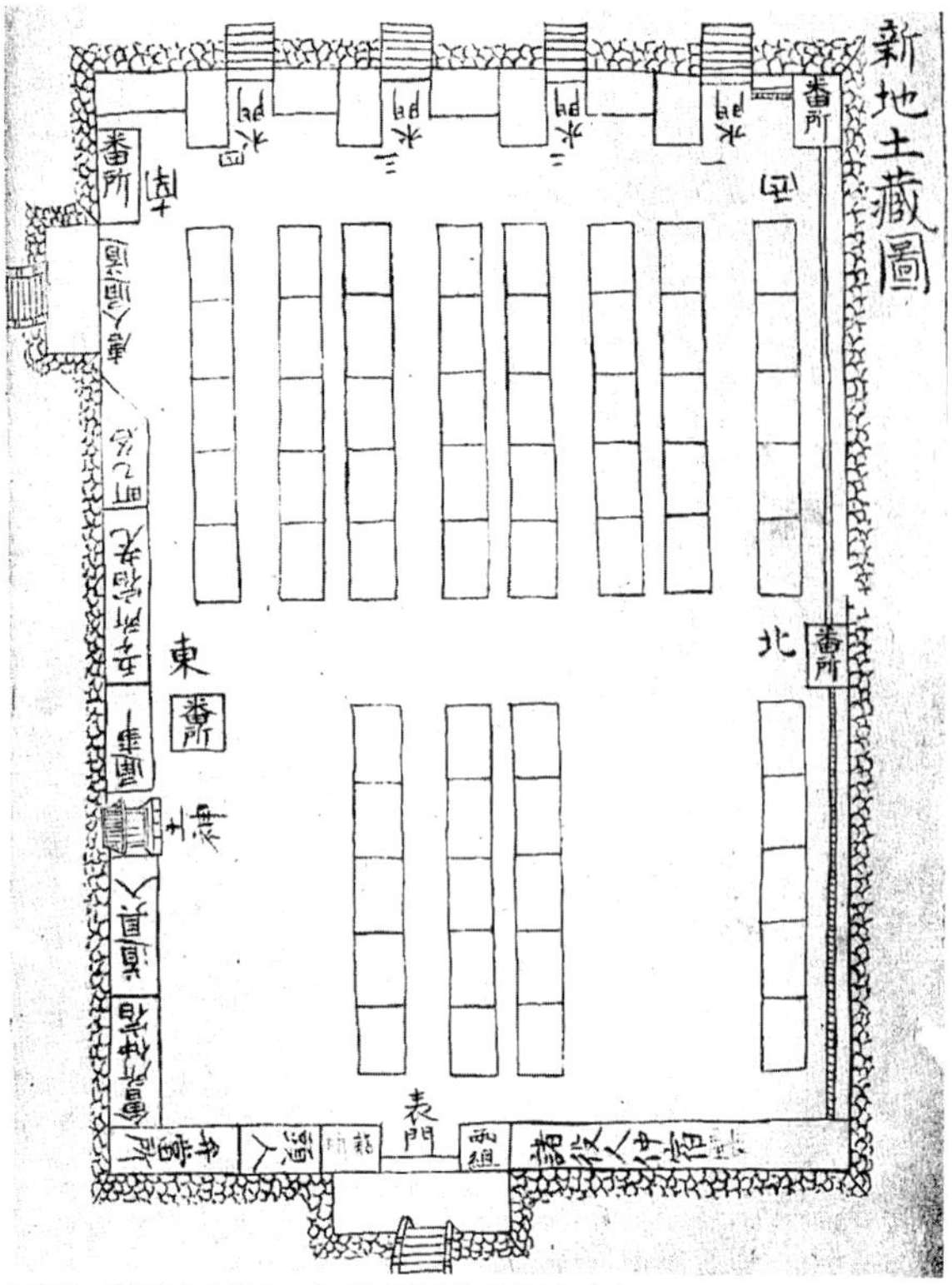

図67　新地土蔵図　大成図『長崎実録大成』

貿易が縮小し南半分の一部を米蔵に転用、銅蔵、湊番所が出来る（図68）

明和二年（一七六五）に大きな転機があった。すなわち、石見米四千石、備前米三千八百石の収納に当たって、両瀬崎米蔵では収納出来なかったため、唐船の入港数が減少し不要になった新地蔵の一部を利用することとなり、敷地北半分、横十二間長さ三十一間の地約四百三十坪を仕切り米蔵四棟（蔵数十四）を新設した。このことは東洋図、岩瀬図、東大図、国会図、大槌図、三井長崎図に「御米蔵　明和二酉年（一七六五）石谷備後守様御在勤の節始建」と書かれている。この米蔵の部分には独自の表門と水門が造られ、唐人の倉庫蔵からは入れない独立した場所になっている。三井長崎図以降は一棟増設され蔵数は十五となった。北西面の水門は内閣図以降は二カ所に増設された。『長崎実録大成』の明和四年（一七六七）に「新地一番水門西側の蔵一棟向後銅蔵に仰せ付けらる」さらに「これまで西浜町の川角にあった湊番所が新地の北東の角に置かれた」とある。**図68**にこれら明和四

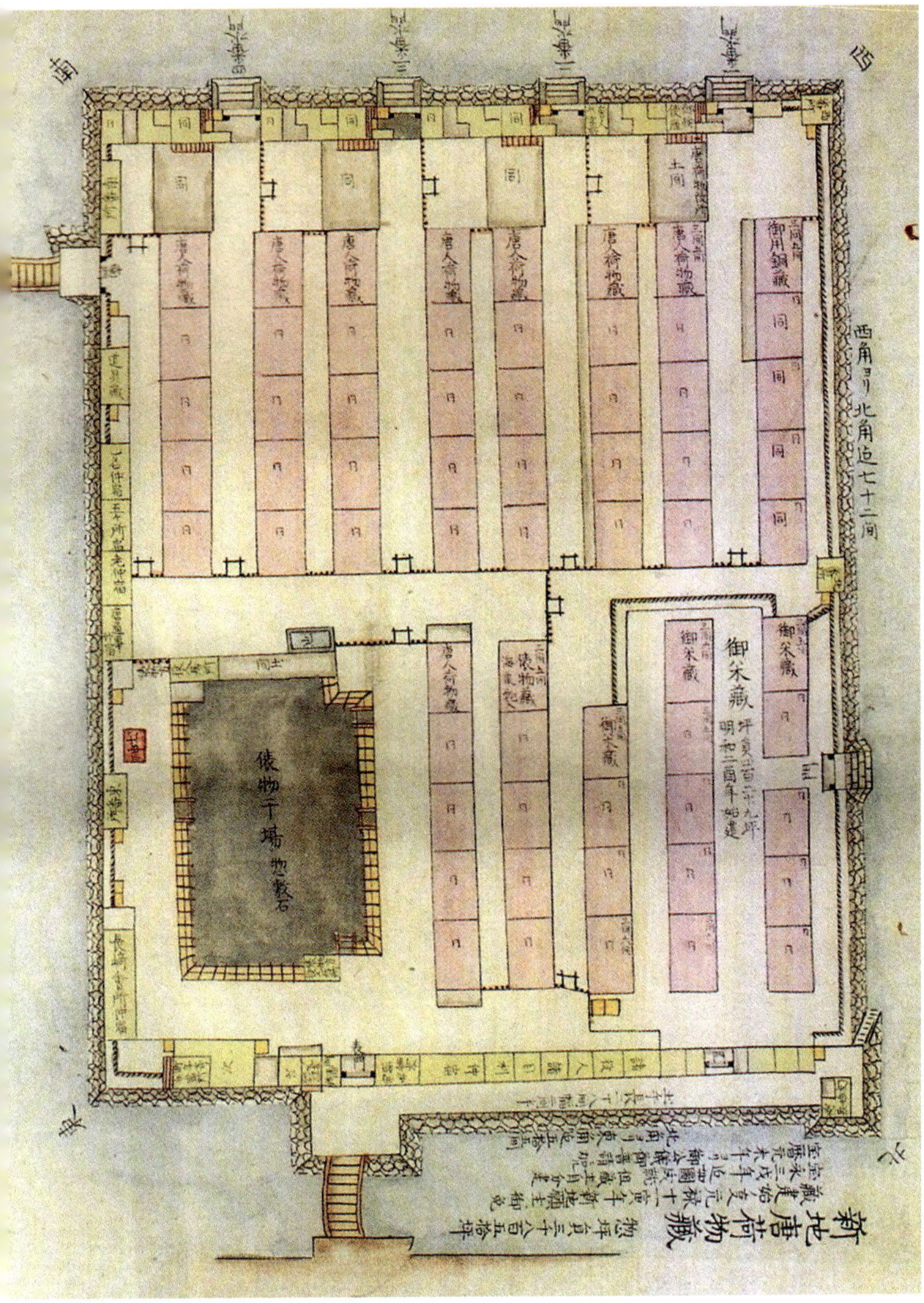

年の模様替のあとの絵図（大槌図）を示す。西端の一棟に御用銅蔵、北隅に湊御番所（三間二間）が描かれている。『増補長崎略史』の明和四年の項に「五島町銅会所を廃し、新地蔵所においてその事務を執らしむ」とあり符合する。

湊番所には船番や町使が勤番し、昼夜出島の外周りの不審船による密貿易の取締、新地の米蔵、銅蔵の見張をした。『異国船渡来之節御備大意御書付』（文化六年（一八〇九））によると白帆注進の節は、備

図68　新地唐荷物蔵　大槌図（もりおか歴史文化館蔵）と新地（左）と築地が橋でなく埋地になっている部分（下）、国会図（国立国会図書館蔵）

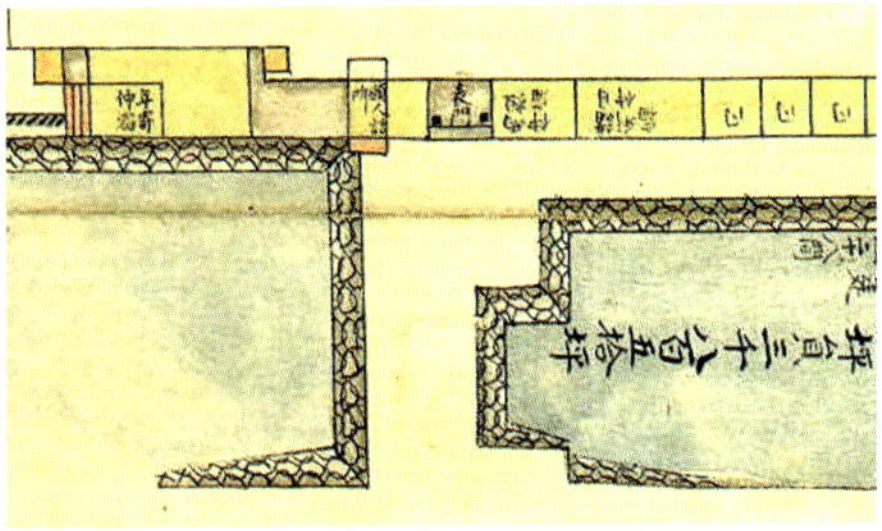

付けの石火矢で空砲を打ち合図し、最寄りの大徳寺では早鐘を撞く手筈になっていた。

東洋図には御米蔵の内一棟が明和四年八月西御役所馬場長屋を引建と記されているが、その事情はわからない。

俵物干場から籾蔵へ（図69）

岩瀬図以降の絵図では表門の前面に区画された場所があり、岩瀬図では名称はなく東大図、大槌図、国会図まで俵物干場とあり、三井長崎図では干場の囲いが残り、内閣図で御囲籾米蔵（坪数二百三十坪余）になり、諸役所図まで続いた。大槌図（**図68**）には俵物干場には惣敷石とわざわざ注釈がつけられている。

この初期の干場は西浜町にあった俵物役所の干場と併用して使われていたものと思われる。この干場についての史料は見つかっていない。

籾蔵については『増補長崎略史』の寛政三年（一七九一）九月に「西築町に籾蔵を置き非常準備の籾を貯ふ。十二年（一八〇〇）新地に移す」とある。寛政三年に奉行水野若狭守の達しあり飢饉の年には廻米も不十分となり町民は飢えに苦しむことを想定し、籾米を買入れ貯蔵するため西築町に籾米貯蔵用の土蔵四十五坪を建てた。これを寛政十二年十月（一八〇〇）新地に

移した。『続長崎実録大成』には新地の俵物干立場があった場所に籾蔵二棟、寛政十二年秋より取掛り、翌年の享和元年（一八〇一）九月普請成就したとある。少し時間にずれがあるが符合している。福田上図に籾蔵と表題をつけた絵図があるが、これは西築町のものと思われる。

御囲籾米蔵が描かれている諸役所図を**図69**を示す。三間二十間の二棟の籾蔵は四戸前で、中庭側の扉を経て表門につながる。その右隣は会所請込蔵で、囲籾蔵と同じく表門に繋がっている。この蔵の端に稲荷社がある。この絵図では名称は抜け、お堂の絵が画れている。次の蔵は俵物蔵で**図68**では海鼠鮑入との説明書きがある蔵である。この蔵は土蔵の扉の向きから、北側の荷物蔵に付属していることが判る。

土神堂や紅旗の謎

新地での土神堂の消長は興味深い。古くは福田古図に大きく画かれている。『長崎実録大成』の「新地土蔵の事」に土神堂一宇とある。**図67**の東側に土神とある。

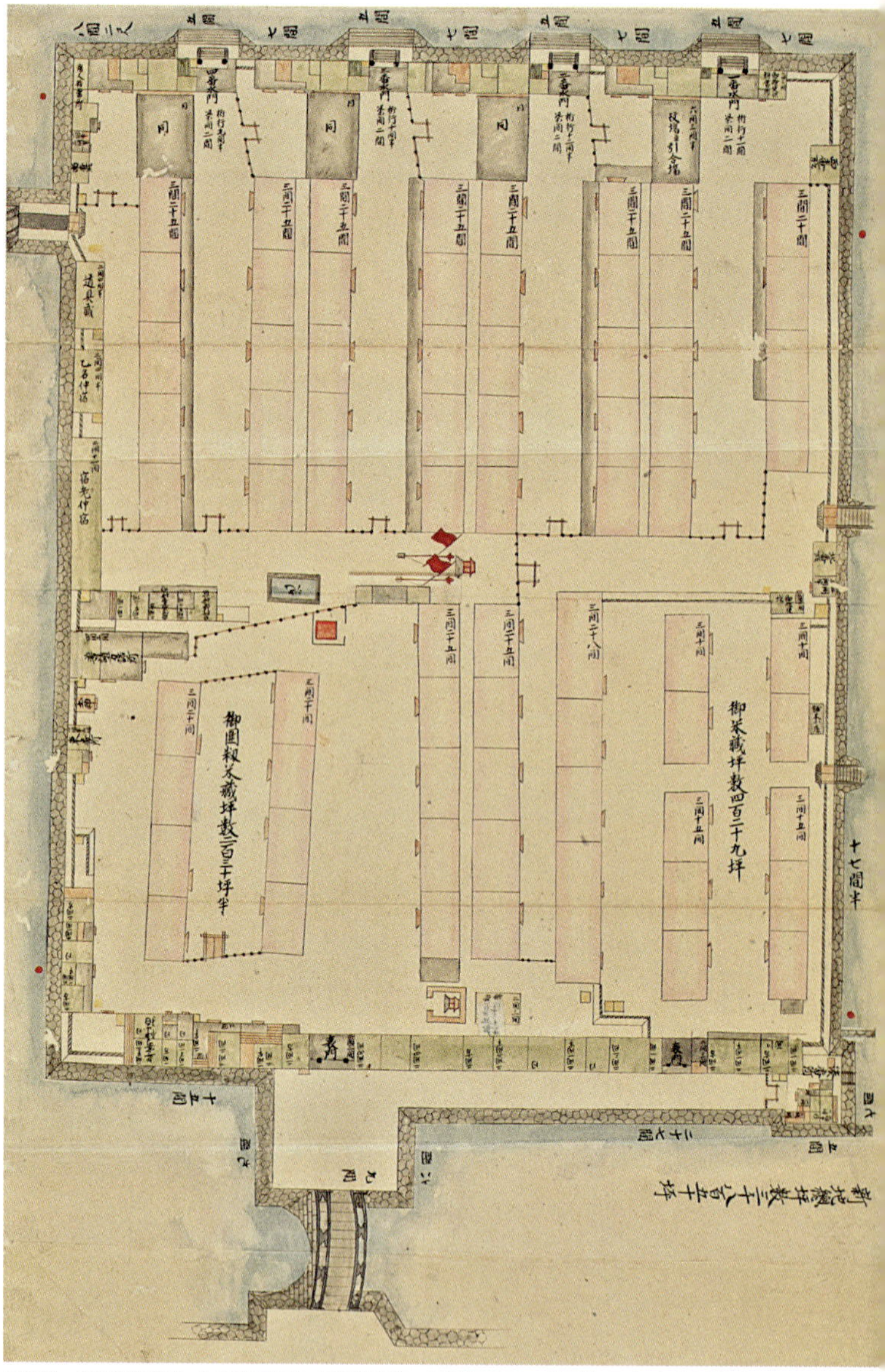

図69　新地荷蔵および御米蔵、囲籾米蔵　諸役所図　（長崎歴史文化博物館収蔵）

明和二年（一七六五）に新地が二分割されたあとの絵図でも米蔵のある部分（東側）の東番所の横に小さい建屋があり土神と記されている。絵図によっては建屋の形だけであったり、国会図のように、鎮守と記されたりはするが、幕末まで続いている。西側では中央の仕切りに二の門があるが、その横に崎陽図以降すなわち文化末ごろから土神と記された小さな建屋（お堂）が現れる。つまり土神は二カ所になる。番所図、諸役所図（**図69**）ではお堂があり、唐人屋敷の土神堂や天后堂に描かれているのと同じように紅旗が掲揚されている。

新地に土神堂があったことは、『唐通事会所日録』の正徳三年（一七一三）十一月に南京船、寧波船より新地土神に寄進、正徳四年（一七一四）には唐船よりの新地土神修復料を安禅寺へ寄進することを許可したなどの記録があり、正徳三年以前から置かれていたことがわかる。

しかし唐人は新地へ自由に出入りは出来ず、荷物の点検のためなどで入る際は奉行所の許可が必要であった。『唐通事会所日録』の宝永四年（一七〇七）十月四日日本を襲った巨大地震（マグニチュード8・4）の際、長崎にも津波が来た。新地も浸水し唐人が大騒ぎをし荷物の検分を申請許可された事例がある。大事な荷物が保存されていることでもあり、その安全祈願のため唐人が民間信仰の土神の設置を望み奉行所が許可したことは理解できる。また唐船からの寄進の対象となっていたことから、土神を祀ることはその金が目当てでもあった。しかし紅旗が描かれていたり、唐人が出入りが出来ない東側に土神堂が置かれ幕末まであったのはなぜかわからない。

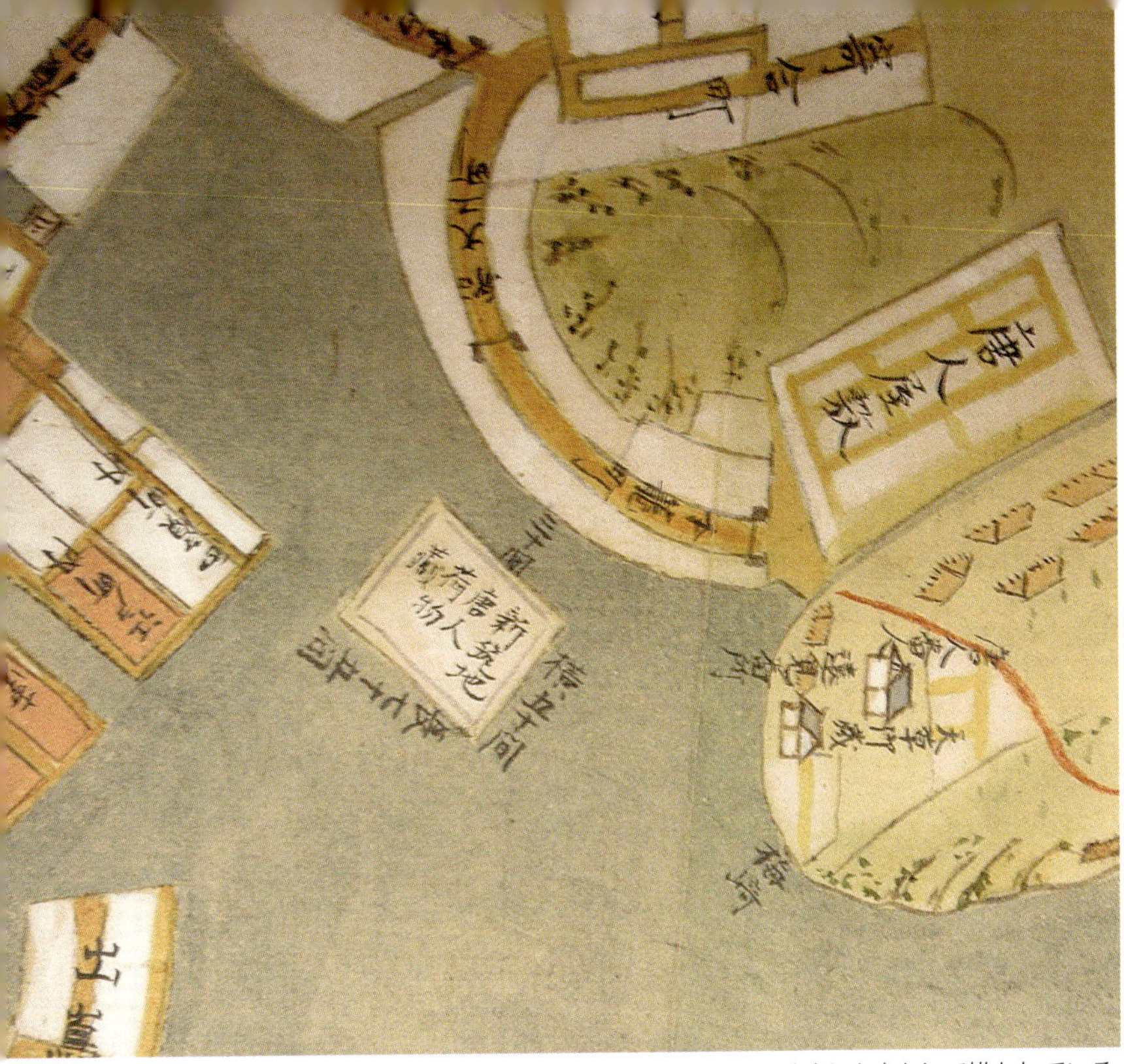

図70　新築地唐人荷物蔵　神戸図「長崎惣絵図」の部分　独立した島として描かれている（神戸市立博物館蔵）

稲荷は表門の近く会所請蔵の部分に内閣図から出現し諸役所図まで続いている。

新地は最初は海中にあった？

新地は二カ所の橋で陸と繋がっているので島である。神戸図の「長崎惣絵図」のこの部分の絵図を**図70**に示す。新地は海中の島として描かれている。新築地唐人荷物蔵と書かれ横五十間縦七十五間（『長崎実録大成』では東西七十間南北五十間）、唐人屋敷側との距離は三十間と書き入れてある。築地側はもっと広く四十間位ありそうである。ロッテルダムのプリンス・ヘンドリック海事博物館蔵の「長崎港警護地図」（『出島図』図版84）でも新地が海中の島として描かれている。またこの時期の唐人屋敷の絵図である神戸図、東京国立博物館蔵、常盤歴史資料館蔵の唐人屋敷図では波止場から新地への道が描かれていない。

陸地から離したのは火災に懲りて独立した島にしようとの考えがあったのでは。また島であれば治安上も有利であろう。『長崎実録大成』には「海中に地形を築さ」とあり、『長崎港草』には「新貨庫は鎮治の南海中にあり」とある。惣坪は絵図のすべてに三千八百五十坪とある。『増補長崎略史』では地坪三千五百坪。『長崎港草』には東西七十間南北五十五間とあり異なる。縦横からの坪数は三千五百―三千八百五十坪で異なる。差があるのは唐人屋敷と築地への通路の部分とも思われる。この部分は絵図に寸法が入っていないので判然としない。

橋の長さは表門で六間とある。享保九年（一七二四）に東浜築地が造成され十間以上幅は狭まっているようである。推定であるが、新地は神戸図が描かれた時期（宝永五年―享保五年（一七〇八―一七二〇））ごろは海中の島で、福田古図以降、橋が出来たのであろう。しかし断定するには今一つ確証が欲しい。

六年間は橋でなく埋地だった

新地の近くは大川（中島川）からの土砂がたまりやすい場所で、浚渫するよりはいっそ埋立てはということで埋地となった時期があった。『続長崎実録大成』の天明五年（一七八五）の項に「新地表門前の板橋、度々破損に及び、且唐館前波止場新地水門通り埋り強き趣を以て、浚方役人申し立てるに付、右橋を止、埋地に相成る」とあり、また寛政三年（一七九一）の項に「新地表門、去る巳年埋地に相成の処、近町船手の者共難儀に及由、町年寄申し立、当年川浚の砌、右場所堀切以前の通り板橋架渡さる」、さらに文化元年（一八〇四）に石橋になったとある。

川浚いの役人の提案で埋地になったのは六年間で、舟手の者が不便だと苦情を申し立てたのでもとに戻った。絵図を見ると東洋図は橋があるが、岩瀬図、東大図、国会図、三井長崎図には橋は無く埋め立られている。大槌図および内閣図以後はすべて橋がある。**図68**には埋立られてるこの部分の絵図（国会図）を比較のために並べて示しておいた。橋の長さは六間、幅は二間で、この下を船が通ったのであろう。

丸山応挙の『長崎港之図』長崎歴史文化博物館収蔵は寛政四年（一七九二）の作で、描写が正確なことでも有名であるが、新地は地続きとして描かれている。

新地の終焉

安政四年（一八五七）にこの一帯に外国人居留地が造成されることになり、慶応二年（一八六六）には出島町が、明治元年（一八六八）には新地町が居留地に編入された。

なお長崎では明治九年（一八七六）に居留地は返還され、なくなった。明治二年（一八六九）には新地の周辺は埋め立られ（**図51**）、明治三年（一八七〇）の唐人屋敷の大火以降は、唐人は広馬場や新地へ移住した。新地の面影としてはホテルＪＡＬシテイ長崎のロビーに当時の石垣が見られる。

俵物役所（俵物方役所とも書かれる）

不足した銅の代用品で貿易

俵物（たわらもの、ひょうものともいわれる）とは俵で包装した輸出水産物で普通は煎海鼠《いりこ》、干鮑《ほしあわび》、鱶鰭《ふかひれ》の三品のことを指す。昆布、するめ、鰹節、鶏頭草、所天草、椎茸、銅器物、蒔絵小物、呉服など種々雑多の輸出品を諸色といった。諸色のうちもっとも重要であったものは昆布で明和以降の金銀の輸入の決済は昆布で済ませたほどであった。

俵物については山脇悌二氏の『長崎の唐人貿易』、宮本又次氏の『長崎貿易における俵物役所の消長』という優れた総説がある。ここではこれらの論文を参考にさせて頂いた。

俵物の始まりは、公式には元禄十年（一六九七）に長崎町年寄の高木彦右衛門が、二千貫目の俵物および諸色を、当時不足していた銅の代り物として、唐船の売り残り品を買い留め、輸出入の均衡を維持すべく貿易を許されことによる。正徳新例（一七一五）から享保十二年（一七二七）までは輸出総価格の八十％は銅、のこりは俵物・諸色であったが、文化元年（一八〇四）には銅、俵物、諸色は各二十九、三十三、三十七％となり、天保十一年（一八四〇）には同じく各々十六、四十二、四十一％と、俵物は銅に代わって唐人貿易の支柱となった。

西浜町の俵物請方、俵物役所となる

『増補長崎略史』の延享二年（一七四五）に「俵物請方の商人等会所を西浜町に設く。後大坂、下関などに出張所を置く」とある。おなじく天明五年（一七八五）二月に「俵物請方を廃し俵物方役所を西浜町に置く。寛政十二年（一八〇〇）三月築町籾蔵跡に移す」とある。この年幕府は長崎一手請方問屋による俵物集荷を取りやめ、長崎会所による独占集荷へとした。これは老中田沼意次の経済政策の一環であった。

重要な輸出品であった俵物の集荷を促進するべく、請方商人の独占権は撤去され、長崎会所の直仕入となった。福田諸図に「新地前昆布蔵焼失跡俵物役所取建絵図」があり、このスケッチ図を見ると西浜町の俵物役所と同一場所で、ほぼ同一の建屋の構成とわかる。このことから、この場所は籾蔵の他に昆布蔵もあったことがわかる。

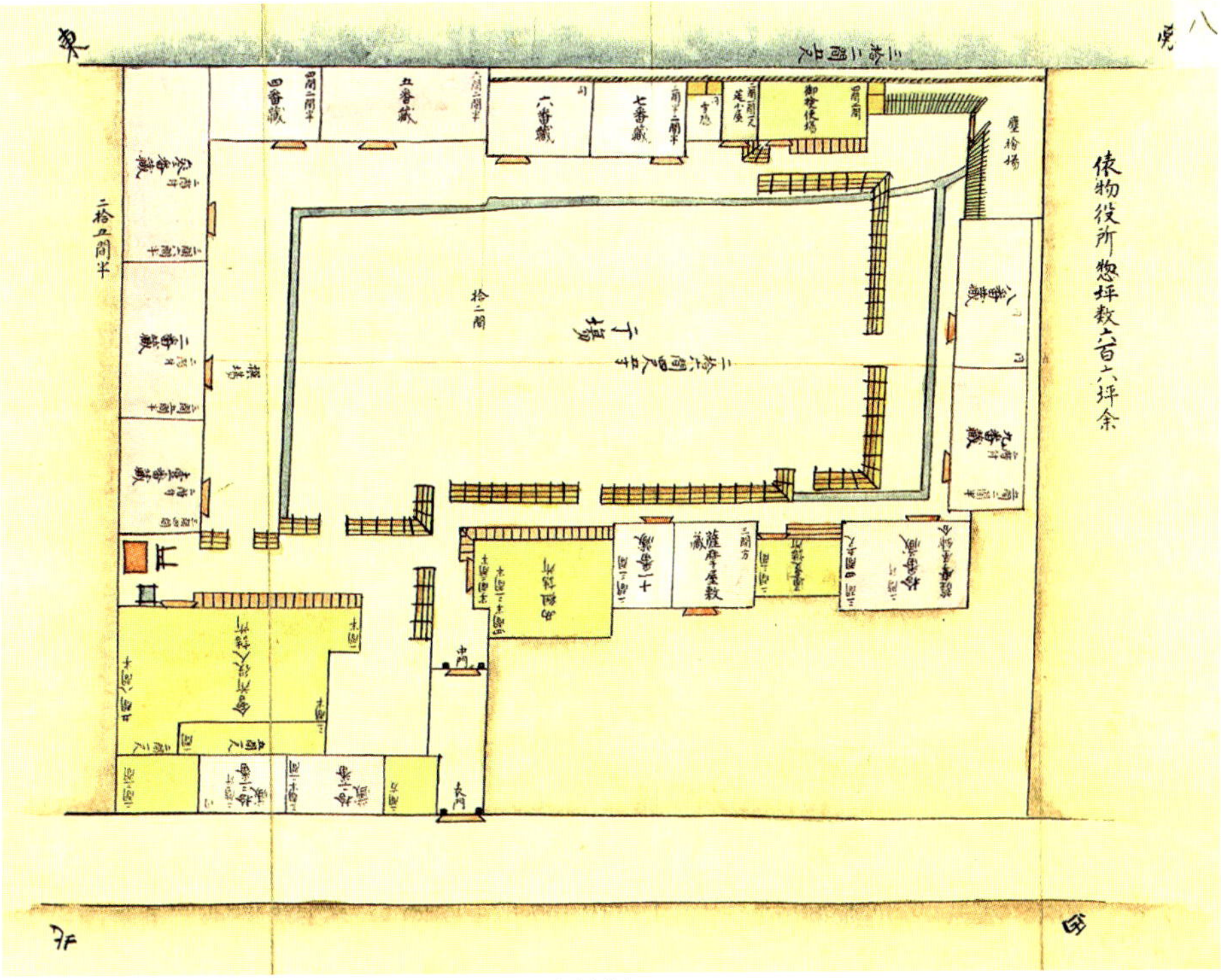

図71　俵物役所（西浜町）国会図　（国立国会図書館蔵）

　なおこの前身の籾蔵と思われる絵図は市博繪図と福田上図に出ている。蔵が三戸前一棟で川に面して水門、門と番所らしきものがあるが寸法の表示はなく比較ができない。

　この西浜町の俵物役所は岩瀬図、東大図、国会図（**図71**）、大槌図、三井長崎図、福田上図、市博繪図に出ている。坪数は国会図には惣坪数六百六坪余、大槌図には惣坪員六百三十四坪とある。なお福田上図と市博繪図（元俵物役所）には享和元年（一八〇一）建との書き入れがあるが、これは寛政十二年二月に改元され享和になった年で、建は間違いで取り壊しであろう。

　西浜町通りに表門がある。入口はこれ一つである。敷地の中央に俵物干場があり廻りを大小十三の蔵と検使場、俵物方役人詰所、町年寄詰所、両組詰所、通事詰所などで囲んでいる。埋め立て地で掘割に面しているが荷揚げ場はなく運搬に水利のある場所とは思えない。岩瀬図、国会図、大槌図、三井長崎図には薩摩屋敷蔵（三間方）が描かれている。大槌図には「薩摩家鋪地内」とあり俵物役所は北西側は薩摩屋敷と隣接しており、この蔵は薩摩屋敷側に入口がある。次項に示すようにこの土地は薩摩藩からの借地であった。

築地俵物役所

　三井長崎図以降の絵図には、寛政十二年（一八〇〇）に築地に移転した俵物役所が描かれている。**図72**に崎陽図の絵図を示す。築地俵物役所または単に俵物役所と書かれる。この移転の理由としては薩摩屋敷からの借地料も相当に掛かったし、なにより西浜町では俵物の運び入れや干立て甚だ不勝手の場所だったとしている。水運に便利な埋立地の築地に移ったのは自然のなりゆきであろう。絵図帖の時代推定に役立つ。

　惣坪数は八百五坪余で移転前より二百坪増えた。水門は港に面した場所と大川筋の二カ所に、また幅五間長さ十五間余の入江（船居）もある。北は対馬屋敷と隣接している。干場は二十一間四尺十二間（約三百十九坪）から二百八十六坪に減ったが選場（約四十坪）を足すと、ほぼ変わらない。なお新地にあった干場は三井長崎図以後なくなりその後籾蔵となった。

　全国から廻送してくる俵物は干場で品

質によって番分けをした。煎海鼠は十番から一番、干鮑は三番などに選別した。検閲、番立をしたものを、毎日蔵出をして手入、干立て、役所内の敷石の上にひろげて乾燥した。煎海鼠は時に釜で煮直すこともあり、鱶鰭は肉付きの悪いものは切捨てた。最後に唐人を役所に出頭させて見分させ売渡した。

福岡図の絵図には干場に敷石がびっしりと敷き詰められている様子が描かれている。

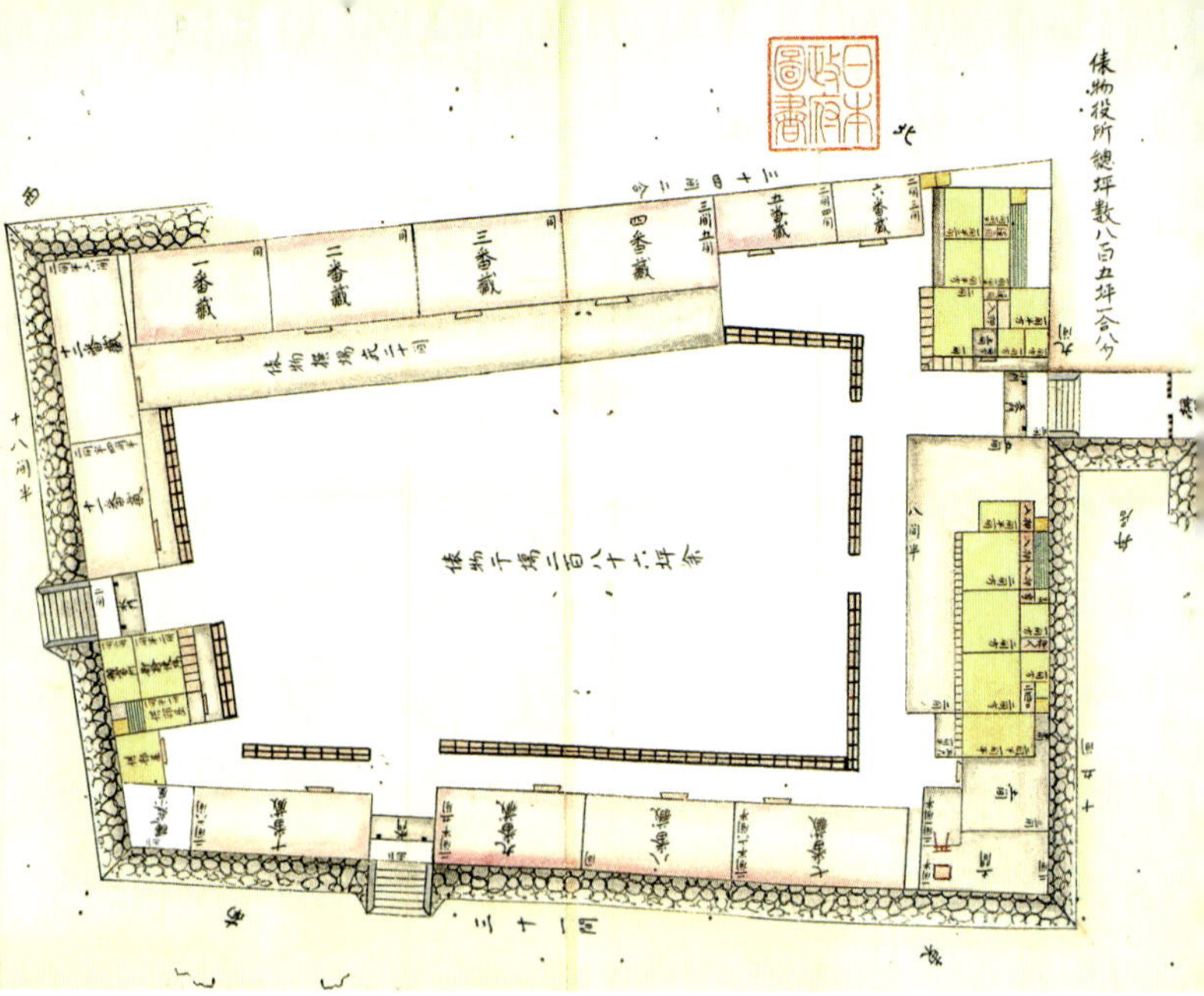

図72　俵物役所（築地）　崎陽図（内閣文庫蔵）

新地前俵物蔵所

レザノフ来航絵巻に描かれている

寛政十二年（一八〇〇）に築地俵物役所が出来たときにこの蔵所もできた。三井長崎図から現れ築地俵物役所とペアで出ている。惣坪数は市博繪図にのみ書かれ六百坪とある。しかし単なる蔵という地味な施設であり、長崎の地図や版画には新地前俵物蔵所と書きいれられたものは見当らない。

ところで享和二年（一八〇二）『長崎市中明細帳』の俵物役所および新地前俵物蔵所の項に次のような経緯が書かれており事情が判明する。文政六年（一八二三）の『惣町明細帳諸雑記』にも同じ記述がある。

「俵物役所　惣坪数　八百五坪一合八勺

これは前々西浜町ケ所うちにて六百六坪支配人共の受持の場であったが、天明五年（一七八五）俵物が御直仕入れになり俵物役所と名目を御改めになった。ところで寛政十二年（一八〇〇）肥田備後守御在勤の節、西築町築地御囲籾米蔵所へ場所替を仰せ付けられ、籾蔵所は新地俵物干立場へ引直し、元俵物役所は薩州蔵屋敷御借地面の分御差返し、跡地面ならび蔵一軒相添、享和元年（一八〇一）市中へ入札払仰せ付けられ、落札主である入来屋利右衛門へ御渡になった。同所より銅座跡への新道を同人に依頼し仰せ付けられた。

新地前俵物蔵所　惣坪数　五百二十九坪三合余

これは西浜町・江戸町にあったが、入来屋利右衛門持地ならび土蔵借屋共、享和元年（一八〇一）肥田備後守御在勤の節、御買上になった。以来新地前俵物蔵所と唱えた」

入札して売り払った場所を同年に奉行所が買い上げたと慌ただしい動きであるが、新地、籾蔵、俵物役所および蔵所の経緯については辻褄があっている。

図73に東京大学史料編纂所蔵の『ロシア使節レザノフ来航絵巻』の当該部分の絵を示す。ほぼ同じごろの文化元年（一八〇四）の風景である。図の左から俵物役所、大川を隔てて新地前俵物蔵所（絵図では昆布蔵所とある）、新地への橋、新地の湊番所、新地の米蔵などが描かれている。松の緑と土蔵の白壁が目立つ。作者は不明であるがかなり正確な絵でイメージ作りに大いに役立つ。

図74に新地前俵物蔵所（内閣図）の絵図を示す。俵物蔵所は新地から橋を渡り左側の場所にある。通り抜けて西浜町へ行くのに門がある。俵物役所からは大川を隔てた埋立地で民家、貸家が混在してある。市博繪図には色分けの凡例があるが、

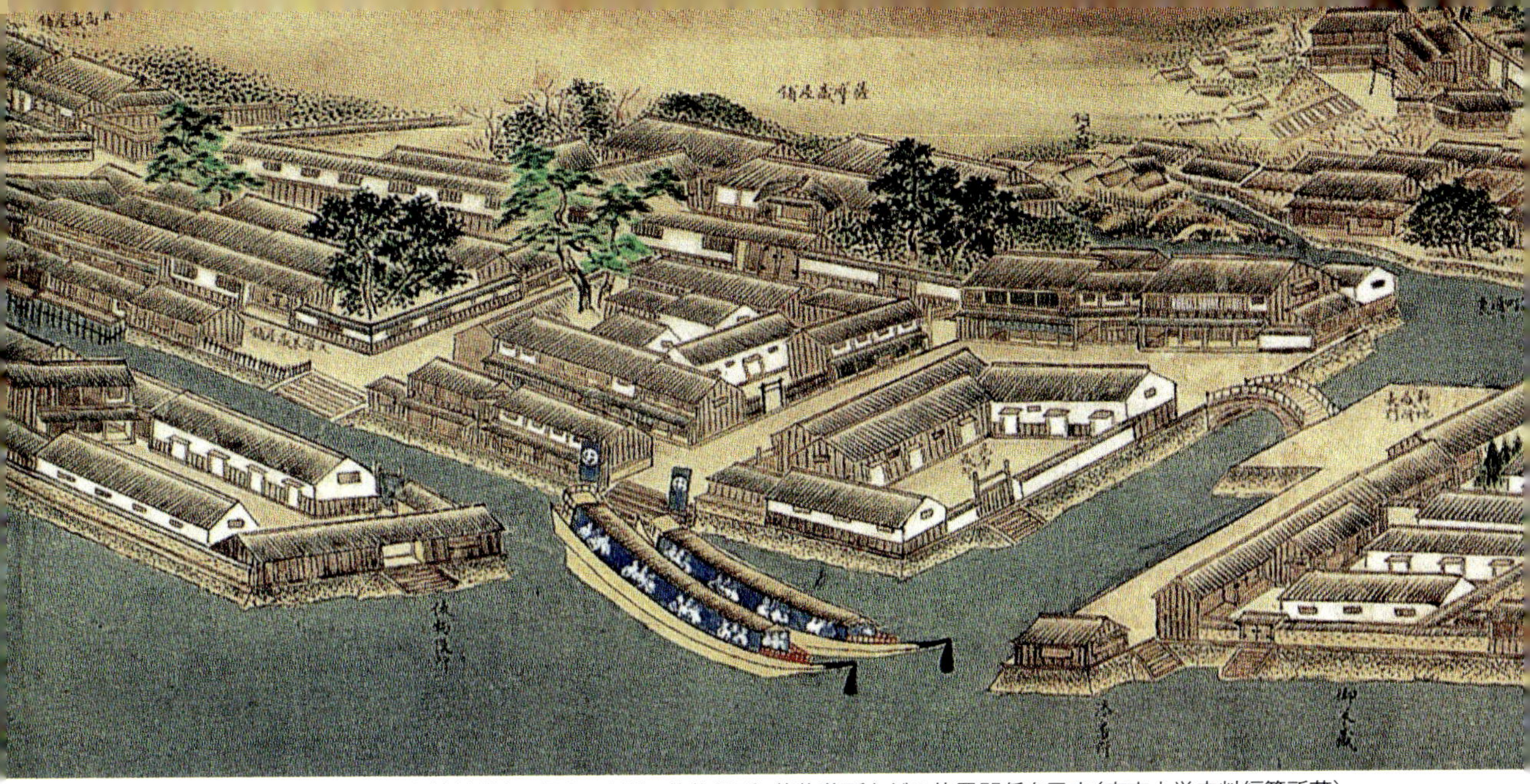

図73　『ロシア使節レザノフ来航絵巻』の部分　新地、俵物役所、俵物蔵所などの位置関係を示す（東京大学史料編纂所蔵）

江戸町、西浜町の飛地が混在している。

水門は新地の方向に一カ所あるが、大川側に川に降りる階段がある。三井長崎図、内閣図、官公衙図では蔵は水門に面したものから一番から四番、五番から七番、道を隔てて八番から十三番と並んでいる。これが三井諸図になると大きな変化があり新地町に面した借家が一番から四番蔵に変わり水門まえが五番から八番、さらに九番から十一番蔵になり、道を隔てて十二番から十七番蔵と十七棟の蔵となる。このレイアウトは番所図、文化図、福岡図と続く。

なお文化図では朱書で新たな蔵の番号がふられているが、元の数字では官公衙図のものと同じで原図が文化五年（一八〇八）に作成されたことと符合している。諸役所図では大きな変更があり貼り紙もあり明確ではないが蔵は十三棟になり、借家と蔵が混在して番号も同じものがあり判然としない。御立合所（または単に立合場）二棟（絵図によっては一棟）と大小の番号が振られた借家がある。

諸役所図には東側に貼り紙があり莚小屋（二間二間半）十三番蔵の横に「天保八酉年（一八三七）掛紙の通り蔵模様替に成る、新町商人寄合所土蔵解放十三番蔵に御取建に成る。番所の儀は天保九戌年焼失後掛紙の通りに成る」との付け紙がある。

図74　新地前俵物蔵所　内閣図、（内閣文庫蔵）

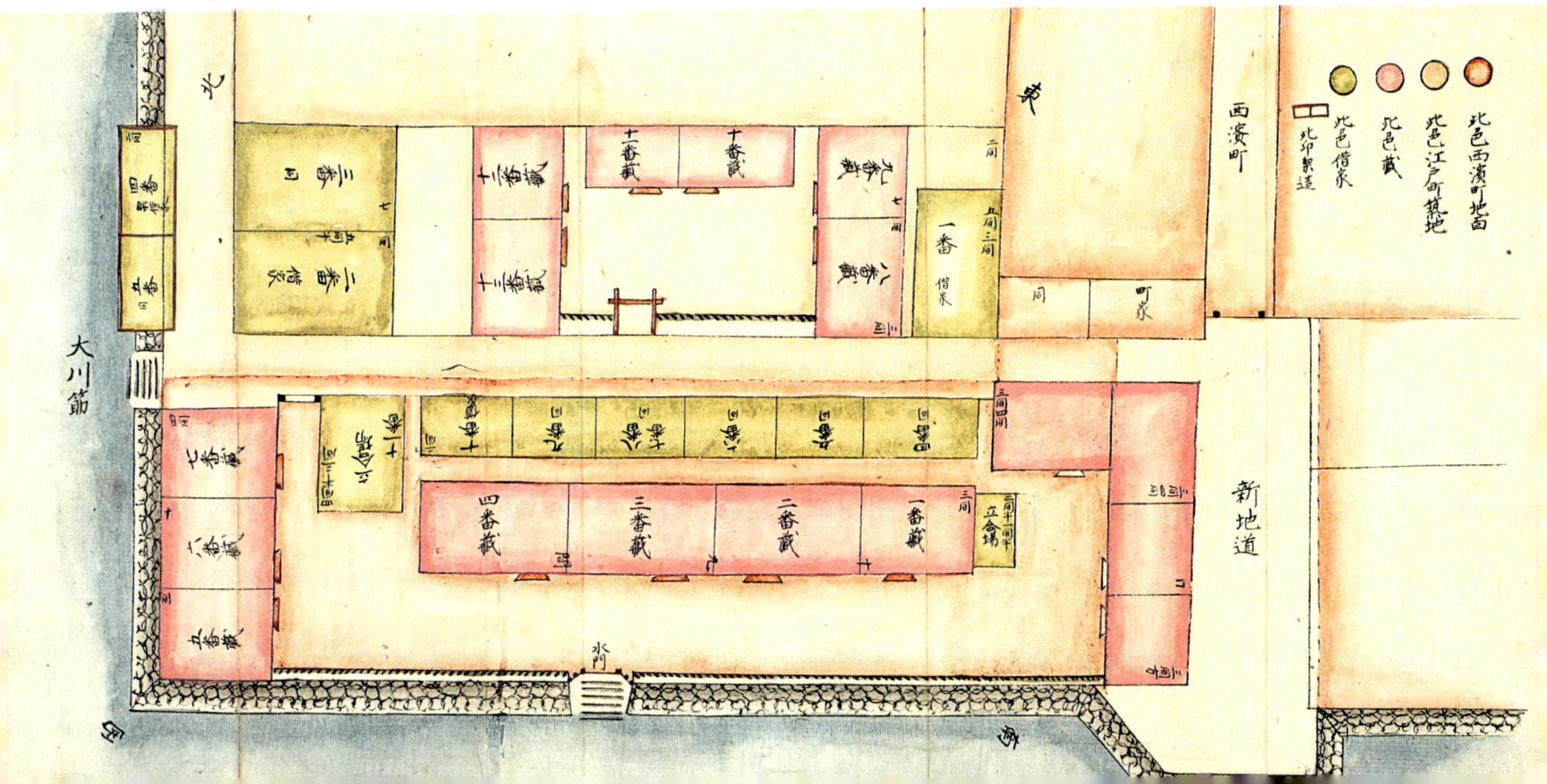

なお天保九年四月の火災は『増補長崎略史』によると小川町から出火、中心部の二十五町に延焼し焼失家屋千三百九十三戸、土蔵六十棟で唐通事会所、対馬屋敷なども焼けた大火であった。しかし上記の付け紙の外には絵図では諸施設への被害の状況は不明である。

新地前俵物蔵所については史料が見当たらず三度の大きな模様替えの時期は判明せず、時代考証は絵図の作成順を確認するに留まった。

銅吹所

短命だった長崎の銅吹所

わが国では十七世紀後半に銅鉱業が飛躍的発展を遂げた。尾去沢、阿仁、足尾、続いて別子が元禄四年（一六九一）に開鉱した。銅は十七世紀中期より長崎貿易の重要輸出品となり、十七世紀末一カ年の銅輸出量は唐船六百─七百万斤、オランダ船二百─二百九十万斤と最多となった。以下『国史大辞典』の「銅座」の項を要約して示す。

「江戸時代に諸国の鉱山から銅鉱石を集荷、精錬して、輸出向けの棹銅（長崎廻銅・御用銅）や国内向け地売銅の鋳造、販売、輸送などの支配を行った機関。大坂に置かれたが、別に長崎の鋳銅所も銅座と称され、ともに改廃がある。元禄十四年（一七〇一）大坂に長崎御用銅の確保のため置かれたのが最初である。江戸時代初期には輸入の見返りとして銀が多量に輸出されたが、寛文期以降は銀の輸出制限が厳しくなり、代わって銅が輸出されだした。元禄十四年に幕府は以後年間八百九十万二千斤を輸出する規定を設けたが、この確保はきわめて困難で、同年銅座を置いて銅に関するすべての支配を企図した。しかし規定量の確保はできず正徳二年（一七一二）に廃止、その後正徳新例で銅の輸出歳額を四百五十万斤に減らし、その確保を図り、元文三年（一七三八）再度、銀座加役として大坂に銅座が開設された。

寛保三年（一七四三）に輸出歳額は二百十万斤に減らされ、銅座の役割は薄れ、赤字経営となり、この銅座は寛延三年（一七五〇）に廃止となり、長崎銅会所が新設されたが、明和三年（一七六六）に再度大坂に銅座を設けて銅の専売体制を強化し、銅座は勘定奉行、長崎奉行、大坂町奉行の支配に属し、長崎会所と密接な関係のもとに運営され、明治元年（一八六八）に至る。長崎の銅座は享保十年（一七二五）に浜町築地に設けられた鋳銅所（元文三年廃止）と、享保十六年宮甚右衛門が官許を得て稗田浜に建てた鋳銅所などをいい、いずれも棹銅を鋳造した」

長崎では元文三年（一七三八）に産銅が大坂に集中するまで、十三年という短い期間ではあったが銅座（正しくは鋳銅所）が置かれた。銅座では鉱山から運ばれた荒銅を精錬したがこれを銅吹きといった。長崎の二つの銅吹所の生産能力などの数字は史料が見つかっていない。

この銅座の七十七年前になるが正保三年（一六四六）に長崎貿易銭といわれる輸出用の銅銭の製造もなされた。

浜町裏銅吹所

浜町は現在長崎の一番の盛り場である銅座跡で埋立地である。享保九年（一七二四）に東浜町築地が造成され、その翌年に銅吹所ができた。『増補長崎略史』の享保十年（一七二五）に「浜町築地に鋳銅所を設く。元文三年（一七三八）廃す。今の銅座町是なり」とある。棹銅《さおどう》を製造していた。そのあと寛保元年（一七四一）に「浜町築地鋳銅所跡に鋳銭鋳造を許す。延享二年（一七四五）廃す」とあり鉄銭を作っていた。銅吹所があったのは十三年間、銕（鉄）銭鋳造は四年といずれも短命であった。そのせいか絵図には福田古図（**図75**）と市博地図（色付け以外は同一、図題に浜町裏銅吹所絵図とある）にしか出ていない。

絵図を見ると施設は大きく三つに別

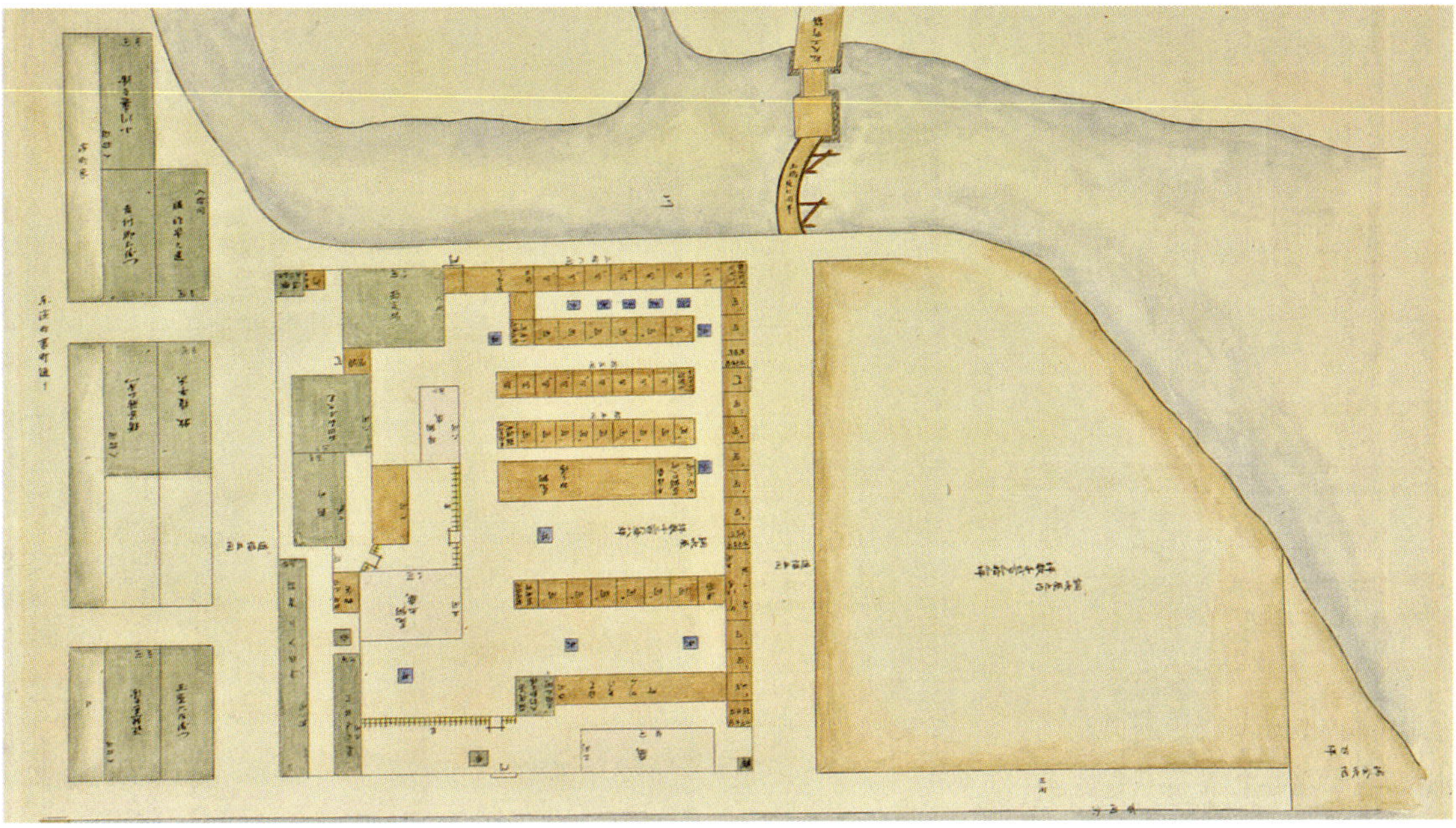

図75　浜町裏銅吹所絵図　福田古図　（長崎歴史文化博物館収蔵）

れ、南側は「銅吹屋の内千二百三十三坪」、南端の百坪は鍋や釜の製造所、中央の千三百六十八坪は真吹所、合吹所、小吹所などの製造部分と思われる部分と製品の棹銅（さおどう）蔵、荒銅蔵、勘定場など、北端は役人の住居があった。惣坪数の記述はない。

元文三年（一七三八）幕府の方針で全国の産銅が大坂に集中され専売になった。同時にこの銅吹所も廃止された。

稲佐銅吹所

『増補長崎略史』の享保十六年（一七三一）に「宮甚左衛門稲佐稗田浜に鋳銅所を建つ。元文三年（一七三八）廃す」とあり、浜町より六年遅れて建てられ、こちらは七年間稼働した。福田古図（市博地図）（**図76**）に出ている。大坂から運ばれた荒銅を原料として棹銅が作られた。

絵図を見ると、稗田は北瀬崎の対岸になる。海岸沿いの場所で水門があり敷地は四百十三坪と浜町の三分の一程度と小規模である。西側の床屋（二間四尺二間が六部屋）と北側のかじ臼場が工事場で、あとは蔵（三間六間）番所、勘定場などがある。

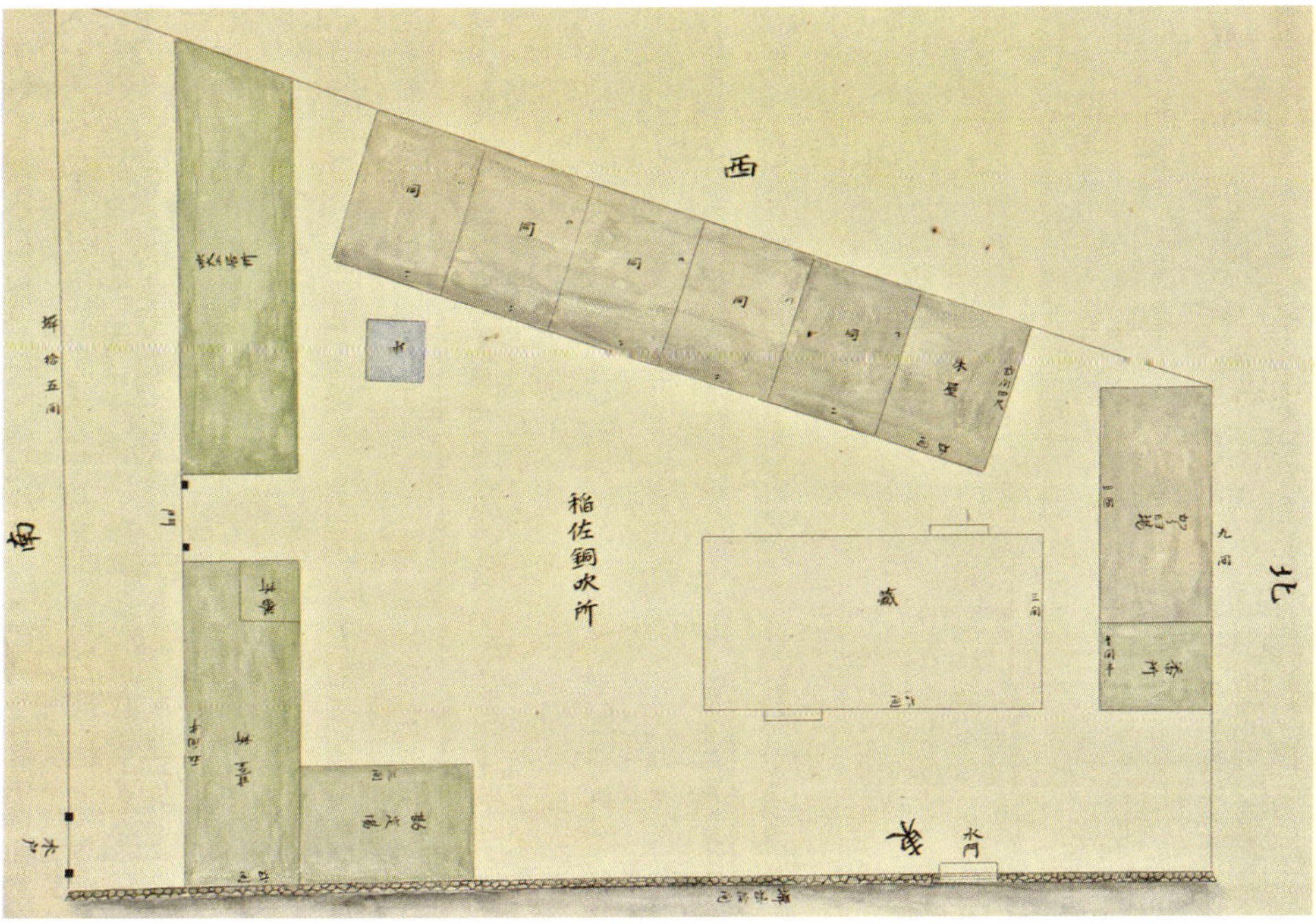

図76　稲佐銅吹所絵図　福田古図　（長崎歴史文化博物館収蔵）

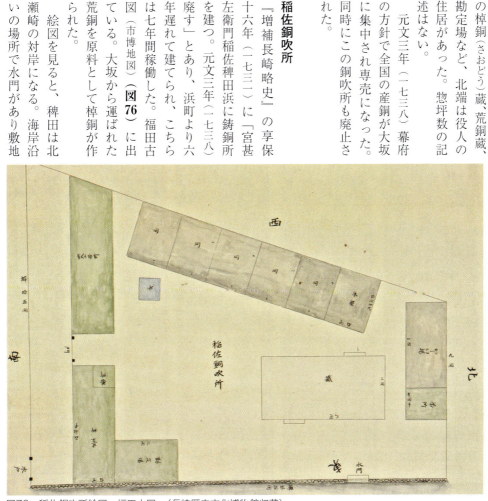

図77　銭磨石（安山岩）　著者撮影

長崎貿易銭　ほとんど忘れられている歴史

『増補長崎略史』の正保三年（一六四六）「始めて蘭船に銅の輸出を許す」とあり、さらに寛文元年（一六六一）に「外国輸出銭を伊勢町に鋳る。その唐国輸出銭は元豊通宝と銘す」とある。この二つの記述の背景は込み入っていて理解できにくい。東野治氏の『貨幣の日本史』によって解き明かす。

　安南（今のベトナム）の生糸の輸入を巡って競争になり、当地で欠乏していた銅銭への需要が高まった。東インド会社は、寛永十年（一六三三）からの五年間、一億二千八百個もの銅銭を日本から輸入した。これは主として以前日本に入っていた渡来銭であった。しかし生糸の輸入を確保するべく、正保三年（一六四六）に始めて銅すなわち六百八十三万個の銅銭の輸出が特別に許可された。それでも銅銭の需要は衰えず、ここに長崎貿易銭が登場する。長崎の町年寄の申請で、「寛永通宝」の銘は入れないという条件で、伊勢町に鋳銭所が出来た（中島銭座）。万治三年（一六六〇）のことである。町年寄四人の出資と責任で、宋銭を模した元豊通宝、祥符元宝、天聖元宝、嘉祐通宝、治平元宝などの銘の銅銭を作り輸出した。その量は寛文五年（一六六五）には二千六百九十八万個、同八年には二千二百万個と多量であった。しかし貞享二年（一六八五）には、清の国内統一が完成し需要がなくなり、鋳銭事業は廃止になった。二十五年間続いた。

　この伊勢町の鋳銭所は古地図に「銭座」「銭吹ヤ」などと記されており場所は伊勢町の地続きの馬場郷中島、現在の新大工町である。絵図はない。その近くの邸内のお庭の中に、円形の石が三個置かれている。これは津田繁二氏によると、中島銭座唯一の遺物で銭を磨いた石で、古老の話によると、元聖堂前の銭座川中に放置され、のちに中島天満宮の境内にあったものという。中央に穴のある円形の石に銭貨数百枚を載せ、上部にやはり円形の石を載せて回転し、銭を仕上げたという。所有者のお許しを得て撮った写真を**図77**に示した。鋳造された銅貨のバリをとったのあろうが、真偽のほどは判然としない。ご存知の方のご意見を伺いたい。

　『崎陽群談』によると銭座家鋪坪数七百五十六坪半、近年（本書が成立した享保元年（一七一六）ごろのこと）空地であったが宝永七年（一七一〇）に向井元成に渡し聖堂が建てられたとある。元成は長崎聖堂の創始者で祭酒《さいしゅ》を勤めた向井元升（儒医）の三男、貞享二年（一六八五）中国からの輸入書物中に、イエズス会司祭が漢訳した禁書に価するものを発見した功により、以後譜代の書物改役を勤めた。

　国姓爺合戦で有名な鄭成功の注文で作られた銭もあり、興味は尽きないが本題から外れる。なお最近骨董市で入手した長崎貿易銭の写真を**図78**に示す。銭銘は「嘉祐通宝」（楷書）である。

鋳銭

　これも絵図はないが、話の続きとして津田氏による長崎の銭座についての論文の要点を記す。いずれも寛永通宝の鋳造である。長崎では三カ所で作られた。寛保元年（一七四一）には浜町築地鋳銅所のあとに鉄銭鋳造が始まった。銭銘は官定の寛永通宝である。寛保三年（一七四三）馬込（現在銭座小学校の附近）の浜において鉄銭鋳造が許された。浜町築地と同じく延享二年（一七四五）に廃止された。その二十二年後、明和四年（一七六七）に稲佐に銭座が設けられた。当時の長崎奉行は石谷備後守で、塩硝蔵を御船蔵へ移した跡地を利用した。安永二年（一七七三）までの七年間に限り許可され、この間に二十三万一千貫文の銅銭が作られた。これは銅が五十六―五十八％、鉛が十七―二十％、錫が十四―十八％、鉄が三―六％のものであった。製造されたあとはすぐに長崎会所へ引渡された。寛永通宝で裏に「長」との刻印がある。

図78　長崎貿易銭　東南アジアから逆輸入されたもの　著者撮影
東京都市大の岡田佳子先生のご好意による研究室での蛍光x線測定による分析結果(%)はCu 72.3、Pb 21.2, Zn 1.95,As 1.85Fe 1.78であった。

梅ケ崎唐船修理場

沿革　土中に埋めた石柱につなぎとめ

『長崎実録大成』の「梅ケ崎築地の事」には「むかしここは長崎領と大村領の境の干潟であったが、延宝八年（一六八〇）に埋め立て築地を造り、大村領との境を明らかにし、この地を梅ケ崎と名付けた。宝暦十二年（一七六二）海辺へ地形を築出し、唐空船居《あきふねすえ》所とした。ここは以前から唐船を係留していたが、年々泥が深くなり船の進退にも困ったので、土蔵の前に風よけに横十五間縦十七間の土地を築き海際を掘り広めた。隣は遠見番長屋で南瀬崎米蔵に続いている場所である」とあり**図79**が付けられている。

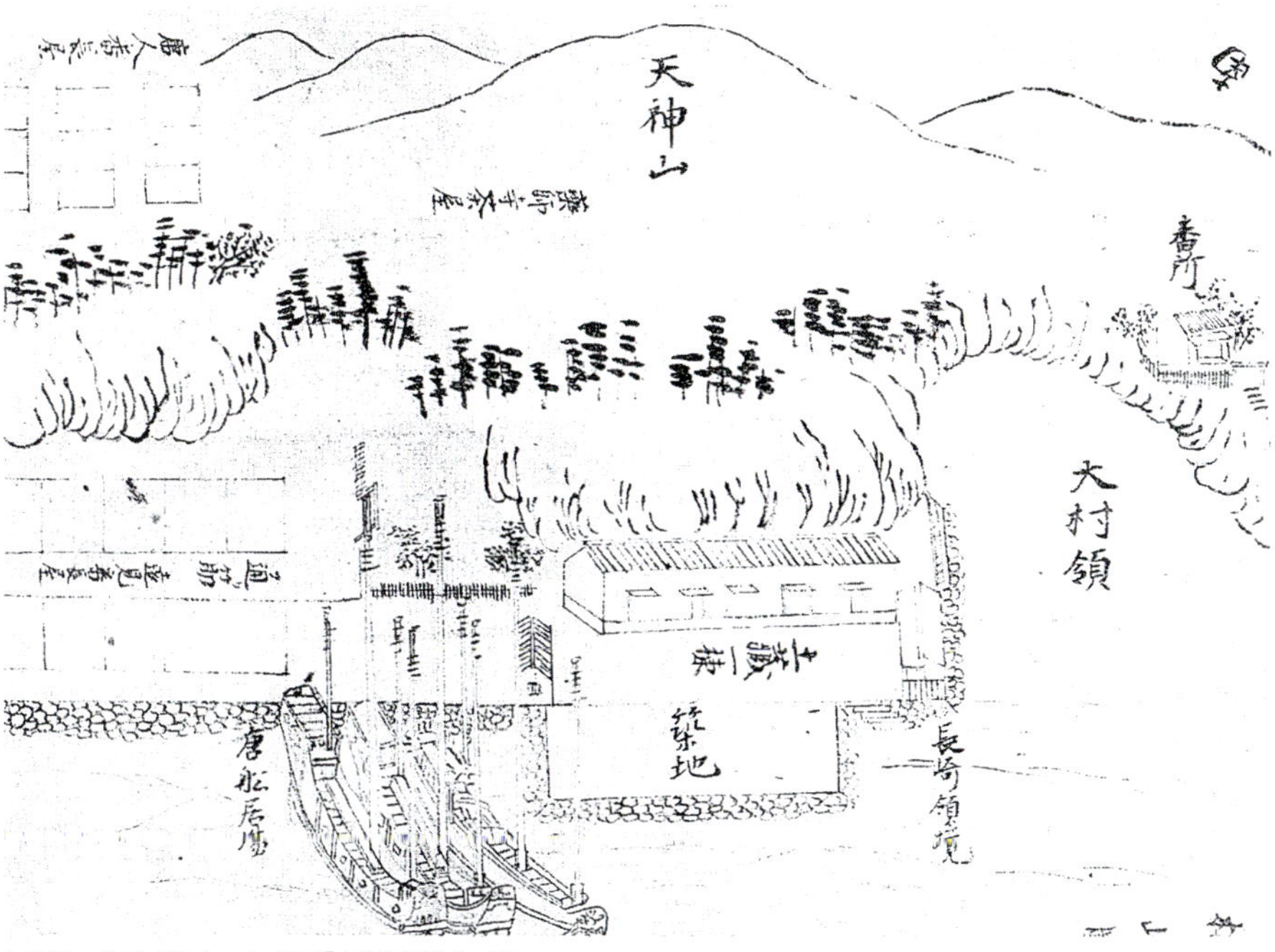

図79　梅ケ崎図　大成図『長崎実録大成』

延宝期の長崎の古地図や『唐船来朝長崎図』には船大工町と大黒町の沖合の二カ所に「唐船すへ所」と書き入れられているが、これは梅ケ崎に移るまえの状態である。

絵図帖には文政年間以降の三井諸図、福岡図、文化図、諸役所図に出ている。それ以前の絵図帖にはなぜか含まれていない。三井諸図（**図80**）には「梅ケ崎唐船修理場柵門・竹垣見張場」とのタイトルで竹垣に「文化四卯年（一八〇七）竹垣

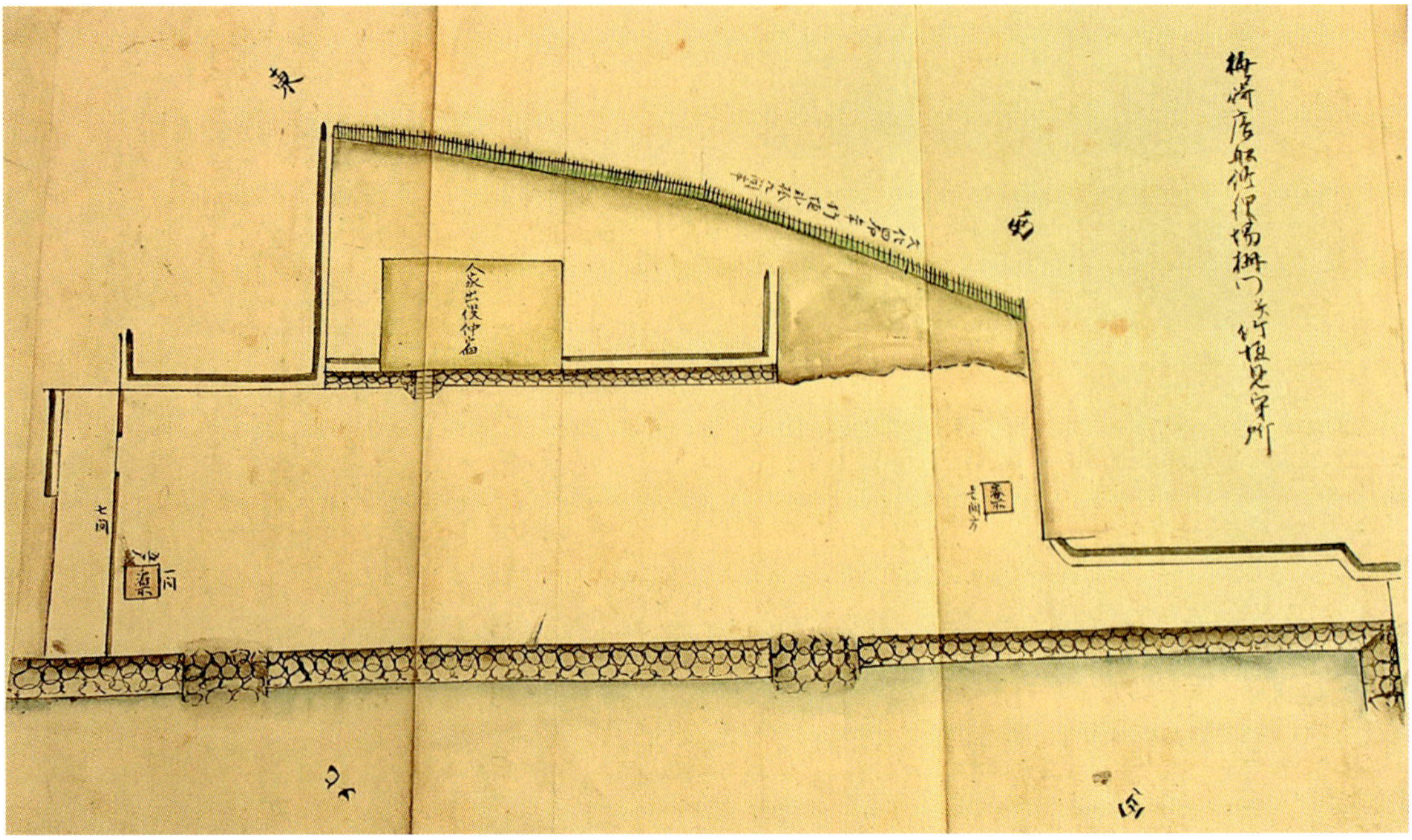

図80　梅が崎唐船修理場　三井諸図　（三井文庫蔵）

二十九間半」と説明が付いている。見張場は図では「人家出役仲宿」とあり（福岡図では見守場）はすべての絵図に描かれているが、多くは名称は抜けている。寸法はない。関係の役人や唐人の詰めた所であった。修理場の方には一間四方の番所が両端にある。

石崎融思筆の『唐館図』の「長崎湊内梅個崎唐船繋場」（**図81**）は文政期の二十年前の享和二年（一八〇二）ごろの様子を描いたものであるが、絵図帖の平面図と合っている。画面の木造二階建は「船修理之節諸役人詰所」とある。**図80**の「人家出役仲宿」のことである。唐船が四艘繋留されている。破損個所があれば、奉行所に願い出、船主、大工など、それぞれ唐人屋敷から出て、梅ケ崎に集まり修理した。また船底についた海藻、虫、貝などすりたても行った。画を見ると唐船が地中に埋められた石柱に繋ぎ留められている。市内、玉園町の迎陽亭《こうようてい》跡には、この石柱が門柱として使われ保存され、「唐船維纜石《いらんせき》　西道仙筆」とある。写真を**図82**に示す。なお西道仙については第三章の福岡図の項をご覧頂きたい。

文化元年（一八〇四）ロシア使節レザノフ来航時、梅ケ崎に上陸したが『続長崎実録大成』に「梅崎仮館図」という絵図が掲載されている。屋敷は使節の食堂と四つの部屋、上官用の四つの部屋、大部屋、三つの倉庫、警備用の部屋からなり、急ぎ新築されたものである。山側に六間三間一棟五間三間四棟、合計五棟の昆布蔵が並んで描かれている。文化六年（一八〇九）に異国船渡来時の御備の一貫で焚出場所の一つとして「梅ケ崎昆布蔵」の名称が出ており、この場所は昆布蔵でもあった。

慶応二年（一八六六）にこの地は外国人居留地に編入され、唐船修理場としての使命を終えた。

図81　唐船繋場　石崎融思筆　唐館図絵巻の部分　（長崎歴史文化博物館収蔵）

図82　唐船つなぎ石　西道仙筆　著者撮影（迎陽亭跡・玉園町）

4 保安・警察の施設と番方の長屋

桜町のほか南馬町、桜馬場さらに大村にも牢屋

牢屋

沿革　貧民に米を配った桜町に

牢屋の歴史は古い。『増補長崎略史』の慶長五年（一六〇〇）初代長崎奉行寺沢志摩守在勤時に「南馬町囚獄を桜町に移す」とある。同じく慶長十九年（一六一四）に「幕府、長崎の切支丹寺を毀つ」とあり、破却された切支丹寺十一所のうち一所「『今クルス』は桜町囚獄の地に在りて米を施與し」とある。これはフランシスコ会のサン・フランシスコ教会であった。これから囚獄と貧民に米を配った教会が四年間は同じ桜町の地にあったことになる。なお桜町は西・立山両役所のほぼ中間の位置で、町名は現存し、現在は市役所別館が建っている。

『長崎実録大成』の「囚獄屋敷之事」には幾分詳しく「先年は南馬町坂際にあったが、慶長五年（一六〇〇）桜町屋敷地に囚獄屋鋪を移した。惣坪数八百八十六坪九合七勺余、牢屋四棟にて九つ。揚り屋一棟。寛文三年（一六六三）当地大火にて牢屋類焼の節、松平丹後守普請方あり」とある。

長崎歴史文化博物館収蔵の『長崎牢屋鋪手続書』には「牢屋鋪は先年桜馬場西坂両所にあったが慶長十二年（一六〇七）長谷川左兵衛様御在勤の元邪宗門寺地桜町牢屋鋪御取建」と違った記述がある。牢屋の始まりの時期が五年遅くなっている。処刑場であった西坂に牢屋があったとする唯一の史料である。もっともこの史料は弘化三年ごろまとめられたもので、この昔の事項についての信憑性はわからない。

内閣文庫の『長崎諸事覚書』の「籠屋敷の坪数籠屋数覚」に「惣坪数七百七十六坪余、（内九十五坪は酉年寛文九年（一六六九）築出の分、これは新籠番のものの長屋立也）とある。籠数は四棟で籠の数は九つである。昔は牢屋は籠屋あるいは籠舎といっていた。籠屋は辞典などでは見つからない。あるいは長崎特有のいい方だったのかも知れない。

絵図帳での経緯書きでは東洋図、国会図、大槌図と三井長崎図に「寛文三卯年（一六六三）始建」とあり、寛文三年（一六六三）の有名な大火では奉行所など長崎市内の大半が焼亡したが、牢屋（桜町）も類焼し、その後新たに佐賀藩によって再建されたことと合致する。この大火の時、男女合わせ百三十二人の囚人がいたが、佐賀藩へ男六十一人、大村藩へ女三十一人、島原藩へ男四十人預け、籠屋ができ次第、長崎へ引き取ったとの記録が『長崎諸事覚書』にある。

また長崎警備の一翼を担った大村藩に慶安元年（一六四八）長崎奉行からの要請で、大村の本小路に大村牢が作られ、異国の囚人や幕府の指令によって捕らえられた罪人を収容した。文化九年（一八一二）には唐人牢を併せて、唐人騒動で捕えられた唐人を収容した（大村市教育委員会資料）。『弘化二年雑集記』には「在館唐人32人外に18人大村在牢」などの記述がある。

牢屋および溜牢については安高啓明氏による詳しい研究がある。牢屋の沿革、総坪数などについては、史料の記述が多様で統一性を欠き、判然としないとの指摘をされている。

桜馬場の牢屋

なお桜町の牢屋とはまったく異なる牢

屋の絵図が長崎歴史文化博物館にあった。**図83**に示す。標題はない。敷地惣坪数四百五十坪で山が東で北に表門と裏門がある。川沿いの場所で橋が近くにある。地図を見ると橋は、鳴滝からくる川にかかっていて、桜馬場の通りと春徳寺との間のようにも見える。未決檻、己決檻、女檻、看守所、湯場、工事場などの建屋があり牢屋であることは間違いない。慶長五年（一六〇〇）以前に南馬町にあった牢屋とは考えにくい。『唐通事会所日録』の寛文十年（一六七〇）十月の記述に出島沖で石火矢を放ったことで「東寧船の船頭など五人を籠舎にいれた、但し桜馬場の籠に入牢させた」とあり当時桜馬場に牢屋があったこととなる。今後の検討に期待したい。

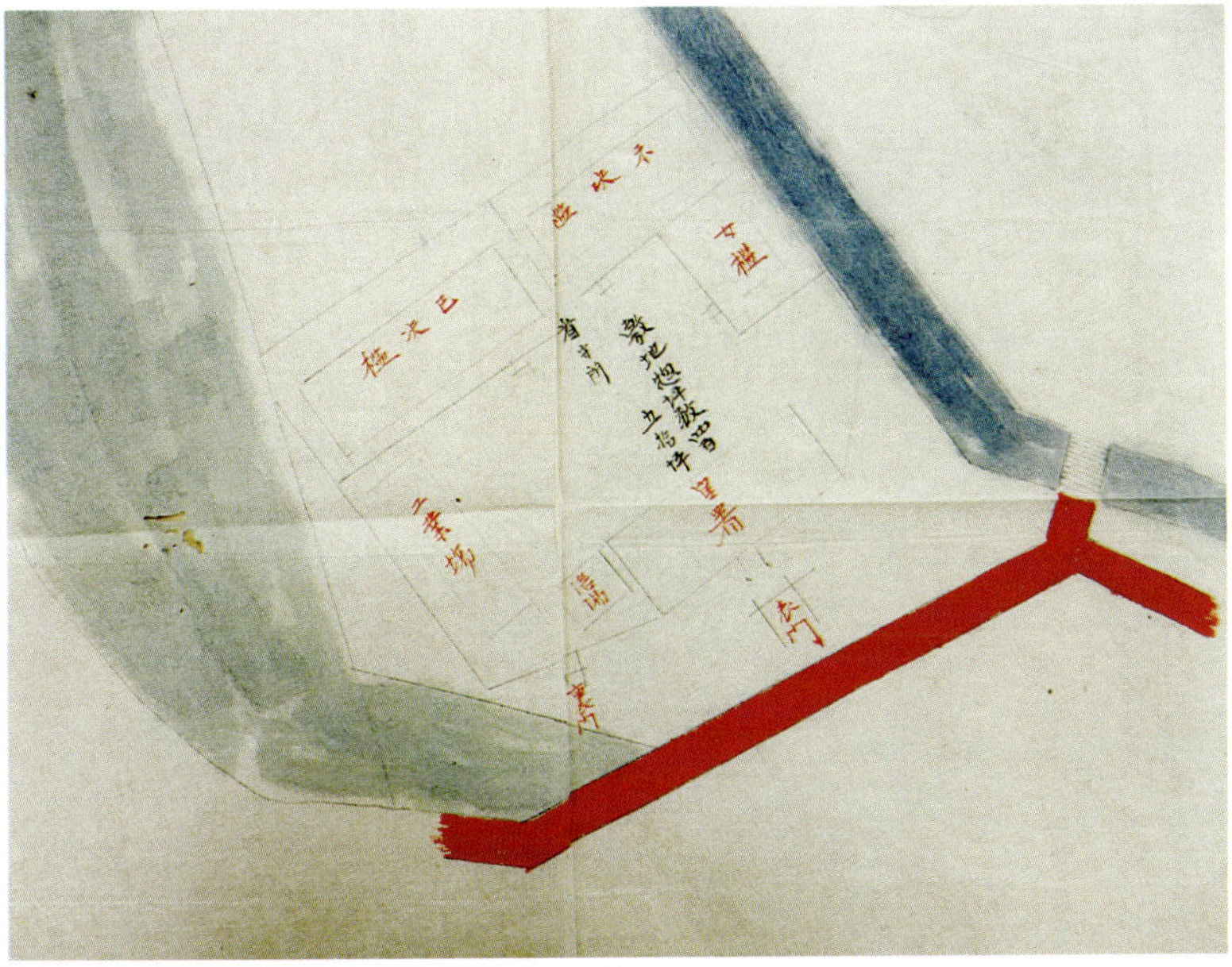

図83　牢屋敷図　（長崎歴史文化博物館収蔵）

福田古図（史博地図）では籠屋

本書の絵図帖に描かれている牢屋は、すべて桜町で総坪数七百四十四坪余、牢屋は三棟（いずれも四間七間の外柵で囲われている）、一番から七番までの牢があり一番と二番の間、三番と四番・五番の間、六番と七番の間に番所がある。福田古図（史博地図と同じ）には籠屋となっており、壱番籠から七番籠などと書かれている。**図84**にもっとも古い享保・元文期の絵図と思われる市博地図の絵図を示す。牢屋敷の中央に高さ一間四尺の練塀の間仕切りがあり、練塀の北東に一の揚屋と番所、牢主居宅がある。東側の桜町側に二の揚屋（二間二間半）がある。この揚屋（揚り屋とも書かれる）は寛延元年（一七四八）次項の溜牢の開設でなくなった。牢守居宅のブロックに味噌部屋とある。

図84　籠屋（牢屋）市博地図　（長崎歴史文化博物館収蔵）

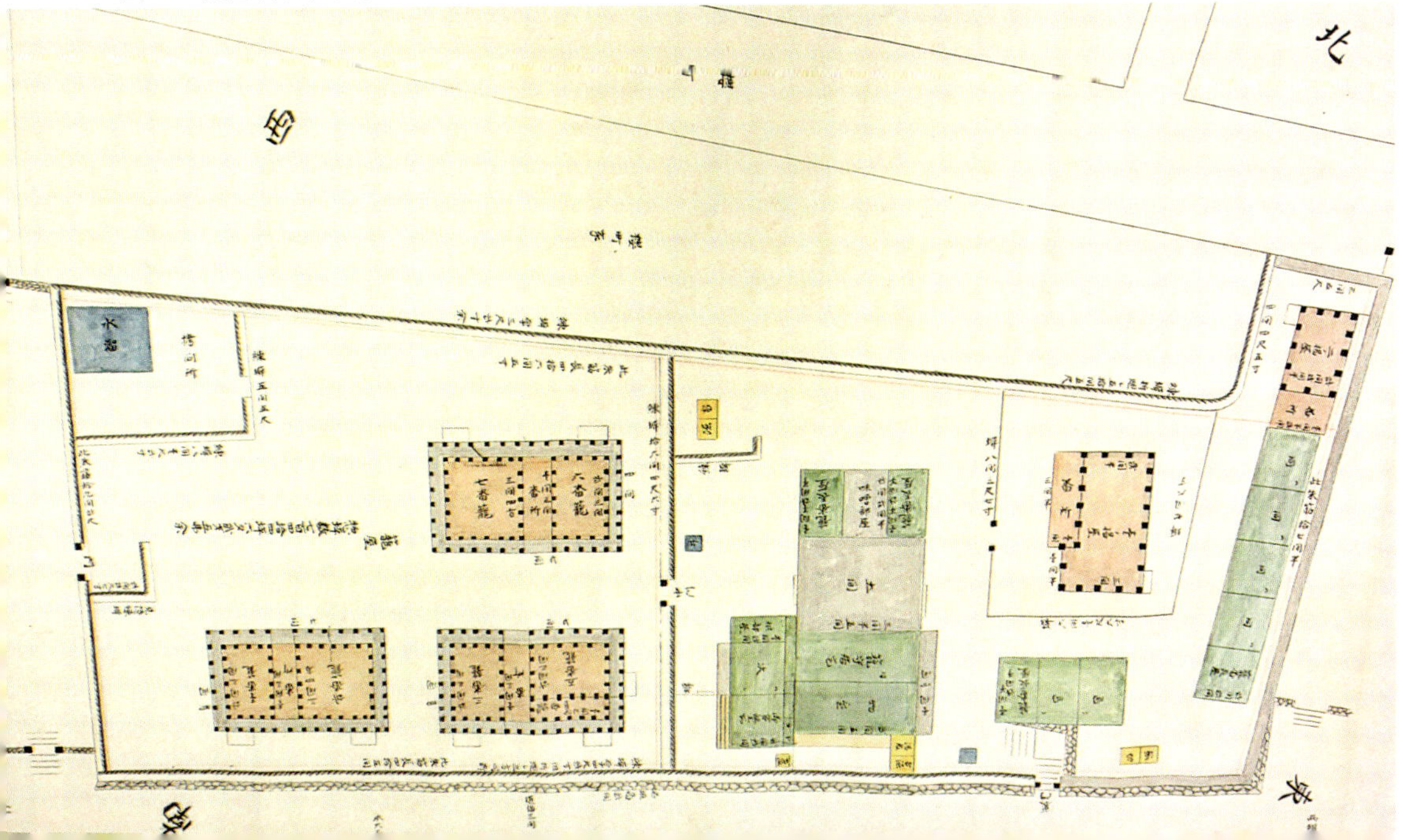

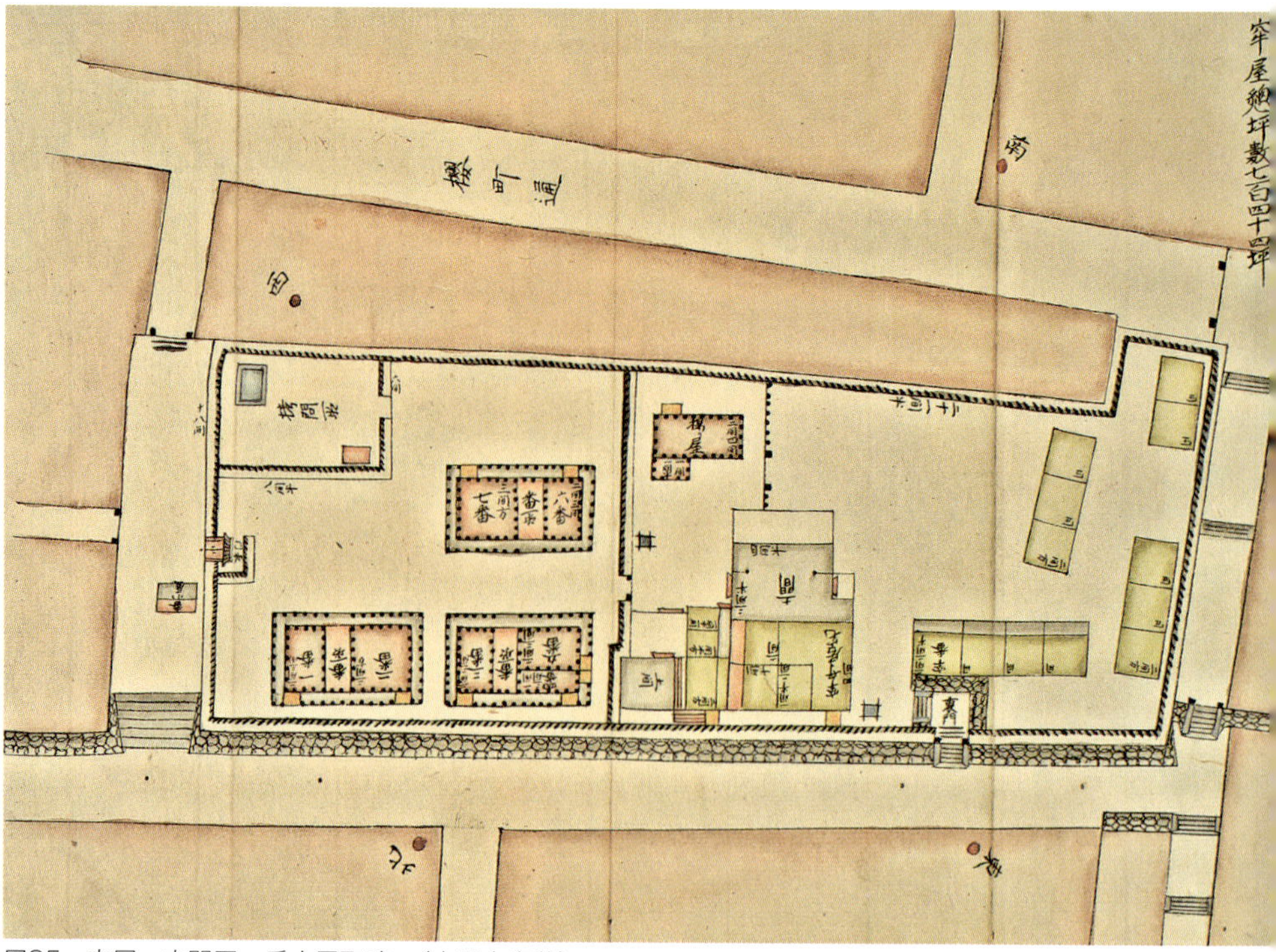

図85　牢屋　内閣図　番小屋取建　（内閣文庫蔵）

二の揚屋のあるのはこの絵図のみである。味噌小屋は東洋図にもある。表門から西側に五間五尺八間一尺余で囲まれた拷問所（穿鑿所としている史料もある）があり水溜があり、これは時代とともに変化はない。
士分の者を収容する揚屋（三間五間）の位置が時代と共に変わる。東洋図、岩瀬図、東大図、国会図では裏門の真向かいで外壁側の囲いの中にある。絵図によっては一揚屋とある。以前二の揚屋があった名残である。三井長崎図では牢主居宅と牢屋の間に建物が新設される。内閣図以降には揚屋はここへ移り裏門の真向かい側の旧揚屋はなくなる。諸役所図では揚屋へ白紙が貼られてある。これは明治五年の土地売却に関連し、なくなったものと思われる。揚屋の消長についての史料があれば時代推定に役立つところである。

　諸役所図の牢屋の絵図の勝山町側の牢番居宅の部分に「明治五（一八七二）壬申正月払下げ　地坪百八十七坪　但家七十五坪共」また総坪数七百四十四坪余の下に「内払下引正残り五百五十七坪余」と明治維新以降の変化が朱書で書き込まれている。この絵図が明治になっても役所で使用されていたことがわかる。

　明治十五年（一八八二）に桜町囚獄となったが、長崎監獄として片淵に移転した。組屋敷の項（P42）を参照されたい。

表門の外側へ番小屋

　寛政五年（一七九三）に牢屋取締掛からの申し出により牢屋の表門に番小屋が取建てられた。『長崎牢屋鋪手続書』には次のようにある。

「寛政五年取締掛申上げ牢屋敷表門へ番小屋御取建、番人は取締掛手先にて、役々のもの両人宛詰め、牢内不取締の儀承込の節は、掛のもの迄申出るので実否を糺し御届申上げ候」

　番小屋には牢守と独立した取締掛の手先が二人ずつ詰めており牢内の状況把握（監視）に勤めた。三井長崎図の絵図の表門外に隣接して三間一間半くらいの大きさの小屋が現われその後ずっと続く。寛政五年（一七九三）前後の時代特定に役立つ。**図85**にこの番小屋が描かれている内閣図の絵図を示す。

　なお長崎歴史文化博物館に「引地町図」という古い屋敷図があるが、それには引地町側に籠屋門（表門のこと）と裏門とが描かれている。いつかの時期に表門は西側に移ったことがわかる。裏門は同じ場所にある。

小島郷の牢屋

　長崎代官付属の牢屋で天保九年（一八三八）に小島郷の高島秋帆旧邸の南に建設された。『小島郷絵図』で場所を確認できる。『続

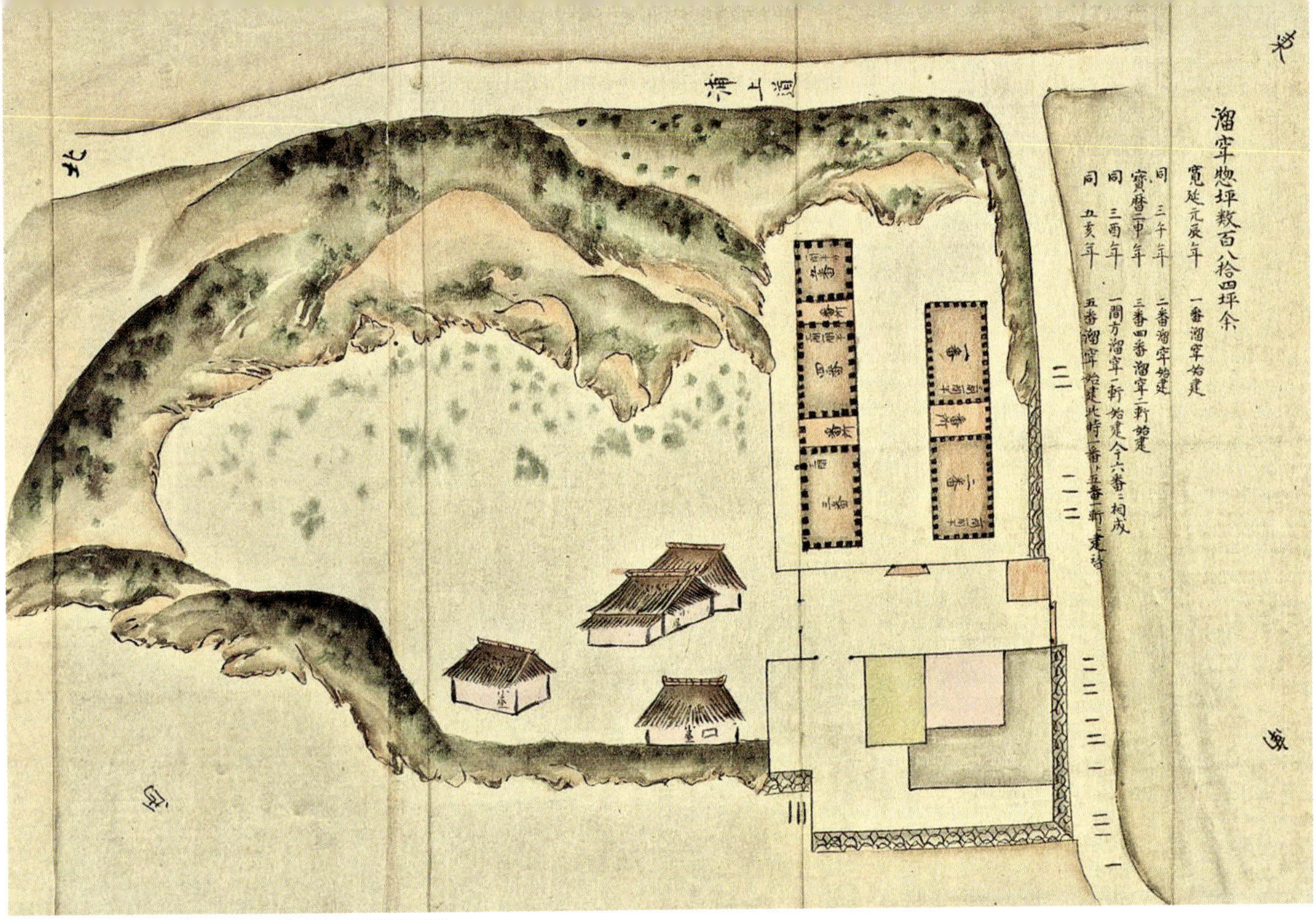

図86　溜牢　国会図　（国立国会図書館蔵）

長崎実録大成』の年表に「御代官高木作右衛門役所元へ、牢屋取建の儀、同人窺の通り免許、長崎村の内小島郷地内へ、牢屋一カ所新たに建、当年九月成就す」とある。この牢屋については森永種夫氏や赤瀬浩氏の記述に詳しい。代官は付属牢の必要性を長年勘定奉行と長崎奉行に願い出ており、一時は溜牢や桜町牢の五番牢を代官用として借りるなどしていた。幕末になり天草での強訴事件などもあり、やっと代官が自前の牢を持つこととなった。この牢は慶応三年（一八六七）浦上のキリシタン信徒が押し込められたことで知られている。絵図は見当たらない。

溜牢

沿革　罪人の矯正施設として

『増補長崎略史』には「享保十六年（一七三一）馬込郷に溜牢を造る」とある。これは馬込郷に建てられた「古溜」と言われた溜牢のことで、本書の絵図帖での溜牢は「新溜」といわれ、寛延元年（一七四八）浦上村のかつくい原に設けられたもので、『崎陽群談』および『増補長崎略史』には溜牢の記述はない。

溜牢とは病囚や幼囚を拘禁した牢屋で罪人の矯正施設でもあった。この溜牢の成立にともない桜町の牢屋の二の揚屋がなくなっている。

溜牢はほとんどの絵図帖にあり、牢屋の次に描かれている。牢屋は市の中心部の桜町にあったが、溜牢は御船蔵よりさらに時津道を浦上の方向へ進み、山王社の手前で左に曲がった山の中にあり、市中からかなり離れた場所にある。東洋図、岩瀬図では溜小屋、それ以降は溜牢と書かれている。

溜牢はすべての絵図で一番から五番まである。一番・番所・二番と、三番・番所・四番・番所・五番との二軒である。東洋図、東大図、岩瀬図、東大図、国会図、大槌図、三井長崎図までは敷地の北西側の広場に藁葺の小屋の俯瞰図が三－四軒描かれている。安高啓明氏はこれを非人小屋であろうとしている。**図86**に国会図の絵図を示す。溜牢はすべての絵図で惣坪数百八十四坪余となっている。溜牢の寸法三間一間半から推定するとこの坪数は垣根の右側の部分で、小屋のある広場の部分は含まれていない。

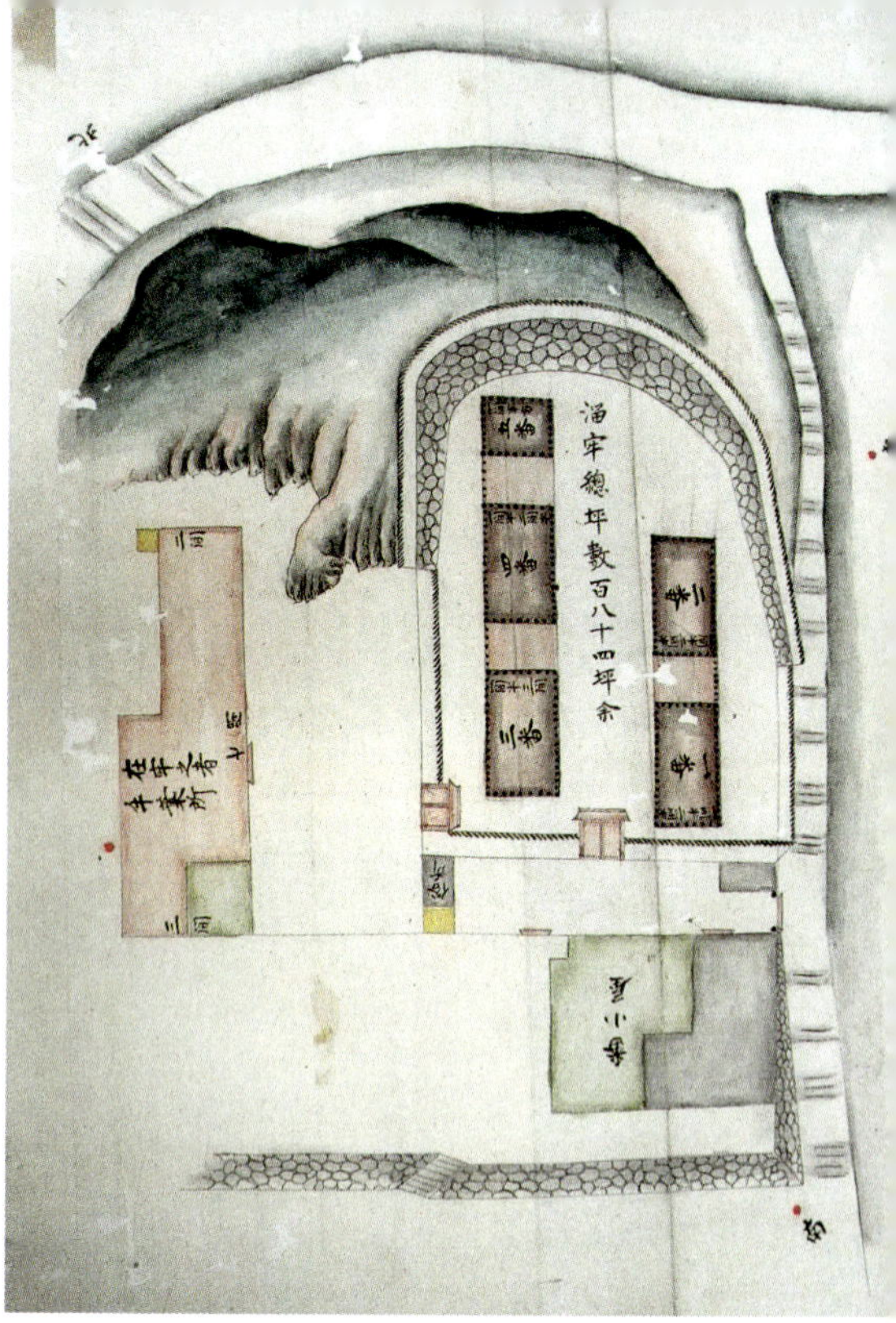

図87　溜牢と在牢の者手業所　福岡図　（福岡市博物館蔵）

絵図帖にみる経緯

　絵図帖では東洋図、東大図、国会図、三井長崎図には

　寛延元辰年（一七四八）
　　松浦河内守在勤　一番溜牢始出来
同三午年（一七五〇）
　安倍主計頭在勤　二番同出来
宝暦二申年（一七五二）
　菅沼下野守在勤　三番四番二軒出来
同三酉年（一七五三）
大橋近江守在勤　一間方出来今六番
　に相成
同五亥年（一七五五）
　菅沼下野守在勤　五番同出来

とほぼ同様な説明書きがあり七年かけて完成した経緯の説明がある。

東洋図、岩瀬図、国会図、大槌図、東大図、三井長崎図までの絵図では、非人溜牢は垣根で仕切られ、非人小屋を含んだものとなっている。内閣図以降は溜牢は塀で囲まれ非人小屋はなくなっているのか描かれていない。面積はすべての絵図で百八十四坪余とある。崎陽図以降は塀の外に浴所や賄所が出てくる。

　番所図、文化図、福岡図、諸役所図では溜牢の外の東手に七間・幅三間と四間の「在牢の者手業所」が描かれている。ここには垣根はない。『増補長崎略史』の文化十一年（一八一四）（遠山左衛門尉景晋在勤時）には「溜牢内に細工所を置き犯罪の無宿者及び放蕩の子弟を父兄の請により入場せしめ、職業を習わしむ」とある。縄や筵などをつくる仕事をさせ、おりにつけて教諭を加える。改心した者には製品を買い上げて賃銭として渡し、釈放して正業に就く道を開いた。文化図では貼り紙に「天保十四年（一八四三）二月新規取建

　柵門壱カ所扉弐枚開小扉付　左右丸太柵」とある。安高啓明氏は、これにより手業所が新築され、一層犯罪人の矯正機能が充実したとしている。**図87**に手業所のある福岡図の絵図を示す。

　注目したいのは、溜牢の山側の敷地の形の変化である。東洋図、岩瀬図、東大図、大槌図、国会図では山のままで凸、内閣図では直角に切れている。官公衙図では山のまま、三井長崎図、崎陽図、三井諸図、文化図、福岡図、諸役所図ではきれいに石垣の土止め壁になっている。時代が古い三井長崎図に土止め石垣があるのは不思議である。あるいは土止めをしたあと大雨で山崩れがあったのかも知れないが史料は無い。

番方の長屋

世襲の仕事で絵図に名前が

　遠見番、唐人番、船番、および町使という保安、警察を担当する番方といわれる地役人の宿舎である。ほとんどの絵図には住んでいた人の名前が書き入れられている。**表5**に「長屋に住居した地役人の変遷」として示した。全部で約千三百人の地役人の名前が出ており幾らか誤字と思われる名前もあるが、興味あるデータベースである。しかし世襲の仕事であり余り変化はない。**表4**の出島町人の変遷が大きいのと対照的である。

　文化図には新しく替った住民の名前が十一カ所（唐人番四、遠見番一、引地町三、大手町一、銅座跡船番二）朱書で書き加えてあ

る。文化五年（一八〇八）作成の原図を天保十四年（一八四三）ごろに朱書で改訂したものと考えられる。文化五年は内閣図と官公衙図の間であり、訂正前の名前と一致する。かつ朱書の名前は福岡図、諸役所図と繋がり矛盾はない。しかしこの十一のすべてのケースで前の名前が入替っただけである。縁家同志でこのポストを持ちあっているのかも知れないが判然としない。なお文化図の成立年代の推定については第三章「各絵図帖について」の（146ページ）を参照していただきたい。

『増補長崎略史』弘化四年（一八四七）六月に「遠見番成瀬晴助罪あり軽追放に処し船番成田新次郎中追放に処す」とある。『犯科帳』によると、これは熊本での蚕の密輸についての取締を手加減したということで揚屋に入れられ、老中阿部伊勢守へ伺いの上、追放になったかなり大きな事件で、細川越中守の家来など含め二十数人が連座している。この追放刑は闕所《けっしょ》まで含んでおり、両人は当然失職し、福岡図、諸役所図の長屋の住人の名前が変わる筈であるが、成瀬、成田の名前は岩瀬図以降ずっと変わっていない。まったくの推測であるが、先祖代々勤め、触頭でもあったことに免じて、遠見番見習の倅がそのまま召抱えられたかのかも知れない。なお以下の長屋の項では、籏先好紀氏による長崎地役人についての労作を参考にさせて頂いた。

遠見番長屋

異国船を見かけ次第注進

『長崎実録大成』の「遠見番役屋敷之事」に「寛永十五年（一六三八）野母日野山上に番所を建て、異国船見掛け次第注進させた。番人は寺沢氏預かり地の百姓四人を勤めさせた。同時に烽火山番所を建て、狼煙をあげて近国に急を告しむべく、長崎領の百姓二人宛勤めさせた。万治二年（一六五九）百姓共是まで二十二年勤め、困窮に及んでいる旨願いでたので、免じさせた。この年に新たに遠見番役十人を召し抱え水主十人を仰せ付けた」「長屋十軒　十六坪宛　但し十善寺海手に建」とある。これが長崎での番方の長屋の始まりである。

さらに元禄元年（一六八八）「小瀬戸番所建て、遠見番触頭二人と平遠見番十人を召し抱えた。長屋十二軒坪数同前、但し同村山手に建」とある。

図88に文政初年ごろ（内閣図）の長屋の絵図を示す。隣接している次項の唐人番長屋と一緒の絵図になっている。触頭と平の遠見番は同じく十六坪の広さである。南瀬崎米蔵の海岸寄りに十一軒、山手に十一軒の合計二十二軒である。南瀬崎米蔵および、東側に山を均してできた唐人番遠見番武芸稽古場

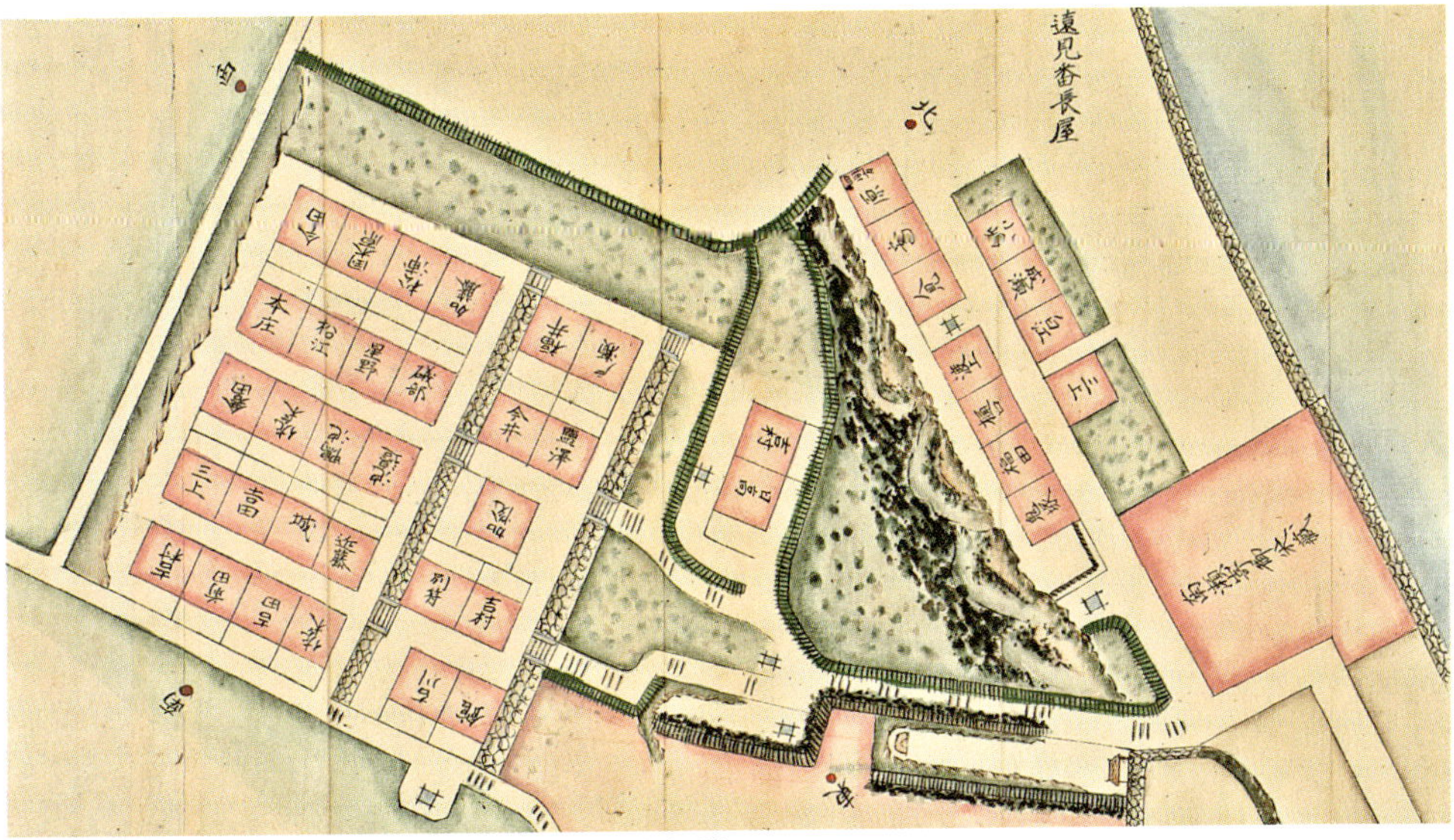

図88　遠見番長屋・唐人番長屋　内閣図　（内閣文庫蔵）

図名	東洋	岩瀬	東大	国会	大槌	三井長崎	内閣	官公衙	三井諸	番所	文化図	福岡	諸役所	福田上下
10	久保山	久保山	久保	久保	久保山	久保	久保山	久保山	よめない	久保山	久保山	久保山	久保山	久保山(注3)
11	野田	野田	野田	野田	野田	野田	野田	野口	野田	野田	野田	野田	野田	野田
12	津田	津田	津田	津田	津田	津田	津田	津田	津田	津田	津田	津田	津田	津田
13	竹内	竹内	竹内	竹内	竹内	竹内	竹内	竹内	竹内	竹内	竹内	竹内	竹内	下げ札の下
14	加藤	加藤	加藤	加藤	加藤	加藤	加藤	加藤	加藤	加藤	加藤	加藤	加藤	下げ札の下
15	福田	福田	福田	福田	福田	福田	福田	福田	福田	福田	福田	福田	福田	福田
16	米原	米原	米原	米原	米原	米原	米原	米原	米原	米原	米原	米原	米原	米原
17	山口	山口	山口	山口	山口	山口	武井	武井	武井	武井	武井	武井	武井	山口

(注1) この部分は貼紙、(注2) 山田鉄八郎との付札あり、(注3) 林×喜八との付札あり。

引地町町使長屋

1	高尾	高尾	高尾	高尾	高尾	高尾	高尾	高尾	高尾	高尾	高尾	高尾	高尾	高尾
2	矢次	矢次	矢次	矢次	矢次	矢次	矢次	矢次	矢次	矢次	矢次	矢次	矢次	矢次
3	伴	伴	伴	伴	伴	伴	伴	伴	伴	伴	伴	伴	伴	伴
4	靏田	靏田	靏田	靏田	靏田	鶴田	靏田	鶴田	靏田	靏田	鶴田	鶴田	鶴田	鶴田
5	牧	牧	牧	牧	牧	牧	牧	牧	牧	牧	牧	牧	牧	牧
6	井原	井原	井原	井原	井原	井原	井原	井原	井原	井原	井原	井原	井原	井原
7	高橋	高橋	高橋	高橋	高橋	高橋	高橋	高橋	高橋	高橋	高橋	高橋	高橋	高橋
8	中山	中山	中山	中山	中山	中山	伴	伴	伴	伴	中山伴	伴	伴	中山
9	本庄	本庄	本庄	本庄	本庄	本庄	本庄	本庄	本庄	本庄	本庄	本庄	本庄	本庄
10	太田	太田	太田	太田	太田	太田	太田	太田	太田	太田	太田	太田	太田	太田
11	中尾	中尾	中尾	中尾	中尾	中尾	猪岡	猪岡	猪岡	猪岡	中尾猪岡	猪岡	猪岡	中尾
12	種田	種田	杵塚	種田	種田	種田	藤川	藤川	藤川	藤川	杵塚藤川	藤川	藤川	杵塚
13	太田	太田	太田	太田	太田	太田	太田	太田	太田	太田	太田	太田	太田	太田
14	野口	野口	野口	野口	野口	野口	野口	野口	野口	野口	野口	野口	野口	野口

14は約15間離れて1軒のみ位置。これは船番

大井手町町使長屋

1	太田	太田	太田	太田	大田	太田	太田	太田	太田	太田	太田	太田	太田	太田
2	野村	野村	野村	野村	野村	野村	野村	野村	野村	野村	野村	野村	野村	野村
3	池嶋	池嶌	池嶌	池嶌	池嶌	池島	池嶋	池島	池嶋	池嶋	池嶋	池嶋	池嶋	池嶋
4	杉山	杉山	杉山	杉山	杉山	杉山	杉山	杉山	杉山	杉山	杉山	杉山	杉山	杉山
5	溝江	溝江	溝江	溝江	溝江	溝江	溝江	溝江	溝江	溝江	溝江	溝江	溝江	溝江
6	塚原	塚原	塚原	塚原	塚原	塚原	塚原	塚原	塚原	塚原	塚原	塚原	塚原	塚原
7	中村	中村	中村	中村	中村	中村	池嶌	池島	池島	池嶋	中村池嶌	池嶋	池嶋	中村
8	山本	山本	山本	山本	山本	山本	山本	山本	山本	山本	山本	山本	山本	山本
9	小原	小原	小原	小原	小原	小原	小原	小原	小原	小原	小原	小原	小原	小原

八百屋町町使長屋

1	井原	井原	井原	井原	井原	井原	井原	井原	井原	井原	井原	井原	井原	井原
2	高尾	高尾	高尾	高尾	高尾	高尾	竹内	竹内	竹内	竹内	高尾	高尾	高尾	高尾

銅座跡船番長屋

1	高松	高松	高松	高松	高松	高松	成田	成田	成田	成田	高松成田	成田	成田	高松
2	諸熊	諸熊	諸熊	諸熊	諸熊	諸熊	三原	三原	三原	三原	諸熊三原	三原	三原	諸熊
3	緒方	緒方	緒方	緒方	緒方	緒方	緒方	緒方	緒方	緒方	緒方	緒方	緒方	緒方

銅座跡町使・散使長屋

1	小川	小川	小川	小川	小川	小川	小川	小川	小川	小川	小川	小川	小川	小川
2	服部	服部	服部	服部	服部	服部	服部	服部	服部	服部	服部	服部	服部	服部
3	牧	牧	牧	牧	牧	牧	牧	牧	牧	牧	牧	牧	牧	牧
4	吉村	吉村	吉村	吉村	吉村	吉村	吉村	吉村	吉村	吉村	吉村	吉村	吉村	吉村
5	猪岡	猪岡	猪岡	猪岡	猪岡	猪岡	猪岡	猪岡	猪岡	猪岡	猪岡	猪岡	猪岡	猪岡
6	成瀬	成瀬	成瀬	成瀬	成瀬	成瀬	成瀬	成瀬	成瀬	成瀬	成瀬	成瀬	成瀬	成瀬

注) 文化図の墨書は文化5年のもの、朱字で書き添えてあるのは天保14年ごろに訂正されたもの。

表5　長屋に住居した地役人の変遷

唐人番長屋

図名	東洋	岩瀬	東大	国会	大槌	三井長崎	内閣	官公衙	三井諸	番所	文化図	福岡	諸役所	福田上下
1	今田	今田	今田	今田	今田	今田	今田	今田	今田	今田	今田	今田	今田	今田
2	国木原	国木原	国木原	国木原	国木原	国木原	国木原	国木原	国木原	国木原	国木原	国木原	国木原	国木原
3	松浦	松浦	小野	松浦	松浦	松浦	松浦	松浦	松浦	松浦	小野松浦	松浦	松浦	小野
4	加藤	加藤	加藤	加藤	加藤	加藤	加藤	加藤	加藤	加藤	加藤	加藤	加藤	加藤
5	本庄	本庄	本庄	本庄	本庄	本庄	本庄	本荘	本庄	本庄	本庄	本庄	本庄	本庄
6	松江	松江	松江	松江	松江	松江	松江	松江	松江	松江	松江	松江	松江	松江
7	星野	星野	星野	星野	星野	星野	星野	星野	星野	星野	星野	星野	星野	星野
8	磯部	磯部	磯部	磯部	磯部	磯部	磯部	磯部	磯部	磯部	磯部	磯部	磯部	磯部
9	倉田	倉田	倉田	倉田	倉田	倉田	倉田	倉田	倉田	倉田	倉田	倉田	倉田	倉田
10	鴨池	鴨池	鴨池	鴨池	鴨池	佐々木	佐々木	佐々木	佐々木	佐々木	鴨池佐々木	佐々木	佐々木	鴨池
11	佐々木	佐々木	佐々木	佐々木	佐々木	鴨池	鴨池	鴨池	鴨池	鴨池	佐々木鴨池	鴨池	鴨池	佐々木
12	池辺	池辺	池辺	池辺	池辺	池辺	池辺	池辺	池辺	池辺	池辺	池辺	池辺	池辺
13	三上	三上	三上	三上	三上	三上	三上	三上	三木	三上	三上	三上	三上	三上
14	吉田	吉田	吉田	吉田	吉田	吉田	吉田	吉田	吉田	吉田	吉田	吉田	吉田	吉田
15	城	城	城	城	城	城	城	城	城	城	城	城	城	城
16	伴	伴	伴	伴	伴	伴	近藤	近藤	近藤	近藤	伴近藤	近藤	近藤	伴
17	吉村	吉村	吉村	吉村	吉村	吉村	吉村	吉村	吉村	吉村	吉村	吉村	吉村	吉村
18	土屋	土屋	前田	土屋	土屋	土屋	前田	前田	前田	前田	前田	前田	前田	前田
19	吉田	吉田	吉田	吉田	吉田	吉田	吉田	吉田	吉田	吉田	吉田	吉田	吉田	吉田
20	佐々木	佐々木	佐々木	佐々木	佐々木	佐々木	佐々木	佐々木	佐々木	佐々木	佐々木	佐々木	佐々木	佐々木

遠見番長屋

1	小嶋	小嶋	小嶋	小嶋	児島	小島	小嶋	児島	小嶋	小嶋	小嶋	小嶋	小嶋	小嶋
2	成瀬	成瀬	成瀬	成瀬	成瀬	成瀬	成瀬	成瀬	成瀬	成瀬	成瀬	成瀬	成瀬	成瀬
3	白江	白江	白江	白江	白江	白江	白江	白江	白江	白江	白江	白江	白江	白江
4							三上	三上	三上	三上	三上	三上	三上	三上
5	原	原	原	原	原	原	原	原	原	原	原	原	原	原
6	安田	安田	安田	安田	安田	安田	安田	安田	安田	安田	安田	安田	安田	安田
7	人見	人見	人見	人見	人見	人見	人見	人見	人見	人見	人見	人見	人見	人見
8	渡上	渡上	渡上	渡上	渡上	渡上	渡上	渡上	渡上	渡上	渡上	渡上	渡上	渡上
9	戸田	戸田	樋口	戸田	戸田	樋口	樋口	樋口	樋口	樋口	戸田樋口	樋口	樋口	戸田
10	福田	福田	福田	福田	福田	福田	福田	福田	福田	福田	福田	福田	福田	福田
11	鬼塚	鬼塚	鬼塚	鬼塚	鬼塚	鬼塚	鬼塚	鬼塚	鬼塚	鬼塚	鬼塚	鬼塚	鬼塚	鬼塚
12	吉村	吉村	吉村	吉村	吉村	吉村	吉村	吉村	吉村	吉村	吉村	吉村	吉村	吉村
13	日高	日高	日高	日高	日高	日高	日高	日高	日高	日高	日高	日高	日高	日高
14	福井	福井	福井	福井	福井	福井	福井	福井	福井	福井	福井	福井	福井	福井
15	戸瀬	戸瀬	戸瀬	戸瀬	戸瀬	戸瀬	戸瀬	戸瀬	戸瀬	戸瀬	戸瀬	戸瀬	戸瀬	戸瀬
16	今井	今井	今井	今井	今井	今井	今井	今井	今井	今井	今井	今井	今井	今井
17	塩沢	塩沢	塩沢	塩沢	塩沢	塩沢	塩沢	塩沢	塩沢	塩沢	塩沢	塩沢	塩沢	塩沢
18	二上	二上	三上	三上	三上	—注)	—	—	—		—		—	—
19	加悦	加悦	加悦	加悦	加悦	加悦	加悦	加悦	加悦	加悦	加悦	加悦	加悦	—
20	別府	別府	別府	別府	別府	別府	別府	別府	別府	別府	別府	別府	別府	別府
21	吉村	吉村	吉村	吉村	吉村	吉村	吉村	吉村	吉村	吉村	吉村	吉村	吉村	吉村
22	古川	古川	吉村	吉川	吉川	吉川	古川	古川	古川	古川	吉川	古川	古川	古川
23	館	館	館	館	館	館	館	館	館	館	館	館	館	館

注）三上、加悦２軒の土地に加悦１軒になる。

船番長屋

1	吉田	吉田	吉田	吉田	吉田	吉田	吉田	吉田	吉田	吉田	吉田	吉田	吉田	吉田
2	武井	武井	武井	武井	武井	武井	武井	武井	武田	武井	武井	武井	武井	武井
3	近藤	近藤	近藤	近藤	近藤	近藤	近藤	近藤	近藤	近藤	近藤	近藤	近藤	近藤
4	上原	上原	上原	上原	上原	上原	山口	山口	上原	上原	上原	上原	三原	上原（注2）
5	成田	成田	成田	成田	成田	成田	成田	成田	成田	成田	成田	成田	成田	成田
6	靍田	靍田	靍田	靍田	靍田	鶴田	鶴田	鶴田	鶴田	鶴田	鶴田	鶴田	鶴田	鶴田
7	吉村	吉村	吉村	吉村	吉村	吉村	吉村	吉村	吉村	吉村	吉村	吉村	吉村	吉村
8	松本	松本	松本	松本	松本	松本	松本	松本	松本	松本	松本	松本	松本	松本
9	三原	三原	三原	三原	三原	三原	三原	三原	三原	三原	三原	三原	（注１）	三原

（内閣図より現れ、官公衙図には、この名称が書き込まれている）との位置関係がわかる。タイトルに十人町とあるがこれは最初は十人体制であったことで現在もこの呼称はのこっている。この二十二人、長屋二十二軒体制は幕末の遠見番廃止まで続いた。

絵図帖に示された安永年間から安政までの約八十年間で、触頭三人（日高・原。加悦）ほかの十九人も名前は二〜三の入れ替えがあるほかはほとんど変わっていない。三世代以上世襲で勤めあげたことになる。国会図までは加悦・三上は二軒長屋だったが、三井長崎図で加悦のみとなり三上は官公衙図以降東隣の空地だった場所に住居した。なお安田（保田）、渡上（渡辺）、小島（児島）加悦（嘉悦）と字違いがある。

遠見番については籏先好紀・江越弘人両氏による著作に詳しい。

唐人番長屋

唐人屋敷だけでなく外国人全般を統括

唐人屋敷の成立にともない唐人番ができた。

『長崎実録大成』の「唐人番役屋敷之事」には「元禄二年（一六八八）唐人屋敷初て建らる。これにより新に唐人番二十人召し抱られる。唐人屋敷大門並び二の門に相勤、諸人出入を改しむ。内二人は触頭。向後出島大門にも勤め、出入を改しむ。其外唐人阿蘭陀人一切、諸処出行の節道中警護を勤めせしむ。長屋二十軒、十六坪宛、但十善寺遠見番長屋の上段に建てる」とある。**図88**の石垣で囲われた上段、四軒長屋が五棟計二十軒が唐人番長屋である。唐人番は唐人屋敷ばかりでなく、出島の警備にも携わり、外国人全般を統括した。元禄元年から二年の間（一六八七〜一六八八）に召抱えられた二十人のうち十五人の名前は判っている。姓のみなので確実ではないがこの十五人のうち線を引いた十三人の名前が東洋図、岩瀬図、東大図などに出ている。

今田、土屋、加藤、倉田、佐々木、松江、渡辺、吉田、宇都宮、吉田、国木原、吉村、城、鴨池、伴

安永期から安政期まで基本的には動きは少なく代々唐人番を勤めたことがわかる。

『続長崎実録大成』の天保九年六月の項に「唐人番鴨池、不届きの筋があり、去る申年（天保七年）放役となったが、定人数が減り差支えがあるので、触頭倉田氏の従弟、同じ名字の愛蔵を召し抱えた」とある。これも**表5**に反映されておらず不可解である。

長屋はすべて四間四方（十六坪）。二人の触頭も同じ面積。扶持も七石二人扶持だが受用銀は触頭が銀二貫二百目に対して平は一貫七百目であった。

船番長屋

外国船受入れと見送りの役目

船番は遠見番、唐人番と同じく長崎表の警備、警察を担当した地役人で、海上での取締りを主な任務とした。また外国船の入出港の際、受入れと見送りの役目があった。『崎陽群談』に「船番は寛文年中牛込忠左衛門時分二十人に究め候」とある。『長崎実録大成』の「船番役屋敷之事」に寛文十二年（一六七二）十七人の浪人を召し抱えられ船番役と名付けたとある。外国船の見張りは、船番ができるまでは与力（徒歩）、同心が勤めていたが、海上の取締りを組織化、強化するため、長崎奉行牛込忠左衛門の指示で船番が設置されたものであろう。

延宝元年（一六七三）奉行東屋敷が立山に移ったあとの地を、船番屋敷に仰せ付けられた。国会図をはじめほとんどの絵図帖に寛文十二子年（一六七二）始建、敷地は千六十四坪とあり符合する。西役所の南東に接してある。文政初期の絵図（三井諸図）を**図89**に示す。江戸町筋の南側町家に挟まれている二軒は、内閣図以降（文化年以降）にでてくる。

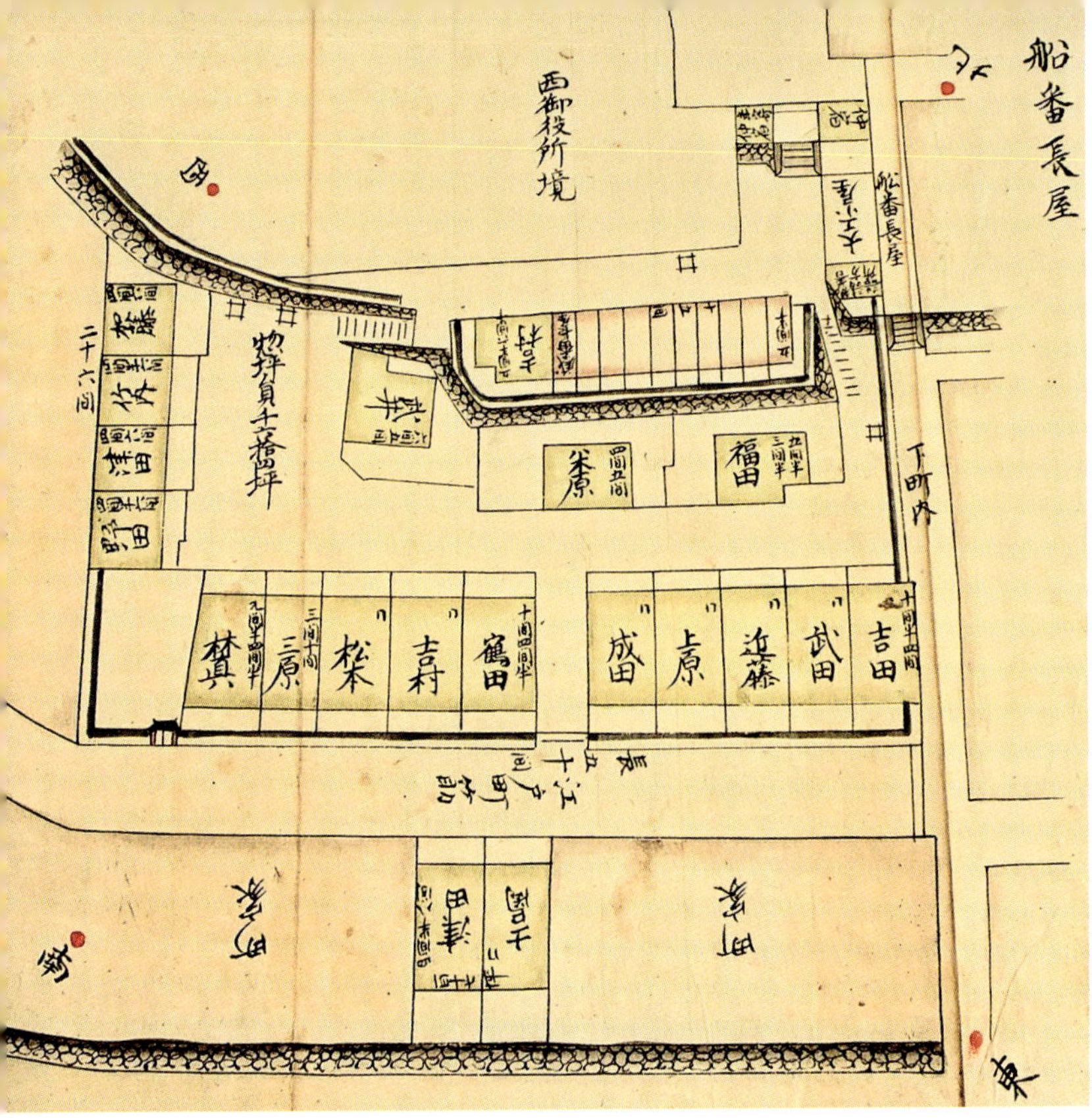

図89　船番長屋　三井諸図　（三井文庫蔵）

西側の西役所境にある長屋には、吉村氏の並びに一間半五間半の小さな長屋が十軒あり蔵番長屋と書き入れられている。大槌図には南瀬崎米蔵番長屋と記されている。『長崎地役人分限帳』には九人の蔵番がいたとの記録がありこのことであろう。

寛文十二—三年（一六七二—三）に最初に船番に採用された浪人は、武井清左衛門、成田又作、斉藤左吉、安達杢太夫、中村平八、木村又七、林与五右衛門、山口清右衛門、三原与助、加藤勘左衛門、吉田善兵衛、竹内重右衛門、鶴田五郎左衛門、上原半助、野口弥七、市川新兵衛、吉田左次右衛門の十七人と知られている。もっとも古い絵図帖（享保—元文ごろ、千七百年代の前半）の福田古図に船番の氏名が入っている。佐崎又助、武井源助、村井文蔵、上原元右衛門、成田嘉平次、鶴田六右衛門、三浦伝次、松本達平次、上原亀太夫、久保山治兵衛、野田条平、津田清八、竹内兵助、加藤嘉右衛門、山口唯平、吉村幸兵衛と十七人である。

その後は安政期までほとんど変わっていない。この役職は世襲で、かなりの家が代々引続いて勤務している。船番の長屋は、この西役所の隣の場所の他に、銅座跡に三軒、引地町に一軒ある。船番はその後増員され四十人以上になったようだが、残りの船番がどこに居住したかはわからない。福田上図には絵図に付箋がついており船番の屋敷の坪数が記されており、「右の通に御座候以上」とあるが、これでは高々二十六軒にしかならない。

一、千六十四坪　船番屋敷
一、百十七坪　江戸町船番長屋屋敷分
一、五十六坪　引地町・野口屋敷
一、百六十八坪　浜町長屋三軒分（注）

（注：あとに出てくる銅座跡の長屋のこと）

町使長屋

平野富二の実家も引地町に

町使（町司）は保安関係の地役人で目付役ともいった。絵図帖ではすべて町使となっている。陸上の兵備、警察の職分を担当した。番方の役職ではもっとも古い。『長崎実録大成』の「町使役屋敷之事」には「慶長八年（一六〇三）初て目付役五人を召し抱えられる。其後町使役と名付られる。元和五年（一六一九）四人相増、寛永十二年（一六三五）四人相増、延宝四年（一六七六）二人相増、十五人と成る。此内二人触頭に仰せ付けらる。長屋九軒、引地町より東の地、同六軒、大井手町より北の地」とある。

絵図帖には引地町（十三軒）、大井手町（九軒）、銅座跡（三軒）、八百屋町（二軒）の役屋敷が出ている。一軒あたりの坪数はそれぞれ十五坪、三十坪、十六坪、二十坪

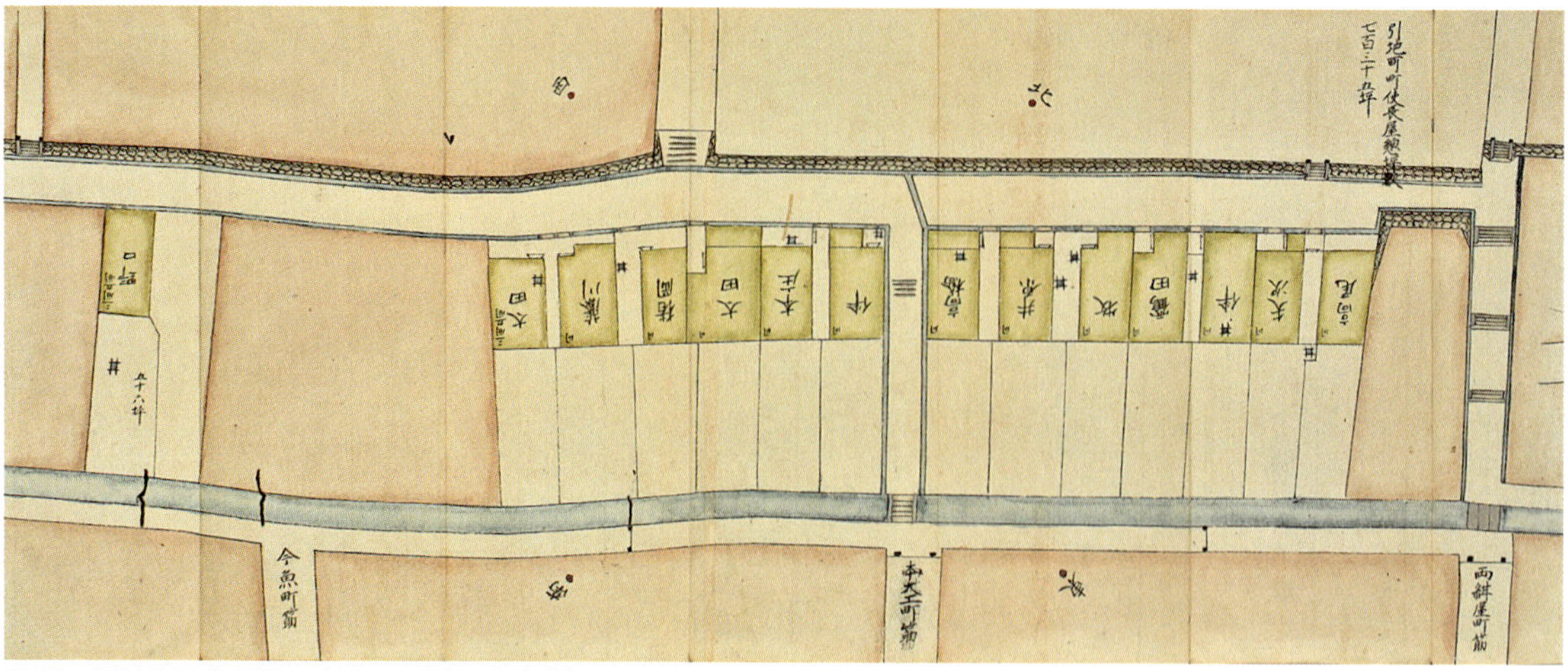

図90　引地町町使長屋　内閣図　（内閣文庫蔵）

と相違がある。

引地町町使長屋

引地町の歴史は古く慶長十年（一六〇五）三の堀の一部が埋め立てられ引地町の造成がなされたとの記録がある。

東洋図、東大図・国会図・三井長崎図には次のような説明がある。「引地町町使長屋寛文三卯年（一六六三）始建。宝暦五年（一七五五）類焼に付残らず建替往古十一軒の処十三軒に成る。外引地町町屋鋪二カ所御買上船番一人召し置かれる」とある。福田古図（市博地図）は十一軒で次の氏名である。高尾権之進、伴与一兵衛、窪田初助、牧形太夫、井原貞七、高橋勘太左衛門、中山形右衛門、本庄善四郎、太田武助、種田平次兵衛、太田安太夫。宝暦の火災の前の絵図である。他のすべての絵図は十三軒、すなわち同じ場所を区画整理し二軒増えた。火災前は表口が四間あるいは五間だったのを、すべて表口三間五間の十五坪に統一し、二軒あるいは一軒立てとした。**図90**に文化初期の絵図（内閣図）を示す。この場所は桜町の牢屋のがけ下である。船番の一軒（ずっと野口）は約十五間離れて位置している。十三軒の内十軒（高尾、矢次、伴、鶴田、牧、井原、高橋、本庄、太田、太田）は東洋図から諸役所図まで変わっていない。なお右から二軒目の矢次は、長崎のソロバンドックさらにＩＨＩの創始などの近代産業技術のパイオニアとして活躍した平野富二の実家である。

大井手町町使長屋

東洋図、東大図・国会図・三井長崎図に「延宝四辰年（一六七六）始建。明和五年（一七六八）二月二日類焼」とある。九軒。どれも五間六間。三十坪くらいの居宅である。現在の日本銀行長崎支店から国道を隔てた崖下の場所で区画の形は変わっていない。**図91**に文化初期の絵図（内閣図）を示す。**表5**の記録では九軒の内八軒（太田、野村、池島、杉山、溝江、塚原、池島、山本、小原）は変わっていない。変わった中村、池嶌もおそらく縁家であろう。山本家の跡地に井戸があり「福澤先生使用之井　安政元年」との石碑がたっている。福沢諭吉は安政元年（一八五四）長崎遊学中、ここ高島秋帆の門下の炮術家・山本物次郎宅に寄留していたが、安政の大地震の際、水を汲んでいてこの井戸に落ちそうになったとの逸話がある。

銅座跡乙名詰所・船番長屋町使散使長屋

長崎の銅吹屋は地下人経営であったが、元文三年（一七三八）に全国の産銅が大坂に集中され専売となったと同時に廃止され、銅座跡という名前のみ残った。絵図には福田上図（市博地図）に「享保七年（一七二二）より建て始め同十二年（一七二七）成就」とある。他には経緯書きはない。銅吹所の項で述べたが、鋳銅所は享保十年に出来たとされており、この記述は長屋についてでなく、鋳銅所のことではないか。しかし完成に五年も掛かったというのも不可解である。

国会図、三井長崎図には銅座跡乙名詰

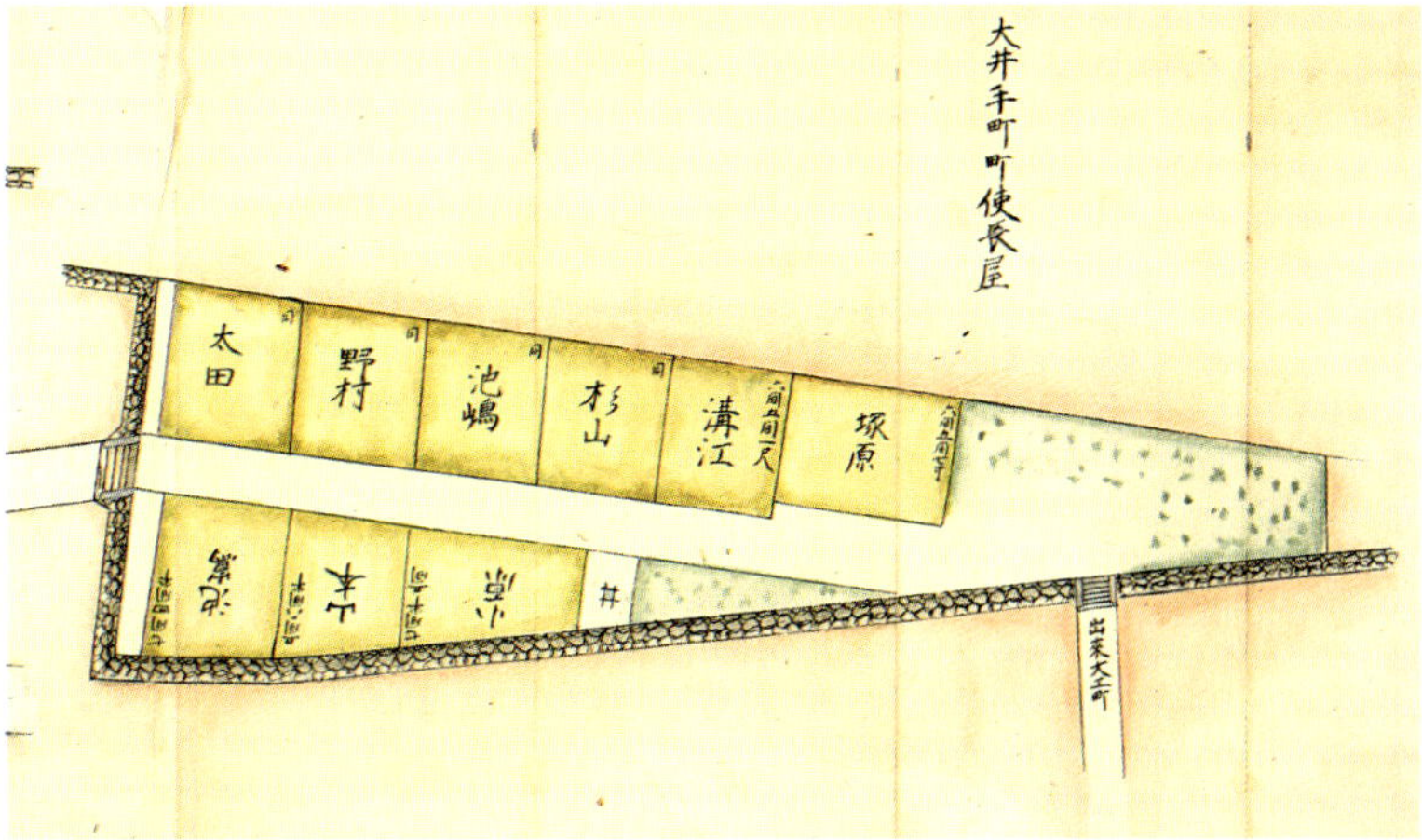

図91　大井手町町使長屋　内閣図　（内閣文庫蔵）

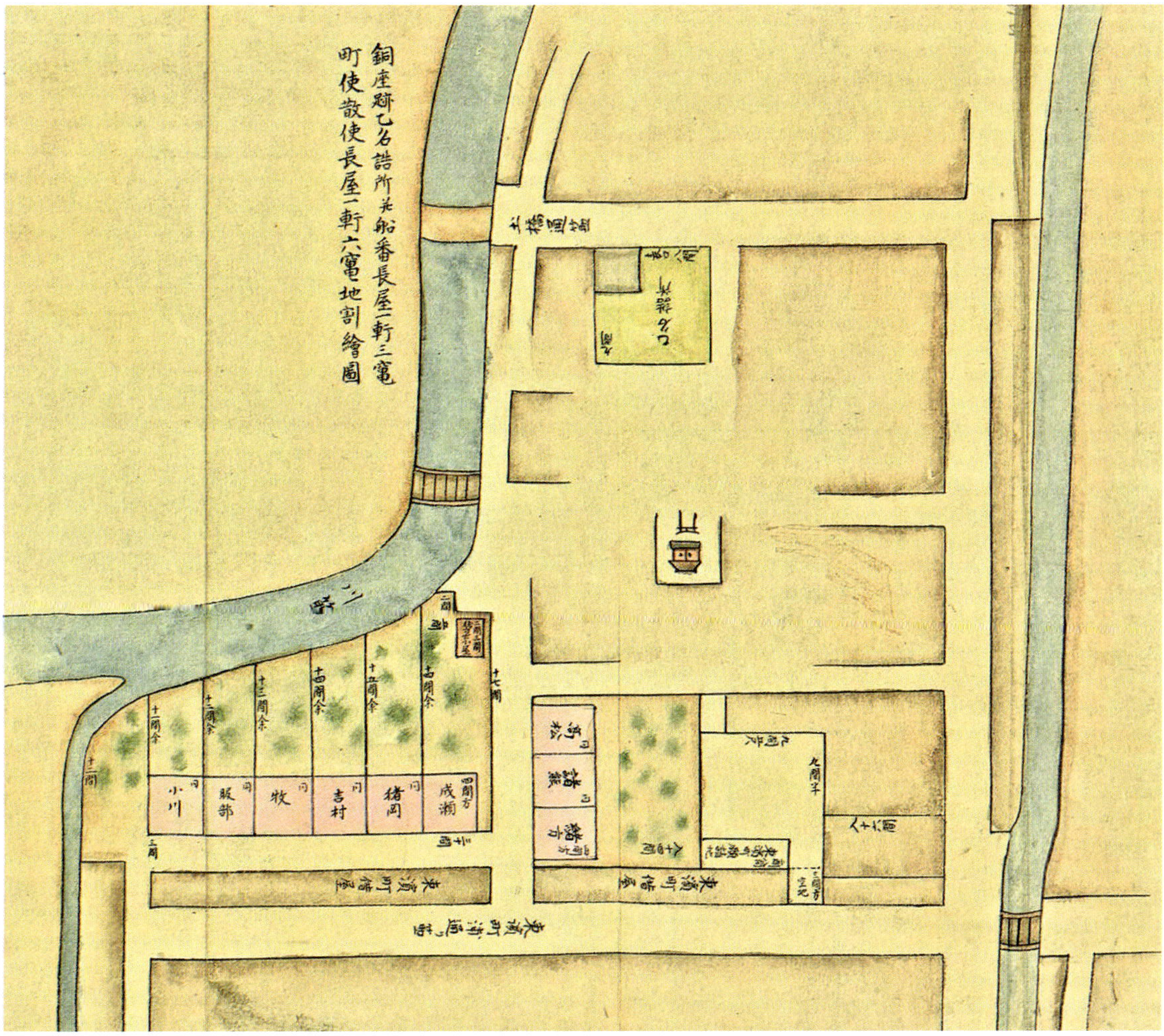

図92　銅座跡乙名詰所并船番長屋町使散使長屋　国会図　（国立国会図書館蔵）

所・船番長屋一軒三竈、町使散使長屋一軒六竈地割地図とあり、竈数から船番が三人、町使が六人とわかる。すべて四間方で十六坪である。東洋図にはないが岩瀬図以降、敷地の中央部に稲荷社が描かれている。現在はビルの五階に移っている。国会図の絵図を**図92**に示す。竈とは所帯のことで、借家人に対する長崎貿易の利益の配分の単位であった。

乙名詰所は岩瀬図以来書かれているが三井諸図、福岡図で役所と記され諸役所図では名称は記されていない。敷地は三十六坪で土橋通りに面して門がある。現在でいう町役場ということか？ また二間三間の剣術稽古場がある。

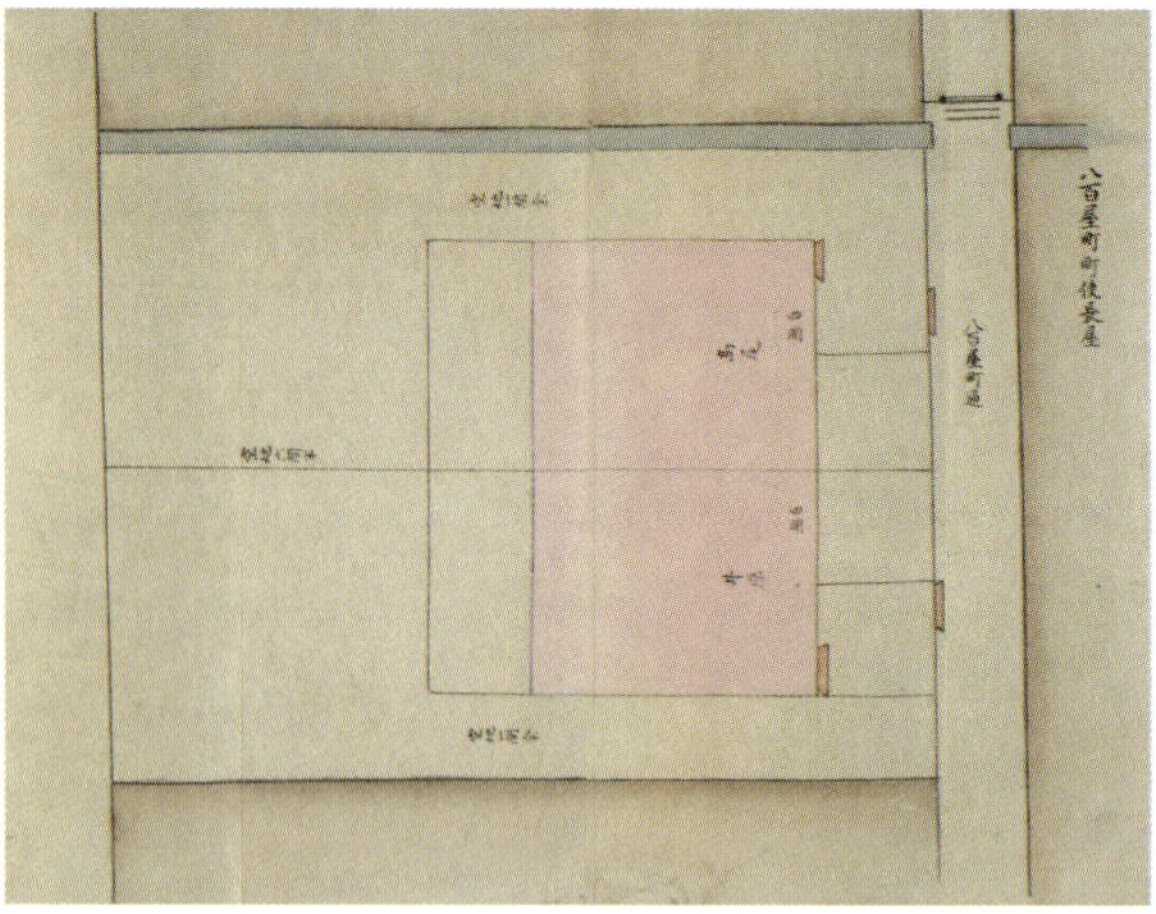
図93　八百屋町町使長屋　国会図　（国立国会図書館蔵）

八百屋町町使長屋

立山奉行所に近い八百屋町通りに面した二軒長屋である。四間五間二十坪である。井原は変わりなく、高尾は内閣図で竹内に変わり、福岡図で高尾に戻っている。**図93**に国会図の絵図を示す。経緯書きはどの絵図にもないが、東洋図以降の絵図帖にあることから安永年間からここに幕末まであったことになる。

5 長崎警備関係

佐賀藩、福岡藩など九州諸藩が非常時体制

長崎警備

歴史的事件のたびに対応した事例

　長崎奉行は赴任にあたり幕府から与えられた少数の与力と同心を擁するのみで、長崎警備は近隣の大名家が担当していた。佐賀藩と福岡藩の隔年交替による西泊・戸町両番所の警備、大村藩による港内警備と外海十六か番所など、島原藩、熊本藩による御用船提供などを幕府から命ぜられており、非常時に長崎奉行の指示で動くこととなっていた。長崎警備については多くの著作がある。代表的なものとして中村質氏による総説、最近のもので松本英治氏、佐賀藩の体制についての長野暹氏の総説などがある。なお佐賀藩による長崎警備は、地理的な関係上、深堀鍋島家が中心的な役割を負ったが、その詳細については平幸治氏の著書がある。

　さらに魯寇事件以後の動きの理解については、先述した内閣文庫蔵の『御備一件・諸絵図』に加え、長崎奉行所と佐賀・福岡藩との間の達書、口上書など百九十八件の記録である長崎歴史文化博物館収蔵の『異国船渡来之節御備向一件に付両家達伺留、文化五年－六年』、さらに『曲淵甲斐守様弐御在勤　文化六年六月　異国船渡来之節御備大意御書付』などの史料が理解に役立った。ここではこれらを参考にしつつ筆者なりのまとめを記した。

　長崎警備の必要性の認識とその対応策が取られたきっかけは大きく六度あった。

一．寛永十五年（一六三八）南蛮船（ポルトガル）の渡来禁止。

　幕府は寛永十二年（一六三五）外国船の入港、貿易を長崎に限った。寛永十四年（一六三七）に島原・天草一揆がおこり、寛永十五年（一六三八）八月には幕府は太田備中守を上使として派遣、ポルトガル人（船）の来航を禁止し、通航をオランダ・中国のみとした。いわゆる鎖国体制のはじまりである。

　異国船の渡来を監視し通報する体制として、野母に遠見番所、さらに放火山に烽火所をおいた。異国船の航路筋はそれぞれの藩が警備を担当した。大村藩は諸藩にさきがけて、寛永十三年（一六三六）に長崎湾内の戸町、外目の福田など七カ所に番所を設け、正保元年（一六四四）には、式見など九カ所に番所を設置した。佐賀藩（深堀）も自領の要所に遠見番所を設置した。寛永二十年（一六四三）には香焼、沖島、伊王島、高嶋、脇津の五箇所に遠見番所を置き、常時警備をした。

二．寛永十七年（一六四〇）港内でポルトガル船を焼沈め使節以下乗員を斬首。

　寛永十七年（一六四〇）、貿易再開を嘆願するため、ルイス・パエス・パチェコら四人の使節を乗せたポルトガル船が来航した。幕府は大村・島原藩に警護を命ずるとともに大目付を派遣し、嘆願を拒否し、使節以下六十一人を処刑、船はすずれ沖で焼き沈めた。さらに、その経緯を報告させるため下級船員十三人を別船でマカオに送り返した。この強硬措置へのポルトガルの報復を恐れた幕府は、寛永十八年（一六四一）に福岡藩黒田氏に、翌年寛永十九年（一六四二）には佐賀藩鍋島氏に港内の戸町と対岸の西泊に番所を設立し、毎年交代で警備するように命じた。しかし番所と言っても実態は小屋がけ程度だったといわれる。

三．正保四年（一六四七）のポルトガル船入港・湾口閉鎖。

七年後の正保四年（一六四七）六月二十六日、ゴンサロ・シケイラ・デ・ソイサを使節とするマカオ政庁の軍船二艘が突然入港、同国のイスパニアからの独立を理由に貿易の再開を求めた。幕府は九州諸藩をはじめ松山・今治の軍勢計五万余を擁して、港の内外に布陣し、港口に船橋を架渡して両船の脱出を防ぎ、厳重に警備した。一方幕閣中枢での熟議の末、通商拒否・再渡来の厳禁を申渡し八月六日に帰帆せしめた。この事件は西泊・戸町の両番所に定小屋を普請、九州諸藩が長崎に聞役をおいて情報収集、伝達を行うきっかけになった。また船蔵も設置された。約七年後の承応二年（一六五三）には平戸藩松浦肥前守に命じて港内の大田尾、女神、神崎、港外の白崎、高鉾、長刀岩、蔭の尾の合計七カ所に台場が築かせた。翌年完成した。

このあと延宝元年（一六七三）に英国船リターン号が通商を求め来たが二か月あと幕府はこれを拒否し平穏に退去した。この来航の様子は、長崎歴史文化博物館収蔵の『寛文長崎図屛風』に描かれている。さらに貞享二年（一六八五）にはポルトガル船サンパウロ号が、漂流民十二人を送還すべく長崎に来航した。これも長崎奉行は再渡を禁じ米薪水を支給し平和裏に帰船させた。

四．文化元年（一八〇四）のレザノフ来航とその結果としての文化魯寇事件（文化三、四年（一八〇六、一八〇七）

それから約百二十年は平穏に過ぎた。文化元年（一八〇四）九月ロシアの全権大使レザノフが、先に根室で幕府が発給した「信牌」を持ち通商を求めて来航した。幕府からの回答におよそ半年あまり待たされ、幕府から派遣された目付遠山景晋との会談で、通商要求は拒否された。レザノフはその腹いせに、部下のフヴォストフに命じて樺太（文化三年九月）および、エトロフ島（文化四年四月）を襲撃させた。日本側はなすすべなく大敗した。これは文化魯寇事件あるいは北辺紛争と言われ、幕府を震撼させた大事件であった。このロシアの狼藉への対応策として、文化五年（一八〇八）四月に老中牧野備前守の指示で幕領箱館、松前、弘前、八戸、盛岡、銚子と江戸湾周辺に台場を築造することとした。長崎では台場に石火矢を常備し番小屋を設置し番人も置くなど、ロシア船渡来の節の港内警備の方策を定めた。ちなみに幕末の海防については原剛氏の著書に詳しいが、嘉永六年のペリー渡来までに日本全国の海岸線に約六百カ所の台場が築かれたとある。

五．文化五年（一八〇八）のフェートン号事件

文化五年（一八〇八）八月十五日にフェートン号事件が起こった。フェートン号は、イギリス政府の命を受け、長崎港のオランダ船を捕獲する目的で来航したもので、恐れて準備をしていたロシア船ではなく、英国の軍艦であって、まったくの不意打ちであった。オランダ商館員は英船に拉致され、夜には三艘の武装ボートが港の中を偵察し回った。港の入口にある西泊および戸町の番所は千人番所と言われ、多数の番兵を擁していた筈であったが、当時担当であった佐賀藩は減番の時期であったことから百四十―百五十人で警備していた。また配備されていたはずの石火矢も間に合わなかった。オランダ商館長ドゥーフが穏便な対応を求めたこともあり、英国船は人質を返し食料と水の補給を受け、悠然と立ち去った。この事件では長崎奉行松平図書頭が引責切腹し、佐賀藩の責任者も数名が切腹するという悲劇になったが、この大事件からの教訓として備場、新規台場、増台場などの台場の増設強化などの長崎警備強化策が実施された。この時点で初めて台場に石火矢が常備され塩硝蔵も設置され番小屋に番人が駐在するという体制になった。

六、天保十五年（一八四四）オランダ軍艦の来航。

天保十五年（一八四四）軍艦パレンバンによりオランダ国王の特使コープスが長崎へ来航、国王ウイレム二世からの親書を持参した。この親書には二年前の阿片戦争（一八三九―一八四二）の概略が書かれ、蒸気船の発明による西洋列強の対外進出に触れて、もうこれ以上鎖国をつづけることは無理であるからぜひ開国すべきである。日本は国際慣行などをまだ知らないであろうから、オランダがいままでの長年の付き合いのお礼としていろいろと教えてあげたいという親切なものであった。

この年長崎警備の担当であった佐賀藩の藩主鍋島直正は、長崎警備上西洋の軍艦の構造を知る必要ありとし、長崎奉行に申出、軍艦パレムバンに乗り込んだ。直正はこのとき軍艦には大砲が数十門を備え厳重な装備になっており、旧態依然の石火矢では船腹を打ち砕くことができないことを知り、強烈な危機感を持ち、長崎警備の転換が必要なことを強く認識した。長崎港外の防備強化を福岡藩と協議し、老中阿部伊勢守の同意を得て佐賀藩自前で嘉永六年（一八五三）に四郎ケ島および伊王島に台場（佐賀台場）を築き、かつ配備すべき鉄製の石火矢が必要なことから反射炉を築造した。佐賀藩はこれを契機として、我が国初めての鉄製大砲を鋳造、さらにアームストロング砲の製作など時代の先取りに成功した。

以下長崎警備関連の施設を絵図に従って述べる。

西泊および戸町番所

沿革　千人番所と呼ばれた港の警備所

『増補長崎略史』の寛永十八年（一六四一）に「幕府筑前黒田氏に命じ長崎港を警備せしむ。港口西泊戸町に兵営を置く。これを沖両番所と称す。常に一千人を屯す。因りて人千人番所と呼ぶ」とあり、雄藩の福岡藩を長崎警備に起用し、代りに参勤交代を免除した。さらに翌年の寛永十九年（一六四二）に「幕府佐賀侯鍋島氏に命じ、筑前侯と共に長崎に警らしむ。爾後両家の兵毎年四月を以て交代勤番す」となった。しかし実態は最初の六、七年は仮番所で、番船などで当番限りの勤番であった。両番所が形を整えたのは、正保四年（一六四七）のポルトガル船入港・湾口閉鎖という大事件のあとで、西泊は慶安四年（一六五一）、戸町は承応元年（一六五二）とみられている。

警備の基本は、長崎へ入港のため通過する敵船を、港の台場から射撃することであった。寛永十二年（一六三五）以来、幕府により安宅船を含め五百石積み以上の大船の建造が禁止されており、大船で防御する体制はとれなかった。福岡藩の『長崎警備記録』には「両番所の任務の主たるは、長崎港沿岸・諸島にある石火矢台の守備であった」と明記されている。つまり、両番所の主任務は、長崎港口に設置された石火矢台（台場）の補給基地であった。ここには台場はなく、地理的に市内と港口の中間地点ということで選定されたものと思われる。地図を見ても船の航路から離れており、攻撃のための場所でなかったことがわかる。西泊は柵内二千百坪余、戸町は同二千百九十坪余で出島の半分弱の広さであった。

ここで疑問なのは、台場が出来たのは、両番所の十数年あとだったことである。当初は、敵船を湾内に引き入れ、両番所から攻撃するということだったのかも知れない。

ケンペルの『日本誌』には「町から半マイル離れたところの両岸に、開け放しの無防備の番所がある。両番所の番役人の数は七百人、ここから毎日一隻の見張船と何隻かの手漕船が出て、この町の港内の巡視するのである」と記している。

図94　戸町御番所　崎陽図（内閣文庫蔵）

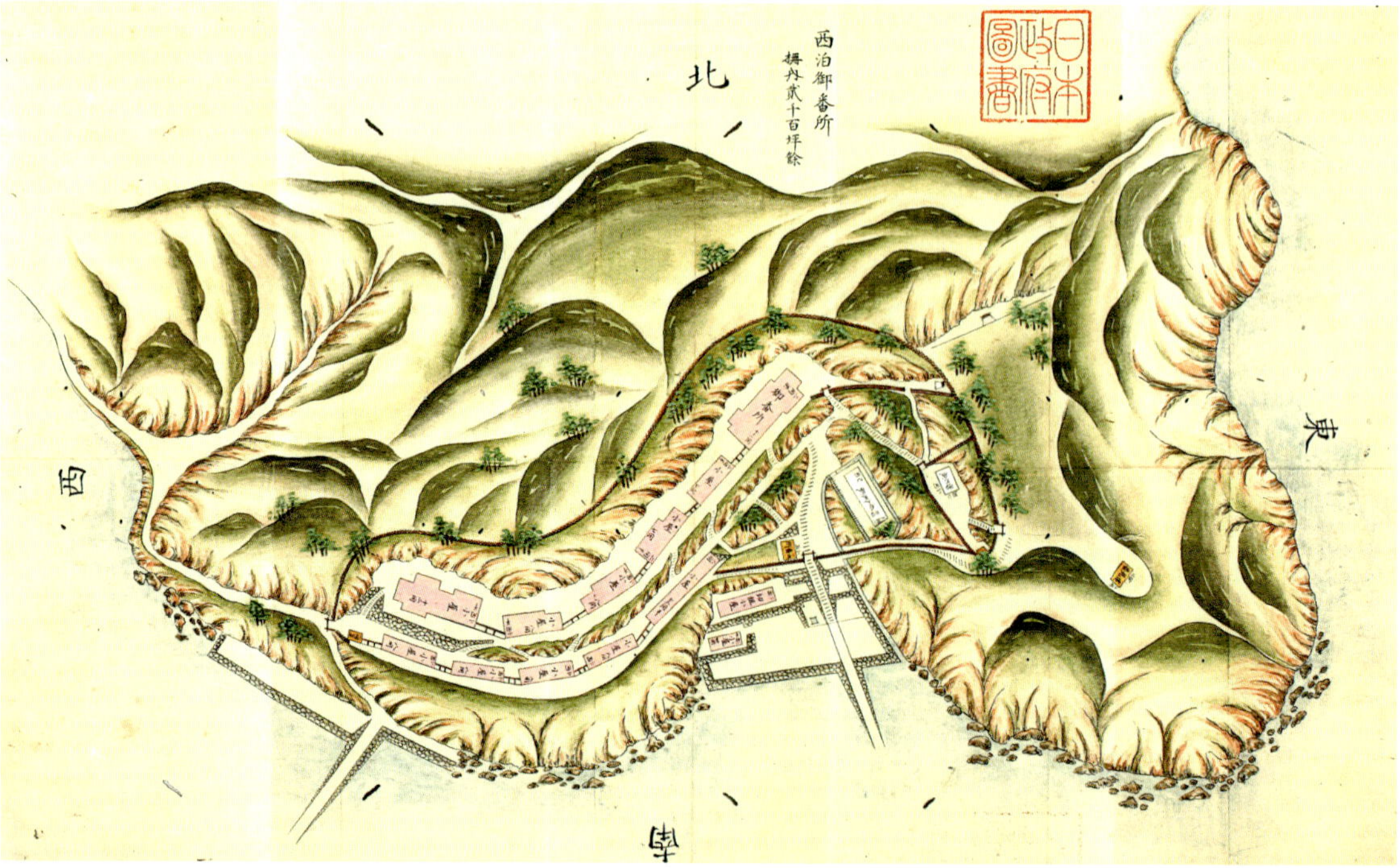

図95　西泊御番所　崎陽図（内閣文庫蔵）

貧弱な石火矢

台場に必要な大砲すなわち石火矢は、寛永十八年（一六四一）に福岡藩および佐賀藩が幕府に借用を願い出て許され、「石火矢大小三十挺御借成られ候御奉書」により石火矢十門（鉄製　一貫二百目、一貫目、ほか唐金製など八百目―六百目を八門）、大筒百目、五十目、三十目を計二十門を、大坂城で受け取った。

『崎陽群談』には西泊・戸町両所の石火矢は三十五挺（但、玉目二百目から八貫目まで）、大筒二十挺　但、玉目三十目から三百目まで、玉大小千七百五十二　内鉛玉九百六十三、鉄玉七百八十九、薬三千九百五十一斤余とある。数字の上では装備は増強されたが、これらの石火矢は極めて劣悪で、沖に沈んだ船から引き揚げたもの、島原・天草一揆で使われたもの、また大坂城のものは夏の陣で使われたものであった。すなわち骨董品で、凡そ実戦に耐えるものでなかったとみられる。

『続長崎実録大成』の年表の寛政五年（一七九三）に、「長崎奉行は江府からの情報としてロシア船が信牌をもって長崎に来るとの予告情報を聞役に仰せ渡した」とある。これを受け「両番所にある石火矢の火通し（打ためし）を寛政六年二月奉行高尾信福も出駕して、実施したところ、両番所の石火矢、大筒が折れあるいは割砕し、筑前佐賀両家より代りの筒を鋳立、備置いた」と記されている。『増補長崎略史』の寛政六年の項には「沖両番所大炮火通の際破裂す」とある。

天保十五年（一八四四）オランダ軍艦に乗り込んで新式の大砲を見た佐賀藩主鍋島直正が、両番所に配備されていた石火矢と比較して、強烈なショックを受けたのも無理はない。

両番所の絵図

絵図帖の中では東洋図、大槌図、崎陽図、福田古図および福田下図に出ている。これら絵図の成立時期は享保・元文から文化十年ごろ（一六一七―一八一三）と二百年にまたがるが、興味あることに、建物の様子などに違いは見られない。福岡・佐賀藩が交代して補修しつつ原型の小屋をそのまま使っていた様子がうかがえる。両番所の文化期の絵図（崎陽図）を**図94**および**図95**に示す。両番所とも一軒の番所、番人が寝泊まりする十数軒の小屋を連ねており、加担小屋、さらに一間半四間の小屋がある。海岸から上がった場所に石火矢蔵（二間、九間）、石火矢玉蔵がある。台場はない。船着場が二カ所ある。非常のときにここから船を使って台場へ石火矢を届け配備した。塩硝蔵もない。以前はあったが元禄二年（一六八九）にこの近くに落雷があり、危険を避けるべく道生田に塩硝蔵を造ったので、そのあとの絵図である。西泊・戸町両番所ともに高いところには遠見番の小屋がある。

両番所は元治元年（一八六四）に廃止され、付属の火砲は奉行所に撤収されて、もっぱら市中外人居留地の警護に向けられた。

この長崎警備にとって重要な両番所が、長崎奉行所の作成した絵図帖にあまり含まれていないのは、その維持管理は、福岡・佐賀両藩の担当であり長崎奉行所の直接の管理下になかったためと思われる。しかし長崎警備については福岡・佐賀藩さらに九州の諸大名は江戸の老中からの指示を受ける長崎奉行の命令によって動いていた。『崎陽群談』には、この両番所は奉行、目付交代の砌り、奉行・目付同道で巡視するものと定められている。また長崎で不意に人数が必要になった場合、長崎奉行や代官の求めで、両番所から人を助力するようになっていた。

両番所内に塩硝蔵を再配置

絵図を見ると、道生田の塩硝蔵から両番所や台場へ塩硝を運ぶには、陸路はなく海路しか方法はないことがわかる。野母の見張番所から白帆注進があっても、塩硝をここから各台場へ運送するのに時間が掛かるし、不審船が長崎湊口に停泊すると、この海路は使えないという大きな欠点がある。フェートン号事件のあと「沖より見込む場所にて要害宜しからず場所なので湊内番所の山の上へ引き直す」こととなった。元禄三年（一六九〇）に道生田へ移ってから百二十年あとの再配置である。内閣文庫の『御備一件・諸絵図』の文化六巳年正月十八日牧野備前守（老中）殿へ主膳正（柳生勘定奉行）進達という絵図の中に「両御番所内塩硝蔵」の絵図があり、「この朱線で囲んだ場所に塩硝蔵を取建てる積、もっとも御番所の柵外」と書いてあり、西泊の絵図には、この朱角の場所は柵の外三十間離れており上部に「私御代官所浦上村淵通り西泊郷畑地に御座候」と書きいれられている（**図96**）ここは代官の土地で長崎代官高木作右衛門が書いたものとわかる。戸町の方は縦横十八間の場所で、番所からは山蔭で見えない場所であると書き入れてある。

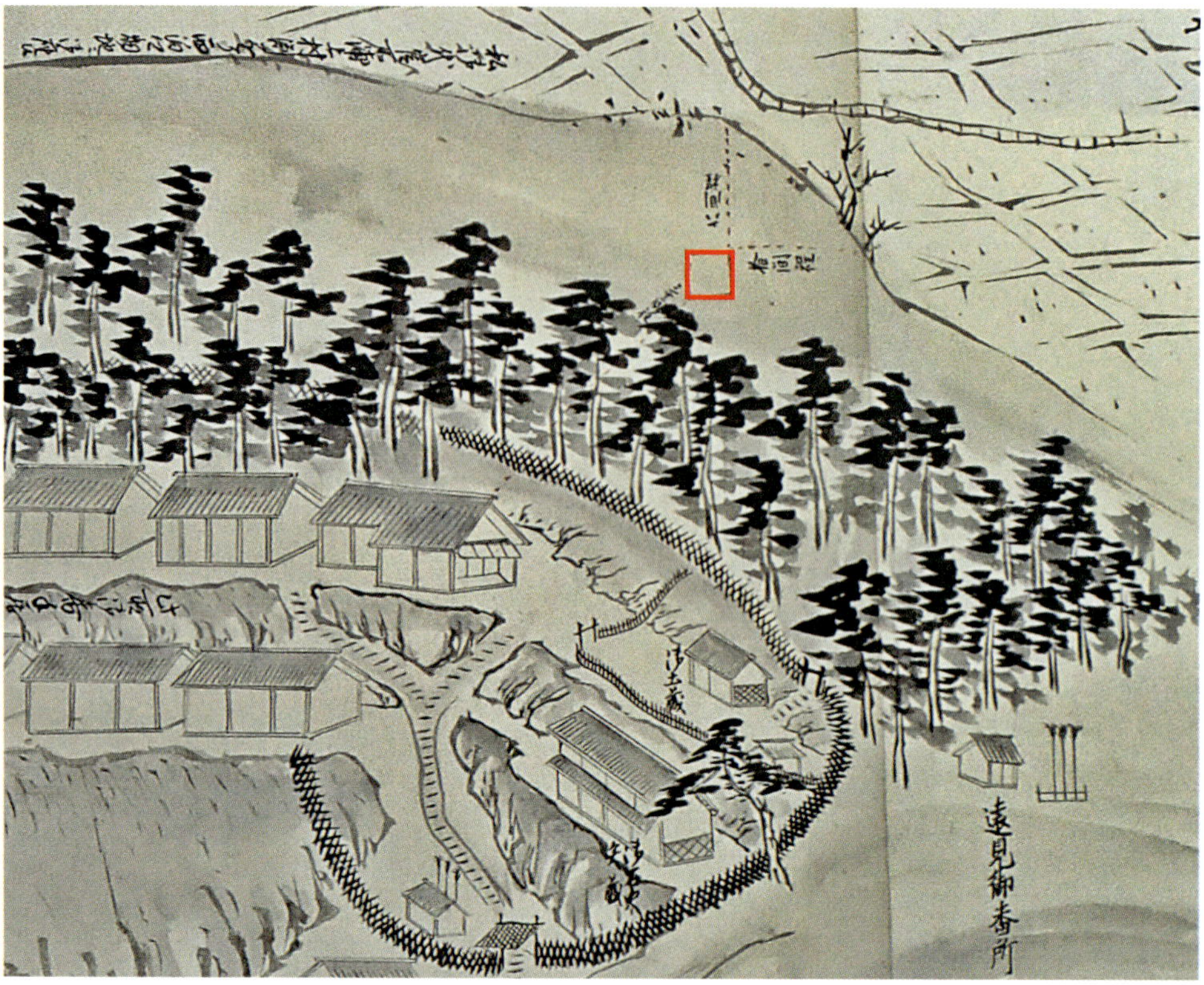

図96　西泊番所御塩硝蔵地所絵図の部分　『御備一件・諸絵図』樹木の上部の朱角の場所（内閣文庫蔵）

台場

沿革　ポルトガル船来航事件に備えた

台場とは『広辞苑』によると、砲台場の略で海防に備えた砲台のことである。長崎の台場の歴史は古い。築造されたのは承応四年（一六五五）で、正保四年（一六四七）のポルトガル船来航の事件から八年あとであった。湊の内側に三カ所（一－三番）、外側に四カ所（四－七番）に台場を作って、異国船の襲来に備えとした。この時期はオランダ商館が平戸から出島へ移った一六四一年から十年も経ったあとで、貿易の利益もなくなった平戸藩になぜ幕府が設置を命じたのか疑問に思った。松浦史料博物館に問い合わせたところ、平戸藩の歴史を記した『家世伝』に出ていることを教わり、次のような事情が判った。『家世伝』続伝巻の一の承応三年（一六五四）の記録に「松浦鎮信公が長崎でたまたま幕府が炮台を築くことを計画していることを耳にし、老中酒井忠清、松平信綱・阿部忠明に手紙を送りその計画を請け負

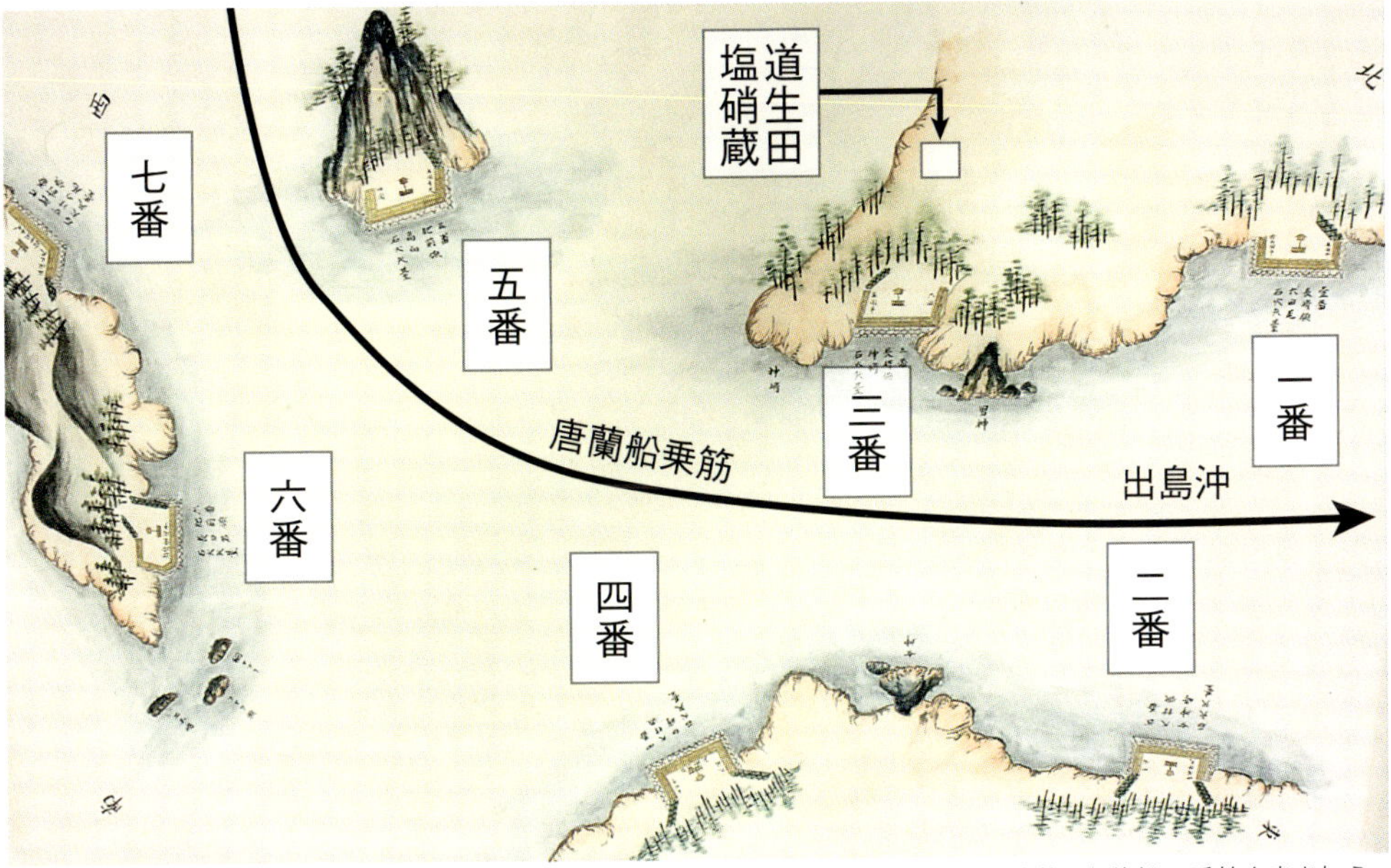

図97　在来七台場　福田古図　説明を容易にするため台場の番号（筆者加筆）、塩硝蔵、唐蘭船の乗筋を書き加えてある（長崎歴史文化博物館収蔵）

うべく手を挙げた。その後、幕府より許可され正式に命が下り、翌年に至り七カ所の炮台を築いた」と記されている。これは平戸藩が幕府に対して忠誠を誓う姿勢をみせたと考えられる。平戸藩はそのこともあってか、外様大名でありながら先には奏者番兼寺社奉行を勤めるなど重用されている。台場の場所の選定は佐賀藩で行われた。寛文七年（一六六七）には石垣も作られた。この七台場は、海岸際に石垣で場所が確保されただけで、非常の際に両番所から石火矢が急送され配備されることとなっていた。歴史の解説書に「台場を設け、石火矢、大筒を配備した」とあるが間違いである。

この承応四年（一六五五）に築かれた七台場は、その後増設された台場があるので、それらと区別するため在来（古）台場と呼ばれる。

在来台場

一番	大田（多）尾	長崎領
二番	女神	大村領
三番	神崎	長崎領
四番	白崎	大村領
五番	高鉾	佐賀領
六番	長刀岩	佐賀領
七番	蔭（かげ）の尾	佐賀領

絵図に見る在来台場

福田古図（市博地図も同じ）（**図97**）によりこの七カ所の台場を場所を示す。これらの台場ばすべて海岸脇にあり、寸法は内閣文庫の『長崎諸事覚書』によると、場所によって異なるが、石火矢台の高さは一－二丈、長さ十四－二十四間程、幅四－五間ほどこじんまりした石塁である。絵図には高札（制札）のみが描かれている。港があるようには見えない。『長崎実録大成』に、この高札の文言として、長崎領の場合「此石垣へあがるべからす。採石取り間敷く候　違背の条あれば曲事者たるべし」とあり、佐賀・大村領では同文に「違反したものがあれば奉行所へ訴える」と付け加えられている。すなわち上陸、採石が禁止され違反すると処罰された。

これから三十七年後に、ここを通過したケンペルは『日本誌』に「ここ（高鉾）から外海に達するまでの距離は一里であるが、ここから数多い島嶼の間を縫って、右側の陸地寄りに西方へ通り抜けるのが通例である。海に沿って幾多の堡塁があるが、大砲は据えられていない」とある。絵図をみても高札にみが描かれており番人の住居も無い。当時は無人の場所であった。

有事の際には、当番年により福岡藩または佐賀藩が、長崎奉行の指示を受け、西泊・戸町の両番所にある石火矢蔵から石火矢・大筒をここに運び据え付けることとなっていた。また塩硝は道生田から運ぶ手筈となっていた。幔幕を張りめぐらし、槍旗等をたてて軍容を示し、夜は提灯を点した。しかしこのような警備が

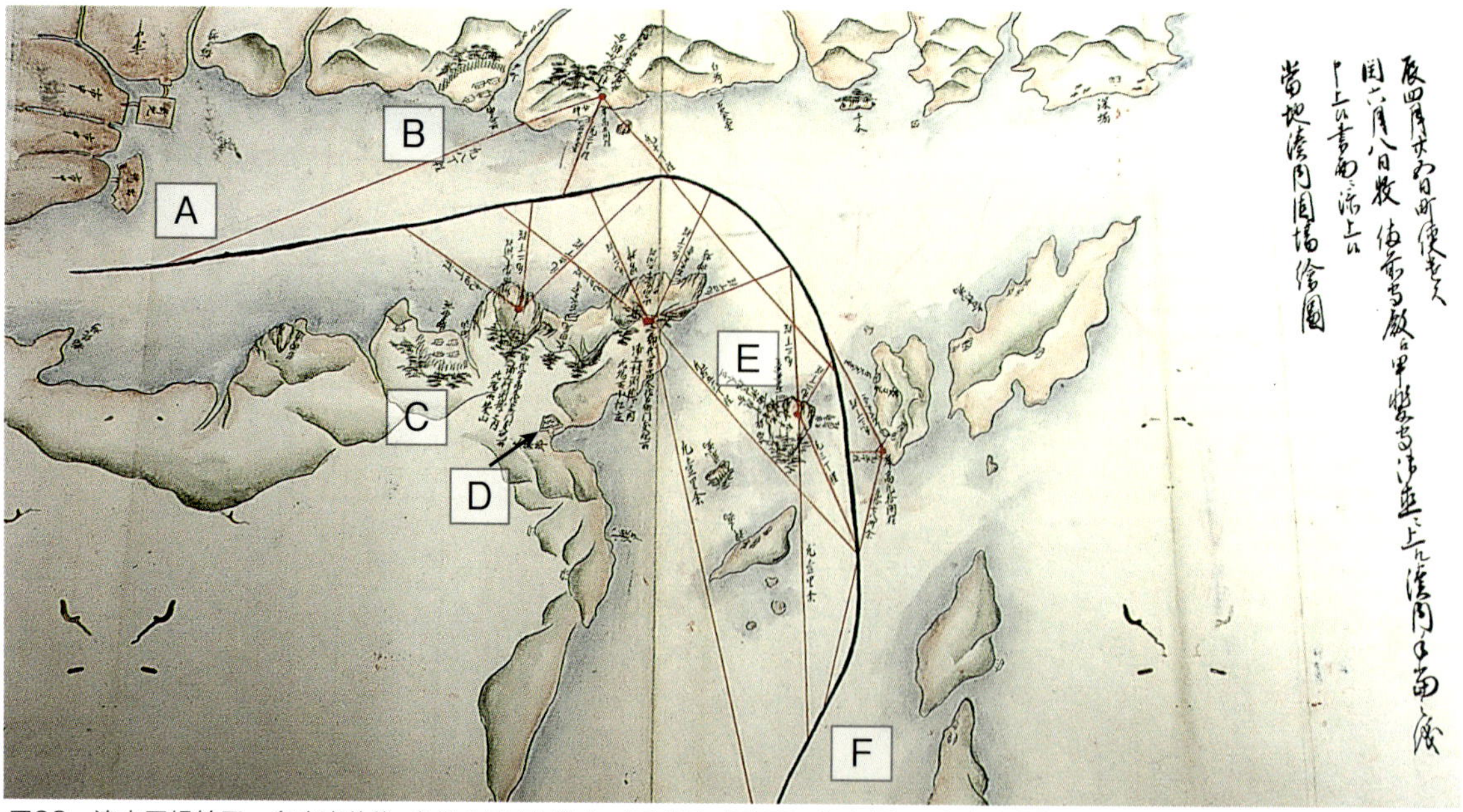

図98　湊内固場絵図　魯寇事件後、台場の見直し策定　Ａ 出島、Ｂ 戸町番所、Ｃ 西泊番所、Ｄ 道生田塩硝蔵、Ｅ 高鉾島、Ｆ 唐蘭乗筋『御備一件・諸絵図』（内閣文庫蔵）

実施されたことは実際はなかったのではないか？　文化元年（一八〇四）のレザノフ来航の時も当番年にあたった福岡藩が、周到な準備をし、台場に小屋の取り立てまで行ったが、幕府の方針は「信牌」を持参してきているのでオランダ船の入港と同じく平和に取り扱うべきとのことで中止された。

魯寇事件のあと、幕府は不時の露西亜船の来襲に備えて沿岸の警備の再検討を行った。長崎の台場については、文化五年四月に老中牧野備前守の指示で石火矢を常備し番人を置くこととなり、外の四台場では福岡藩がその準備まで始めた。しかし長崎奉行松平図書頭の七月末の指示で、交代の長崎奉行曲淵景露の到着まで待機することとなり、八月十五日のフェートン号事件には間に合わなかった。

新規台場

文化五年（一八〇八）のフェートン号事件のあと着工し、翌年六月竣工した。女神、神崎、高鉾、蔭ノ尾の四台場に石火矢台を増設したほか、新たにすずれ台場を新設したが、これらは新規台場と呼ばれた。台場の番号と岸高は『御備一件。諸絵図』の絵図（**図98**）から読み取った。なおこの図はフェートン号事件直前の、文化五年四月長崎奉行所が江戸の老中宛に提出した長崎湾口の「当地湊内固場絵図」である。七カ所の台場と西泊・戸町両番所、唐蘭船の航路と、石火矢台からの射程（最長で一里）が朱線で書き入れられている。この場所は在来台場の場所ではなく、高い場所になっている。新規台場の場所を決めるのに使われた絵図であろう。この時点ですでに新規台場まで計画されていたことを示す、興味ある絵図である。

一番　すずれ　福岡藩築造　長崎領　岸高十八間程
二番　女神　福岡藩築造　大村領　岸高五間程
三番　神崎　福岡藩築造　長崎領　岸高二十五間程
四番　高鉾　佐賀藩築造　佐賀領　岸高二十五間程
五番　蔭の尾　佐賀藩築造　佐賀領　岸高十間程

増台場

さらに追加の台場、増台場の建設が文化七年（一八一〇）に指示され、文化九年（一八一二）七月竣工した。

高鉾二カ所　佐賀藩築造　佐賀領
長刀岩四カ所　佐賀藩築造　佐賀領
神崎三カ所　福岡藩築造　長崎領
魚見岳三カ所　福岡藩築造　大村領

在来台場が海岸際の低地に単に平地に

したいけのものであったが、これら台場では、高所から射撃できるようになり、石火矢、塩硝蔵も備え人員も常駐することとなった。台場という名前だけでドロナワであった警備が、百五十年後やっと本来あるべき形になったのである。

なお東京大学図史料編纂所に『長崎覚書』という川路聖謨編の史料に台場へ備え付けられた石火矢の内容が記されている。

高鉾：
在来台場　唐銅石火矢　二挺
　　うち一は一貫目
　　鉄石火矢　三挺
　　うち一は二百目
新規台場　唐金石火矢　三挺
　　うち一は一貫目五百目
一の増台場　唐金石火矢　二挺
　　うち一は一貫目五百目
二の増台場　唐金石火矢　八挺
　　うち一は一貫目五百目
さらに魚見嶽では
一の増台場　唐金石火矢　八挺
　　うち一は一貫目五百目
二の増台場　唐金石火矢　九挺
　　うち一は一貫目五百目
三の増台場　唐金石火矢　五挺
　　うち一は一貫目

と青銅製の石火矢で一貫目五百目が中心の装備であったことがわかる。

ところで台場は絵図帖には崎陽図にでているが、東洋図には長崎の絵図に各台場の位置に白抜きの長方形のみが描き入れられている。個々の絵図としては、大成図と福田古図（市博地図）に出ている。その他長崎歴史文化博物館には『御台場十二箇所切絵図』などの台場の絵図がある。**図99**にフェートン号事件の後成立の崎陽図の「肥前長崎図」の部分図を示す。

図99　増台場竣工後の台場　崎陽図「肥前長崎図」の部分　（内閣文庫蔵）

単に白抜きの小さな長方形ではあるが新規および増台場などすべて描かれており、神崎、高鉾、長刀岩では四－五カ所の台場が段々と山の上へ設置されていることがわかる。また神崎と女神に、異国船襲来時に港口を閉め切るための港堺築出が画れている。

佐賀台場

天保一五年（一八四四）軍艦パレンバンによるオランダ国王の特使の来航の際、佐賀藩主・鍋島直正が軍艦を視察、強烈な印象を受け、長崎港外口の警備の強化を提案、老中阿部伊勢守の合意を受け、嘉永六年（一八五三）に築造したものである。

四郎ケ島　佐賀藩築造　佐賀領
伊王島　佐賀藩築造　佐賀領

嘉永七年（一八五四）プチャーチン露西亜使節との交渉に長崎へきた川路聖謨は、

この台場を視察し「松平肥前守新台場、殊に宜しき出来也。一六万両（百六十億円）かかりたるという也、甚だ感服せり」と記している。

図100　魚見嶽台場　崎陽図　（内閣文庫蔵）

崎陽諸図の台場図

崎陽図には台場と西泊・戸町の両番所の絵図が含まれていて、長崎警備に特化した絵図帖と言える。七枚の台場図と火薬庫の図がある。次の五枚の絵図には台場の名前と寸法がきちんと入っている。在来台場が海岸に近いところにあるのに対し、その後増設された台場は高所に建てられているのが特徴である。また各々自前の塩硝蔵があり常駐小屋もある。例外は女神と白崎に常駐小屋がないが、『異国船渡来之節御備向一件ニ付両家達伺留』によると、ここは大村領で地元民が土地が踏み荒らされるとの苦情を申し立てたためらしい。

崎陽図神崎図（こうざき）：
従来台場（二）、増台場（四）、新規台場（二）、塩硝蔵、常住小屋

崎陽図女神図：
従来台場（二）、新規台場（一）、塩硝蔵

崎陽図大田尾図（大多越）：
従来台場、新規台場、塩硝蔵が二カ所、常住小屋

崎陽図魚見嶽：（**図100**）
船繋場、塩硝蔵、増台場（三）、常住小屋

崎陽図長刀岩図（なぎなた）：
塩硝蔵、従来台場（二）、増台場（四）常住小屋

崎陽図には、ほかに名前も寸法も入っていない未完成と思われる「長崎砲台図」が二枚と「長崎火薬庫図」が一枚含まれている。この「長崎火薬庫図」は長崎歴史文化博物館収蔵の『御台場十二箇所切絵図』にある「白崎」の砲台図と同じである。また「長崎砲台図」のうち一枚は同じく「蔭の尾」の絵図と似ている。他の一枚は高鉾のようにも見える。

崎陽図に描かれた台場の絵図が、なぜこのような中途半端で間違いがあるものなのかは、不可解である。第三章の⑧崎陽諸図の項も合わせて見て頂きたい。

図100に崎陽図の魚見嶽の絵図を示す。船繋場（二間一尺・五間四尺）から二間の幅の山道を上がると島の中腹に増台場が三カ所、塩硝蔵、常住小屋が描かれ、小さくて見えないが朱書で細かい寸法が入っている。

高鉾

高鉾の絵図を**図101**示す。高鉾島は周囲

二kmにもならない小島であるが、標高が七十二mと高く入港する船の目印になっていた。オランダ人などはパペンベルグ（Pappenberg）と呼んでいたが、これは禁教時代にカトリックの僧侶が、この山から身投げしたという伝説からきたものである。在来（右端の海岸際）、新規、一の増（頂上）、二の増の合計四カ所の台場が、狭い急峻な小島に建造され頂上にまで及んでいる。一の増台場は高さ四十間余とあり、現在の地理調査所の地図の七十二mと一致する。

図101　高鉾　御台場十二個所切絵図　外目より（長崎歴史文化博物館収蔵）

この絵図は外目であるが、裏側の内目の絵図には海岸際に常住木屋、道具木屋、中腹には御石蔵（塩硝蔵のことであろう）と番所道具蔵が描かれている。

高鉾島は無人島である。インターネットを見たら、この頂上に長さ約8・5m、幅は広いところで4mのコンクリート台があり、地元の公民館の遺構調査、さらに江越弘人、中尾武氏の調査で確認されたとの記述があった。しかし、これは江戸時代の台場の遺物ではなく、原田博二氏によると鎮守の祠の台座であろうとのことであった。

長崎台場跡　魚見岳台場跡　四郎ヶ島台場跡

文化庁のホームページの「国指定文化財等データベース」に、まず魚見岳台場跡、追加して四郎ヶ島の台場跡が史跡名勝天然記念物として指定された詳細解説があり、その部分を以下に適宜引用させていただく。

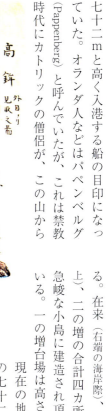

「魚見岳の西斜面に造られ、神崎鼻に造営された神崎台場と相対する形で、長崎港の入口を扼している。下より変形六角形の三ノ増台場、ほぼ長方形の二ノ増台場、L字形の一ノ増台場と続くが、三ノ増台場と一ノ増台場の間は百余メートル、二ノ増台場と一ノ増台場の間は三十余メートル隔っている。三ノ増台場と二ノ増台場の北にほぼ接して、三つの区画が上下一列に続いている。下ノ段は道具小屋・常住小屋が設けられた個所で、中ノ段は用途未詳の方形の場である。中ノ段の上二十四メートルの所には上ノ段があり、御石蔵が造られていたが、御石蔵以外には建物は現存しない。御石蔵は、平面三・五×三・七メートルの平家建瓦葺であるが、遺存状況は良好である。各台場・各段を取り巻く石垣や雁木も堅固に造られており、これまた遺存状況はきわめて良い。

長崎の台場の歴史的重要性を考えれば、本来、遺存する台場を一括して指定すべきであるが、開発計画に対処するため魚見岳台場跡のみを標記の名称で指定する。

平成二十六年　追加指定・名称変更

今回追加指定を行うのは、佐賀台場の一つ、四郎ヶ島台場跡である。

遺跡は、長崎港外の端部、神ノ島地区から西南約二百mの海上に位置する、東西約二百二十m、南北約百二十mの小島である。幕末に至り、長崎警備の強化を図るため、長崎港外（外目（そとめ））の防御の必要を認識した佐賀藩は、嘉永三年（一八五〇）、幕府に申し出て、自領の伊王島・神ノ島に自費による台場の造営を開始した。四郎ヶ島と東隣の小島の二島を埋め立てにより一体化した後、神ノ島と四郎ヶ島の間（約二百二十m）を回廊状に埋め立てて接続させた。四郎ヶ島の内部を掘り抜いて、周囲を石や土手による胸壁で固め、上下二段の郭を形成し、同六年に完成した。築造に際しては、西洋式築城技術を用い、円弧形や稜堡（りょうほ）形の胸壁を採用し、土塁を設置するとともに、百五十ポンド砲二門をはじめとする洋式大砲の導入を図った点が従来にない特色である。

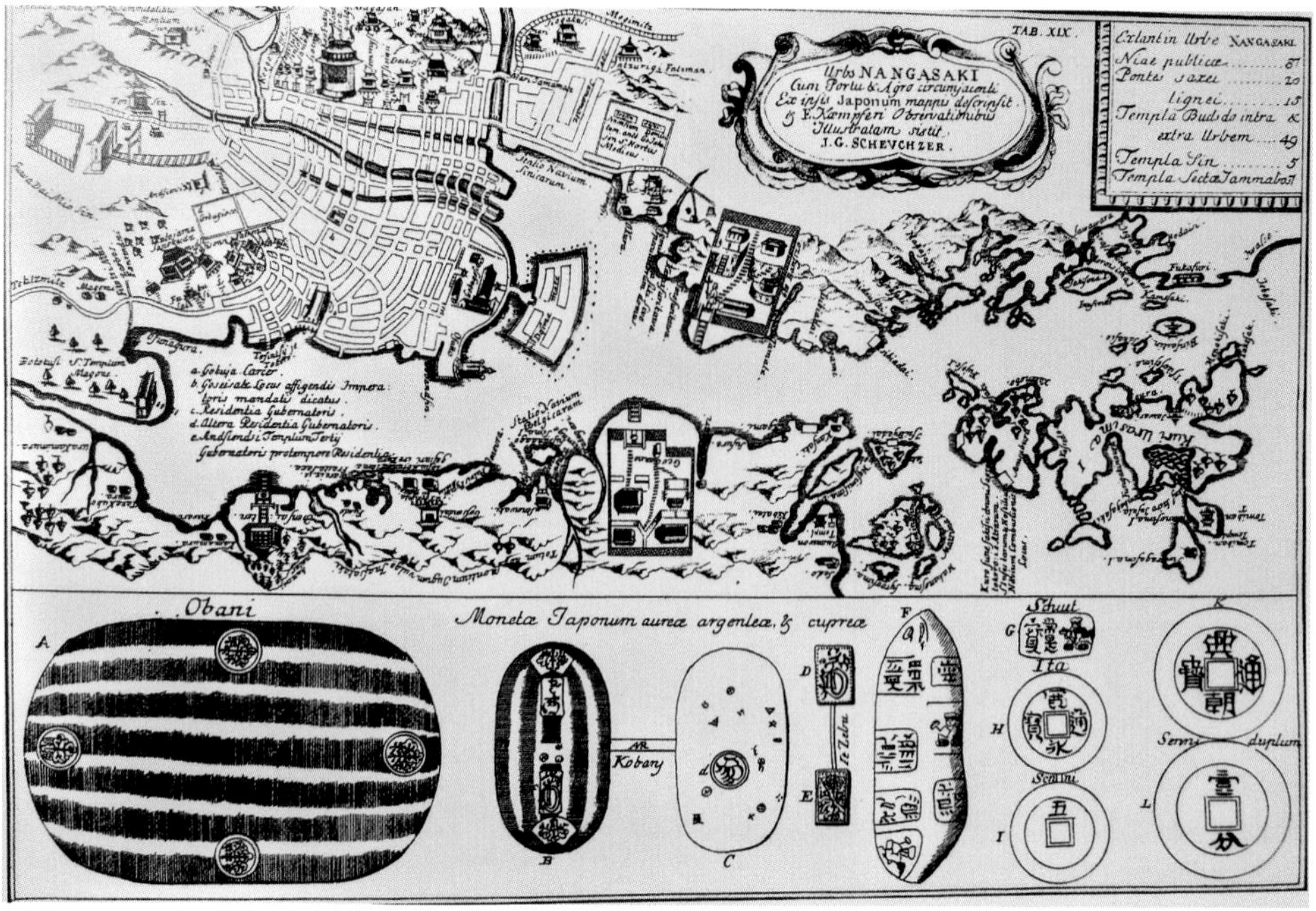

図102　ケンペル著『日本誌』（1727）の長崎地図

長崎市教育委員会では、平成二十一〜二十二年度に台場跡内部の発掘調査、及び北辺部の海岸に面する外石垣の測量調査等を実施した。外石垣は、天端の総延長約九十六m、基底部の総延長約百十二m、高さは四〜十一mで、やや屏風折状に連続している。材質は砂岩である。裾部に崩落があるものの、全体として築造当時の状態をよく留めている。また、当時の砲台跡や弾薬庫を確認した。

このように、四郎ヶ島台場跡は、幕末、佐賀藩が長崎警備の強化の一環として、西洋式築城技術を導入して長崎港外に築造した、長崎台場の一つである。台場の郭構造、石垣等の台場遺構が良好に遺存しており、我が国幕末期の軍事を知る上で重要なことから、史跡に追加指定するとともに、名称を長崎台場跡　魚見岳台場跡　四郎ヶ島台場跡と変更するものである」

台場は機密ではないのか？　ケンペルの『日本誌』に描かれた台場

大変興味あるところであるが、ケンペルの『日本誌』には長崎湾口の従来台場である七カ所の石火矢台が描かれた地図が記載されており、そのうち女神、白崎、高鉾の三カ所にはIsibiadaiとある。このケンペル図の原画は、大英図書館蔵の"Nagasaki Ezu"で元禄二年に完成した唐人屋敷がまだ描かれておらず、延宝八年—元禄元年（一六八〇—一六八八）の刊行と推定されている。この絵図には七カ所の台場に、四カ所は石火矢台、二カ所には石ビヤダイ、あと一カ所大田尾の場所には四辺形のみ描かれている。ケンペルはこの絵図に、唐人屋敷を書き加え、女神、白崎、高鉾の三カ所に、おそらくは助手をつとめた今村源右衛門の助けを借りIsibiadaiと記した。しかし台場の四角形は七カ所に描き入れられている。また西泊・戸町の両番所も殊更に大きく描かれており、Gco Bansizoと書かれている。

嘉永七年（一八五四）来航したペリーやプチャーチンも、『日本誌』をガイドブックとして使用していた。**図102**に『日本誌』英語版記載の長崎絵図を示す。この『日本誌』は一七二七年（享保十二年）にロンドン、一七二九年にはアムステルダムでオランダ語が、またパリでフランス語版が出版された。日本にも輸入され、安永七年（一七七八）に長崎の阿蘭陀通詞・吉雄幸左衛門の自宅にあったことが知られてれいる。ケンペルが日本を去って八十六年目であった。その後十九世紀初めに、ロシアのレザノフさらにイギリスのフェートン号が長崎に来航すると、老中松平伊豆守が平戸藩主松浦静山から文化四年と五年に二度にわたって借りたことも判っている。わが国では『日本誌』は、日本についての好意的な記述や鎖国政策などで注目されているが、台場の位置などという、大事な防衛機密が漏えいしていることについての指摘がないのが不思議である。市販の肥前長崎図（安永七年（一七七八））にも台場が番号入りで描かれている。石火矢台の存在を見せつけることは、抑止力と考えていたのかも知れないが、おそらく当時は無頓着だったのであろう。

かなり先になるが元治元年（一八六四）欧米列強が、横浜鎖港に関連して対日戦争の準備を開始した。これは最終的には下関戦争で終わったが、この際、イギリス海軍は長崎外人居留地についても検討した。保谷徹氏は英国側の情報を取りまとめている。これによると英国海軍は湾内を見回り総計百十六門の大砲を確認している。これら砲台群は、木を切らずにその間に砲門をかまえているため生い茂った草木で隠蔽されていること、多くは日本製の三十二ポンド砲であること、異なった標高にあるため、攻撃艦隊の水路が狭すぎて同時にいくつもの砲台を相手にすることは不可能で、長崎外人居留地の防衛は無理と結論づけている。石火矢は砲台の強化の過程で、だんだんと標高の高いところへ設置されたが、これがこのような評価になったといえよう。

開国で御備は終了

フェートン事件のあと、本来あるべき姿に整備された長崎警備ではあるが、実際に石火矢が敵船に発射されたことはなかった。フェートン号のあとには、敵船が長崎港内に入ることもなく、市中に異国船渡来の節の御備の発動もなく、開国を迎えた。安全の確保には大きなお金が掛かるということであろう。筆者は長崎のソフトパワーの助けもあったと思うが、このことについては、これからもっと考えたい。

道生田塩硝蔵（土生田とも書かれる）

西泊より七町西へ移築

塩硝や塩硝蔵については御船蔵および北瀬崎米蔵の項で述べたので参照頂きたい。

ここでは長崎湊口の小瀬戸の近くに建てられた塩硝蔵について記す。『長崎実録大成』に「元禄二年八月西泊遠見番所より西五　六間脇に雷落ちる。これにより番所内に塩硝があると再度雷火のおそれがあることから、江府に御窺いの上、翌年鍋島家当番の節、西泊より七町西の木鉢浦のうち道生田というところに土蔵を建て、両番所の塩硝を入れ置く。但し両家立会にて御普請あり」とある。『増補長崎略史』などには土生田とも書かれる。長崎古図では道生田御薬蔵、東洋図では道生田塩焇蔵、大槌図では道生田塩消蔵図と書かれた絵図（**図103**）がある。

「元禄三年始建　蔵二軒一間半二間　番所二間方」とある。三重に囲われた中に二つの蔵が対称の位置に並んでいる。海岸から坂を上った場所で、海辺には制札が建てられている。のちに**図106**で示すが、内閣図以降の絵図では小瀬戸遠見番所の絵図に内木鉢見逆賄所、道生田塩硝蔵とともに描かれるようになる。賄所があるのは、塩硝蔵の番人が朝夕の食事の用意に火を使うことを禁じられていたためで、賄は船で運んだ。

煙硝蔵から西泊や戸町の両番所や台場に塩硝を運ぶには陸路はなく海運しかない。いざというときにはそれでは間に合わないし、船は長崎港口を通ることとなるので異国船が来襲したときには対応できない。また沖から丸見えの場所であった。フェートン号事件のあと、この不都合を是正すべく先に両番所の項で記したように柵のすぐ外に塩硝蔵を建てることとなり、さらに各台場に塩硝蔵を置くこととなった。

組屋敷の項で示した『旧幕模写長崎港図』には、「道生田塩硝蔵跡」との書き入れがある。これが道生田での塩硝蔵の終

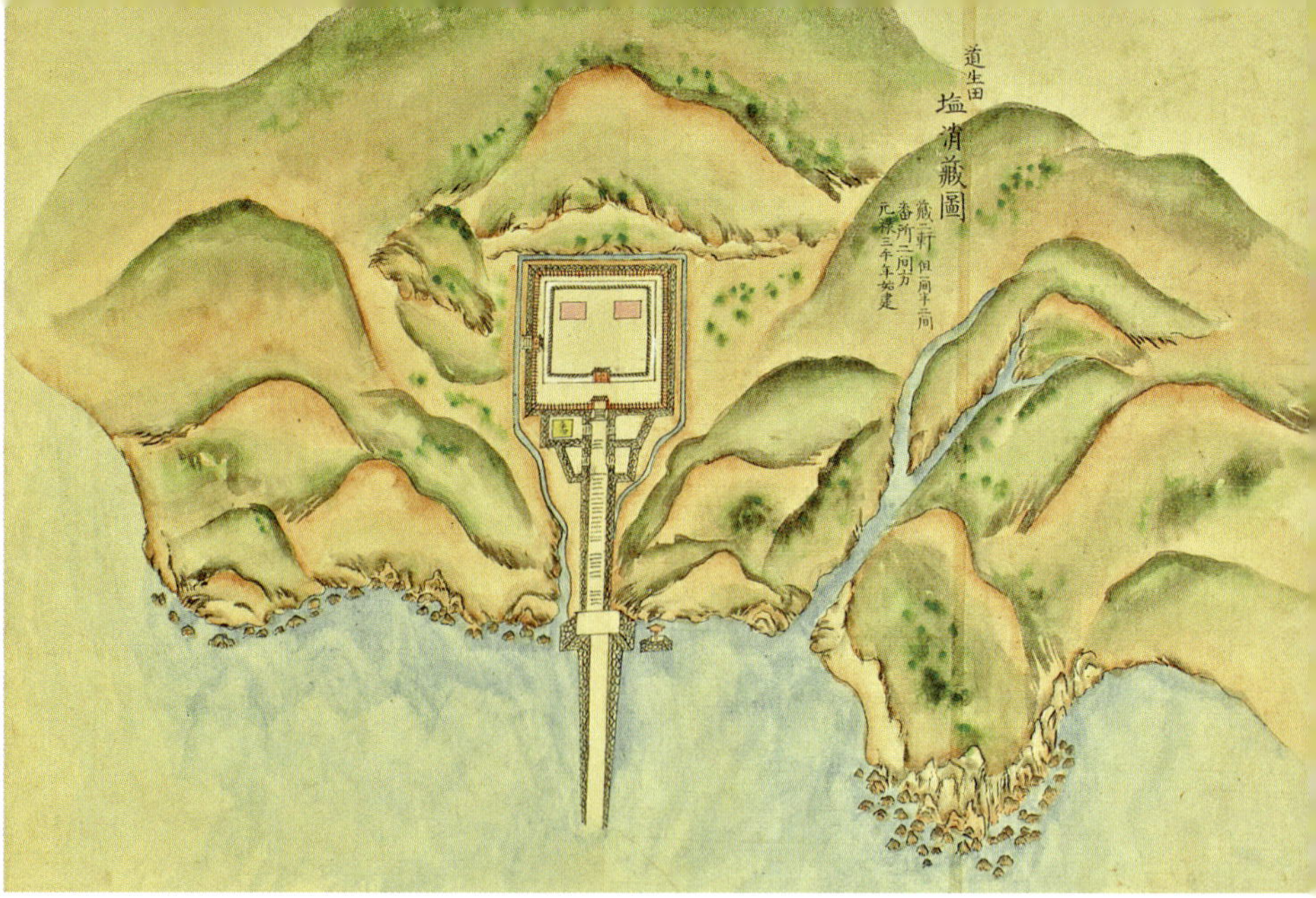

図103　道生田塩硝蔵　大槌図　（もりおか歴史文化館蔵）

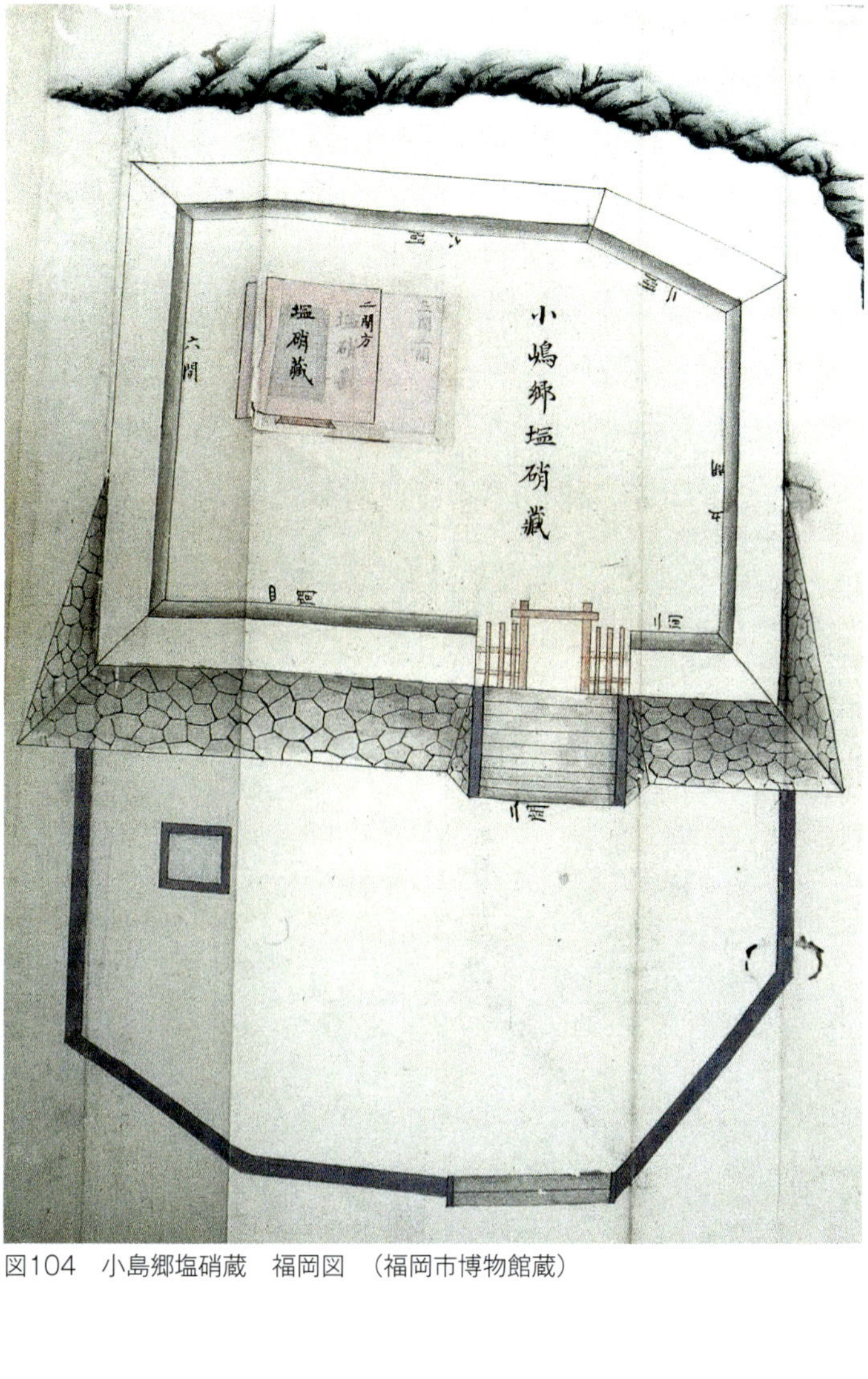

図104　小島郷塩硝蔵　福岡図　（福岡市博物館蔵）

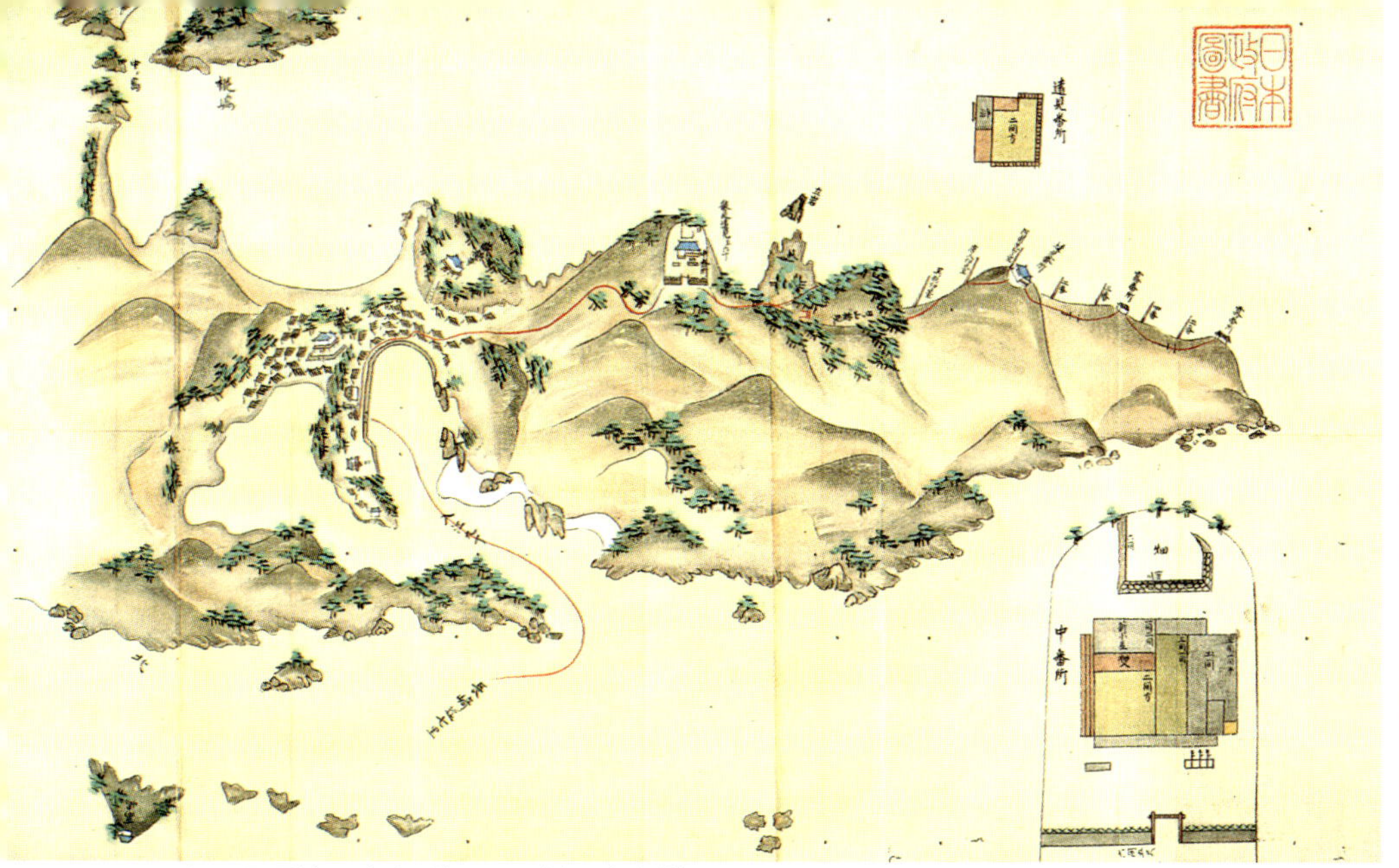
図105　野母遠見番所　崎陽図　（内閣文庫蔵）

焉を示す史料である。

小嶋郷塩硝蔵

福岡図と諸役所図のみに出ている。周りを石垣で造成した六間八間の敷地で門がある。諸役所図には三間二間の塩硝蔵。福岡図にはこの三間二間の塩硝蔵の上に二間方の塩硝蔵の図を貼り付けてある。階段を下りて同じくらいの広さの井戸のある前庭がある。**図104**に福岡図の絵図を示す。小島郷というからにこの塩硝蔵は、唐人屋敷前波止場の台場のための塩硝蔵とも思われるが、この塩硝蔵についての史料は見当たらない。『金井八郎翁備考録』には「御台場・雲通平塩硝蔵」との記述がある。この雲通平がどこかという疑問であるが、郷土史家の中尾武氏は、唐人屋敷の北側の山手に佐古近辺ではと言われているが、場所の確定はできていない。

野母遠見番所

沿革　島原・天草一揆を契機に

『長崎実録大成』の「野母並び烽火山御番所の事」に「寛永十五年（一六三八）三月島原・天草一揆のあと、老中松平伊豆守信綱が長崎に立越され諸処見分あり。野母日野山権現山上より西南の大洋一面に見渡す所なれば、この所に番所を建しめ、異国船見かけ次第御奉行所に注進すべき旨仰せ付けられた」とある。異国船を見かけ次第即刻飛船を以て注進した。また万治二年（一六五九）には、遠見番人十人を召し抱え、十善寺村海手に長屋十軒を建てさせた。設立当初は地元の農民が勤務していたが、その負担に大いに困窮し、江戸にまで訴え、万治二年に遠見番を、長崎奉行支配の地役人として新規に召抱えることとなったのである。このことは遠見番長屋の項ですでに述べた。飛船で注進とあるが、これでは時間がかかり過ぎるということで、印柱で連絡する方法、さらに文化五年のフェートン号事件後は石火矢を数発発射し、その砲声によって伝える方法も併用された。なお『崎陽群談』には「寛永十五年（一六三八）松平伊豆守が長崎を巡視し野母、放火、小瀬戸の三カ所を遠見番所として定めた。同時に遠見番も創立された」とあるが、小瀬戸は元禄元年（一六八八）の設立で誤記であろう。『増補長崎略史』の記述は「野母村日野山権現山に遠見番所を置き野母樺島両村より各二人を出し勤番し異国船の渡来を視察し之を報せしむ。之を白帆注進という。万治二年（一六五九）さらに遠見番を置き代官に属す」とあり、『長崎実録大成』の記述と符合する。すべての絵図帖に出ている。

なお連絡の飛船であるが、東洋図には注進船とし、大鷹丸、小鷹丸、鯨船一艘、計三艘と絵図に書き入れている。

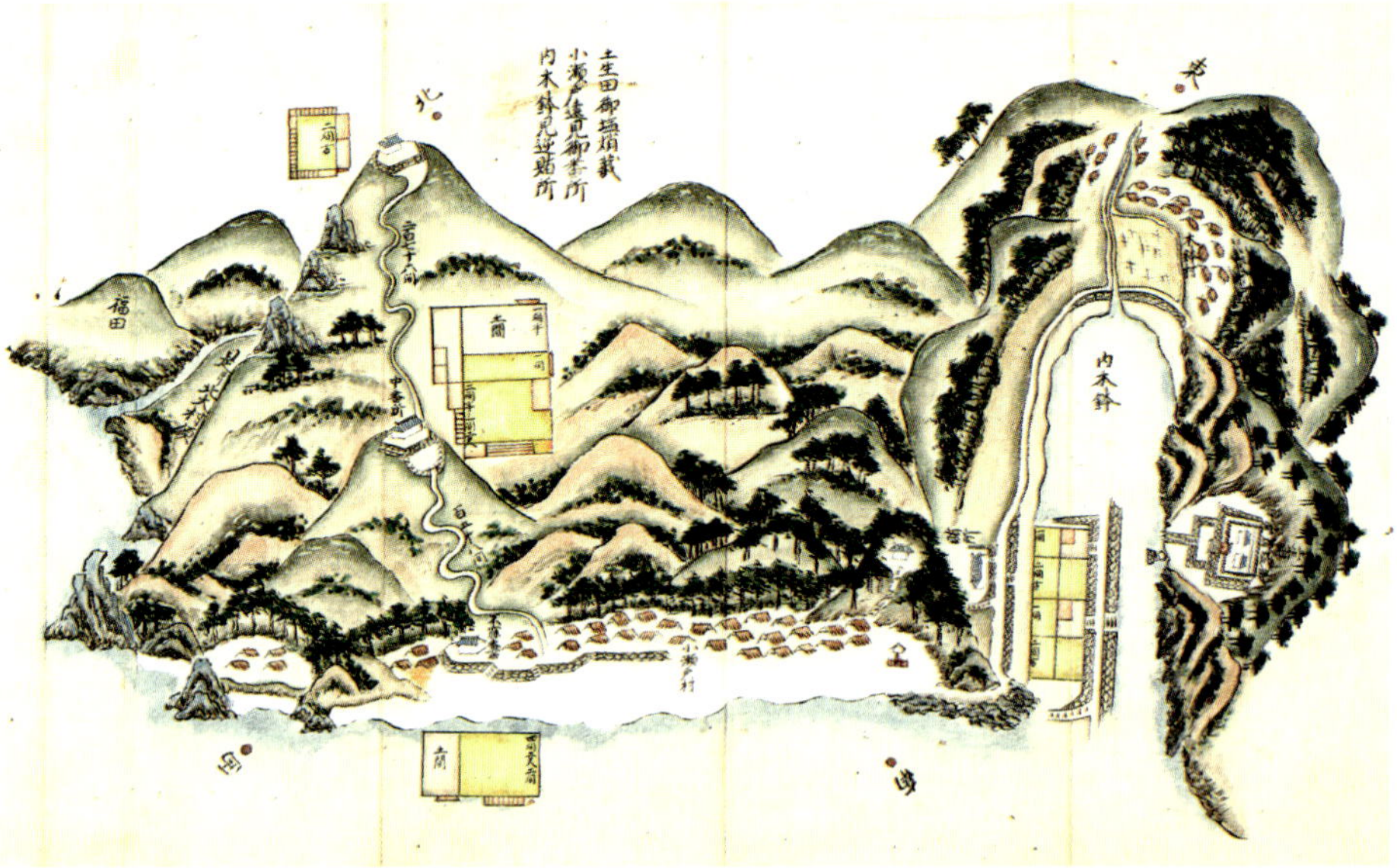

図106　小瀬戸遠見番所、内木鉢見逆賄所、土生田塩硝蔵　内閣図　（内閣文庫蔵）

番所の絵図

東洋図、東大図、大槌図、三井長崎図、福田下図には寛永十五年、国会図には万治二年始建つとある。万治二年は地役人が遠見番として召し抱えられた年である。

東洋図、岩瀬図、国会図、大槌図、三井長崎図、崎陽図には「野母より長崎まで七里」とある。現在は唐人屋敷の入り口近くにみさき道（御崎道）と案内板があり「十八町から南へ七里（二十八キロ）先の野母崎の観音寺までの街道で、観音寺を参詣するため整備された」と記してある。地元では抜荷（密貿易）のルートと言っている。賄所、遠見番所、中番所、霧番所の四棟がある。中番所がもっと大きく二部屋、土間に薪小屋が付いており、門と畑もある。霧番所は霧が深くて海上が見えにくい時山を下って海岸より監視するためのものである。

国会図から賄所が本番所になる。崎陽図、文化図、諸役所図には異船、唐船、阿蘭陀、さらに二、三、四、五番との名前が付いた七本の印柱が画かれている。この印柱は岩瀬図、東大図、国会図では六本で、また絵図によってはまったく画かれていなかったりする。番所や印柱の経緯についての史料があれば各絵図の年代推定に役立つはずであるが見当たらない。注進船も二艘あり野母の住宅に住んでいた水主が十人いた。**図105**に崎陽図の野母遠見番所の絵図を示す。この絵図では霧番所が二つ描かれているが、他の絵図ではすべて一カ所である。江戸時代重要な番所であったが現在はほとんど痕跡はない。霧番所と思われる場所までの急斜面の道が残っており、海岸の崖の上にプラスチック製の展望台があった。

小瀬戸遠見番所

沿革　野母番所からの通報を中継

『長崎実録大成』には「元禄元年（一六八八）に小瀬戸浦の山上に番所を建てられた」とある。『増補長崎略史』にも同様な記述がある。先述したように『崎陽群談』では寛永十五年（一六三九）に相定めとあり矛盾している。間違いか、定めたが実際に建てられたのは元禄元年だったのかも知れない。絵図には東洋図、東大図、国会図、大槌図、福田下図に元禄元辰（一六八八）始建と書かれている。番所図を除いたすべての絵図帖に出ている。番所と銘打った絵図帖に描かれていないのは、不可解なことである。三井長崎図より古い絵図帖には小瀬戸近郊のみ描かれているが、内閣図以後の絵図には道生田塩硝蔵、内木鉢見送賄所まで広がっている。道生田煙硝蔵は元禄三年（一六九〇）におかれたが、小瀬戸村からは道もなく、賄所が出来てこの三カ所が同じ絵図に示されるようになった。なお文政六年（一八二三）の『物町明細諸雑記』には「木鉢見送賄所は正徳二年（一七一二）に始て建之」とある。そうであれば東洋図を始めとする絵図帖に賄所まで含めて描かれてもよい筈であり説明がつかない。**図106**に道生田塩硝蔵まで広がった小瀬戸遠見番所の絵図（内閣図）を示す。賄所は（内木鉢見逆賄所と書かれる）間取り図まで描かれている。内木鉢の入江の対岸に道生田塩硝蔵がある。

船着き場から中番所まで百五十六間、中番所から頂上の遠見番所まで二百七十六間とある。中番所に唐紅毛船注進印柱が立っている。頂上の遠見番所にはなにもない。頂上から野母番所の信号を見て、中番所へ注進し、中番所から十善寺→永昌寺→立山役所へと通報されたのであろう。印柱の信号旗としては松の生枝が使われたと言われる。佐賀藩（深堀）も、自領の遠見番所からの連絡を競った。連絡ルートは、脇浜から高嶋、伊王島、香焼を経て、浦五島町（現在の五島町）の深堀屋敷、さらには大黒町の佐賀屋敷へと中継するものであった。伊王島の番所跡は石垣などの遺構がよく残されており、当時の遠見番所の規模などが確認できる、数少ない遺跡の一つとして貴重である。なお魯寇事件以降の長崎警備の見直しで、公儀の野母遠見番所と小瀬戸遠見番所の距離がやや遠く、不具合なこともあり、高嶋、香焼を中継地として組み入れ役立てることとなった。

なお小瀬戸遠見番所の置かれた小山は、団地の形成のために、すっかり削り取られ公園になっている。

東洋図に小瀬戸の注進船として天龍丸、雲龍丸などの書入れがある。

なお木鉢はロシア使節のレザノフが文化元年（一八〇四）に通商交渉に来た際、長崎湾口の神崎沖に停船させられていたが、病気のレザノフのため約三百坪の場所を区切って上陸休憩所（腰掛場）が設けられた場所である。約一カ月半あと船は湾内に曳航され上陸地は梅ケ崎へ移った。レザノフの日記には塩硝蔵を見たとの記述はない。

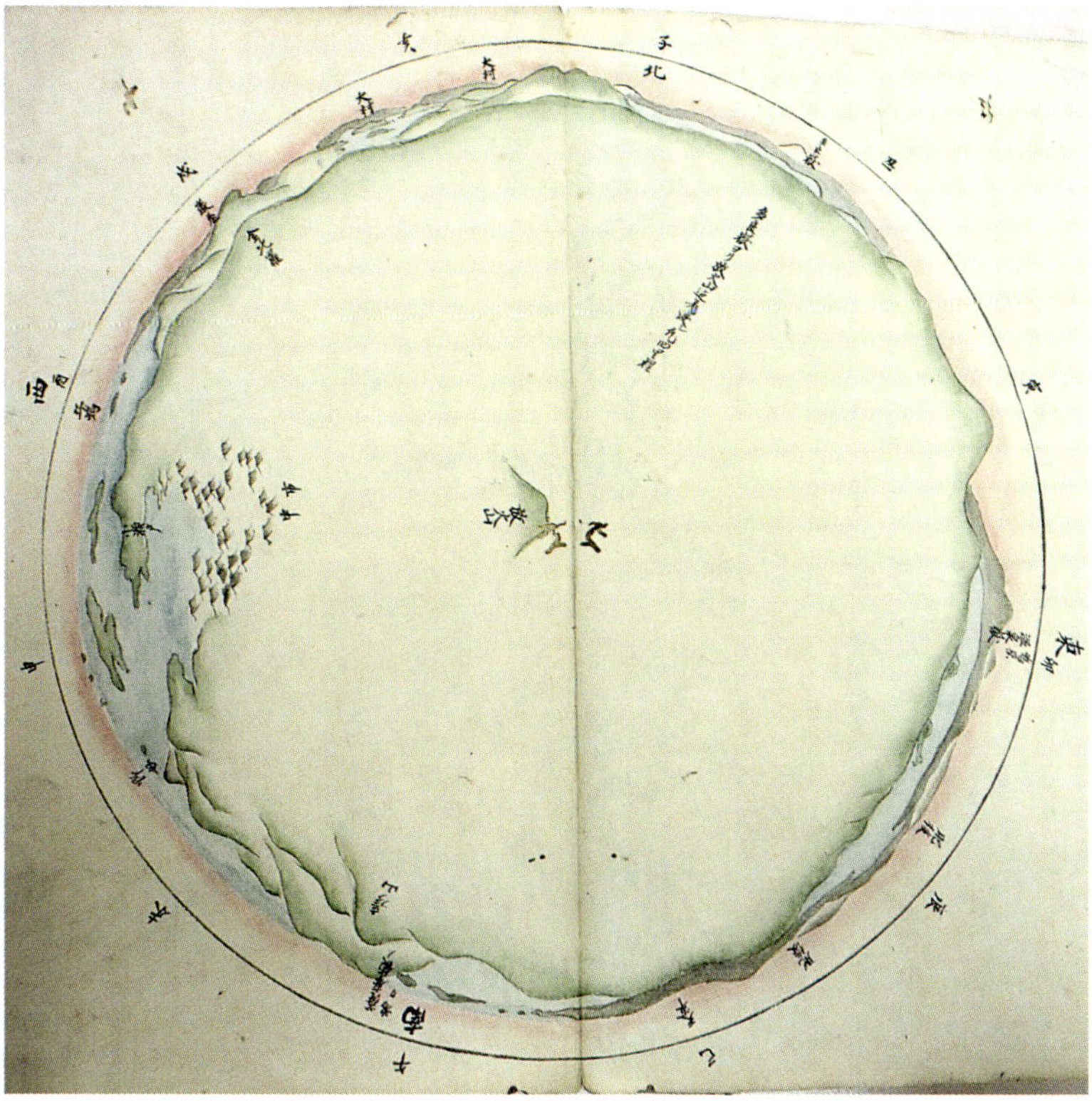

図107　放火山より近国所々見取簾絵図『御備一件・諸絵図』（内閣文庫蔵）

放火山番所（烽火山とも斧山とも書かれる）

一時閉鎖されたあと再開

この番所には前期と後期がある。前期は長崎警備の始まりである寛永十五年（一六三二）に野母番所と同時に設置された。『長崎実録大成』には「長崎より近国に急を告る狼煙をあげるため烽火山番所を建てられる」とある。この時代の絵図は福田古図（市博地図）に出ている。桜馬場弐本枚から竈所まで十九丁七間（約二km）とある。「明和元年（一七六四）十月烽火山御番所勤番相止め。当分取畳み置かる」とあり百三十年続いたのち閉鎖された。市博地図には「明和二年石谷備後守様御在勤の節御解取」とある。

放火山番所の復活と廃止

ロシア船来襲への備えを強化すべく、文化五年（一八〇八）四月に老中牧野備後守から長崎奉行松平図書頭に、再開の指示が出された。しかし八月のフェートン事件には間に合わず、十月に再興され、放火山番所が置かれた。閉鎖後四十四年後であった。内閣文庫の『御備一件・諸絵図』にある「文化四卯年十二月四日老中牧野備前守あてへ長崎奉行曲淵甲斐守から提出した放火山より近国所々見取絵図」、放火山よりの三六〇度の遠景を**図107**に示す。小瀬戸、野母さらに天草まで遠望出来る場所であることがわかる。**図108**に後期の放火山の図（官公衙図）を示す。番所の位置が少し変わっている、**図109**に山上の竈の図を示す。竈の深さ七尺、その底部に火入れ口が三カ所あり、横に消火のための用水池がある。『続長崎実録大成』の文化六年正月に「烽火試揚ある処、隣領移方宜しか

図108　放火山　官公衙図　（長崎歴史文化博物館収蔵）

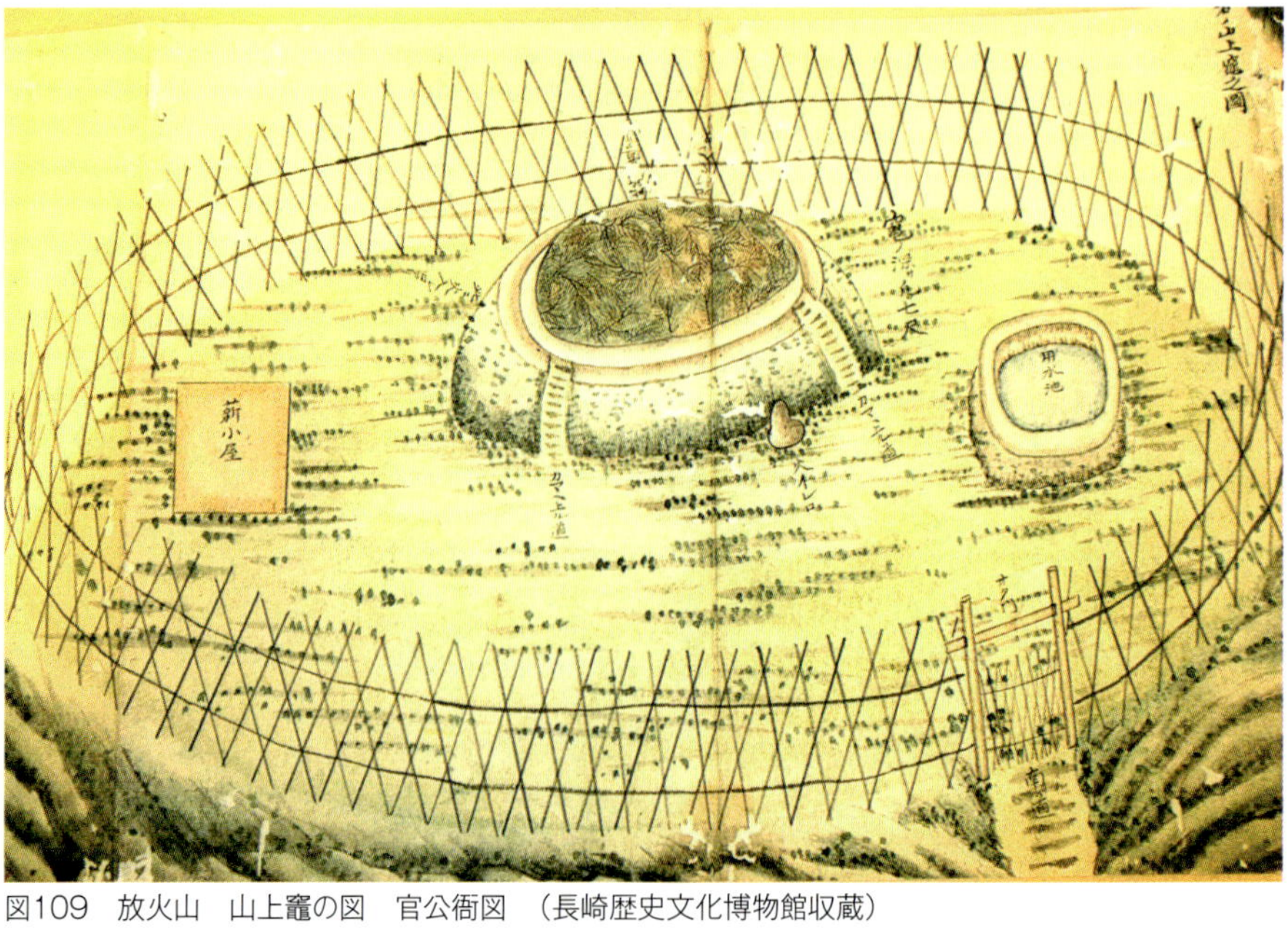

図109　放火山　山上竈の図　官公衙図　（長崎歴史文化博物館収蔵）

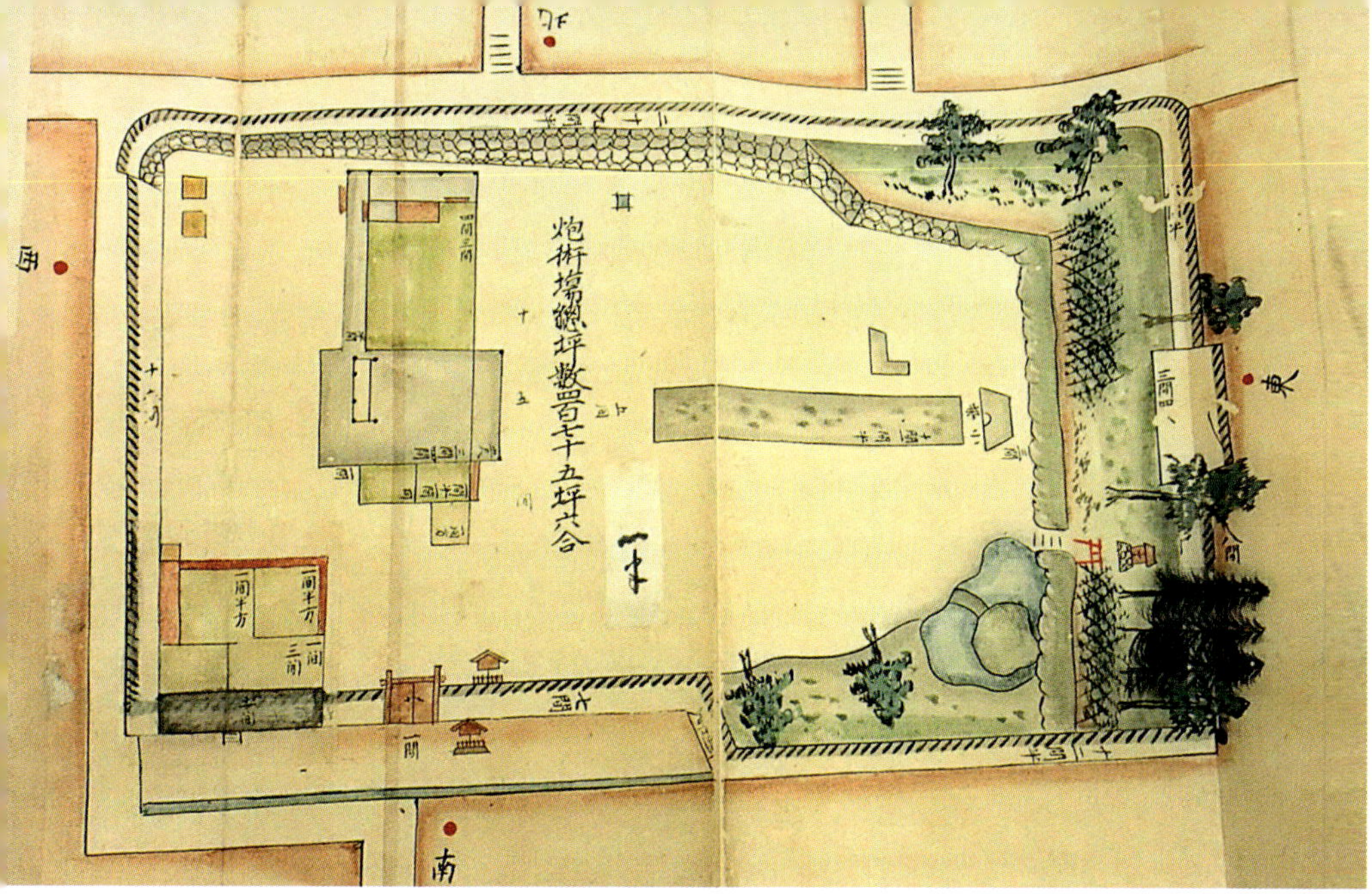

図110　桜馬場炮術場　文化図　（長崎歴史文化博物館収蔵）

らず同四月にまた試揚あり」との記述がある。隣領移方とは佐賀領の多良嶽（標高九八三m）へのリレーである。当然多良嶽には佐賀藩の番人がいたこととなる。この間およそ四里ある。七年後の文化十二年（一八一五）に効果が疑われ廃止となった。この放火山の絵図は官公衙図・福田古図、市博地図、市博繪図、福田諸図、福田下図に出ている。短い期間であり絵図帖の時代推定に有効である。

　しかし前期、後期を通して放火山からの狼煙が実際に機能し、近国に情報が伝わったとの史料は見つからない。有能な石谷備後守は、惰性で行われてきた警備を差し止めた。魯寇事件後、復活したがその際どの程度の評価がなされたかはわからない。

桜馬場炮術稽古場

沿革　臨検拒否の船を打ち砕く訓練

　天明七年（一七八七）老中になった松平定信は寛政五年（一七九三）までの約六年間「寛政の改革」を展開した。定信は八代将軍吉宗の孫にあたる。吉宗にならって文武を強化した。狂歌「文武文武と夜も寝られず、もとの濁りの田沼恋しき」がその時の様子をよく示している。これを受けて長崎でも鉄砲稽古が始まったものである。

　また当時はロシア船が北方から日本に近づくようになり海防問題が現実のものとなってきた時期であった。幕府は寛政三年（一七九一）に「外国船渡来処置令」を出し、異国船が発見され次第、臨検をすることと、拒否した場合は船、人を打ち砕くとした。この砲術稽古場もこのような時期に相応したものである。

稽古場の新設

『続長崎実録大成』に「寛政三年（一七九一）御奉行永井直廉氏在勤の節、五組の者へ鉄砲稽古の儀仰せ出され、長崎村馬場郷の内、反別七畝二十七歩の地所、矢場地に御買上ありて、稽古場を造立せらる。但御武具預かり遠見番・町使・散使の輩打ち混じ、四季の差別なく、毎月四　九の定日を以て出席、稽古致す。稽古筒ならびに玉薬などは時々御役所より御渡方有り」とある。崎陽図を除く三井長崎図以降の絵図帖すべてに描かれている。広さはすべて四百七十五余坪である。長崎村馬場郷の太田助左衛門茶屋地面を会所銀で購入したものと、別の史料にある。

　絵図には十間一間半の的場、小垜（あずち）という的をかけるために土を山形に高く盛ったものが見られる。稲荷は森の中に最初から出ている。

番人小屋新設

『金井八郎翁備考禄』の「炮術稽古場」の項によると、文政三年（一八二〇）十月に「ここには番人がいないので取締が出来ないし、皆の稽古が疎かになるので番人小屋を建てたい。銀一貫五百目の費用で十五年年賦で返済したい」との申出が代官からでている。この番人小屋は文化図、福岡図、諸役所図の絵図には描かれており時代考証に役立つ。**図110**に番小屋の描かれた文化図の炮術場の絵図を示す。

なお文政二年（一八一九）には代官高木作右衛門の弟である高木道之助が、長崎炮術其外御備向御用に命ぜられている。十五人扶持で江戸からの指示である。この稽古場も道之助の所掌である。

炮術稽古場は、この桜馬場に続いて、立山役所（三井長崎図以降）と西役所（内閣図以降）馬場に併設して出来た。的場が描かれていて判る。また遠見番・唐人番長屋の御薬園寄りにも内閣図以降描かれている。これらの砲術稽古場はいずれも寛成末から文化初期に整備され、幕末まで続いた。絵図以外の史料は見当たらない

天草番所

漂着、抜け荷の摘発を主体に

遠見番所としてはもっとも新しい。『増補長崎略史』の寛政十一年（一七九九）四月の記事に「天草郡牛深に見張所並び遠見番所を置く。普請役二人及地役人を在勤せしめ以て異国船の漂着を監査せしむ」とある。肥後国天草牛深の銀杏山に天草番所（遠見番所、見張番所）が開設され、湊見張番所が村に置かれた。湊見張番所から銀杏山遠見番所まで十六町二十八間（約一・八km）。三井長崎図、官公衙図、文化図、三井諸図に出ている。**図111**に設置された頃の三井長崎図の絵図を示す。

『続長崎実録大成』によると奉行所から来た普請役は、遠見番、船番、町使に対し「勤番中、近くの海岸を廻り、唐紅毛船の漂着あるいは抜荷の風聞あれば詮索し、浦々、煎海鼠、干鮑などの出方の取締りに厳重に勤めるべし」と申し渡している。文化六年（一八〇九）の「異国船渡来之節御備大意書付」にも天草番所の御備としての役割は記されていない。印柱はどの絵図にも見られない。すなわち天草番所は異国船とくに唐船の漂着、抜け荷の摘発の役割が主体で、他の遠見番所の主目的の白帆注進とは機能は違っていたと考えられる。湊に「この辺唐船繋ぎ場深さ凡一丈海底泥」と書かれている。

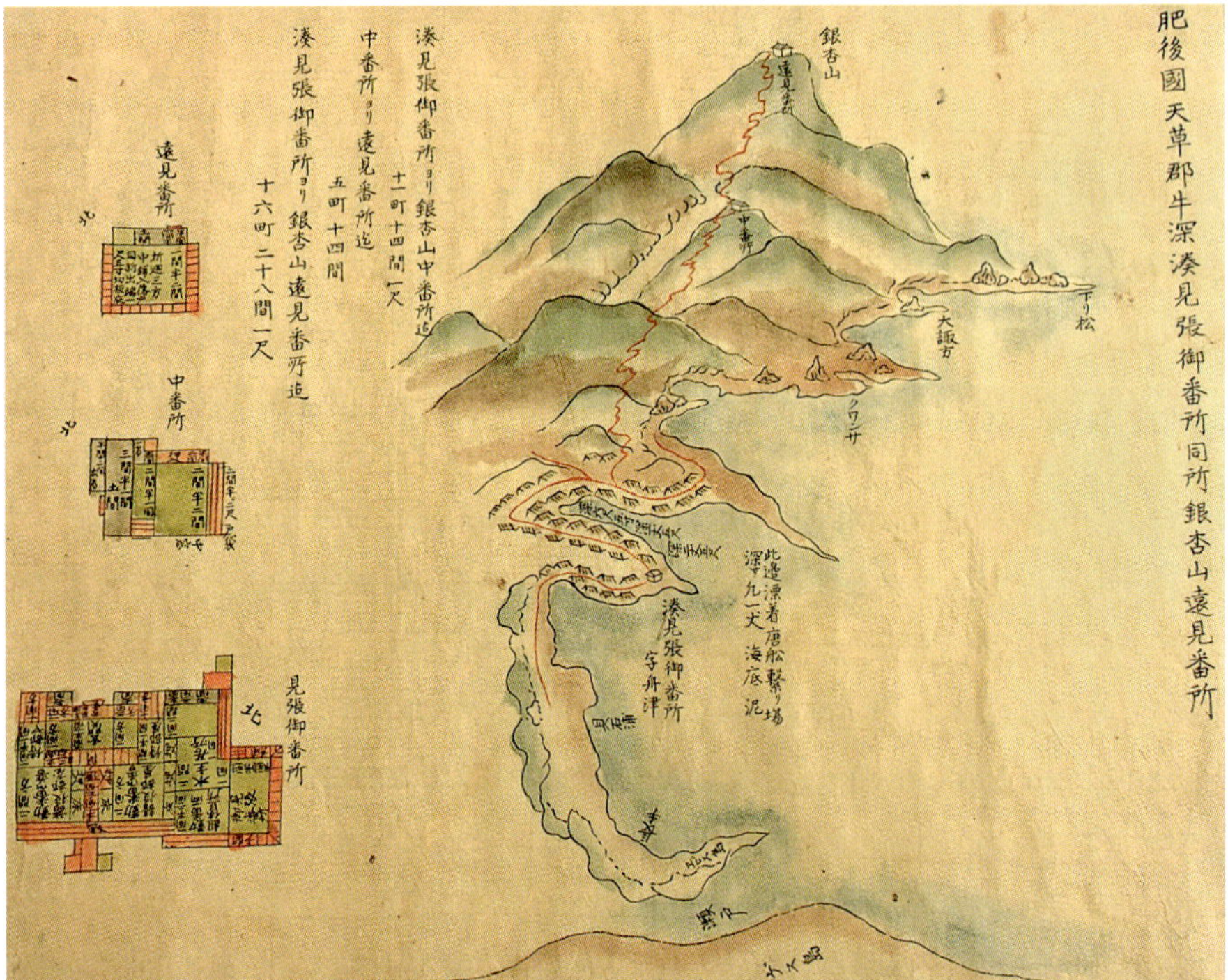

図111　天草牛深湊見張番所、銀杏山遠見番所　三井長崎図　（三井文庫蔵）

6 その他の施設

葵の紋が石門に残る安禅寺跡はいまも…

桜町鐘楼

鐘をたたいて時報を知らせた

鐘を叩いて市中に時報を知らせた。『長崎実録大成』の「時之鐘鋳造之事」に「寛文五年（一六六五）時の鐘鋳造あり、島原町内に鐘撞所を建てる。延宝元年（一六七三）大光寺の側の今籠町の上の畑地に移転した。明和三年（一七六六）に高札場（のちの御普請方屋鋪）を八百屋町に移した跡の豊後町掛かりの地に建てられた。当三月十四日から撞き始まる」とある。『増補長崎略史』の明和三年に「報時所を豊後町に移す」とあり符合している。長崎奉行の管轄であった。『惣町明細帳諸雑記』には貫銀で建てられ鐘撞き一人がいたとある。文化図、福岡図、諸役所図、福田下図、市博繪図という天保以降の絵図帳にでている。また享和二年の「肥前長崎図」（木版画）には「時のかね」と書き入れられている。市博繪図を**図112**に示す。「時の鐘」「報時所」あるいは「鐘の辻」と呼ばれていたが、図名はすべて「桜町鐘楼」となっている。三十五坪八合とあり、二階上がり口とあるが二階に鐘楼があった。この鐘楼については明治初期の写真がある。（**図113**）合わせて示す。現

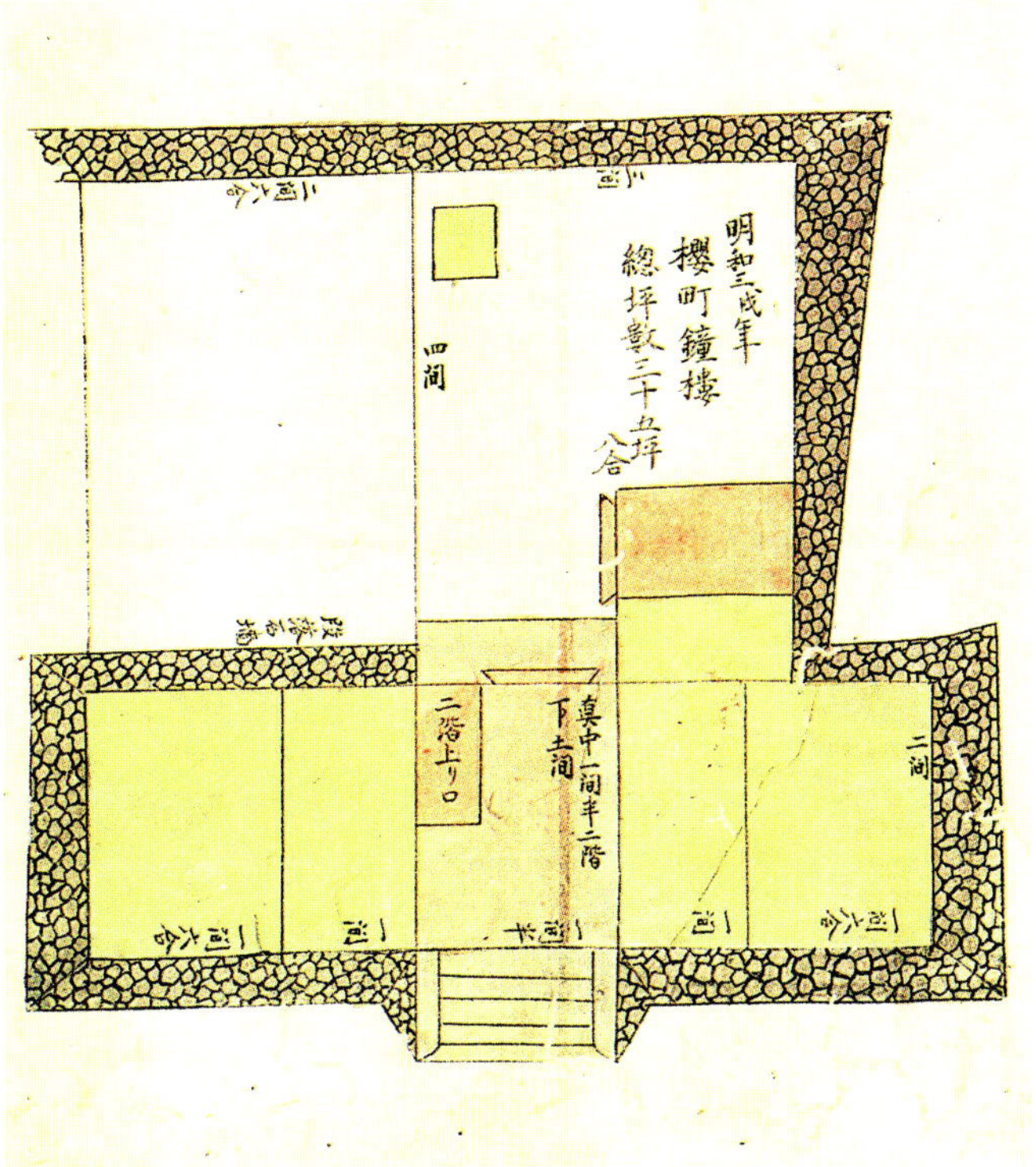

図112　桜町鐘楼　市博繪図　（長崎歴史文化博物館収蔵）

図113　桜町鐘楼の写真　「長崎の史跡」長崎市立博物館掲載

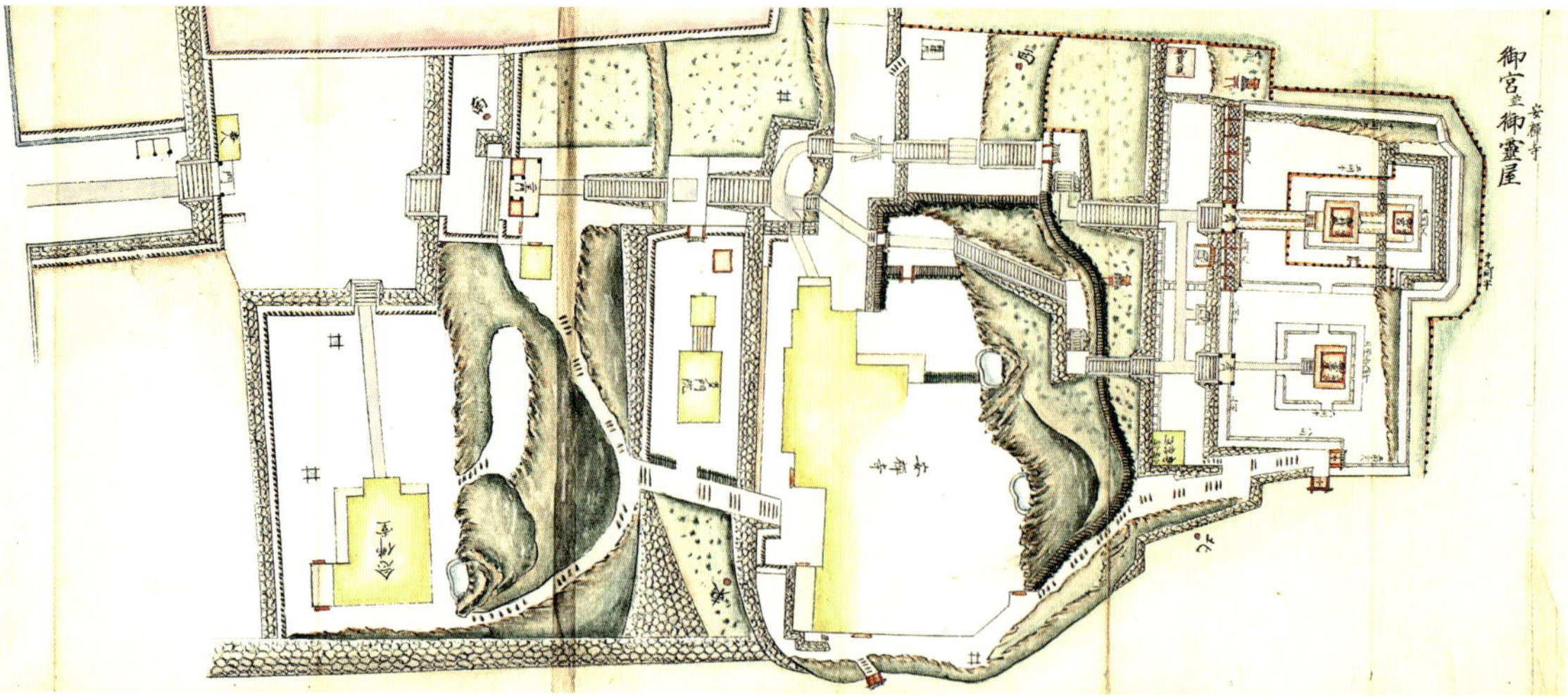

図114　安禅寺　寛政10年の拡張後　内閣図　内閣文庫蔵　下は現在の東照宮　写真　著者撮影

いまの安禅寺跡（著者撮影）

在はこの地に説明板が置かれている。

当然不定時法の和時計が置かれていたはずである。長崎には「御時計師」という奉行所から三人扶持を支給されていた地役人がいたが、それとの関係はわからない。

なお時の鐘については浦井祥子氏による著書がある。幕府は江戸では時の鐘の設置場所、鐘撞銭の徴収、撞き方にいたるまで、細かく把握し管理をした。江戸のほか、大坂や長崎などの都市では、江戸や京都と同じく、時刻の取り方と正確さが、必要とされたものと推察される。

しかし大坂や長崎に置かれた鐘の管理がどうなっていたかについては、ほとんど明らかにされていないと指摘されている。

安禅寺

徳川累代の霊位安置所として

『長崎実録大成』第六巻に天台宗　江戸唐叡山末寺　松岳山安禅寺正光院　正保二年（一六四五）建とあり、「当寺の開祖は玄証法印で、正保二年この地に草庵を結んだ。承応元年（一六五二）に江戸東叡山に登り、長崎表へ末寺をとお願いし許された」とある。『増補長崎略史』に「承応元年（一六五二）創建す。徳川氏世々の霊位を祀らしめ朱印地に準ず」とあり、崎陽図以外すべての絵図帖にある。経緯は国会図のみに記され「承応元辰年（一六五二）始建　御宮・御霊屋延宝元丑年（一六七三）始建」とある。崎陽群談には「御宮・御仏殿、延宝元年（一六七三）牛込忠左衛門時分造立のこと」とありこれらの記述は符合している。御朱印地ではないが、遠忌法事を江戸で執行する節はここでも行った。奉行所の支配下にはない。

第三の奉行所

立山役所の裏山に位置していることもあり、奉行・目付は例月参詣するなど、

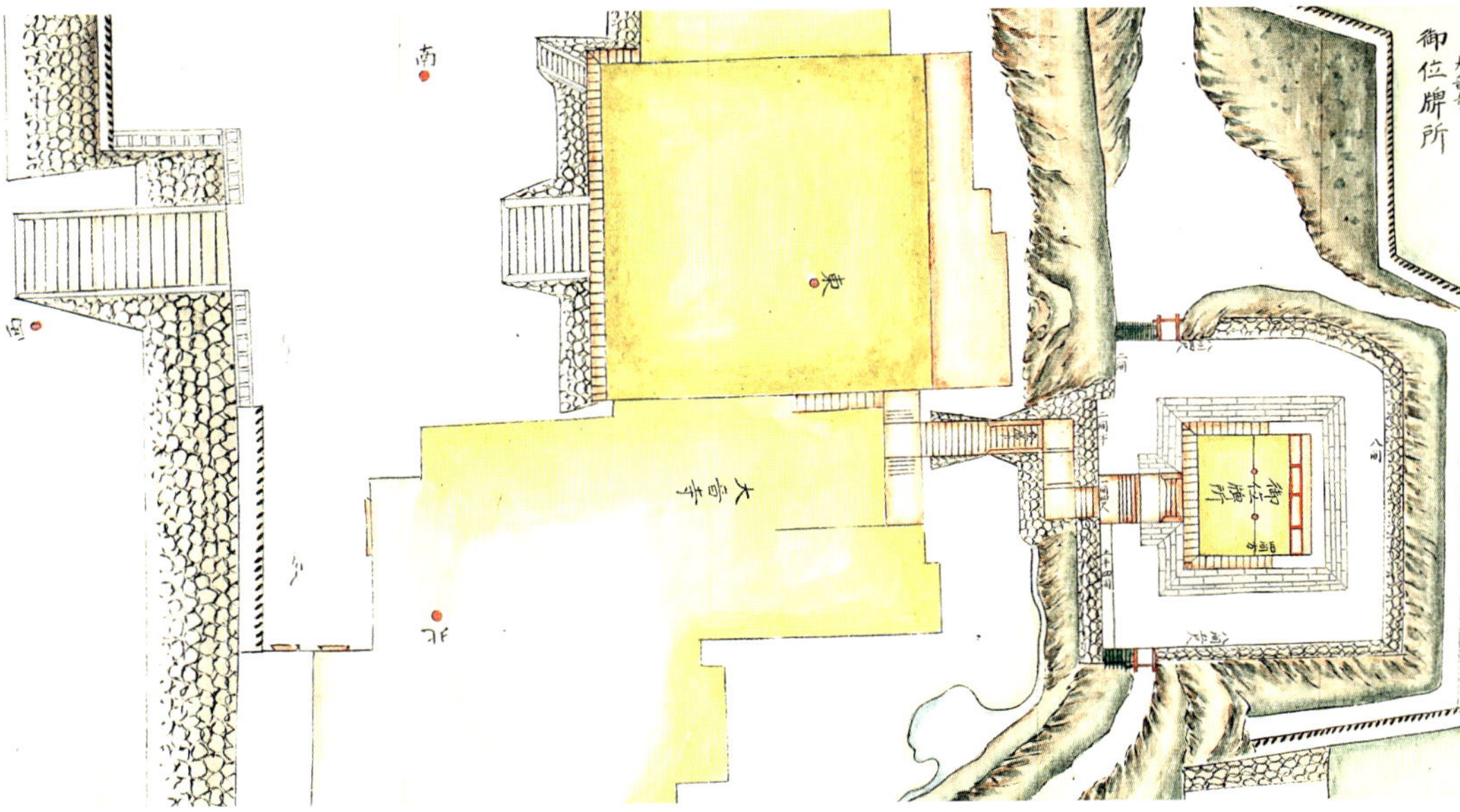

図115　大音寺　内閣図、内閣文庫蔵

奉行所と密接な繋がりがあった。元禄以降で奉行が四人制になった際、立山、西と並んで第三の奉行所として使われたことがある。新任の奉行が西役所へ入れない場合、安禅寺に拠った。ケンペルの『日本誌』およびそれを引いた欧州の長崎の絵図に「もう一つの奉行所」と書かれている。また元禄十一年（一六九八）四月に西役所が火災で焼失した際は当時の奉行諏訪頼蔭は奉行所をここに移した。

絵図を比べてわかる大きな変化は三井長崎図までは御霊屋と御宮が対称に並んでいるが、内閣図以降御拝殿ができ御宮が外側へ出てその分、敷地が拡張したことである。このことは『続長崎実録大成』に「寛政十年（一七九八）八月　御宮御本殿二間四方新たに御造営あり。元御本殿二間に一間半、この節拝殿に用いられる」とあるがこのことを指しているものと思われる。拡張したあとの内閣図の絵図を**図114**に示す。時代推定に役立つ。

明治維新後消失

諸役所図には貼り紙に墨で「明治五年（一八七二）壬申三月被砕払　内霊屋は被払下、真殿は砕払」、さらにもう一カ所貼り紙で「明治五年壬申三月砕払」とある。

明治四年（一八七一）正月五日付太政官布告で寺社領上知令が布告され、境内を除き寺や神社の領地を国が接収した。そのあとの廃仏棄却の流れによって失われたものである。

現在は社殿と鳥居があり案内板には「東照宮　御祭神　徳川家康東照公を始め徳川歴代将軍、由緒　承応元年（一六五二）僧玄澄が、長崎奉行黒川与兵衛・甲斐庄喜右衛門等の援助によって、当公園入口に安禅寺を建立、徳川累代の霊牌安置所として、広く上下の崇敬を集めた。明治元年東照宮と改め、現在地に社殿を建て今日に至る。鎮西大社諏訪神社末社である」と書かれている。

筆者による写真を合わせて示す。明治初年になんとかこの場所を残したいとしたであろう先人の苦労が偲ばれる案内のように思う。なお勝海舟が死去する一年前の明治三十一年（一八九八）に徳川家より拝領の脇差（銘は信国）を献納した。

安禅寺の遺物としては葵の紋がついた石の門（文政二年（一八一九）建）、御宮へのぼる階段が現存しており、東照宮の境内には寛政、文化、文政、天保などと彫られた灯篭などは江戸時代のものが集められている。しかし地元には安禅寺の名を知る人はほとんどいない。

大音寺

徳川歴代将軍の位牌所

『増補長崎略史』元和三年（一六一七）に浄土僧伝誉大音寺を建つ。この時中道院と称す。長崎宗門の目付となり朱印地にして寺格高し」とある。三井長崎図、内閣図、官公衙図、三井諸図、番所図、文化図、福岡図、諸役所図、市博図、福田下図の絵図帖に出ている。ほとんど説明はない。また年代の経過での変化は見当たらない。御朱印地である諏訪社や大徳寺と比べこの寺だけが多くの絵図帖に含まれている理由はここに徳川歴代将軍の位牌を祭っていた位牌所があったためと思われる。**図115**に文化初期成立の内閣図の絵図を示す。昭和三十四年（一九五九）に放火により焼失し現在では石垣と塀が一部残っているのみである。

『御備一件・諸絵図』には大音寺詰方場所略絵図があり本堂、位牌堂、庫裏などの建屋に朱書で大村陣場と書き入れられている。これは寺社も長崎警備の一端を担うようになったためで、陣屋あるいは避難所と指定された。もっとも大音寺はすでに文化二年（一八〇五）に大村藩の非常時の陣屋に指定されている。大村藩の陣所は、それ以前は本蓮寺にあった。

　また文化六年（一八〇九）に奉行所が定めた『異国船渡来の節御備大意御書付』には野母、小瀬戸番所で白帆見出し次第、御役所へ注進され、ここから新地の湊番所で石火矢を使って相図を打ち、大徳寺、大音寺、聖福寺で早鐘を打つ手筈になっていた。

第三章　各絵図帖について

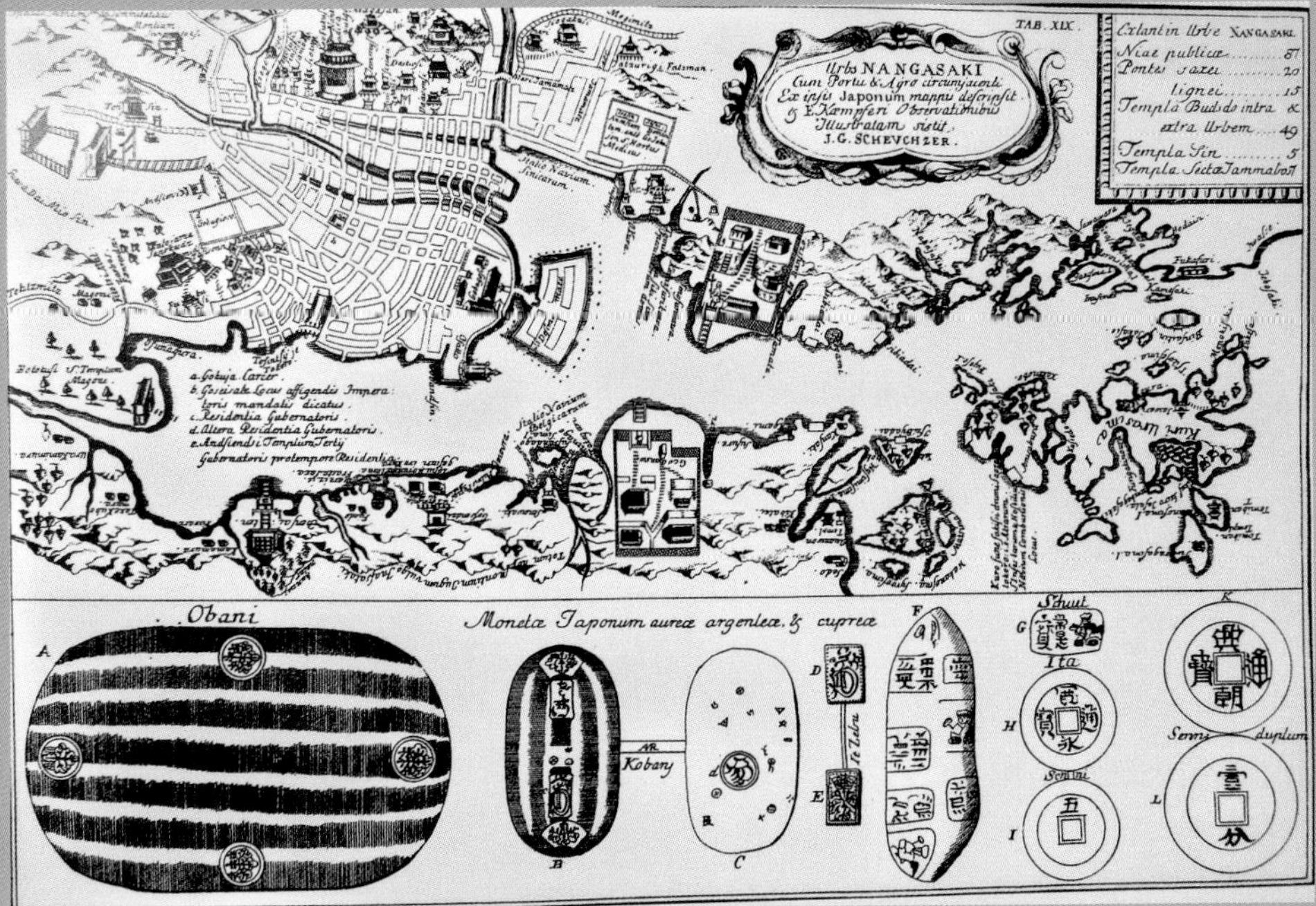

長崎奉行所作成の十四の絵図帖

1 基本図

本書で調査した絵図帖について特徴や製作年代を推定した理由を述べる。重複を避けるため個々の施設で述べた史料についての説明は省いたので、それぞれの項も参照いただきたい。なお絵図帖は古い順に記した。

①『肥前長崎明細図』

東洋文庫蔵　折本　彩色　37cm（東洋図）

折本の表紙にラベルが貼られ、この表題が書かれているが、内容は西役所から始まる長崎諸役所の絵図帖である。たまたま東洋文庫のホームページの古地図の項を見ていたところ、絵図帖の内容が幾分不鮮明ではあるがアップされており、幸運にも見つかった。実は本書がほぼ出来あがったときで、なんとかこの大事な絵図帖を本書に含めることができた。

岩崎文庫ということ以外入手経路は不明との話であった。少し虫食いがあるが修理されていて美麗な絵図帖である。基本的な構成は当時の諸役所のすべてを包含しているが、市中の諸施設、西泊・戸町の両番所、湾口の七台場の場所を記した絵図もある。諏訪神社の俯瞰図が含まれており、九月九日諏方踊場正面、御桟敷などと書き入れられた間取りが描かれている。おくんちの桟敷である。西役所表門前の桟敷図と続いている。諏訪神社は長崎の氏神様であり御朱印地ではあるが徳川将軍家の位牌所はないことで、絵図帖では市博地図とこの東洋図の絵図のみに含まれている。

絵図帖の成立年であるが、まず絵図に書き入れられている注記に注目する。明和年間では二年（塩硝蔵の御船蔵への移転）、四年（新地に銅蔵）、五年（大井手町町長屋の類焼）などありもっとも新しいのが明和九年（安永元年）（一七七二）で唐通事会所の絵図に「明和九辰年新見加賀守様御在勤建替仰せ付けらる」とある。絵図帖の成立はこれ以降となる。

長崎会所の絵図は東上町通りで二分されており、天明六年（一七八六）に完成した大工事以前である。この通りは安永七年（一七七八）の肥州長崎図（大畠文次右衛門板）ではまだ貫通して描かれており、これ以前ということになる。出島に天明五年（一七八五）に壊された脇荷蔵が描かれているのでそれ以前、唐人屋敷は天明四年（一七八四）の大火以前の絵図で、安永八年（一七七九）に建てられた霊魂堂がまだない。これらのことから絵図の成立は安永元年―安永八年（一七七二―一七七九）と推定される。

安永九年（一七八〇）に冨嶋屋文治右衛門により刊行された木版画は出島図、唐人屋敷図ともよく似ており、この絵図帖の絵図を原図としてその後の変化を書き入れ俯瞰図にしたものとも考えられる。

②『長崎屋敷図』

西尾市岩瀬文庫蔵　折本　彩色　26.1×17.4cm（岩瀬図）

岩瀬文庫のデータベースには「外題内題なし。書名は仮題。奥書等なし。改装焦茶色表紙。もと巻子本を改装する。裏打あり」とある。岩瀬文庫は豪商岩瀬弥助氏が明治四十一年（一九〇八）に設立した図書館で貴重本の蔵書で知られる。愛知県西尾市にある。この絵図帖も岩瀬氏が明治後期に購入したものと考えられる。

入手できた絵図は一部を除きマイクロフィルムを白黒に焼いたもので画面に不

鮮明なところある。東大図・国会図と絵図帖の構成は同じであった。御船蔵に一カ所の塩硝蔵がある。溜牢、小瀬戸、野母遠見番所に描かれている俯瞰図もそっくりである。

出島の絵図は『出島図』の図版148にある。図版解説には《出島町人名は寛政十年（一七九八）の出島大火直前の出島を表している。なおこの図に「賄方」と書かれているのは「緒方」、「飯塚」は「飯盛」の誤写であることは他の出島図と比較すれば明らかである》とある。

この絵図帖の出島の絵図はカピタン部屋があるので出島の大火（寛政十年（一七九八））以前、しかし、天明五年（一七八五）に壊された脇荷蔵がないのでそれ以後の絵図である。

唐人屋敷は天明四年（一七八四）七月の未曾有の大火の後、一番に修復された十三棟の本部屋が描かれている。土神堂は天明五年三月以降に再建されたと考えられるが絵図ではまだ貼り紙がある。観音堂は天明七年（一七八七）再建でまだ描かれていない。

以上からこの絵図帖は天明五年（一七八五）ごろのものと思われる。

③『長崎諸役所建物絵図』

東京大学史料編纂所蔵　折本　27㎝（巻子）　彩色（東大図）

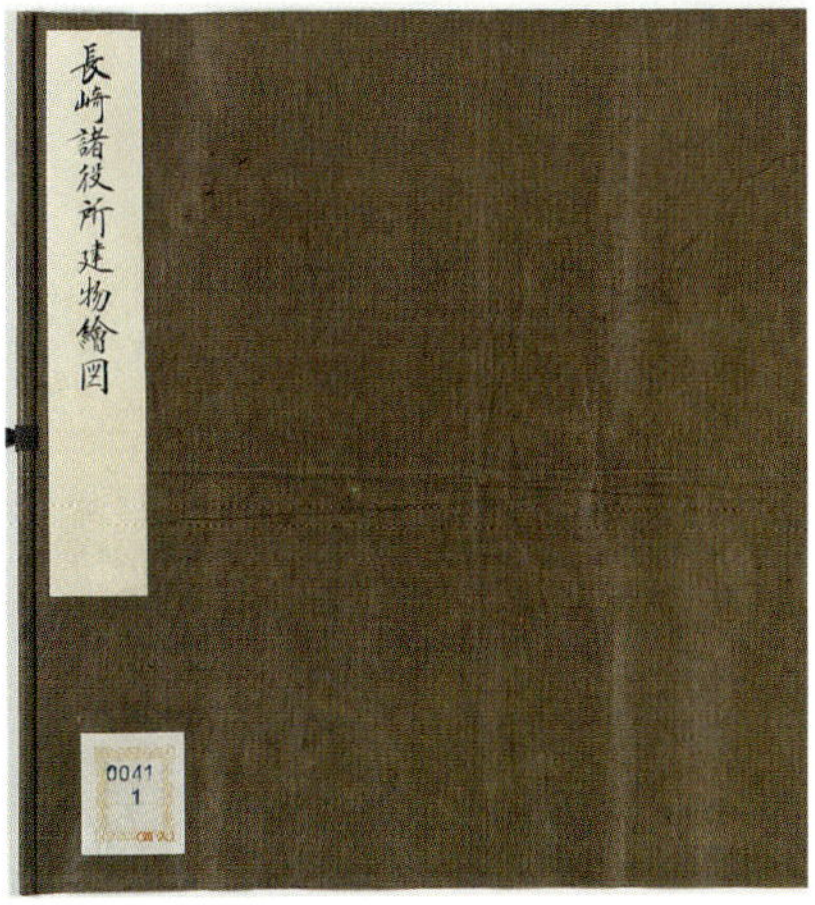

長崎諸役所建物絵図

見返しに「史料編纂所図書之印」と「昭和三十一年十一月十二日購入」の朱印、解題には《長崎奉行所の支配に属する諸役所・施設二十五件の地所・建物の平面図を一巻にまとめたもの。紙本彩色。巻首と末尾の部分を欠き、原本の表題や奥書の有無は不明。図は西役所（西北部欠）に始まり、立山御役所、岩原御屋敷、長崎会所とつづき、小瀬戸遠見番所と野母番所の俯瞰図で終わっている。この図の成立は明和五年（一七六八）以降、おそらく十九世紀前半であろう。建物の絵図はいずれも実測に基づくもので、色わけを施し、おおむね総坪数、主要部分の長さ、建物の間数などを注記する。本図は両役所や長崎会所などの細かい部屋割、出島、唐人屋敷、新地荷蔵などの建物の配置が判明する点で長崎の市政や貿易の研究に貴重な研究資料であるが、さらに遠見番唐人番長屋、船番長屋、引地町町使長屋などの諸役人の官舎の住宅団地の実測値は、近世都市の研究と住宅史研究に興味ある資料を提供している》とある。

絵図には貼り紙などはなく、ほとんど虫食いもなく美麗である。

立山役所の東端に岩瀬図ではあった用水堀がなくなっている。寛政五年（一七九三）に東長屋を建替えた際に埋められたとする小松氏説を取ると、この絵図帖は寛政五年以降のものといえる。

出島の絵図は『出島図』の図版147で図版解説には《建物の名称などがまったく書いてないものが半数ほどあり、出島町人名に至っては「緒方」と書いてあるだけである。恐らくこの図は未完成のものであろう。なお緒方は比較的古い出島図にしか書かれていない町人名である》とある。なお東洋図も同様に「緒方長蔵」とのみ書かれている。

カピタン部屋があることから火災のあった寛政十年（一七九八）以前で道幅も二間半。脇荷蔵がないので天明五年（一七八五）以降の絵図と言える。

唐人屋敷は天明四年（一七八四）の大火から回復しており十三の本部屋も揃い、

祀堂も土神堂、天后堂、観音堂が再建されている。観音堂があることから天明七年（一七八七）以降とわかる。また天明六年（一七八六）に囲の外周の拡張で練塀と竹垣の間が整備されたことから岩瀬図の後の絵図であることは明らかである。

東大図より岩瀬図が新しいことは上述の外、唐通事会所の稲荷の位置が変わること、長崎会所の建屋の繋ぎの部分、唐人屋敷の南西側の空地に唐人自分立の建屋が埋まること、新地の干場が東大図で現れることなどで確かである。

牢屋の表門脇に寛政五年（一七九三）に取建てられた番小屋が描かれていないのでこの絵図はそれ以前のものとわかる。寛政三年（一七九一）に設けられた桜馬場炮術稽古場がないことから、それ以前の絵図といえる。

これらのことから、この絵図帖は天明七年–寛政三年（一七八五–一七九一）ごろのものといえるが、立山役所の用水堀の消滅からは寛政五年（一七九三）ごろともいえる。

なおこの史料は所蔵史料目録データベースとして公開されており自宅のパソコンから細部まで見ることができる。

④『長崎諸御役場絵図』

国立国会図書館蔵　折本　彩色（国会図）

長崎諸御役場絵図

折本の表紙に「長崎諸御役場絵図　全」との貼り紙があり原題と思われる。その裏に「延宝ヨリ沿革彩色入　全」との副題の貼り紙がある。副題に従ってほとんどの絵図に沿革についての簡単ではあるが記述があり有用である。絵図には貼り紙はなく虫食いもない美麗な絵図である。延宝より沿革というのは延宝元年（一六七三）に立山奉行所ができた時期を指しているのであろう。

最初のページに「明治43・10・22購求」との印が押されている。また西役所の絵図に「帝国圖書館蔵」との角印が押されている。帝国圖書館は明治三十年（一八九七）年に設立され、現在の国立国会図書館の前身である。

絵図帖の構成は岩瀬図、東大図とまったく同じである。御船蔵の塩硝蔵一カ所、カピタン部屋の存在、西浜町に俵物役場のあることでも同年代の絵図とわかる。

この絵図帖の出島は『出島図』には出ていない。出島町人の名前を比較すると図版146とよく一致している。図版146は寛政十年（一七九八）の出島大火災の以前のものである。

扇形の上部の町人小屋の左下に描かれている旗の立った小屋のあることが特徴であるが、大槌図に書添えがあり「鳩小屋」と確認できた。

長屋の住人は岩瀬図とまったく同じである。

絵図ひとつひとつを比べても東大図との違いはほとんどない。立山役所の用水堀はない。新地での干場の囲いの絵が違い、その様子は三井長崎図に繋がる。寛政三年（一七九一）に設けられた桜馬場炮術稽古場がないことからそれ以前の絵図といえる。すなわちこの絵図帖は東大図と同じ天明七年–寛政三年（一七八七–一七九一）ごろと考える。

なおこの絵図帖は二〇一五年にデジタルコレクションとして公開されたので詳細を見ることが可能となった。

⑤『長崎絵図』

三井文庫蔵　巻物　彩色（三井長崎図）

巻物の表に「長崎絵図」と書かれたラベルが貼ってあるが中味は長崎諸役所の絵図帖で長崎の全体図はない。最初の西役所の絵図に「宗辰所収」と「三井家」という朱印が押してある。宗辰とは新町

長崎絵図

三井家八代目高辰の号である。三井高辰（弘化元年－大正十一年＝一八四四－一九二二）は、明治二十五年（一八九二）家督を譲り、源右衛門から高辰に改名した。趣味は図書や書画類の収集であった。このことからこの絵図帖は明治二十五年から大正の時期に高辰氏の所有になり、その後三井文庫の所蔵品になったことがわかる。絵図は保存もよく虫食いも貼り紙もない。

寛政三年（一七九一）に設けられた桜馬場炮術稽古場が描かれている、御船蔵の塩硝蔵は一カ所で一間半二間、内部はふたつの塩硝蔵が隣り合わせにあり、東洋図、岩瀬図、東大図、国会図、大槌図と同じである。

出島にカピタン部屋がないので寛政十年（一七九八）火災以後の絵図とわかる。唐人屋敷の本部屋数は十三と変わらない。

この絵図帖の年代の決め手は寛政十二年（一八〇〇）に西浜から移ってきた築地俵物役所である。移転したばかりで西浜の俵物役所と共に描かれている。新地には俵物干場の囲いが残っており、寛政十二年（一八〇〇）十月に移ってきた籾蔵はまだ描かれていない。

寛政十一－十二年（一七九九－一八〇〇）に設置された天草牛深の遠見番所も描かれている。

寛政十二年（一八〇〇）ごろの絵図と考えられる。

⑥『長崎諸役所絵図』

内閣文庫　国立公文書館蔵　折本　彩色（内閣図）

長崎諸役所絵図

折本で表紙に「長崎諸役所絵図　全」との貼り紙がある。原題のように思える。最初の西役所の絵図に「大日本帝国図書室」「日本政府図書」「明治十五年購求」の朱印が押してある。貼り紙も虫食いもない美麗な絵図である。

西役所の石垣上長屋は文化五年ごろ備場となるが、まだ長屋のままである。

出島の絵図には庭園に「カピタンアヤ」とありカピタンの仮住まいの場所である。大火事のあと文化六年（一八〇九）一月に竣工したカピタン部屋はまだない。

北瀬崎の米蔵は文化元年（一八〇四）に改造されたものが描かれている。

御船蔵の岸を削って作った煙硝蔵が二カ所に描かれており、一カ所の三井長崎図より新しいこととなる。しかし『御船蔵旧記』では明和二年（一七六五）に二カ所出来たと記されており、この辺の理由はわからない。

御薬園はまだ十善寺にあり移転前なので文化七年（一八一〇）以前である。

放火山の絵図がないので、烽火が試揚された文化六年（一八〇九）以前の絵図であろう。

文化元年－文化五年（一八〇四－一八〇八）ごろの絵図帖と考える。

⑦『長崎諸官公衙図及附近図』

長崎歴史文化博物館収蔵　折本　彩色　27cm（官公衙図）

もともとは折本でこの原題であったが、いつかの時点で編集され大判の折図のなったと思われる。絵図帖の最後に「田中高作寄贈」との朱印と「県立長崎図書館受領印」の丸印があり4750と数字が入っている。この数字を長崎県立図書館で調べて頂き昭和二十年（一九四五）三月二十八日受領のものとわかった。それ以前の経歴は不明である。絵図には虫食いや貼り紙のない、きれいな絵図である。

絵図のはじめに《長崎両御役所諸御番所諸御役場御役屋鋪等昔年より或は増加或は廃棄或修理或改建或再置或易地今に至て相違の形多し因て古今の図式左の如し》とあり、西御役所、立山御役所、岩原御屋鋪、西泊御番所、戸町御番所、標題はないが道生田塩硝蔵、石火矢台図と唐船阿蘭陀船乗筋、野母御番所、烽火山番所、小瀬戸御番所、御船蔵、稲佐塩硝蔵、北瀬崎御用米蔵、南瀬崎并柵門等(御用米蔵、唐人屋敷前波止場、新地の水門の部分までを無理に押し込んだ図)、大波戸、標題が抜けているが新地荷蔵、同じく標題が抜けているが梅ケ崎の唐船居場が描かれている。

この絵図のあとに「右自西御役所至大波戸之図昔之形容也」とあり、安禅寺、立山・西役所と彩色付きの絵図が続く。この古今の図式は白黒のスケッチあるいは俯瞰図で寸法などは入っていない。これらの絵図は『長崎実録大成』の挿絵図と同一ではないが酷似しており、引用のように思われる。

西役所の石垣上長屋は文化五年(一八〇八)ごろ備場になるが、いまだ長屋になっている。

出島で文化六年(一八〇九)一月に竣工したカピタン部屋はいまだ描かれず、庭園の隅に仮の小屋で「カピタンヘヤ九間五間」とある。隣に富士山のような山が描かれている。御薬園はいまだに十善寺にあり文化七年(一八一〇)の移転以前である。

放火山番所は文化五年(一八〇八)フェートン事件で再開、翌年一月と四月に放火試験をした。七年後の文化十二年(一八一五)十月には山上勤務は中止した。放火山の山上竈の図も描かれている。この絵図帖は文化五—六年(一八〇八—一八〇九)ごろのものであろう。

この絵図帖は長崎歴史文化博物館のインターネットの資料検索で絵図のイメージは見ることはできる。

⑧『崎陽諸図』

内閣文庫 国立公文書館蔵 彩色 二十四折(崎陽図)

崎陽諸図

「崎陽諸図 二十四折」とのラベルのついた紙箱に折りたたまれた絵図が入れられ紐で結ばれている。「崎陽諸図」とあるのはこの表紙にみでこれが原題かははっきりしない。絵図はそれぞれ厚めの紙の表紙に貼り付けられ、この表紙に絵図名が書いてあり番号がふられている。ひとつひとつの絵図に「日本政府図書」との朱印が押してある。『内閣文庫蔵書印譜』によるとこの蔵書印は明治十九年(一八八六)以降使われたものである。綺麗な絵図で貼り紙などによる訂正も見られないが幾分虫食いが見られる。

絵図の大きさはまちまちで、南瀬崎米蔵の絵図は25×38㎝ともっとも小さい。他の絵図帖のように両役所から始まっていないのが特長で、なぜか南瀬崎の米蔵からはじまり五カ所の台場、俵物役所、火薬庫、砲台、それから西・立山両役所、牢屋、新地、北瀬崎米蔵と続き、順不同に並べた感じである。

全体の位置関係を示す肥前長崎図(74×159㎝)という伊王島、野母まで含む大きな絵図がある。台場の諸図、西泊・戸町の番所の絵図があることから、この絵図帖は長崎警備の関係で江府からの要求で作成されたものとも考えられる。なお台場は五枚の台場図、二枚の長崎砲台図と火薬庫の図がある。五枚の絵図には台場の名前と寸法がきちんと入っている。長崎砲台図は二枚とも名称など字の書入れがなく未完成のものである。ほかの絵図と照合するとひとつは蔭の尾の絵図、もうひとつは高鉾の絵図のように見える。火薬庫は白崎の絵図である。

長崎会所に文化十一年（一八一四）六月に廃止された新番所が描かれており、それ以前の絵図である。

出島は『出島図』の図版153に記載されている。図版解説には《出島町人名が記入してあり、商館長宅があるから再建後の文化六年（一八〇九）以後の図であろう。図版156（三井諸図）と建物の配置が類似している》とある。

北瀬崎米蔵の崖上に塩硝蔵が描かれている。肥前長崎図では御武具蔵となっている。これは文化六年（一八〇九）に建てられ文政元年（一八一八）に塩硝は御船蔵に移され、ここは御武具蔵となった。なお御船蔵の絵図には文化六年（一八〇九）に建てられた煙硝蔵（南手）が描かれている。以前の崖をくり抜いて作った二つの煙硝蔵は阿蘭陀蔵、元煙硝蔵との名前が入っている。

唐人屋敷の本部屋は第一号、第四―十三号があり第二、三号の場所は取り壊され空地になっている。文化期後半からの唐人屋敷の衰退を示している。

文化十一年（一八一四）に設置された溜牢の作業場がまだ描かれていない。

増台場が描かれているので、それらが築かれた文化七年（一八一〇）十二月以降の絵図である。各々の台場には塩硝蔵、詳しい距離寸法が書きいれてあり、長崎警備に重点をおいた高度の機密資料と思われる。しかし長崎火薬庫は白崎の間違い、長崎砲台図の二図には他の台場のような寸法も名称も書かれておらず未完成である。また野母遠見番所の絵図に小瀬戸遠見番所と書かれた表紙が付いているという間違いがある。絵図にも野母の名称が抜けている。

このようにこの絵図帖は貴重な情報を多々示しているが不完全でもあり、不可解なことが多い。

上記を総合するとこの絵図帖は文化七年から文化十一年（一八一〇―一八一四）ごろのものと考える。

⑨『諸役場絵図』

三井文庫蔵　彩色　折本（三井諸図）

折本で表紙はかなり傷んでおり「諸役場絵図」と書かれたラベルも千切れている。しかし絵図の保存はよく貼り紙はなく虫食いもなくきれいな絵図である。原題は不明である。

最初の西役所の絵図に朱印が二つ押されている。ひとつは兎の形が描かれ、もうひとつには角印の中に「志んまちみつ井け」との角印がある。新町三井家のことである。兎の印は新町三井家九代三井高堅の押捺で、高堅が自分で調合した独特の朱紅色で知られる。折本の最後に「昭和十年二月二十一日寄託」とのラベルが貼り付けられており、戦前の旧三井文庫時代に、新町三井家から寄託されたものとわかる。

長崎会所に新番所が描かれており文化十年（一八一三）以前の絵図である。

北瀬崎米蔵の崖上の塩硝蔵が文政元年（一八一八）ごろまでに存在した白帆注進節の備道具蔵になっている。

出島には文化六年（一八〇九）に竣工したカピタン部屋がある。『出島図』の図版156には《文化の前半くらいのものであろうか》との解説がある。

唐人屋敷の本部屋は一、五、六、七、八、九、十、十一、十二、十三の十棟で三棟減っており崎陽図のあとの時期といえる。

御船蔵の南手に大きな塩硝蔵（二間半二間）がある。しかし文政元年（一八一八）に移った第二塩硝蔵はまだない。西方の二つの石蔵は北が阿蘭陀蔵、南が元御煙硝蔵となっている。

溜牢に手業場がないことから文化十一年（一八一四）以前となる。御薬園は文化七年（一八一〇）に移った西山にある。

長崎会所の新番所、溜牢の手業場を考慮すると文化七年―文化十一年（一八一〇一八一四）となるが、白帆注進の備道具蔵が描かれていることに着目し文政元年（一八一八）ごろのものと考える。

⑩『長崎番所絵図』

国指定重要文化財　長崎歴史文化博物館収蔵
巻物　彩色（番所図）

長崎番所絵図

巻物の表の貼り紙に「長崎番所絵図」と書かれ、絵巻の最初にも「長崎番所絵図」と書かれ「長崎県図書印」との蔵書印が押してある。貼り紙や胡粉による訂正が出島、唐人屋敷、唐通事会所、築地俵物役所などに見られる。しかし虫食いもほとんどなく全般的に保存もよい。

長崎番所絵図は原題と思われる。まず彩色の説明：此色畳、此色板敷、此色土間、此色土蔵、此色湯殿、此色方角などが台紙に貼り付けられ野母遠見番所、肥後国天草郡牛深湊番所と続く。しかし番所はこの二カ所のみであり、小瀬戸、西泊、戸町の番所は入っていない。続いて西・立山両役所が描かれ、実態は諸役所絵図の構成になっている。

番所の部分には付紙があり番所の間取りが描かれている。明らかに番所の詳しい絵図の説明を意図したように見える。この二つの番所と西役所から始まる絵巻は繋ぎ合わされている。なぜ内容と異なるタイトルが付けられたのか不明である。重文に指定されているが、ここに示した他の絵図帖と比べて史料として特に特長があるということではなく、表題と内容もちぐはぐである。

北瀬崎米蔵の山手に塩硝蔵が描かれている。この蔵は文政元年（一八一八）以降解体されたものである。

この絵図の出島は『出島図』には掲載されてはない。しかし庭園の様子から文政年間のもののように思われる。

唐人屋敷の本部屋数が九に減っており三井諸図よりあとの時期のものといえよう。

唐人屋敷前広場には勤番所と台場が描かれているので文政三年（一八二〇）六月以降となる。

桜馬場炮術場に文政三年十月以降に建てられた番人小屋はいまだ描かれていない。

大波戸に三間三間半の台場の礎石のようなものが描かれているが、これは大波戸の項で述べた天保十四年（一八四三）に出来、嘉永二年（一八四九）に取り除いた台場である。したがって炮術場の番人小屋を書洩らしとすれば天保十四年（一八四三）から嘉永二年（一八四九）の可能性もある。しかし唐人屋敷の本部屋数、出島の花壇の模様や牛、豚小屋があることから考えにくい。このことから文政三年（一八二〇）ごろのものと考える。

この絵図帖は長崎歴史文化博物館のインターネットの資料検索で絵図のイメージは見ることはできる。

⑪『文化五辰六月御改・長崎諸官公衙図絵図面』

長崎歴史文化博物館収蔵　折本　彩色　38㎝（文化図）

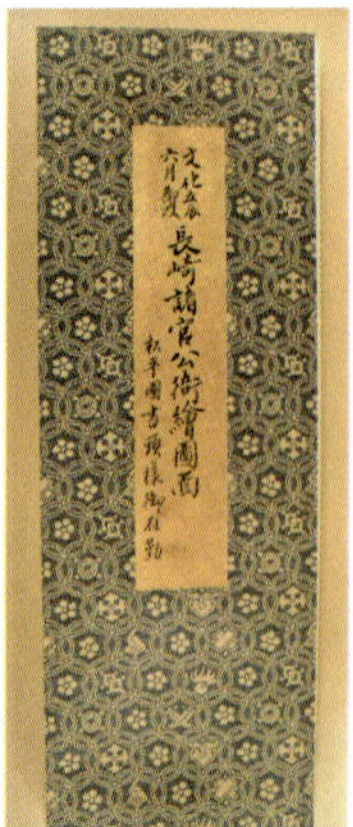
文化五辰六月御改·長崎諸官公衙図絵図面

折本の表紙に表題がラベルに書かれ貼り付けてある、初頭の西役所の絵図の前に「文化四年（一八〇七）十月若杉吉兵衛懸之節造之」と書かれ「絵図面御改年代文化五年（一八〇八）六月松平図書頭御在勤」との貼り紙がある。図面が造られた年号が入った絵図帖はこれだけであり珍しい。若杉吉兵衛は普請方の地役人と思われる。

最後の絵図「梅ケ崎唐舟修理場」に「田中高作寄贈」との朱印と「県立長崎図書館受領印」の丸印があり4749と数字が入っ

ている。この数字を長崎県立図書館で調べていただき昭和二十年（一九四五）一月十六日受入れのものとわかった。これは先の⑦『長崎諸官公衙図及附近図』と同じく田中高作氏により同年に寄贈されたものとわかる。

粗い絵図もありよごれもある。かなり使われたことによる変色か。また番所など一部の施設を除いて貼り紙で補正されたり胡粉で消されたりしている。

出島の絵図は『出島図』図版154に掲載されている。図版解説には《寛政の大火（一七九八）後カピタン部屋が再建されるのは文化六年（一八〇九）であるから文化五年六月御改のこの図にカピタン部屋が描かれていることは不思議である》また《建物に記入されている出島町人名の約半数が胡粉でその姓名が消されている。その理由は不明である》と指摘されている。絵図をよく見るとカピタン部屋と書かれた薄紙が貼り付けてある。

御薬園は文化七年（一八一〇）に西山へ移転した。ここには移転した絵図が描かれ貼り付けてある。しかし下図にはっきり旧園の図が透き通って見え、その絵には「元御薬園」、「此図不用」との書き込みがある。

唐人屋敷の本部屋は五が消えかけていて六、七、八、九、十、十一、十二、十三の八棟しか残っていない。文化五年（一八〇八）の絵図であれば十三棟すべてが健在であるはずである。

立山役所の絵図に《天保十三寅年（一八四二）見隠取払土間砂利敷入相廻し懸ケ障子拵える》の張り紙はある。また溜牢には七間三間の「在牢之者手業所」と溜牢の部分と絵と一体に見える作業場が描かれている。その横の貼り紙に《天保十四年卯（一八四三）二月新規取建。柵門壱カ所扉弐枚開小扉付き左右丸太柵》とある。この二つのことから絵図は天保十四年ごろに補正されたものとわかる。

さらに長屋住居人の推移がある。唐人番長屋、遠見番長屋、引地町使長屋、大井手町使長屋の絵図で住人の名前の横に朱書きによる追加（表5参照）が合計十一カ所ある。これら朱書きの名前はすべて次の諸役所図と一致している。また朱書きで訂正された前の名前は寛政十二年（一八〇〇）と考えられる三井長崎図の後、文化元－五年（一八〇四－一八〇八）と思われる内閣図の間に入れることが出来る。

その他、時代検証に役立つものとして玄関の右手に同心詰所がある。これは元の絵図の上に貼り付けられている。同心が置かれたのは長崎奉行所の長い歴史の中で貞亨四年（一六八七）以前を除くと、天保改革時の天保十三年（一八四二）から弘化四年（一八四七）の六年間のみであった。

これらのことからこの絵図の原図は文化五年（一八〇八）に作成されたが、それを天保十四年（一八四三）ごろに改訂されたものと判断せざるを得ない。

「絵図面御改年代文化五年六月松平図書頭御在勤」とあるが、その二カ月後の文化五年（一八〇八）八月十五日にフェートン事件が起こり奉行の松平図書頭は八月十七日に責任を取って切腹している。推測であるが、この大事件のどさくさで忘れられ絵図帖は長年放置されていたのではないか。

天保の改革時の伊沢美作守在勤の節に気付いたが、この三十四年の間にかなり大きな変化があったのでそのままでは使えず、そうは言っても廃棄することは、出来兼ねた。そこで文化五年（一八〇八）の絵図の両役所、出島、唐人屋敷、御薬園などをかなりの貼り紙や胡粉で手直しし、新地前俵物蔵所の蔵の番号や長屋居住の地役人の変化を朱書きで訂正したものと考える。

上記のことからこの絵図帖は「文化五年（一八〇八）に作成された原図を天保十四年（一八四三）ごろ改訂」したものと推定する。作成年が書かれている絵図帖はこれしかなく、しばしば文化五年（一八〇八）作成として取扱われ数々の誤解を招いており残念である。

なお本馬氏によると、「この絵図は年紀がはっきりした唯一の役所絵図であるから、長崎歴史文化博物館内の長崎奉行所立山役所の部分復元事業の基本図として使われた。その際立山役所図上の貼り紙を剥がして撮影し、基本図面を作成した」とある。

疑問は残る。原題は「文化五辰六月御改　長崎諸官公衙図絵図面」となっているがこれからは「長崎諸官公衙図絵図面」がすでにありこれを松平図書頭御在勤中に改訂したとも解釈できる。同じ標題で製作年代がほぼ同じの⑦『長崎諸官公衙図及附近図』と比べると、放火山や山上の竈がなく、かわりに御用物蔵と唐鳥小屋、梅ケ崎唐船修理場が入っている。絵図の比較は貼り紙が多く難しい。また表1からわかるように文化元年（一八〇四）から文政三年（一八二〇）ごろの短い期間に絵図帖が五点も作成されており不可解である。

この絵図帖は長崎歴史文化博物館のインターネットの資料検索『長崎諸官公衙図図』で絵図のイメージは見ることはできる。

⑫『長崎諸役所古図』

福岡市博物館蔵　折本　彩色　縦36・0×15・3㎝（福岡図）

長崎諸役所古図

この博物館がこの場所に設置された平成二年ごろに購入したとのことである。

折本は表題を墨書した木箱に入っている。折図の表紙のラベルに「長崎諸役所古図　琴石題」とあり二つの朱印が押されている。琴石は長崎で活躍した明治時代の先覚者、ジャーナリストで長崎自由新聞の社長などの活躍で有名である西道仙の別名である。能筆家と知られている道仙の自筆のタイトルである。道仙は長崎区長の金井俊行と協力し江戸時代の長崎の古書を収集しており、この絵図帖は何らかの経過を経てこの博物館に落ち着いたものと考えられる。

きれいな絵図であるが虫食いがある。またかなり貼り紙での訂正がある。

唐人屋敷の本部屋数は六、七、八、九、十、十一、十二、十三と八棟で文化図と同じである。『弘化二巳年雑集記』には七、八、九、十、十二、十三と六棟が残ったとあることからこの絵図は天保十四年（一八四三）から弘化二年（一八四五）の間のものとなろう。本部屋五号棟のあとがきれいに片付いているおり、火の元番所が聖人堂のよこに出ている。

この絵図帖にある出島の絵図は『出島図』には掲載されていない。出島町人の名前は書き入れられていない。海側の町人部屋の右隣に長年あった十五番蔵（砂糖・蘇木蔵で出島町人名、林、杉井、森安の名前が書き入れられていた場所）が畠になった。また、家畜小屋が牛小屋だけになっている。橋を渡って左側の花畑には従来あった池とそれをわたる小橋がなくなっている。『出島図』の図版168（川原慶賀による天保四年（一八三三）の絵）には家畜小屋（牛と豚）も十五番蔵もあるので、この絵図は天保四年以降と言える。

嘉永四年（一八五一）と年号が入っている図版179では十五番蔵も家畜小屋も消えている。出島の絵図からは天保四年（一八三三）から嘉永四年（一八五一）の間となり、上記唐人屋敷の本部屋数からの知見と矛盾しない。したがってこの絵図帖は天保十四年から弘化二年（一八四二―一八四五）の間ごろのものと推定する。出島で豚小屋がなくなったり、十五番蔵を解体した年代がわかればよりはっきりするが史料が見当たらない。

⑬『長崎諸役所絵図』

長崎歴史文化博物館収蔵　折本　彩色　40㎝(諸役所図)

近年になり装丁しなおしたためか、それらしい表紙がついている。書き込みと貼り紙の多い絵図帖である。今回調査した絵図帖の中ではもっとも新しいものである。安禅寺、牢屋の絵図に明治五年(一八七二)に廃棄あるいは払下げという貼り紙あるいは朱書きでの書き込みがある。長崎奉行所では絵図帖の作成はこれが最後であとは新規に作成されず、維新以降も役所内で使用されていたものと思われる。

立山役所の項で述べた白洲の向きを変えた大きな改築はこの最後と思われる絵図には反映されていない。おそらくこの時期になると外国船が頻繁に現れ、天草、唐人などの騒動もあり奉行所は絵図帖を改訂する余裕もなくなったのであろう。

唐人屋敷の本部屋は七、八、九、十、十二、十三の六棟に減っており、弘化二年以降とわかる。六号棟のあとに元帥堂、網蔵など現われる。

この出島の絵図は『出島図』には出ていない。出島の牛豚小屋は東洋図以来ずっと同じ場所に描かれていたが、この絵図で花畑に替わっている。

出島町人の名前を書いた付箋が建物に貼り付けられている。この十二人のうち(表3参照)、品川貞七郎、飛島助次郎、高見和兵衛、林茂十郎、竹谷勘兵衛、平野藤右衛門、打橋、石崎恒五郎の八人の名前は『出島図』の図版191のものと一致している。それ以前の天保九年(一八三八)成立と考えられる図版158とは五人のみ一致している。したがってこの絵図帖は、嘉永六年(一八五三)以降成立とされている「出島古図」図版191の後の時期のものと考えられる。

御船蔵の南手に煙硝蔵二蔵、さらに嘉永五年(一八五二)に新設された囲米籾蔵(四間二十間)が崖を削って立っている。

御薬園は九百四十八坪とある。安政三年(一八五六)に二百坪増加し千二百二十八坪になった。したがってこの絵図帖は嘉永七年―安政三年(一八五四―一八五六)ごろのものと推定される。

この絵図帖は長崎歴史文化博物館のインターネットの資料検索『長崎諸役所絵図』で絵図のイメージは見ることはできる。

なお長崎県立図書館発行の『長崎県の郷土史料』には「長崎諸役所絵図」との名称の史料が記載されている。これは長崎歴史文化博物館収蔵の『長崎諸役所絵図　部分断片』に相当する。解説には《長崎奉行所・普請方。成立・天保九年。内・唐人屋敷についての文書一通の他、役所居宅図、天保九年焼失後の建改之役所図の三種を含む。最後の分は彩色があって、「天保九年戌年焼失御取建之節掛紙之通相成」「通事部屋」「乙名部屋」他の表記がある。一帖、44×29㎝、彩色》とある。諸役所に関する史料としてはもっとも新しいが、標題の通り断片である。

⑭『諸役所絵図』

国指定重要文化財　長崎歴史文化博物館収蔵
39㎝　折本　彩色(諸役所図)

諸役所絵図

唐鳥小屋などに貼り紙があるが虫食いは目立たない。

他の絵図帖が三十前後の絵図を擁しているがこれは大音寺、炮術場、銀杏山遠見番所、御用物蔵・唐鳥小屋、桜町鐘楼、梅崎唐船修理場、小嶋郷塩硝蔵、天保十四年建御組屋鋪の九図のみである。時代考証に役立つ絵図は唐鳥小屋の「天保十三寅年御建替之節御掛紙之通に相成」との書入れと、天保十四年(一八四三)に建てられた御組屋敷の絵図面である。

天保の改革の一貫で天保十三年（一八四二）に奉行は一人制となり、家内引越切の与力・同心が置かれ、組屋敷が建てられた。弘化四年（一八四七）には改革は終わり、奉行は二人制に戻り、組屋敷も嘉永元年（一八四八）までに取り払われた。この組屋敷は五年程度あったのみであり絵図帖の時代推定に役立つ。

他方絵図の構成から見ると⑬『長崎諸役所絵図』と一体なものと思われる。双方に重複はないし、この九点の絵図を合わせて奉行所所管の施設をすべて補完的にカバーしている。年代的にも矛盾は無い、絵図帖の大きさも同じようである。

これらのことからこの絵図帖の作成年は⑬『長崎諸役所絵図』と同じく嘉永七年―安政三年（一八五四―一八五八）ごろと推定される。天保十四年（一八四三）の与力・同心の組屋敷は嘉永元年（一八四八）には解体されており、幾分くいちがいがある。奇妙なことは、より史料的価値が高い本体の⑬は重文になっていない不自然さがある。

この絵図帖は長崎歴史文化博物館のインターネットの資料検索『諸役所絵図』で絵図のイメージは見ることはできる。

2 参考絵図

参考絵図は古いと思われる順序で並べた。

A『長崎奉行諸役所絵図』

神戸市立博物館蔵（神戸図）

長崎奉行諸役所絵図

池長コレクションに収められている。紙包みに入っており上書きは「長崎惣絵図・両奉行屋鋪図・唐人屋鋪図・阿蘭陀出嶋図」とあり紙包みは紐で括られている。五つの絵図が折りたたまれ、それぞれの名称と坪数が書かれ表紙になっている。坪数は西屋鋪絵図は三千三百六十四坪余、立山屋鋪絵図は六千六百九十坪、阿蘭陀出嶋ノ図は三千八百八十五坪と書かれており、西屋鋪以外はなんらかの間違いと思われる。

「長崎惣絵図」の図域は港口は戸町・西泊両番所の少し先の「ス、レ、大トウ」までで、この大トウはおそらく大田尾であるが台場は描かれていない。北は浄土聖徳寺、山側は放火山で市内を中心とした絵図である。北瀬崎の米蔵の場所にはエッタとあり、米蔵が建てられた享保四年（一七一九）以前、立山に岩原の目付屋敷がないので正徳五年（一七一五）以前、しかし新地が描かれているので元禄十五年（一七〇二）以降の絵図ということになる。戸町・西泊両番所の間の距離（五町）、深さを十三尋など両岸の三カ所の距離と深さが書き入れてある。

伊勢町に元禄十六年（一七〇三）に開創された大徳寺が描かれている。このお寺はその後御朱印地となり、宝永五年（一七〇八）に本籠町崖上に移った。唐人屋鋪図には描かれていない。すなわち「長崎惣絵図」は元禄十五年（一七〇二）から宝永五年（一七〇八）ということとなる。

大徳寺の近くの中島に銭座が書きこまれているが、これは貞享二年（一六八五）に廃止されたもので、銭座跡と書かれるべきものであろう。

「西屋鋪図」は大成図とよく似ている。後の時代に馬場となる場所に東長屋がある、裏門の横に後に出てくる稲荷はまだない。

「立山屋鋪図」は享保二年（一七一七）の大規模な模様替え以前の絵図と考えられる。また山側に草木が植えてあることから享保五年（一七二〇）に小嶋郷十善寺の御薬園へ移された以前のものと推察される。このような古い絵図は他には見つかっていない。

「阿蘭陀出嶋図」（**図45**）は『出島図』図版116とよく似ている。図版解説には十八世紀初とある。脇荷蔵（元禄九年（一六九六）に建造）、イマリ焼物見世小屋道具入、阿蘭陀風呂屋なども描かれている。絵画であり役所の普請方による平面図ではないが、建物の名前など説明も比較的多い貴重な古い絵図である。扇形が幾分いびつになっている。

「唐人屋鋪図」（**図54**）は坪数は絵図の中に八千十五坪半程とある。『唐人番日記』に坪数の推移が出ているが八千十五坪余は元禄五年（一六九二）から享保六年（一七二一）の間である。本部屋の数は正徳新例を受け減船にともなう無益の部屋を減らしたのが享保元年（一七一六）であり、それ以前の絵図となる。雪隠・湯殿、腰掛、風呂屋、四隅に番小屋さらに土神堂などの構成は、唐人屋敷の絵図ではもっとも古い長崎歴史文化博物館収蔵の「唐人屋敷図」と同じである。宝永二年（一七〇五）九月の大火では、船数十八艘分二十部屋が焼失し、その責で唐人屋敷吏員をことごとく免職にした。これを契機として絵図に示された防火対策が取られたことは明らかで、かなりの工事の期間を考えると絵図は宝永三年以後と考える。二の門の横に四間一間半の小屋「伊万里見世」がある。『唐通事会所日録』の宝永五年（一七〇八）二月の《伊万里焼物商人の定店を札場に置くべし》との記事からこれ以降の絵図とわかる。これらのことからこの絵図帖は宝永三年―宝永五年（一七〇六―一七〇八）ごろ描かれた絵図と考える。

　このようにこの絵図は他の絵図帖と比較して格段に古く、情報量も多い。「長崎惣絵図」についての年代推定はほかの絵図についても矛盾はないといえよう。

　勘定奉行の荻原近江守は元禄十二年（一六九九）四月に「唐阿蘭陀商売勘定吟味の上、地下落銀配分金の儀」の御用で長崎へ上使としてきている。『唐通事会所日録』によると四月十一日に目付の林藤五郎と共に到着。総員三百名もの大調査団であった。近江守は酒屋町の鉅鹿清兵衛の宅へ同二十五日に発駕するまで滞在した。二十七日立山役所より呼出しがあり《近江様より唐人屋敷・出島両所の絵図を相調べ差越す様にと御宿鉅鹿清兵衛方へ仰せ付けられ置になった、よって今日秀硯（秀石）を遣わせ図を御書かせるので、年番も立合う様にと仰せられた》とある。渡辺秀石は唐僧逸然に就いて画を修め、長崎奉行所から唐絵目利を命ぜられるなど写生画を基調とする唐絵目利派の祖として有名である。

　森岡美子氏は『出島図』「鎖国期の出島図」の解説に《元禄時代の出島の光景を描いた貴重な資料に図柄はほとんど同じ五本の絵巻物があるが、「漢洋長崎居留図巻」（長崎歴史文化博物館収蔵）は原画にもっとも近い構図ではなかったかと思う。この絵巻物の原図の筆者について越中哲也氏は渡辺秀石であろうとしている。この時秀石が書いた出島図は、これら絵巻物の構図に近いものではなかったろうか。さらに想像をたくましくするならば、秀石はこの時松平家「阿蘭陀屋敷之図」（『出島図』図版116）も描いたのではないかと思う。なぜならあの出島図は実際に出島をスケッナしたものでなければ描くことの出来ないと思われるほど詳細・正確であり、時代もその時代とほぼ一致するからである》と記している。

　ところで『崎陽群談』の「上使到着之覚」によると荻原近江守は四年後の元禄十六年（一七〇三）四月にも若年寄の稲垣対馬守、大目付の安藤筑後守のお供で長崎へ来ている。『長崎実録大成』にも当地見分のために四月二十日着同二十七日発駕との記事が出ている。生憎と『唐通事会所日録』には《元禄十六年は正月より六月十四日まで紛失、無所見》となっており詳細はわからない。あるいはこの時期に荻原近江守が改めて出島と唐人屋敷さらに両役所の絵図をお土産として所望したとも考えられる。

『崎陽群談』の「上使到着之覚」には宝永六年国巡り巡視見に上使として小田切靭負、土屋数馬、永井監物の三名の記録がある、このときのお土産が神戸図であるとの大胆な想像もできる。このほうが時代的にもよく一致する。

B『長崎諸役場絵図』

長崎歴史文化博物館収蔵　福田文庫　巻物　彩色（福田古図）

福田文庫とは長崎市の郷土史家福田忠昭氏（一八七九―一九三〇）旧蔵の史料類で昭和五十九年（一九八四）にご遺族から移管された。

「長崎諸役場絵図」と墨書きされた木箱に収められ、巻物にはラベルが貼ってあるが字はかすれて読めない。絵図は連続して描かれ巻物になっており、貼り紙も虫食いもない美麗な絵図帖である。奥書はない。巻頭に丸い朱印が押され昭和59 2087、長崎県立図書館・購入印とある。

絵図の順序は岩原御屋舗、船番長屋并中宿、引地町町使長屋、西泊・戸町両御番所、七か所の石火矢台、放火山御番所、小瀬戸遠見番所、野母遠見番所、稲佐塩硝蔵、道生田御薬蔵、長崎会所、本興善町会所、銅吹屋、稲佐銅吹所、北瀬崎・南瀬崎御米蔵、出嶋、唐人屋舗、新地、大波戸、籠屋と二十二図が描かれている。西・立山両役所、御船蔵の絵図は無い。絵図の順序も不可解である。福田氏が収集した古い絵図を順不同に複写し巻物に仕立てたものと想像される。以下成立年代の推定に役立つ情報を含む絵図について述べる。

岩原屋敷は神戸図の両奉行所の絵図と同じく、雪隠・湯殿が母屋から離れた場所に描かれている。

番方の長屋は船番と引地町の二カ所の絵図のみ収められているが、いずれも地役人の名前に姓名が記されている。ほかのほとんどの絵図は苗字だけであり貴重な史料である。しかしこれだけでは時代推定はできない。引地町町使長屋は十一軒で宝暦五年（一七五五）の大火以前の絵図である。

放火山番所は寛永十四年（一六三七）に設置され明和元年（一七六四）に閉鎖された初代の番所である。

稲佐の塩硝蔵は元禄三年（一六九〇）オランダ船の火薬を預かるために建てられ明和二年（一七六五）に御船蔵に移った。

道生田塩硝蔵は御薬蔵と書かれてあるが元禄三年（一六九〇）に建てられた。

長崎会所の絵図は惣坪数二百十六坪とあり、敷地が南側に拡張した明和二年（一七六五）以前の絵図である。

本興善町会所は、唐通事会所が宝暦元年（一七五一）に、ここに移ってきた以前の絲荷蔵の時代の絵図で、武具蔵があることから享保六年（一七二一）以前の絵図であろう。

銅吹屋（浜町）稲佐銅吹所など長崎での銅の生産を描いた絵図を含む唯一の絵図帖である。長崎の浜町に銅吹屋があったのは享保十年（一七二五）から元文三年（一七三八）までの十三年間のみであった。稲佐の鋳銅所は享保十六年（一七三一）から元文三年までの七年間稼働した。

北瀬崎米蔵は船番屋敷地内の土蔵二軒を移し蔵数が五軒であることから、この絵図は享保十一年（一七二六）以降となる。

出島の絵図は『出島図』の図版123とほぼ同一で、配色や出島町人名で久野と冬野が異なる。『出島図』の図版123の図版解説には《原図は元文から寛保のはじめ（一七三六―四二）よりは下らない古い出島図である。出島町人名が書き入れられているものとしては最古のものである》と記されている。

唐人屋敷の面積は八千十五坪とあり享保六年（一七二一）以前となる。二の門の外に牢屋、囲の中の五か所の番小屋、裏門が水溜池のある南側に移っていることなどからAの神戸図のあとで、享保五年から享保九年（一七二〇―一七二四）ごろの絵図と思われる。

新地には明和二年（一七六五）に設置された米蔵が描かれていないのでそれ以前の絵図である。

牢屋は篭屋と昔の言い方になっている。二の揚り屋があり、溜牢のできる享保十六年（一七三一）以前の絵図である。

すなわちこの絵図帖には十八世紀中ごろまでの絵図が混じり合っている。時期的には享保・元文ごろにまたがるものでAの神戸図に次いで古い。奉行所による諸役所の絵図帖が出現する半世紀前の貴重な興味ある絵図を含んだ絵図帖である。

この絵図帖は長崎歴史文化博物館のインターネットで絵図のイメージを見ることはできる。

C『長崎諸地図』

長崎歴史文化博物館収蔵　市博地図資料
図五十から図七十四までの二十五図うち二十一図はBと同じ
（市博地図）

一枚ずつばらばらの絵図で絵図帖ではない。索引では市博地図資料として一括されている。市立長崎博物館蔵との朱の角印と市立長崎博物館の朱の丸印の二つが押されている。丸印には昭和24と272という数字が読める。資料検索の備考の欄に写本とある。二十五図のうち二十一図はBの福田古図の絵図とほぼ同一である。相違は小さな寸法の落ち、色付けが違い、方角の抜けなどで、市博地図の方に書き加えがある箇所も散見されるが、いずれも模写なのではないか。

長崎市立博物館の館長を勤められた原田博二氏によると「長崎市は大正十二年に長崎市史九冊を刊行したが、旧長崎市立博物館の文書や絵図の資料の大部分はこの市史編さんの際、福田忠昭氏に貸し出し、長崎市が相当の費用をかけ筆写した」とのことであった。

福田古図にない四図のうち「御役所絵図」は立山役所の絵図で弘化二年（一八四五）オランダ使節コープスが国書を長崎奉行に手渡した際の立山屋敷での配置図で、佐賀藩の絵図の写しであろうことは立山役所の項で記した。時期的に新しい絵図が紛れ込んだものと思われる。御薬園の絵図はほかにはない古い絵図で貴重である。諏方社の絵図があるのが特異である。なお諏訪社は、ほかには東洋図にある。

この絵図は長崎歴史文化博物館のインターネットの資料検索で『長崎諸地図』で一枚づつイメージは見ることはできる。

D『長崎実録大成』の諸役所絵図

（大成図）


『長崎実録大成』は著者の聖堂の書記役だった田辺八右衛門茂啓が記した自序によると、当時長崎に完全な正史がなかったので、公務の暇にその編纂に着手した。宝暦四年（一七五四）になり長崎奉行菅沼下野守に献上したが、奉行は賞賛し志をみとめ「御役所御文庫の図籍」を被閲することを許すなど茂啓に多大な便宜を与えたとある。

このことから「長崎実録大成」に収録されている十数枚の絵図は御文庫にあったものであろう。しかしこれらは図師による絵画風の絵図で、普請方による寸法の入っている平面図である諸役所絵図帖とは異なる。第一巻「御役所諸番所等造営の部」から西御役所図、立山御役所図、岩原御屋舗図など十六図、第八巻の「阿蘭陀方来歴の部」から出島屋鋪図、第十巻「唐船方来歴の部」から唐人屋鋪図の合計十八図で文章の中にばらばらに入れられている。宝暦十年（一七六〇）時点の絵図とはっきりしており絵図の時代推定に役立ち貴重である。

ところで⑦『長崎諸官公衙図及附近図』の巻頭に「古今の図式」として両役所に続いて十六図が示されている。興味あることは、これらの絵図は順序も絵図そのものも『長崎実録大成』のものとほぼ同じことである。なお「古今の図式」にはなぜか出島と唐人屋敷の絵図がない。しかし文化五―六年（一八〇八―一八〇九）ごろ成立した絵図帖に古今の図式として約五十年前成立の『長崎実録大成』の絵図を引用しており興味深い。

E『旧諸役所図』

もりおか歴史文化館蔵　巻物　彩色　27×1276㎝（大槌図）

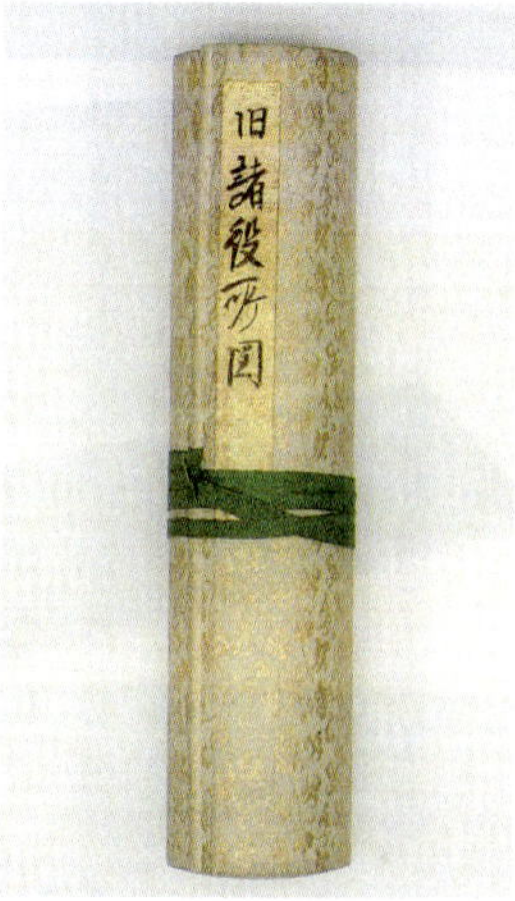

旧諸役所図

貼り紙も虫食いもない美麗な絵図である。絵図帖の構成は東大図、国会図とよく似ている。絵図の最後に次のような由緒が書かれている。

《此図は当崎の名ある所を集記したるものなり。従公義図職を蒙り当時七十歳に逮（およぶ）とも日々相勤来る。然ルに老僧二十余年を歴て再来、未飽清談復千里の人となり此世の別となる。故になこりをしたひ老眼を不顧して此図を書て帰国の贐となす。願くは老僧開発の古廟山に長伝んとことを欲するのみ。

寛政三辛亥歳　崎陽勝山町住

雪翁軒一釣

七月日

奥州南部大槌

古廟山観流菴

慈泉老師》

この記述でわかるのは、この絵図が長崎奉行所の絵図職を長年勤め七十歳の雪翁軒一釣（おそらく雅名）という人が寛政三年（一七九一）に南部大槌へ帰る慈泉老師へ贐として画き渡したという非常に興味ある事項である。この絵図帖は旧南部藩主からのもりおか歴史博物館への寄贈品とのことである。

大槌町町政要覧「おおつちの歴史」（二〇〇八）に《菊池秀井慈泉（一七二六―一八〇一）は大槌町八日町の裕福な菊池家へ生まれ。二十歳の頃剃髪して禅僧となり秀井慈泉と名を改めた。慈泉は人生の半分を全国の霊山聖地を訪ねてさまざまな師を得て、修行。帰郷後、古廟山を開き村人の世話をし、国家安泰を願い、海上安全、大漁祈願を行った。天明の大飢饉のあとで餓死者を葬り供養塔を建立した。七十五歳で死去》とある。

また花石公夫氏によると慈泉は明和年間吉里屋左兵衛の名前で大槌の長崎俵物の大槌宿や南部俵物問屋として活躍している。このことは吉里吉里を根拠とした盛岡藩の御用海産物商人の前川善兵衛に関する『前川善兵衛文書』（水産研究・教育機構中央水産研究所図書資料館蔵）によって明らかで、記録では左兵衛は明和三年から明和八年（一七六六―一七七一）ごろ煎海鼠と干鮑を長崎へ送る長崎御用を取扱う事業者として活躍している。すなわち木食僧と事業家の二つの顔を持っていた。

慈泉は延享三年（一七四六）、明和五年（一七六八）寛政三―四年（一七九一―一七九二）と三度全国行脚を行い、四度目の行脚の途中、享和元年（一八〇一）江戸で死去している。二度目の行脚で長崎へ立ち寄った際は俵物商人でもあった。三度目の行脚で長崎で雪翁軒一釣から、この絵図帳を受け取ったこととなる。

原図は、国会図であろうことは，成立年代が一致すること、さらに出島図に鳩小屋が描かれ、「鳩小屋」と書きこまれていることなどから明らかである。構図は国会図とよく似ているが、書きこまれた説明は若干の相違がある。例えば各絵図のタイトルに他の絵図帖では「立山御役所」などとあるのに「立山御役所図」と「図」が付けられている。他の絵図では「岩原御屋鋪」とあるのに「岩原御目附屋敷図」、「出島」とあるのに「出嶋阿蘭陀屋鋪図」とある。

西役所に御家老と記された建屋があっ

た。唐人屋敷図の本部屋は、他のすべての絵図帖では第一（号）－第十三（号）と書入れられているが、この絵図では本部屋とのみ書かれている。四号と五号の間に本部屋と同様な作りの建屋があり「唐人自分建」との書き入れがある。新地表門につながる橋が描かれているが、この橋が復活したのはこの絵図に描かれた寛政三年であった。国会図では埋地になっていて橋はない。俵物役所では薩摩屋敷との関係がはっきりした。また船番長屋に南瀬崎米蔵番長屋の書入れがあった。これらは他の絵図帳ではわからなかった貴重な情報である。

岩原御目付屋敷図は例外で大槌図の絵図は国会図でなくその先の時期に成立した三井長崎図に似ており、馬場や水溜をなくし建屋が増えている。これは寛政の改革で寛政三年（一七九一）に長崎を監察するため勘定組頭や目付が常駐し、加えてその従者の住居も必要になったため急遽建て増したもと思われる。当時近くで忙しく工事が行われていることを目にしてこの絵図を新たに用意したのであろう。

絵図の構成は国会図の『長崎諸御役場絵図』に西泊・戸町両番所の各図と道生田塩硝蔵図の三図が加わって三十図になっている。これも異常で通常長崎奉行所が直接管理していない両番所は崎陽図に含まれたくらいで普通は含まれていない。

奉行所絵師による機密の転写

沿革記事はかなり省かれている。このことは役所で絵図帖を作成するに当たって絵図を描く人と字を書き入れる人が別であったのに、この絵図はすべて雪翁軒一鈞によるもので、彼の理解の範囲でかなり手を加えてある。

製作の動機は餞別であったとしている。製作者がかなりの時間を掛けて、このような機密絵図を秘かに転写し、他人に渡すという重罪を犯してまで、老眼を顧みず丁寧に仕上げていることに注目したい。絵図の転写はかなりの時間が掛かる。いくら熟練の絵師とはいえ、三十三図の転写には優に半年以上の時間が掛かったのではないか。老僧に心酔していたとしても絵図帖一冊分に加えて三枚の長崎港警護に係る絵図まで描くというのは考えにくい。

これからは推測であるがこの絵図の転写は老僧から持ちかけられ、老僧はかなりの対価を払ったのではないか。さらに盛岡藩も背後にいたのではないか。単に餞別であれば出島と唐人屋敷という長崎らしい絵図で充分なのではないか。

この絵図帖は老師の帰国後、大槌の古廟山におかれることはなく盛岡藩主に献上され盛岡藩で大事に保存された。当時の藩主は南部利敬（天明二年－文政三年（一七八二－一八二〇））であった。天明五年（一七八五）には老中田沼意次の経済政策により俵物は長崎会所の専売となり輸出の大きな柱となった。松前、津軽、南部は長崎への俵物の集荷の中心地のひとつとなった。

長崎御用銅の大きな柱であった尾去沢銅山は藩の直接経営で、銅の買上価格が安く藩の財政を圧迫した。さらにこの時期にはロシア船の来航により北方問題がクローズアップされた。のちには盛岡藩は幕府から松前警備、さらにはエトロフなどで勤番所を建設するなど重い負担を強いられることとなる。

これら俵物、銅、北方という三つの大きな問題との関連で盛岡藩の長崎情報への関心は高かったのである。少し先になるが文化二年（一八〇五）には、幕府から蝦夷地警護の功績によって領地は従来のままで十万石が加増され、南部利敬は石高二十万石の大名となった。

全国行脚の慈泉老師が、郷土の奥州南部が長崎情報を必要としていたことを付度し絵図帳を依頼したことは十分に考えられる。以前に俵物商人として大槌で責任のある立場にあったことも長崎情報の重要性を深く認識していたはずである。

しかし老師が盛岡藩の指示で動いていたかなどは史料では明らかでなく推測の域をでない。

写本であり奉行所が管理の目的で作成した絵図でないので参考図としたが、製作年がはっきりしており、単に写しというだけでなく貴重な情報を含む絵図帖である。

F『長崎諸役場繪圖』

長崎歴史文化博物館収蔵　巻物
四十二の絵図が図九九、図一〇〇、図一〇一、図一〇二の四巻に仕立てられている。（市博繪図）

資料検索では「絵図」ではなく「繪圖」ででてくる。備考に写本とある。九九巻には十二、一〇〇巻には十、一〇一巻には十二、一〇二巻には八、合計四十二枚の絵図である。長崎市立博物館から移管されたものである。巻物の外見はかなり古びているが、絵図は虫食いもなく美麗である。巻紙に連続して描かれている。各巻初に「長崎県長崎区役所印」との朱の角印が押されている。また隣に「市立長崎博物館所蔵」の朱角印もある。ちなみにこの博物館は昭和十六年開館である。

長崎が長崎区という行政区分であったのは明治十一―二十二年（一八七八―一八八九）の短い期間でこの時期に写されたものであろうか。四十二枚の絵図のうち、出島と唐人屋敷は各二枚あるが、同じものではない。出島についていえば一〇一巻の絵図は寛政十年の大火直後の福田上図の絵図と同一、九九巻の絵図はそれより十年以上のちのものと思われる。唐人屋敷図はもともと十三の本部屋数がいくつ減っているかで時代推定ができるが一〇〇巻では二号と三号、一〇一巻では一号と三号が解体されており、文化五年から文化末成立のものと思われる。その他比較的時期が絞られる絵図は一〇一巻の北瀬崎米蔵は文化六―十一年の間、九九巻の放火山番所の文化五―十二年の間などである。絵図数は四十二と多いが特異のものはない。

四巻に別けて写しを作成したのは閲覧の便を計ったものといえるが、長屋、各遠見番所は別の巻に別れているなど仕分けはばらばらである。奉行所が管理の目的で作成した絵図帖とは様相が異なる。原図の年代は文化六年から文化末（一八〇八―一八一七）ごろのものと考えられる。

この絵図は長崎歴史文化博物館のインターネットの資料検索『長崎諸役場繪圖』でイメージは見ることはできる。拡大画像表示をクリックすると絵図が続々と表れる。

G『長崎諸役所古図』

長崎歴史文化博物館収蔵　福田文庫　十四図（福田諸図）

十四枚のばらばらの絵図で絵図帖ではない。索引では「長崎諸役所古図」とのタイトルで包含されている。すべての絵図に「長崎県立長崎図書館購入印・昭和59年」との朱の丸印があり1997、2017などの数字がふってある。この年は福田家から購入した年である。長崎諸役所というタイトルながら立山役所、出島、唐人屋敷、御船蔵などの主要施設が含まれていない。絵図の製作年代を推定すると、まず西役所は一番高いところにある石垣上長屋は塗りつぶされ備場との字は入っていないが備場に変わっており、すなわち文化六年（一八〇九）以降の絵図である。寛政十二年（一八〇〇）に西浜町から移転した俵物役所が描かれ、その原型のスケッチ図（新地前昆布蔵焼失跡俵物役所取建絵図）もあることから同年ごろ、放火山番所の絵図があることから文化五―十二年である。また船番長屋で南側で二軒増えるのは文化元年（一八〇四）以降などから、この絵図は寛政末から文化中期ごろのものの集まりと思われる。期間は十数年と短い。タイトルは古図となっているが、同じ福田文庫の長崎古図に比べると新しい。

西御桟敷絵図、東上町御蔵屋敷絵図、新地前昆布蔵焼失跡俵物役所取建絵図の

三図は見慣れない絵図である。西御桟敷絵図は西役所の表門の前の広場でおくんちを見物するためにしつらえた桟敷で、おなじような絵図は東洋図にも出ている。立山役所の長崎奉行が長崎代官など諸役人とともにこの桟敷に出向き、江戸から来た新着の長崎奉行と並んで各町の奉納踊りを見物した。

　東上町御蔵屋敷絵図は町名からは長崎会所の付近と思われるがわからない。百五坪の敷地に二間三間の蔵が二棟ある。新地前昆布蔵焼失跡俵物役所取建絵図（俵物方掛より差出写、普請方扣とある）は、同じくこの絵図集の中の俵物役所の絵図のスケッチ図で表門、二つの水門、干場の位置は同一であるが細部は異なる。このタイトルからこの場所に以前は昆布蔵があったことを示している。

　この絵図は長崎歴史文化博物館のインターネットの資料検索『長崎諸役所古図』でイメージをそれぞれ見ることはできる。

H『長崎諸御役場絵図』

長崎歴史文化博物館収蔵　福田文庫　巻物、二軸　彩色
一巻1132㎝、二巻1118㎝　木箱入り（福田上下図）

　木箱に巻物が二軸入っており木箱には「長崎諸役場絵図」弐軸と墨書きしてある。一軸には「諸御役場絵図」上巻、もう一つの軸には「長崎諸御役場絵図」弐巻之内弐とラベルが貼ってあり、箱書きの「御」の字は抜けている。資料検索では一、二巻、巻物には上、弐巻とあり、名称を含め混乱している。

長崎諸御役場絵図

　絵図の始めに次のような文が記されている。

《大正四年（一九一五）三月二十二日長崎県知事李家隆介氏本図を視んことを求めらる。即伊東氏を介して本図上下二巻を送る。当日李家知事官邸に於て内務部長（岩井敬太郎）警察部長（斉藤守圀）教育課長（金沢菜）等を会して熟覧せらる》

　木箱に記された奥付

此図元長崎奉行所支配普請方用屋敷所蔵也明治維新後故西道仙翁得本図十襲不措後與故長崎区長金井俊行氏謀模写本図納長崎区役所以便研究者焉大正二年　月及翁投余請得本図於其嗣某氏分為二巻施装訂就龍江深浦重光先生及明嶽道人有馬祐政先生求其題字以備置右巻中所載自政所衛門至陣営望台米廩等凡四十有二図全長約十二間奉行所所管官衙悉載焉実長崎史研究者必須之図也。

大正四年孟春丁浣　　鶴城　福田忠昭

　また下巻の最後の梅ケ崎修理場の次にさらに古い明治十九年の記述がある。

長崎区長金井俊行と余謀蒐輯長崎古図書以蔵ヲ区役所書籍百八十二種図式二十六品此折本自立山役所至野茂（ママ）遠見番所天草牛深遠見番所等有二十有六七種之真図悉写立以寄長崎区役所時明治十九年之春也　琴石識（印）

　琴石とは西道仙の号である。これによると「西道仙翁と長崎区長金井俊行氏は長崎の古図書を共同で蒐集し、百八十二種の書籍と二十七の図式を区役所に収めたが、この折本はそれである」し、福田氏による絵図帖類の由来を説明している。

　なおこの絵図の最初の所有者である西道仙翁については⑫福岡図の項で述べた。

　上下二巻で合わせて四十三図あり全長約十一間と分量が多いので二巻に別けたものである。上巻には上下巻の絵図の目録、下巻には下巻の絵図のみの目録がある。出嶋、唐人屋敷が上下に一枚づゝ入っている。安禅寺も二枚あり一枚は目録では東照宮となっている。

寛政三年—十二年（一七九一—一八〇〇）西築町にあった籾蔵の絵図がある。北瀬崎米蔵の崖上に説明はないが蔵（塩硝蔵または道具蔵）と池が描かれている（文化六年—文政元年〈一八〇九—一八一八〉）。御薬園は文化七年（一八一〇）に西山に移転したもの、もっともこの絵図をめくると下に移転前の十善寺の御薬園の絵図がある。

出島は二枚で、うち一枚は寛政十年（一七九八）火災場の朱引きがされている。『出島図』図版146と同一である。もう一枚は出島町人名からは天保末期前と考えられる。庭園の池に木橋が架かっているが、これはシーボルト『日本』に所収されている文政十一年（一八二八）の絵図（『出島図』図版165）にはなく、図版161（文政三年〈一八二〇〉—文政七年〈一八二四〉）にある。したがって文政三年（一八二〇）以降文政十一年（一八二八）以前と推定できる。

唐人屋敷図の本部屋数は上巻で十一、下巻で十二ともともとの十三棟から不用なものの解体をはじめた時期で文化五年から文化末のものである。溜牢の絵図は上部の崖に石積の土止めがあり文化末ごろのものと思われる。この石積の絵が貼り付けてある。

このように各絵図の製作年代は寛政から天保末期ごろとばらばらでかなり広い。奥付の説明にあるように、明治維新後普請方屋敷などにあったものを有力者であった西道仙翁が入手し、大正四年に福田忠昭氏が整理し装丁を施したものである。絵図の中に西道仙の書いた由緒書もあり個々の絵図は保存もよく彩色を施されており、知事が是非見たいと望み、熟覧したことは理解でき、それだけの価値はある。

この絵図帖は長崎歴史文化博物館のインターネットの資料検索『長崎諸御役場絵図』で絵図のイメージを見ることはできる。

第四章　近世初期の長崎絵図

絵図帖が出現する以前の長崎古図

本書では長崎奉行所が係わった諸役所の絵図帖について紹介した。現存する絵図帖は安永期（一七七二年ごろ）以降のもので二百年の長崎奉行所の歴史の八十年をカバーするに過ぎない。調査を進めるにあたりどうしても出島ができた寛永期以降の古い長崎絵図を参照する必要に迫られた。そこで大いに役立ったのが中村質氏の「初期長崎絵図に関する書誌的考察」である。

五十年前に発表されたこの研究以降これを超える研究はないように思う。たまたま氏が『長崎県史』に関して、さいわい各地の関係古図に接する機会を与えられたためと記してある。中村論文では寛永十八年ごろ（一六四一）から延宝・元禄・正徳までの約八十年をカバーする絵図三十二舗について時期的に七群に分けて解析がなされている。章末に中村論文の別表写真コピー**表6**を添付させて頂いた。

ここでは筆者の知見も含め、中村論文にはない絵図を含め本書で参照した絵図について簡単に要約した。

（1）寛永長崎港図

200×130㎝　長崎歴史文化博物館収蔵

中村論文ではⅠ群で四舗リストアップされており、極く微細な点で模写に際する異同はあるが、同一の図面としている。長崎奉行所が本博多町にあるので寛永十年（一六三三）以前、出島が描かれているので寛永十三年（一六三六）以降となり、数年矛盾するが確かに寛永年間のものである。幸い最近（二〇一七）長崎文献社で長崎歴史文化博物館収蔵の絵図のコピー（ポスター）が刊行されたので細部までしっかりみることができるようになった。

（2）長崎図

172×111㎝　東京大学付属図書館南葵文庫蔵

奉行所は西と東役所が現在の長崎県庁の場所にあり総門が一つであることから本博多町から移った寛永十年（一六三三）から寛文三年（一六六三）の大火以前。出島があるので寛永十三年以降、大村丹後守と鍋島信濃守の領境があり、御船蔵はないので慶安元年（一六四八）以前。これらのことから寛永十三年（一六三六）―慶安元年（一六四八）ごろのものと思われる。

（3）長崎港古図

230×152㎝　国立公文書館　内閣文庫蔵

中村論文ではⅢ群で3舗がリストアップされておりこれと同一の図面。分地町があるが正保年間（一六四四―四七）に外浦町に併合しているのでそれ以前。七カ所の石火矢台が地名を含めて描かれていないので承応二年（一六五三）を以前、大夫町でなく丸山町とあるので寛永十八年（一六四一）―正保（一六四四―四七）ごろ。なお、この時期にすでに本籠町に薩摩屋敷が画れており興味深い。

（4）承保三年之夏黒舟長崎へ入津ニ付諸大名之相詰候絵図

93×177㎝　国立国会図書館蔵

タイトルそのものが正保四年（一六四七）の間違いである。中村論文のⅤ群には十三舗あり正保図とあるが、いずれも立山屋敷、唐人屋敷、新地蔵などが描かれた延宝・元禄期以後の図を基図として正保四年のポルトガル船渡来という大事件の情景や経緯を書き加えたもので長期の時間的推移を無視した模写図といえる。

この絵図は奉行所の位置から寛文三年（一六六三）の大火以降で、延宝元年

（一六七三）に建てられた立山役所がまだなく、町名が寛文十二年（一六七二）の町界町名変更以前である。すなわち寛文三年（一六六三）から延宝元年（一六七三）の間の成立となる。この時期の絵図にそれから十六―二十六年前の正保四年（一六四七）の大事件を書き加えた絵図で時間的なズレは短く、他のV群の絵図と比べて貴重といえる。なおこの絵図は中村論文には入っていない。

（5）肥前国長崎之図 168×107㎝ 東京大学付属図書館南葵文庫蔵

冊子の背表紙に「寛文九年後延宝四年前」とある。放火山、野母などに末次平蔵領との文字があるが平蔵は延宝四年（一六七六）に流罪になったのでそれ以前。立山奉行屋敷とあり延宝元年（一六七三）以降。延宝八年に大波戸から移った制札場があるのが矛盾している。中村論文では「寛文八―十二年（一六六八―一六七二）と延宝四年（一六七六）の相矛盾する二期間を包含」としている。

（6）肥前長崎図 200×97㎝ 東京大学付属図書館南葵文庫蔵

延宝四年（一六七六）に末次平蔵が失脚、それを受け勝山町に高木作右衛門屋敷とある。中村論文では延宝四―五年成立としている。こうらい町、新紙や町など延宝八年までの地名、同じく延宝八年に大波戸から豊後町へ移ってきた高札場を考えて延宝四―八年（一六七六―一六八〇）ごろ成立と考えられる。

（7）〝Nagasaki Ezu〟 128×69㎝ 木版 大英図書館蔵（ケンペルコレクション）

中村論文には長崎大絵図（ムディー氏第二六図）としてある。長崎のもっとも古い木版で京都板と考えられている。延宝八―元禄元年（一六八〇―一六八八）ごろ刊行。ケンペルの『日本誌』に掲載された長崎絵図の原図として知られる。なおこの絵図を巡る研究については筆者の拙論がある。

（8）唐船来朝図長崎図 96×64㎝ 神戸市博物館 天理大図書館 西尾市岩瀬文庫蔵など 江戸通油町 松会板

〝Nagasaki Ezu〟を原図として「諸大名長崎旅宿」「昼夜の長短見様」「塩のみちひ見様」の二枚の回転円盤付きを増補したもの。諸大名長崎旅宿のリストがあり、大名の併存期間を考えると元禄三年（一六九〇）ごろか。しかし唐人屋敷は描かれていない。

（9）長崎絵図 96×155㎝ 西尾市岩瀬文庫蔵

絵図の凡例に「海川深貞享元年（一六八四）六月改」とある。図中に長崎湾の番所、石火矢台が描かれ、要所の対岸間の距離、水深を注記。長崎警備を担当した大名家おそらく大村藩の作成した絵図と思われる。〝Nagasaki Ezu〟の底図と考える。この絵図は中村論文にはない。

（10）長崎湊図（天和元年写） 140×67㎝ 長崎歴史文化博物館収蔵

天和元年（一六八一）写との書き入れがあるが唐人屋敷、新地が描かれており、もっと新しいものである。正徳四年（一七一四）設立の岩原屋敷が描かれているのでそれ以降。享保四年（一七一九）建造の「瀬崎御米蔵」がある。名称は享保九年に北瀬崎米蔵と変わったがそれ以前の絵図となり、享保四―享保九年（一七一九―一七二四）ごろ成立と思われる。

（11）長崎大絵図 64×133㎝ 木版 西尾市岩瀬文庫蔵

長崎東浜町　竹寿軒・中村惣三郎改板とあり。Mody Plate 27。中村論文にはない。桝田に享保十六年（一七三一）から元文三年（一七三八）まであった銅吹所がある。また松平丹後守殿との書き入れもある。

肥前佐賀藩主が丹後守であったのは元文三年以降。このことから絵図は元文三年（一七三八）ごろ成立のものかと思われる。

(12) 肥之前州長崎図

51×171㎝ 延享二年（一七四五）国立公文書館 内閣文庫蔵
京都林治左衛門板

この絵図は延享二年（一七四五）に作成されたもので、近世初期の中村質氏のリストには含まれていない。江戸中期に地図の考証、収集、作図に大きな功績を残した森幸安が作図し、京都の版元から出版された、日本輿図の一部で、国立公文書館蔵の二百二十二鋪の一つである。絵図帖が出現する安永年間より三十年程古いが、本書で取り扱う長崎奉行管理の諸役所のかなりが、すでに設立されている。いまだ存在しない施設の主たるものは俵物役所、溜牢と数少ない。絵図の範囲も長崎湾口の伊王島（硫黄嶋とある）、野母の遠見番所までを含んでおり、西泊・泊両番所、七カ所の在来台場も書き込まれている。対岸の稲佐に唐蘭玉薬の穴蔵があり、明和二年（一七六五）に御船蔵に移転した前の絵図である。市中では、両奉行所が政所とあり長崎の町に不案内な人の書入れとも思われる。一方絵図にはあちこち名所案内のような字句が書き入れられており、興味深い。幸い最近国立公文書館から精密なデジタル画像が公開されたので、本書で述べた諸施設の場所を見出すことができ、本書の理解に役立つと思われるので、**図116**に全体図を掲載し絵図には諸施設に番号を付けた。表題は肥前之州長崎図とすべきであろうが、国立公文書館の索引にしたがって、このようにした。さらに詳細をご覧になりたい読者は、国立公文書館のデジタルアーカイブで鮮明な画像を見ることができる。

群	番号	絵図名	縦 cm	横 cm	図面摘要 町割・町名	建造物	その他	図面の下限	模写期等	所蔵・出典
Ⅰ	(1)	長崎古図	二〇三	一三〇	八〇町制（寛文一二）以前	本博多町に奉行所、葡船五	内・外町色分け、十善寺を外町とす	元禄 二	明治一七中村道信写	九大九州文化史研究施設
	(2)	寛永長崎港之図	一九六	一二九	同右	同右	同右	同右	明治一七〜三一(1)の写	長崎市立博物館
	(3)	寛永年間長崎図	一九八	一三一	同右	同右	同右	同右	明治三一(2)の写	長崎県立図書館
	(4)	寛永長崎港図			同右	同右	同右	同右	(2)の写	長崎市立博物館
Ⅱ	(5)	長崎之絵図（長崎図）	一七二	一一一	同右、花こざ・喜蔵・あめかた町等	外浦町に政所、諏訪社石鳥居	同右、大村丹後・鍋島信濃領界線	元禄カ		東大附属図書館
Ⅲ	(6)	往古長崎図面	二二〇	一四八	八〇町制以前	沖両番所、薩摩屋敷	大村因幡・高力左近・松平丹後領界線	寛文 八		長崎市渡辺庫輔氏旧蔵
	(7)	長崎港古図	二三〇	一五二	同右	同右	同右	同右	明治一三(6)の写	内閣文庫
	(8)	長崎絵図	二二〇	一四九	同右	同右	同右	同右	明治三一(6)の転写図	長崎県立図書館

表6　中村論文の別表の写し

Ⅳ	(9)	一六四六年頃長崎大絵図	四〇五 一七八・五	八〇町制	唐人屋敷、新地荷物蔵	岩原目付屋敷？	元禄一五		ムディー氏第二五図
	(10)	長崎港大絵図	六尺五寸 五尺五分			福田氏書入れ、寛永末ヨリ正保間			長崎市立博物館目録
Ⅴ	(11)	長崎黒船図	一七七 一〇九	八〇町制以前、毛皮や町	三(立)山奉行所蘭船三	淡輪蔵	延宝　元	幕末カ	西宮市南波松太郎氏
	(12)	葡萄牙船長崎入港警戒之図		八〇町制以前	立山奉行所		同右		増訂海外交通史話764頁
	(13)	正保四年南蛮船警備長崎港図	一八八・五 一〇八	同右、紙スキ町	伊良林に光源寺	[虫ツキ]と明示	延宝　四	延宝頃カ	九州文化史研究施設
	(14)	正保四年黒船長崎来着防備之図	九三 五七	町割不記、サンショ町	御蔵屋敷、蘭船二	大波戸辺より南の部分図	延宝　三		長崎大経済学部
	(15)	正保四年葡萄牙使節渡来に付　長崎港警備之図			唐人屋敷、新地荷物蔵		元禄一五		「史学」一二ノ四（柳川、安富氏蔵）
	(16)	正保四年丁亥六月南蛮船渡来之節　海岸御備之図	一九九 八七	町名不記	同右		同右	安政四　石本幸平修補	九州文化史研究施設
	(17)	異国船渡来警戒之図	一九五 九五	同右	同右	葡船に蘭国旗	同右	金井氏により写	長崎市立博物館
	(18)	一六四七年蘭・葡船所載長崎港図	一五〇・五 七三・六	八〇町制	同右		同右		蘭日通商350周年展目録
	(19)	正保四年長崎港之図		町割不記	新地荷物蔵	概略図	同右		長崎地名考
	(20)	葡萄牙船入津ニ付長崎警備図	二一六 一四四	八〇町制、梅ケ崎	岩原御屋敷、蘭船三		正徳　五	永見氏蔵図を中村三郎写	長崎県立図書館
	(21)	正保四年南蛮船渡来ニ付諸侯布陣　長崎港図	二三五 一〇九	八〇町制、新町使町	同右	極彩美図	同右		九州文化史研究施設
	(22)	正保四年黒船長崎来津之節　海岸御手配之図	二二九 一〇七	八〇町制	同右　蘭船不記	浦上新田	享保一五	諸熊五郎兵衛蔵図の写	長崎大経済学部
	(23)	正保四年葡萄牙船渡来　長崎港警備之図			蘭船四	大波戸辺より南の部分図			史学一二ノ二（古賀氏蔵）
Ⅵ	(24)	明暦頃長崎港図		(25)と同一図面			延宝　四		長崎開港史（唐島氏旧蔵）
	(25)	寛文九年後延宝四年前　肥前長崎之図	一六八 一〇七	八〇町制以前	伊良林に光源寺、東政所	末次平蔵・一一藩蔵屋敷	同右	明治二〇篁蔭書込	東大附属図書館
	(26)	箔屋長崎地図屏風	三六一・八 一五七・四	同右	同右	六曲半双	同右		神戸市立南蛮美術館
	(27)	肥前国長崎図（肥前長崎図）	二〇〇 九七	同右	末次あとに高木作右衛門屋敷	町長サ・橋数・寺社山伏数	延宝四〜五		東大附属図書館
	(28)	長崎大絵図（最古刊）	一二八 六九・五	同右	聖福寺・新橋	同右、日本ヨリ異国エ船路	延宝　五	延宝刊カ	ムディー氏第二六図
	(29)	唐船来朝図　長崎図（延宝刊）	九五・八 六三・六	同右	同右	同右、諸大名長崎旅宿付等	元禄　二	元禄刊カ	日本古版地図集成七〇図
Ⅶ	(30)	長崎湊図（天和元酉年写）	一四〇 六七		同右、瀬崎御米蔵	南部美治年代比定書込	享保　四		長崎県立図書館
	(31)	長崎之図	一六四 九〇・五	八〇町制	唐人屋敷・新地荷物蔵	内外町色分け、町年寄屋敷	元禄一五〜宝永五		京大国史研究室
	(32)	町絵図　正徳年間　間数付　二六枚		各町別実測図		ケ所数・町人氏名	正徳カ	1/300縮図	長崎市立博物館

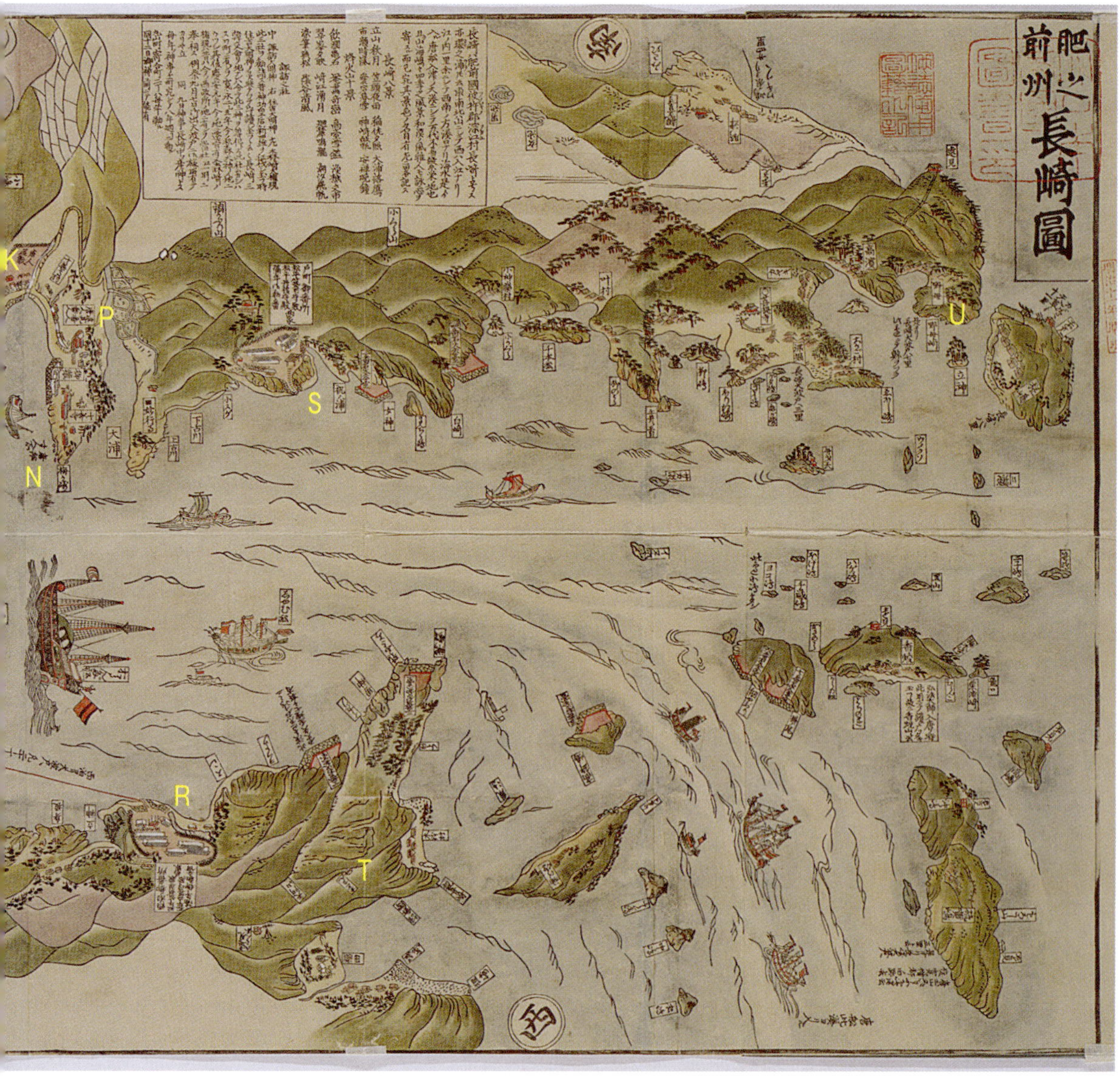
肥之前州長崎圖
K
P
S
U
N
R
T

図116　肥之前州長崎図　延享2年（1745）京都寺町通り　林治左衛門開板（内閣文庫蔵）

A 西役所
B 立山役所
C 岩原屋敷
D 制札場
E 大波戸
F 御船蔵
G 稲佐の唐蘭玉薬の穴蔵
H 北瀬崎米蔵
I 長崎会所
J 出島
K 唐人屋敷
L 新地
M 銅吹所
N 梅ケ崎唐船すえ所
O 牢屋
P 遠見番·唐人番長屋
Q 船番長屋
R 西泊番所
S 戸町番所
T 小瀬戸遠見番所
U 野母遠見番所
V 時の鐘
W 安禅寺
X 大音寺

おわりに

絵図帖読み取りは登山に似た楽しみ

長崎へは何度となくお邪魔して、その歴史的背景の魅力に虜になってしまい、そのうち役所の絵図帖というジャンルにはまり込んでしまった。絵図を比較しながら見ていると、必ずと言ってよいほど、新しい発見がある。ほとんどが小さな発見であるが、そのうち別の小さな発見や史料などの記述と繋がっていき、ジグソーパズルがはまったようになる、この満足感が、集大成してこの本になった。

随分と時間を掛けて努力をしたつもりではある。しかし対象がかなり多岐に渡るので、調査や解析に、思いもよらない大きな抜けがあったのかも知れない。幾度か見直したが、その都度考え違いなどによるミスがあり、再三自信をなくした。時代や寸法など、細かいデータを含む本である。ちょっとしたミスで、本全体の信用を損なうことが心配である。怖いのは過去に散逸した長崎諸役所の絵図帖が、あちこちに眠っているのではないか。本書に掲載した絵図帖のカバーする期間は、長崎奉行所が存在した二百七十年余のうち、終わりの八十年というのが、大いに気になるところである。本書の出版を契機として、多くの発見があることをぜひ期待したい。

本を書くにあたり対象とする読者は長崎学に興味のある専門家から一般の人までと広く考えた。参考書として長い寿命がある本としたかった。歴史家の絵図への目配りは弱いとある本に書いてあったが、もしそうであれば、本書が幾らかの助けになるかなとも思う。史料がベースなので、読み下し文にし、また引用は正確さを期したが、堅苦しい論文風にはしないよう心掛けた。しかしどうしても堅い本になってしまったようである。

絵図帖を蔵書索引や引用で見つけ、実際に現物を手にして見るまでのワクワク感は色々でひとつひとつに思い出がある。おそらく何年も開かれたこともない絵図を見て興奮し、これをわたし一人の興味のために独占するのは大変申し訳ない、それを読者と分かち合いたいと思った。今まで貴重な絵図を大事に保存していただいたことへのお礼の気持ちがあり、このことも本書を書く大きな理由であった。

ひとつの絵図から読み取れることは無限とはいわないにしても考えるより多い。しかしそれを見出し特化するのはむずかしい。ほとんどの絵図に成立年次が記されていないので、年代推定が重要で、それが逆に絵図を隅々まで注意して見ることに繋がった。これが書誌学という分野であることも初めて学んだ。知識なり歴史観に裏打ちされると絵図の面白さは増す。本書を書いている間は、それとの駆けっこであったように思う。幸い著者はタブレットに画像を入れておき、夜中に急に思いついた絵図を拡大してみるという手法を使い、新しい発見をしたことが再三あった。登山に似た楽しみがある。ひとつの山に登ると次の山が見えてくる。地平線がどんどんと広がるのである。その連続であった。

読者に勧めたいことがある。ぜひネットで実際の絵図をご覧になることである。デジカメの普通の画素密度でも、画像を拡大することにより見落としがちな部分もコンピュータ画面上に呼び出せば細部をチェックできる。初期の時代の絵図に雪隠・湯殿が建屋の外に置かれたこともそのようなやり方で知った。プリントアウトしてじっと眺めるのもよい。

幸いここ数年は絵図や貴重書の、インターネットでの公開が世界的に、急速に進んでいる。貴重な絵図の閲覧を容易にし身近なものにする大きな利点がある。閲覧による劣化を防ぐ利点も大きい。本書を書いている間、大変運がついていたとしか言いようがないことが次から次へとおこった。つい二、三年前にはとても考えられなかった閲覧室へのカメラの持ち込みや史料の撮影が許可になった。インターネットでの画像の公開も進んでいる。国立公文書館はその先頭を走っているように思う。

このような諸役所の絵図帖は長崎奉行所だけにあったのか？　気になってサーベイをしたが他の遠国奉行所、諸藩などでは見られないようである。やはり二カ所にあった奉行所、岩原屋敷、出島、唐人屋敷、長崎会所、御船蔵、俵物役所、台場、遠見番所、御用物蔵と唐鳥小屋などなど長崎に固有でかつ時代的に変遷する施設を抱えていたことに起因するのではないか。いつかの時期に奉行の発想から始まり数十年続いた長崎のユニークで貴重かつ重要な記録の集積であった。

わたしは、長崎絵図学会というような研究会ができたらいいとおもう。定期的に集まり絵図を色々な角度から多面的に研究した成果を持ち寄り、意見の交換と刺激により理解度を深化するのである。これにより長崎の歴史への理解がさらに深まるし、絵図そのものについての研究を深化できる。そうなればよいなと夢想している。

謝辞

本書をまとめるにあたり、ずいぶんとたくさんの方々にお世話になった。絵図史料を見せていただき、画像を提供いただいた図書館、公文書館、博物館、資料館の関係者の皆様には心から感謝したい。かなり無理をいって史料を見せていただいたことを思い出す。

青山学院大学名誉教授で洋学史研究会会長の片桐一男先生との出会いは二〇〇七年青山で開催されていた崩し字講座であった。それ以来、洋学史研究会を通して、ずっと、まったく歴史に素人のわたしを励まし導いていただき大変感謝している。大槌図の存在も教えていただいた。幾つかの論文も発表させていただき歴史研究家のはしっこに座ることができた。先生との出会いはわたしの第二の人生を明るいものにし、本当に幸運であった。先生が主宰されている洋学史研究会のメンバーの方々に大変お世話になった。

長崎史談会会長の原田博二先生には長崎の現地を丁寧に教えていただき、わたしの調査に興味をもち励ましていただいた。本書の草稿についても目を通していただき数多くの貴重な示唆をいただき、わたしの思い違いなどを訂正することができた。また史料の読み込みにも随分とお世話なった。一昨年の秋には小雨の中を奥様の運転で長崎湾口の台場跡などをご案内いただき長崎警備について実地に理解したことは忘れられない。

最後の長崎文献社の編集長堀憲昭氏の好奇心と熱意で本書ができたことを記したい。堀氏との出会いは、もとを糺すとインターネットの検索で知った長崎楽会で、まったくの幸運であった。わたしの最初の著書『幕臣サブロスキー』（二〇〇八）は氏の巧みな編集のおかげもあり、日本経済新聞の文化欄に紹介され、自費出版部門賞に入賞（二〇一四）した。長崎楽会では、毎年わたしが調べた長崎の歴史の話をさせて頂いており、そのメンバーにはいつも大いに励まして頂いている。ここに深く感謝したい。

附表：絵図の年代推定に役立つ年表

元号	西暦	できごと
文禄元年	一五九二	初めて長崎奉行を置き寺沢志摩守を任す。
文禄の頃	一五九二－一五九五	奉行所、本博多町にあり。
文禄の頃	一五九二－一五九五	大波戸を船着の波止場に定める。
慶長二年	一五九七	制札場を大波戸に置く。
慶長三年	一五九八	悟真寺建つ。
慶長五年	一六〇〇	寺沢志摩守南馬町囚獄を桜町に移す。
慶長十九年	一六一四	サン・パウロ教会（西役所の場所）破壊・焼却される。
慶長十九年	一六一四	山のサンタ・マリア教会（立山役所の場所）が破壊される。
元和三年	一六一七	大音寺建つ。
元和六年	一六二〇	本蓮寺建つ。
元和六年	一六二〇	興福寺建つ。
元和九年	一六二三	清水寺建つ。
寛永年中	一六二四－一六四三	稲佐郷疋田長右衛門茶屋地内にポルトガル船から預かる塩硝を預けおく。
寛永二年	一六二五	諏訪神社を西山郷に造営す。
寛永三年	一六二六	洪泰寺（慶長年間建立）岩原郷から移り皓台寺と称す。洪泰寺明地に正保年間八幡宮建立。
寛永五年	一六二八	福済寺建つ。
寛永六年	一六二九	崇福寺建つ。俗に福州寺と称す。
寛永七年	一六三〇	春徳寺建つ。
寛永十年	一六三三	長崎奉行二人制となる。奉行所を二つに分ける。（場所は同じ）
寛永十年	一六三三	長崎奉行所、本博多町から外浦町（以前の長崎県庁の場所）に移転。
寛永十一年	一六三四	諏訪社御神事（くんち）始まり、大波戸を御旅所に定める。
寛永十一年	一六三四	眼鏡橋が架けられる。
寛永十三年	一六三六	出島を構築。市中泊のポルトガル人を全員移す。
寛永十三年	一六三六	奉行榊原飛騨守、長崎へ赴任の途中漂流中の獅子王丸を収容。
寛永十三年	一六三六	大村藩、長崎港内の戸町と外目の福田など七ヵ所に番所を設ける。
寛永十四年	一六三七	島原・天草一揆。

元号	西暦	できごと
寛永十五年	一六三八	太田備中守、上使として来崎、ポルトガル人（船）の来航を禁止。
寛永十五年	一六三八	野母日野山上に遠見番所を置く。
寛永十五年	一六三八	放火山番所を設置。
寛永十五年	一六三八	奉行が在住、与力・同心が付属し西浜町の下屋敷を官舎とする。
寛永十七年	一六四〇	港内でポルトガル船を焼沈め使節以下乗員を斬首。
寛永十八年	一六四一	幕府、筑前黒田氏に長崎港の警備を命ずる。港口西泊・戸町に兵営を置く。（沖両番所）
寛永十九年	一六四二	幕府、佐賀藩鍋島氏に沖両番所の福岡藩との交代警備を命ずる。
寛永十九年	一六四二	丸山町、寄合町を開き遊郭とする。
寛永二十年	一六四三	佐賀藩、香焼、沖島、伊王島、など五カ所に遠見番所を設ける。
正保元年	一六四四	大村藩、式見など九カ所に番所を置く。
正保三年	一六四六	始めて蘭船に銅の輸出を許す。
正保三年	一六四六	永昌寺創建。
正保四年	一六四七	ポルトガル軍船二艘入港・湾口閉鎖。諸藩長崎に蔵屋敷を置く。
慶安元年	一六四八	馬込村に御船蔵開設。元唐津城主寺沢兵庫頭所持船のうち五艘を回送。
承応元年	一六五二	安禅寺創建される。
承応四年	一六五五	平戸藩松浦肥前守に命じて港内に大田尾、女神、神崎、港外に白崎、高鉾、長刀岩、蔭ノ尾の七台場を築造。
明暦二年	一六五六	松森天満宮、今博多町より現在の西山郷へ遷宮。
万治二年	一六五九	遠見番役十人を召抱え長屋十軒を十善寺海手に建てる。
寛文元年	一六六一	外国輸出銭を伊勢町に鋳る。（長崎貿易銭）
寛文二年	一六六二	町年寄の高木作右衛門、幕府から御用物役に任ぜられる。
寛文二年	一六六二	出島の伊万里焼物見世小屋道具入始まる。
寛文三年	一六六三	長崎大火災、六十三町二千九百戸余を焼失。奉行所、牢屋も焼く。
寛文三年	一六六三	大火後の再建の際し敷地を拡張し西役所と東役所となる。
寛文三年	一六六三	大火にて類焼の牢屋、松平丹後守により再建。
寛文三年	一六六三	引地町の町使長屋を建てる。
寛文五年	一六六五	時報の鐘を鋳造、島原町内に鐘撞所を建てる。
寛文五年	一六六五	大波戸に灯篭堂（迦〈はづし〉番所）を建てる。
寛文十年	一六七〇	天草領主戸田忠昌、冨岡城の本丸および二の丸を破壊。この廃材、立山奉行所で再使用される。

元号	西暦	できごと
寛文十年	一六七〇	御船蔵の改築成る。瓦葺になる。
寛文十二年	一六七二	十七人の浪人を船番役に召抱える。船番長屋のはじまり。
寛文十二年	一六七二	町界町名変更し内町二十六、外町五十四合わせて八十町となる。西築町、今下町、新興善町、大黒町、東上町、上筑後町、南馬町、中紺屋町、東浜町、出来大工町、新石灰町、出来鍛冶屋町、東古川町、本古川町の十四カ町が誕生。
延宝元年	一六七三	立山に東役所が移転し立山役所と称する。
延宝元年	一六七三	奉行所東屋敷が立山に移ったあとの地を船番屋敷とする。
延宝元年	一六七三	安禅寺、御宮・御霊屋を建てる。
延宝元年	一六七三	鐘楼を大光寺の側の今籠町の上の畑地に移転。
延宝元年	一六七三	天草代官が長崎への米の輸送業務のため小島郷十善寺村に詰所と米蔵を設ける。（天草屋敷）
延宝三年	一六七五	東役所が移転した空地に米蔵がおかれる。（濱蔵）
延宝三年	一六七五	市法会所、八百屋町へ移る。（長崎会所の前身）
延宝四年	一六七六	大井手町長屋を建てる。
延宝四年	一六七六	長崎代官末次平蔵失脚、壱岐に流される。
延宝五年	一六七七	大黒町・船津町の間の新橋完成。
延宝五年	一六七七	聖福寺岩原郷に創建される。
延宝八年	一六八〇	高札場（嘱託銀を展示）大波戸から豊後町に移転。
延宝八年	一六八〇	十善寺郷に御薬園を設ける。
延宝八年	一六八〇	築地を造り、大村領との境を明らかにし、梅ケ崎と命名。
天和元年	一六八一	松翁軒初代カステラを創業。
貞享二年	一六八五	台湾の鄭氏が降伏（一六八三）清国が遷界令を解除（一六八四）、長崎へ来航する唐船が急増。
貞享二年	一六八五	年間貿易量を唐船銀六千貫目蘭船三千貫目に制限。
貞享二年	一六八五	中島銭座、寛文元年（一六六一）よりの鋳銭事業を廃止
貞享二年	一六八五	向井元成、中国からの輸入書物中にイエズス会司祭が漢訳した禁書に価するものを発見。以後譜代の書物改役を勤める。
貞享四年	一六八七	与力・同心を取り止める。
元禄元年	一六八八	来航唐船百九十四艘（積戻船七十七艘を含む）と急増。積戻船と抜荷が多発。
元禄元年	一六八八	唐人屋敷起工、翌元禄二年正月には上段の方から家屋の建設開始。
元禄元年	一六八八	御薬園の草木は残らず立山役所地内に移植。
元禄元年	一六八八	小瀬戸遠見番所を建てる。遠見番長屋十二軒十善寺村山手に建てる。

元号	西暦	できごと
元禄二年	一六八九	唐人番二十人召し抱えられる。長屋は十善寺遠見番長屋の上段。
元禄三年	一六九〇	両番所の火薬庫を木鉢浦道生田に移す。
元禄三年	一六九〇	稲佐の塩硝蔵を造る。土中に穴蔵を入港中の蘭船の火薬を預かる。
元禄三年―五年	一六九〇―一六九二	出島医師ケンペル滞在。
元禄四年	一六九一	御用物蔵を八百屋町に設ける。
元禄四年	一六九一	唐人船頭共の願いを受け土神の石殿の建立を許可。
元禄九年	一六九六	出島に一対の脇荷蔵（船員個人の輸入品）建造。天明六年（一七八六）取り壊す。
元禄十年	一六九七	本興善町に、代物替会所を置く。
元禄十一年	一六九八	長崎の大火、家屋二千戸余焼失。
元禄十一年	一六九八	西役所が焼失、奉行諏訪頼蔭は安禅寺に奉行所を移す。
元禄十一年	一六九八	長崎惣勘定所これより長崎会所と称す。
元禄十二年	一六九九	勘定奉行荻原近江守、上使として来崎。
元禄十二年	一六九九	長崎の内町・外町の区分が廃止される。
元禄十五年	一七〇二	新地唐船荷蔵成る。
元禄十六年	一七〇三	伊勢町に大徳寺開創される。
宝永二年	一七〇五	唐人屋敷で大火、船数十八艙分、部屋数二十焼失。
宝永五年	一七〇八	大徳寺、本籠町の崖上に移る。
宝永五年	一七〇八	唐人屋敷の二の門の外に伊万里焼物商人の定店を置く。
宝永七年	一七一〇	中島の銭屋跡の空地に向井元成により聖堂が建てられる。
正徳二年	一七一二	木鉢見送賄所を建てる。
正徳四年	一七一四	唐船よりの新地土神修復料を安禅寺へ寄進することを許される。
正徳四年	一七一四	十善寺の天草代官屋敷廃止。延宝元年（一六七三）に始まったもの。
正徳五年	一七一五	金・銀・銅の海外流出と密貿易防止のため、唐蘭の入港船数（唐船三十、蘭船二艘）・貿易額を制限（唐船六千貫、蘭船三千貫）などを定めた海舶互市新例（正徳新例）を制定。箇所銀・竃銀制度化される。
享保元年	一七一六	長崎奉行大岡備前守の編纂による行政資料『崎陽群談』成立。
享保二年	一七一七	立山役所、屋敷内悉く平地に均して、本屋長屋すべて造り替える。
享保四年	一七一九	北瀬崎に米廩を置く。
享保五年	一七二〇	立山役所の薬草木は残らず、小島郷の天草代官役所明地に再移転。（御薬園）

元号	西暦	できごと
享保五年	一七二〇	十善寺郷元天草代官所米廩の場所に南瀬崎米廩を置く。
享保五年	一七二〇	唐人屋敷内に新に獄屋を立てられる。
享保六年	一七二一	唐人屋敷の惣塀外に竹垣を結び、その内に番所四カ所建て、同年北方塀外に番所一カ所建て、五カ所とする。
享保六年	一七二一	武具蔵、本興善寺絲荷蔵屋敷から長崎会所隣地に移る。
享保八年	一七二三	諏訪神社が正一位の神階を受ける。
享保九年	一七二四	米蔵の名称、北瀬崎米蔵および南瀬崎米蔵となる。
享保九年	一七二四	唐人屋敷の裏門二カ所になる。
享保十年	一七二五	浜町築地に鋳銅所を設ける。元文三年（一七三八）廃す。
享保十年	一七二五	出島に調馬師ケイゼルとともに洋馬五頭が到着。
享保十一年	一七二六	北瀬崎の米蔵に船番屋敷蔵二軒が移る。
享保十二年	一七二七	ケンペルの『日本誌』英語版刊行。一七二九年には蘭語版と仏語版。
享保十三年	一七二八	御船蔵の一番蔵、五番蔵が解体される。（御船蔵は三棟となる）
享保十六年	一七三一	宮甚左衛門稲佐稗田浜に鋳銅所を建てる。元文三年（一七三八）廃す。
享保十九年	一七三四	長崎会所、元方会所と払方会所の二部局構成になる。
享保二十一年	一七三六	住江稲荷神社に「唐人屋鋪新地形作事日雇中」と彫られた石盥が寄進される。
元文元年―二年	一七三六―七	唐人屋敷に天后堂（関帝堂）、観音堂建立。
元文三年	一七三八	幕府、全国の産銅を大坂に集中し専売とし（銅座）、長崎の鋳銅所は廃止となる。
元文四年	一七三九	高木作右衛門が長崎代官に任命され御用物役も兼任。以後同家が世襲。
寛保元年	一七四一	浜町築地鋳銅所跡で銕銭鋳造を許す。延享二年（一七四五）に廃止
寛保三年	一七四三	馬込郷聖徳寺の浜で鉄銭鋳造が許される。延享二年（一七四五）に廃止。
延享二年	一七四五	俵物請方の商人等会所を西浜町に設ける。（俵物方役所の前身）
延享二年	一七四五	出島の入札場、値組取引になり不用となり取り壊される。
寛延元年	一七四八	溜牢の一番牢を浦上村のかっくい原に設ける。桜町の牢屋の二の揚屋がなくなる。
寛延元年	一七四八	八幡宮、永昌寺隣地より中川へ移る。（中川八幡）
宝暦元年	一七五一	新地蔵、商人の自分建てから御普請方の修覆場になる。
宝暦元年	一七五一	唐通事会所を今町元人参座跡に置く。
宝暦五年	一七五五	御用物蔵、勝山町の代官屋敷内に移す。
宝暦五年	一七五五	立山役所東塀内に用水堀ができる。

元号	西暦	できごと
宝暦五年	一七五五	引地町の町使長屋類焼、すべて建替十一軒から十三軒になる。
宝暦五年	一七五五	溜牢　五番まですべて出来あがる。
宝暦十年	一七六〇	田辺茂啓『長崎実録大成』完成。
宝暦十二年	一七六二	梅ケ崎、海辺へ地形を築出し、唐空船の居場所、修理場とする。
宝暦十二年	一七六二	唐通事会所、本興善寺糸荷蔵跡に移す。
明和元年	一七六四	唐船定数を年間十三艘に定める。唐人屋敷の本部屋数も十三。
明和元年	一七六四	放火山の番所勤番止める。
明和二年	一七六五	御船蔵の西北の岸を穿って切開き、石蔵を建て稲佐の塩硝を移す。
明和二年	一七六五	新地蔵の一部約四百三十坪の地を仕切り米蔵三棟を新設。
明和二年	一七六五	高札場、立山役所下八百屋町へ移る。（御普請方用屋敷）
明和三年	一七六六	長崎の大火　約二千八百戸消失。
明和三年	一七六六	時を知らせる鐘楼を豊後町・桜町の角に移転。
明和四年	一七六七	新地蔵一棟銅蔵となる。五島町銅会所の事務は新地に移す。
明和四年	一七六七	湊番所を新地の北東の角に置く。
明和五年	一七六八	大井手町町使長屋類焼。
安永七年	一七七八	ケンペルの『日本誌』長崎の阿蘭陀通詞・吉雄幸左衛門の自宅にあり。
天明四年	一七八四	唐人屋敷で大火災、天后堂を除くすべてが灰燼となる。
天明五年	一七八五	出島、脇荷蔵二棟取り払う。
天明五年	一七八五	俵物請方を廃し俵物方役所を西浜町に置く。老中田沼意次の経済政策により俵物は長崎会所の専売となり輸出の大きな柱となる。
天明五年	一七八五	新地表門前の板橋を止め、埋地とする。
天明六年	一七八六	長崎会所の拡張工事で惣坪五百四坪余となり、一―五番蔵は銀蔵、六―十番蔵は荷物蔵となる。
寛政三年	一七九一	桜馬場に炮術稽古場を設ける。
寛政三年	一七九一	西築町に非常用の籾蔵を置く。寛政十二年（一八〇〇）新地に移す。
寛政三年	一七九一	年間来航制限、唐船は十艘、蘭船は一艘になる。
寛政三年	一七九一	新地表門の埋地、船手の者共難儀し、以前の通り板橋を架ける。
寛政五年	一七九三	長崎奉行は江府からの情報としてロシア船が信牌をもって長崎に来るとの予告情報を聞役に仰せ渡す。
寛政五年	一七九三	牢屋の表門に番小屋を取建てる。

元号	西暦	できごと
寛政六年	一七九四	両番所にある石火矢の火通し実施。破裂し新たに鋳立てる。
寛政七年	一七九五	長崎会所裏手に新番所を建てる。
寛政十年	一七九八	出島で大火発生。カピタン部屋も焼失。
寛政十年	一七九八	安禅寺御宮御本殿、新たに造営。
寛政十一年	一七九九	天草郡牛深に見張所ならび遠見番所を置く。
寛政十二年	一八〇〇	立山役所の鎮守稲荷社拝殿が建て替えられ小山稲荷に鳥居も建立。
寛政十二年	一八〇〇	籾蔵を西築町から新地に移す。翌年九月普請完成。
寛政十二年	一八〇〇	俵物方役所（築地俵物役所）築町籾蔵跡に移転。
寛政十二年	一八〇〇	新地前俵物蔵所できる。
享和二年	一八〇二	石崎融思筆『唐蘭館図絵巻』完成。
文化元年	一八〇四	ロシア使節レザノフ来航。
文化元年	一八〇四	支配勘定大田直次郎着任、一年間岩原屋敷に滞在。
文化三、四年	一八〇六、一八〇七	文化魯寇事件、樺太（文化三年）およびエトロフ島でロシアの狼藉。（文化四年）
文化元年	一八〇四	北瀬崎米蔵の土蔵四軒となる。
文化四年	一八〇七	西役所馬場において射術稽古。
文化五年	一八〇八	フェートン号事件、長崎奉行松平図書頭引責切腹。
文化五年	一八〇八	放火山番所が再興。
文化五年	一八〇八	北瀬崎米蔵の崖上に塩硝蔵一棟を建てる。翌年三月完成。
文化五年	一八〇八	西役所長屋、石火矢の備場となる。
文化五年	一八〇八	すずれ、女神、神崎、高鉾、蔭ノ尾に新台場を築く。翌年六月竣工。
文化六年	一八〇九	放火山で烽火の試験。
文化六年	一八〇九	西役所の馬場の東端に二間四方の武具蔵を新設。
文化六年	一八〇九	御船蔵の南手に新規に塩硝蔵を新設。
文化六年	一八〇九	出島のカピタン部屋竣工。（寛政十年〈一七八九〉に焼失したもの）
文化七年	一八一〇	御薬園を西山郷に移す。
文化七年	一八一〇	神崎、高鉾、長刀岩、魚見嶽に砲台を築く。これを増台場という。
文化八年	一八一一	北瀬崎米蔵の崖上の塩硝蔵、御武具蔵になる。
文化十年	一八一三	長崎会所の新番所（裏手番所）を廃止。

元号	西暦	できごと
文化十一年	一八一四	溜牢内に細工所を置く。
文化十二年	一八一五	放火山番所中止。
文政元年	一八一八	北瀬崎の崖上の塩硝蔵を御船蔵南手へ引移す。
文政二年	一八一九	高木道之助、長崎御鉄炮方となる。
文政三年	一八二〇	桜馬場炮術稽古場に番人小屋を建てる。
文政三年	一八二〇	唐人屋敷前波止場に勤番所と台場を置く。大村藩士五十八人在勤。
文政六年	一八二三	勤番所は長崎奉行へ引渡される。
文政六年―十二年	一八二三―二九	シーボルト滞在。
天保十一年―十三年	一八四〇―一八四二	阿片戦争。
天保十四年	一八四三	大波戸に砲台を築く。嘉永二年（一八四九）に廃止。
天保十四年	一八四三	天保の改革の一貫で奉行は一人制となり、家内引越切の与力・同心用の組屋敷が建てられる。組屋敷は嘉永元年（一八四八）までに取り払われる。
天保十五年	一八四四	軍艦パレンバンによるオランダ国王の特使の来航。
弘化二年	一八四五	立山役所の模様替。白洲の位置を替え土蔵を取払い仮牢とする。
嘉永元年	一八四八	米人マクドナルド、長崎奉行井戸対馬守から尋問を受ける。
嘉永二年	一八四九	唐人屋敷の火の元番所九号部屋の外から二の門脇手に移る。
嘉永五年	一八五二	馬込郷御船蔵の南手に籾蔵を建てる。
嘉永六年	一八五三	佐賀藩、四郎ケ島と伊王島の台場完成。
嘉永六年	一八五三	ロシア使節プチャーチン軍艦四艘で来航。
安政二年	一八五五	西役所に海軍伝習所開設。
安政二年	一八五五	『金井八郎翁備考録』成立。
安政三年	一八五六	西山の御薬園続の田畑二百坪余を囲込み拡張千二百二十八坪となる。
安政六年	一八五九	米・蘭・露・英・仏の五カ国との通商条約締結。清は置き去り。
安政六年	一八五九	通商条約の締結により出島のオランダ商館が閉鎖される。
元治元年	一八六四	沖両番所（戸町、西泊）を廃す。
慶応二年	一八六六	南瀬崎米蔵地および梅ケ崎唐船修理場、外国人居留地に編入。
慶応二年	一八六六	出島町、外国人居留地に編入される。
慶応四年	一八六八	唐人屋敷の船主部屋、追々崩落三軒のみ残る。

元号	西暦	できごと
慶応四年	一八六八	一月十五日、長崎奉行河津伊豆守長崎を脱出。長崎奉行所の終焉。
明治元年	一八六八	新地町が外国人居留地に編入される。
明治二年	一八六九	唐人屋敷大火でほとんど焼失。
明治五年	一八七二	安禅寺、真殿は砕払され霊屋は払い下げられる。
明治五年	一八七二	桜町の牢屋の土地の一部払下げ。

史料および参考文献

未公刊史料（年代順）

国立公文書館・内閣文庫蔵

『長崎諸事覚書』全十冊
『長崎御役所留』下　元禄元年─同十七年
『御備一件・諸絵図』
『遠国御武器類二十四─二十五』

東京大学史料編纂所蔵

『松浦家世伝』
『唐人屋敷図』
『唐人屋鋪由来帳』
『長崎会所元方発端書』
『ロシア使節レザノフ来航絵巻』
『長崎覚書』

長崎歴史文化博物館収蔵

『長崎市中明細帳』享和二年
『異国船渡来之節御備向一件ニ付両家達伺留　曲淵甲斐守二在勤　文化五年─六年』
『異国船渡来之節御備大意御書付　曲淵甲斐守様弐御在勤文化六年巳六月』
『惣町明細帳諸雑記』文政六年
『御用留銘書』文政元年─元治元年　長崎奉行所史料
『手頭留』弘化二年　長崎奉行所史料
『諸事留目録』弐之帳　長崎奉行所史料
『長崎牢屋鋪手続書』
『弘化二巳年雑集記』薬師寺熊太郎　弘化二年
『唐館新地処分書類』慶応四年　長崎県租税部編

九州歴史資料館蔵

御船蔵絵図

松浦史料博物館

『家世伝』

大村市立史料館

初村家旧蔵峰家史料

大英図書館

"Nagasaki Ezu"
ケンペル手書きの長崎の絵図

刊行された史料・辞書類（史料名などの五十音順）

『大田南畝全集』第十七巻　岩波書店（一九八八）
森永種夫・越中哲也校著『寛宝日記と犯科帳』長崎文献社（一九七七）
『金井八郎翁備考録』長崎代官所関係史料二、長崎歴史文化博物館　史料叢書（二〇一一）

中田易直・中村質校訂『崎陽群談』近藤出版社（一九七四）
太田勝也編『近世長崎・対外関係史料』思文閣出版（二〇〇七）
『国史大辞典』吉川弘文館（一九八四）
『国書総目録』岩波書店（一九六三―一九七六）
片桐一男校訂『鎖国時代対外応接関係史料』近藤出版社（一九七一）
長崎市史編さん委員会編『新長崎市史』第二巻近世編（二〇一二）
満井録郎・土井進一郎『新長崎年表』長崎文献社（一九七四）
金井俊行『増補長崎略史』長崎市役所編　大正十五年―昭和元年（一九二六）
小原克紹『続長崎実録大成』長崎志続編　巻三　長崎文献社（一九七四）
長崎市出島史跡整備審議会『出島図』―その景観と変遷、増補版、中央公論美術出版（一九九〇）
石崎融思筆『唐館図蘭館図絵巻』解説　原田博二、長崎文献社（二〇〇一）
『唐人番内田氏諸書留』海色　第一輯（一九三四）
『唐人番日記』海色、第弐輯　長崎文献刊行会（一九三五）
『唐通事会所日録』一―八　東京大学史料編纂所編　東京大学出版会（一九六八、一九六二）
竹内誠編『徳川幕府事典』東京堂出版（二〇〇三）
『長崎県の郷土史料』長崎県立図書館（一九八八）
井上権一郎、大塚武松、井上信元『長崎警衛記録』日本史籍協会叢書（一九三二）
『長崎古今集覧』長崎文献叢書　第二集　第二巻、長崎文献社（一九七六）
「長崎歳時記」『長崎県史』資料編第四、吉川弘文館（一九六三）
長崎市役所編『長崎市史』地誌編　名勝旧跡部、清文堂出版（一九三八／一九六七）
田辺八右衛門茂啓、『長崎実録大成』古賀十二郎編、翻刻版、長崎文献社（一九七三）
『長崎唐館図集成』関西大学東西研究所資料集刊九―六、関西大学出版部（二〇〇三）
『長崎名勝図絵』翻刻版、長崎文献社（一九七四）
川路聖謨『長崎日記・下田日記』東洋文庫124、平凡社（一九六八）
シーボルト『日本』復刻版、講談社（一九七五）
アビラ・ヒロン『日本王国記』大航海時代叢書XI　岩波書店（一九六五）
ヴァリニヤーノ『日本巡察記』東洋文庫　229（一九七三）
マクドナルド「日本回想記」ウイリアム・ルイス、村上直次郎編、富田寅男訳訂、刀水書房（一九七九）
ティチング『日本風俗図誌』新異国叢書七（一九八〇）, Isaac Titisingh:Illustrations of Japan, Achermann London（一八二二）
解説・磯野直秀、内田康夫『舶来鳥獣図誌』八坂書房（一九九二）
森永種夫編『長崎奉行所判決記録　犯科帳』全十巻、犯科帳刊行会（一九五九）
Engelbert Kaempfer “The history of Japan : giving an account of the ancient and present state and government of that Empire : of its temples, palaces, castles, and other buildings ... / written in High Dutch by E. Kæmpfer ... : and translated from his original manuscript .. by J.G. Scheuchzer. Thomas Woodward（一七二八）、この英語版のあとオランダ語、フランス語版は一七二九年。ドイツ版は一七七七年に刊行、日本語版はエンゲルベルト・ケンペル、今井正補訳『日本誌』霞ケ関出版（一九八九）
H.N. Mody “Collection of Nagasaki colour prints and paintings: showing the influence of Chinese and European art on that of Japan〟reprint of 1939 ed. Charles E Tuttle Co.（一九六九）
日蘭学会編『洋学史事典』雄松堂出版（一九八四）

参考文献（著者五十音順）

赤瀬浩「長崎代官支配「小島牢」の成立と展開」『長崎学』創刊号　長崎市長崎学研究所（二〇一七）
石田千尋「長崎会所蔵について」『洋学史研究』一号（一九八四）

今村英明「徳川吉宗と洋学（その一、軍事・工学）オランダ商館史料を通して」『洋学史研究』十九号（二〇〇二）
今村英明「出島の営繕について」『洋学史研究』十四号（一九九七）
上田三平『日本薬園史の研究』渡辺書店（一九七二）
浦井祥子『江戸の時刻と時の鐘』岩田書院（二〇〇二）
大井昇『幕臣サブロスキー　江戸と長崎で終焉を見た男』長崎文献社（二〇〇九）
大井昇「幕末における長崎奉行所の手附（与力）の実態」『洋学史研究』三十号（二〇一三）
大井昇「長崎諸役所絵図帖について」『洋学史研究』第三十二号（二〇一五）
大井昇「奥州盛岡藩にあった長崎諸役所絵図帖」『洋学史研究』第三十三号（二〇一六）
大井昇「大英図書館蔵の〝Nagasaki Ezu〟」『洋学史研究』第三十四号（二〇一七）
梶嶋政司「レザノフ来航と福岡藩の長崎警備」『九州国立博物館紀要』第二号（二〇〇六）
片桐一男「阿蘭陀通詞会所」と「通詞部屋」『洋学史研究』第九号（一九九二）
片桐一男『阿蘭陀通詞・今村源右衛門英生』丸善ライブラリー（一九九五）
片桐一男『江戸時代の通訳官』吉川弘文館（二〇一六）
菊池重郎「長崎役所絵図について」『蘭学資料研究会』第二三一号（一九七〇）
小松旭「長崎奉行所立山役所の変遷についての一考察」長崎奉行所（立山役所）跡、岩原目付屋敷跡・炉粕町遺跡、歴史文化博物館建設に伴う埋蔵文化財発掘調査報告書（下）、
『長崎県文化財調査報告書』第１８３集、長崎県教育委員会（二〇〇五）
清水紘一「青山学院所蔵の切支丹高札　付・関連史料」『洋学史研究』三十三号（二〇一六）
平幸治『肥前国深堀の歴史』長崎新聞社（二〇一四）
田代和生『江戸時代朝鮮薬剤調査の研究』慶應義塾大学出版（一九九九）
田中弘之『幕末の小笠原』中公新書１３８８（一九九七）
津田繁二「長崎の各銭座附楮幣」『長崎談叢』三、一〇七（一九二八）
東野治『貨幣の日本史』朝日選書、朝日新聞出版（一九九七）
外山幹夫『長崎奉行』中公新書　９０５（一九八八）
長崎大学薬学部『長崎薬学史の研究』ホームページ（二〇〇二）
長野暹「弘化・嘉永初期における長崎警備の一考察―佐賀藩・福岡藩と幕府、『佐賀大学経済論集』三十八　第一号（二〇〇五）
長野暹「長崎警備初期の体制と佐賀藩」『佐賀大学経済論集』三十五　第四号（二〇〇二）
中村質「初期長崎絵図に関する書誌的考察」『日本歴史』二百三十五巻　五十八（一九六七）
中村質「日本来航唐船一覧」『九州文化史研究所紀要』第四十一号（一九九七）
中村質『近世長崎貿易史の研究』吉川弘文館（一九八八）
中村質「長崎警備」『長崎県史』対外交渉編（一九八六）最近の総説は柴多一雄「長崎警備」『新長崎市史』第一章第四節（二〇一二）
花石公夫「閉伊の木食　慈泉と祖晴」（一九九八）
原剛『幕末海防史の研究』名著出版（一九八八）
原田博二『長崎歴史散歩』河出書房新社（一九九九）
籏先好紀『長崎地役人総覧』長崎文献社（二〇一二）
菱谷武平「唐館の解体と変質―新しい居留地の形成　『長崎論叢』五十九輯（一九七七）
深瀬公一郎「十九世紀における東アジア海域と唐人騒動」『長崎歴史文化博物館紀要』第三巻（二〇〇八）
深瀬公一郎「唐人屋敷の維持管理と長崎の大工職人」『長崎歴史文化博物館紀要』第六巻（二〇一一）
深瀬公一郎「長崎奉行所の軍船体制と長崎警備」『長崎歴史文化博物館紀要』第十号（二〇一六）
藤田覚『近世後期政治史と対外関係』東京大学出版会（二〇〇五）
布袋厚『復元！江戸時代の長崎』長崎文献社（二〇〇九）
保谷徹『幕末日本と対外戦争の危機』吉川弘文館（二〇一〇）

本馬貞夫『貿易都市長崎の研究』第1節「長崎奉行所関係資料」の史料的特色―その重要文化財指定にあたって―」㈶九州大学出版会（二〇〇九）
『三井家文化　人名録』三井文庫（二〇〇二）
松本英治『近世後期の対外政策と軍事・情報』吉川弘文館（二〇一六）
宮下雅史「唐人屋敷跡」『考古学ジャーナル』九　455（二〇〇〇）
宮本又次「長崎貿易における俵物役所の消長」『九州経済史論集』（一九五八）
村井淳志『勘定奉行。荻原重秀の生涯　新井白石が嫉妬した天才経済官僚』集英社新書（二〇〇七）
森岡美子『世界史の中の出島』長崎文献社（二〇〇一）
森永種夫『幕末の長崎』岩波新書588（一九六六）
安高啓明『近世長崎司法制度の研究』思文閣出版（二〇一〇）
矢田純子「近世長崎における払米の構造」『お茶の水史学』五十六，95（二〇一二）
山崎信二『長崎キリシタン史』雄山閣（二〇一五）
山本紀綱『長崎唐人屋敷』謙光社（一九六一）
山脇悌二郎『長崎の唐人貿易』吉川弘文館（一九六四）
李陽浩、永井規男「天明年間から文化年間における長崎唐人屋敷の構成について」『日本建築学会計画系論文集』四九九、一六二（一九九七）
レザノフ・大島幹夫訳『日本滞在記』岩波文庫（二〇〇〇）

索引

事項索引は本書の内容から重要と思われる語句を採録した。人名索引では現存の方は除いた。

事項

あ行

か行

さ行

た行

人名

著者経歴

大井　昇（おおい・のぼる Noboru Oi）

1935年（昭和10年）鎌倉生まれ。九州工業大学工学部卒。九州大学・理学博士（1965年取得）。東芝で原子力・核燃料技術者として35年勤務。この間カリフォルニア大学ローレンス放射線研究所（1962年から1年間）留学、カナダの原子力公社ホワイトシェル研究所外来研究員（1967年から2年間）。1991年よりウイーンの国際原子力機関（IAEA）の燃料サイクル部門のヘッドとして8年勤務。その後日本原子力産業会議参与、武蔵工大非常勤講師などを勤めた。著書『幕臣サブロスキー　江戸と長崎で終焉を見た男』（長崎文献社 2009）現在、東京都世田谷区在住。
E-mail:oinoboru@C01.itscom.net

長崎絵図帖の世界

発行日	初版 2018年5月20日
著者	大井 昇
発行人	片山 仁志
編集人	堀 憲昭
発行所	株式会社 長崎文献社 〒850-0057 長崎市大黒町3−1　長崎交通産業ビル5階 TEL. 095-823-5247　FAX. 095-823-5252 ホームページ http://www.e-bunken.com
印刷所	オムロプリント株式会社

ISBN978-4-88851-293-0　C0021